Biodireito, Bioética e Filosofia em Debate

Biodireito, Bioética e Filosofia em Debate

2020

Coordenadores:
Carlos Eduardo Nicoletti Camillo
Paulo Fraga da Silva
Renata da Rocha
Roger Fernandes Campato

BIODIREITO, BIOÉTICA E FILOSOFIA EM DEBATE
© Almedina, 2020
COORDENADORES: Carlos Eduardo Nicoletti Camillo, Paulo Fraga da Silva, Renata da Rocha e Roger Fernandes Campato

DIRETOR ALMEDINA BRASIL: Rodrigo Mentz
EDITORA JURÍDICA: Manuella Santos de Castro
EDITOR DE DESENVOLVIMENTO: Aurélio Cesar Nogueira

DIAGRAMAÇÃO: Almedina
DESIGN DE CAPA: FBA

ISBN: 9786556271088
Novembro, 2020

Dados Internacionais de Catalogação na Publicação (CIP)
(Câmara Brasileira do Livro, SP, Brasil)

Biodireito, bioética e filosofia em debate / coordenadores Carlos Eduardo Nicoletti Camillo...[et al.]. – São Paulo : Almedina, 2020.

Vários professores
Outros coordenadores: Paulo Fraga da Silva, Renata da Rocha, Roger Fernandes Campato
Bibliografia.
ISBN 978-65-5627-108-8

1. Biodireito 2. Bioética 3. Dignidade humana 4. Filosofia (Ética) I. Camillo, Carlos Eduardo Nicoletti. II. Silva, Paulo Fraga da. III. Rocha, Renata da. IV. Campato, Roger Fernandes.

20-44531   CDU-34:57

Índices para catálogo sistemático:

1. Biodireito 34:57

Cibele Maria Dias - Bibliotecária - CRB-8/9427

Este livro segue as regras do novo Acordo Ortográfico da Língua Portuguesa (1990).

Todos os direitos reservados. Nenhuma parte deste livro, protegido por copyright, pode ser reproduzida, armazenada ou transmitida de alguma forma ou por algum meio, seja eletrônico ou mecânico, inclusive fotocópia, gravação ou qualquer sistema de armazenagem de informações, sem a permissão expressa e por escrito da editora.

EDITORA: Almedina Brasil
Rua José Maria Lisboa, 860, Conj. 131 e 132, Jardim Paulista | 01423-001 São Paulo | Brasil
editora@almedina.com.br
www.almedina.com.br

SOBRE OS COORDENADORES

Carlos Eduardo Nicoletti Camillo
Doutor e Mestre em Direito pela Pontifícia Universidade Católica de São Paulo – PUC/SP. Professor dos Programas de graduação e pós-graduação da Faculdade de Direito da Universidade Presbiteriana Mackenzie – UPM. Coordenador do Curso de Direito da Faculdade de Direito da Universidade Presbiteriana Mackenzie – UPM. Advogado.

Paulo Fraga da Silva
Doutor e Mestre em Educação pela USP. Especialista em Bioética pela USP. Especialista em Ética, Valores e Cidadania na escola pela USP. É bacharel e licenciado em Ciências Biológicas. Professor da Universidade Presbiteriana Mackenzie (UPM), atualmente professor colaborador do Programa de Pós-Graduação em Educação, Arte e História da Cultura da UPM. Colíder do Grupo de Pesquisa em Ética e Bioética da UPM (CNPq). Membro da Diretoria da Sociedade Bioética de São Paulo (Regional da Sociedade Brasileira de Bioética).

Renata da Rocha
Doutora e Metre em Filosofia do Direito e do Estado pela Pontifícia Universidade Católica de São Paulo – PUC/SP. Graduada em Direito e Filosofia. Professora de Biodireito da Universidade Presbiteriana Mackenzie. Professora de Biodireito e Bioética na Pós-Graduação em Direito Médico – Escola Paulista de Direito – EPD. Membro Consultivo do Comitê de Bioética do Hospital do Coração – HCOR. Coordenadora do Curso de Extensão em Biodireito e Bioética: Dilemas Acerca da Vida Humana. Hospital do

Coração – HCOR. Pesquisadora do Grupo BIÓS- Biodireito. Bioética e Biopolítica – PUC-CNPQ.

Roger Fernandes Campato
Doutor e Mestre em Filosofia pela UFSCar. É graduado em Jornalismo e em Ciências Sociais pela UNESP. Professor da Universidade Presbiteriana Mackenzie (UPM). Atualmente é coordenador do Curso de Filosofia da UPM e líder do Grupo de Pesquisa em Ética e Bioética da UPM (CNPq). Membro da Diretoria da Sociedade Bioética de São Paulo (Regional da Sociedade Brasileira de Bioética).

SOBRE OS AUTORES

Aluisio M. B. Serodio
Médico (Escola Paulista de Medicina-Unifesp). Especialista em Bioética (USP). Mestre em Ensino em Ciências da Saúde (Unifesp). Doutor em Ciências (Unifesp). Delegado do Conselho Regional de Medicina – SP. Professor Adjunto e Coordenador do Centro de Bioética da Escola Paulista de Medicina (Unifesp).

Ana Cláudia Silva Scalquette
Doutora em Direito Civil pela Universidade de São Paulo (USP). Mestre em Direito Político e Econômico pela Universidade Presbiteriana Mackenzie (UPM). Professora de Direito Civil da Faculdade de Direito da Universidade Presbiteriana Mackenzie. Titular da cadeira n. 68 da Academia Paulista de Letras Jurídicas – APLJ e Titular da Cadeira n. 33 da Academia Mackenzista de Letras – AML. Líder do Grupo de Pesquisa CNPq – Gbio. Advogada.

Antonio Cantero Gimenes
Médico Cardiologista do HCor. Presidente do Comitê de Bioética do HCor.

Daniele Dimas Ramos
Graduanda em Direito pela Universidade Presbiteriana Mackenzie.

Daniela Jorge Milani
Graduada pela Faculdade de Direito do Largo São Francisco. Especialista em Direito Civil e Processo Civil. Mestre e Doutora em Filosofia do Direito pela PUC-SP. Advogada.

Diogo Leonardo Machado de Melo
Pós-Doutor em Ciências Jurídico-Civis pela Faculdade de Direito da Universidade de Lisboa (2015-2017). Doutor em Direito Civil pela PUC/SP. Mestre em Direito Civil pela PUC/SP. Especialista em Direito Processual Civil pela PUC/SP. Diretor Administrativo do Instituto dos Advogados de São Paulo (triênio 2019-2021). Diretor Executivo do Instituto de Direito Privado (IDiP). Professor de Direito Civil da Faculdade de Direito da Universidade Presbiteriana Mackenzie.

Erica Vanessa Micai
Graduanda em Direito pela Universidade Presbiteriana Mackenzie.

Fabiano de Almeida Oliveira
Doutorando em Filosofia pela UFRJ. Mestre em Filosofia pela USP e Bacharel em Filosofia pela USP. Professor do Centro de Educação, Filosofia e Teologia da Universidade Presbiteriana Mackenzie (UPM).

Felipe Colombelli Pacca
Doutorando em Educação pela FFC/Unesp, campus de Marília, pedagogo e comunicador social. É coordenador de avaliação e professor da FACERES e coordenador de cursos de educação e gestão de projetos na pós-graduação do SENAC em São José do Rio Preto.

Felipe Longobardi Campana
Mestrando em Direito Penal pela Faculdade de Direito do Largo São Francisco da Universidade de São Paulo. Especialista em Direito Penal Econômico pela Fundação Getúlio Vargas. Bacharel pela Universidade Presbiteriana Mackenzie.

Flávio de Leão Bastos Pereira
Doutor e Mestre em Direito Político e Econômico pela Universidade Presbiteriana Mackenzie. Coordenador Adjunto da Faculdade de Direito da Universidade Presbiteriana Mackenzie. Professor de Direitos Humanos e de Direito Constitucional da Universidade Presbiteriana Mackenzie. Especialista em Direitos Fundamentais pela Universidade de Coimbra (*Instituto Ius Gentium Conimbrigae*/IGC) e IBCCRIM. Egresso do *International Institute For Genocide and Human Rights Studies*; (Zoryan Institute), *University of Toronto* (Canada). Co-fundador do Observatório Constitucional Latino-Americano – OCLA. Membro do rol de especialistas da *International Nuremberg Principles Academy*/Alemanha. Associado à *International Association of Genocide Scholars* (IAGS). Conselheiro componente do Conselho Editorial da Imprensa Oficial do Estado de São Paulo (desde janeiro de 2019). Colaborador do Departamento de História, IFCH/Unicamp, desde 2018, sob supervisão de Pedro Paulo A. Funari. Coordenador do Núcleo Temático de Direitos Humanos da Escola Superior da Advocacia (ESA) da Ordem

dos Advogados do Brasil – Secção São Paulo (a partir de 2019). Professor-pesquisador convidado do Mestrado Profissional da Universidade Santa Cecília (UNISANTA). Professor convidado da Escola Judiciária Militar do Estado de São Paulo. Professor convidado da Escola Superior do Ministério Público do Estado de São Paulo (2019).

Graziella Trindade Clemente
Doutora em Biologia Celular pela UFMG.Mestre em Ciências Morfológicas pela UFMG. Pós-graduada em Direito da Medicina pela Universidade de Coimbra. Pós-doutoranda em Direitos Humanos pela Universidade de Coimbra. Professora Titular no Centro Universitário Newton Paiva. Advogada e Odontóloga.

Jean Marques Regina
2º Vice-Presidente do Instituto Brasileiro de Direito e Religião – IBDR; Advogado (2004), professor, ensaísta e escritor; Pós-graduado em Estado Constitucional e Liberdade Religiosa pelo Mackenzie, com estudos no Regent Park College de Oxford e na Universidade de Coimbra (2017); Pós-graduado em Teologia e Bíblia (ULBRA); Colunista da Gazeta do Povo; Colunista do Blog Voltemos ao Evangelho e Gospel Prime; Articulista da Revista de Teologia Brasileira – Vida Nova, Mensageiro Luterano, TGC Brasil e Instituto Liberal.

José de Resende Júnior
Doutor em filosofia pela PUC/SP. Professor de Filosofia do Direito na Universidade Presbiteriana Mackenzie. Coordenador do Grupo de Pesquisa Filosofia do Direito (Neo)kantiana.

Lara Rocha Garcia
Doutoranda em Direito Político e Econômico pela Universidade Presbiteriana Mackenzie. Visiting Researcher pela Columbia University (EUA). Mestre em em Direito Político e Econômico pela Universidade Presbiteriana Mackenzie. Especialista em Innovation and Entrepreneurship (Ignite Program) por Stanford University. Professora da Faculdade de Direito da Universidade Presbiteriana Mackenzie. Advogada.

Lia Cristina Campos Pierson
Mestre em Direito Político e Econômico pela Universidade Presbiteriana Mackenzie, Bacharel em Psicologia e Psicóloga pela Universidade São Marcos, Bacharel em Direito pela Universidade de São Paulo. Professora das Disciplinas Psicologia Jurídica e Biodireito da Faculdade de Direito da Universidade Presbiteriana Mackenzie, membro do Grupo de Pesquisa Políticas Públicas: violência contra a criança, coordenadora do Grupo de Estudos Família e Felicidade: objeto e objetivo e do Grupo de Pesquisa Direitos da Criança e Adolescentes no sec. XXI, da mesma universidade. Membro do IBDFAM – Instituto Brasileiro de Direito de Família e Membro da Diretoria de Estudos Interdisciplinares do IBDFAM- SP.

Maria Antonia Lanzoni de Mello
Advogada, Psicóloga, Mestre em Direito e Filosofia do Estado pela Pontifícia Universidade Católica de São Paulo. Professora de Filosofia, Psicologia Jurídica e Medicina Legal.

Maria Garcia
Procuradora do Estado de São Paulo (IPESP). Ex-Assistente Jurídico da Reitoria da USP. Professora Associada Livre-Docente da PUC / São Paulo. Professora de Direito Constitucional, Direito Educacional e Biodireito Constitucional. Professora de Biodireito/Bioética/Biopolítica do Centro Universitário Assunção – UNIFAI. Membro da CoBi – Comitê de Bioética do HCFMUSP. Membro do Instituto dos Advogados de São Paulo/IASP. Membro-fundador e atual Diretora Geral do Instituto Brasileiro de Direito Constitucional (IBDC). Coordenadora da Revista de Direito Constitucional e Internacional (Editora Revista dos Tribunais). Membro da Academia Paulista de Letras Jurídicas (Cadeira Enrico T. Liebman). Associada Honorária do CONPEDI. Membro do Conselho Superior de Direito da Federação do Comércio – FECOMERCIO. Membro do Conselho Editorial da Revista da Escola Superior da Procuradoria Geral do Estado de São Paulo. Membro do Conselho Editorial da Revista De Jure, do MPMG – Ministério Público de Minas Gerais.

Marcelo Antonio da Silva
Doutor em Bioética pelo Centro Universitário São Camilo; Diretor e Professor de Ética e Bioética do Instituto Superior de Filosofia e Ciências Reli-

giosas São Boaventura; Coordenador dos Cursos de Filosofia e Teologia do Centro Universitário Ítalo Brasileiro; Membro do Conselho de Ética da Sociedade Brasileira de Bioética do Estado de São Paulo; Membro do Grupo de Trabalho de Bioética para o Ensino Médio do Conselho Regional de Medicina do Estado de São Paulo; Licenciado em Filosofia e Bacharel em Teologia.

Márcia Rodriguez Vásquez Pauferro
Farmacêutica formada pela USP, mestre em Bioética pelo Centro Universitário São Camilo, membro do Comitê de Ética em Pesquisa da Secretaria Municipal de Saúde de São Paulo, Farmacêutica Hospitalar na Prefeitura Municipal de São Paulo.

Natalia Carolina Verdi
Advogada, Mestre em Gerontologia pela PUC-SP, Especialista em Direito Médico, Odontológico e Hospitalar pela Escola Paulista de Direito, Especialista em Direito da Medicina pela Faculdade de Direito da Universidade de Coimbra, Professora Convidada de Cursos de Pós-Graduação e de Educação Continuada, Autora do Blog Direitos do Longeviver no Site Portal do Envelhecimento, Autora.

Patricia Unger Raphael Bataglia
Psicóloga, mestre e doutora em Psicologia Social, professora no Departamento de Psicologia da Educação da Faculdade de Filosofia e Ciências da UNESP, Campus de Marilia; Vice-coordenadora do Programa de Pós-graduação em Educação da FFC/UNESP.

Renata da Rocha
Doutora em Filosofia do Direito e do Estado pela Pontifícia Universidade Católica de São Paulo PUC/SP. Mestre em Filosofia do Direito e do Estado pela Pontifícia Universidade Católica – PUC/ SP. Especialista em Direitos Fundamentais pela Universidade de Coimbra – Portugal. Graduada em Direito. Graduada em Filosofia. Professora de Biodireito, Teoria Geral do Direito e Linguagem Jurídica da UPM – Universidade Presbiteriana Mackenzie. Professora de Biodireito e Bioética na Pós-Graduação em Direito Médico – Escola Paulista de Direito – EPD. Membro Consultivo do Comitê de Bioética do Hospital do Coração – HCOR. Coordenadora do Curso

de Extensão em Biodireito e Bioética: Dilemas Acerca da Vida Humana. Hospital do Coração – HCOR. Pesquisadora do Grupo BIÓS – Biodireito. Bioética e Biopolítica – PUC-CNPQ. Autora das obras *O Direito à Vida e a Pesquisa Científica em Células-Tronco: Limites Éticos e Jurídicos.* Ed. Campus Elsevier, 2008; *Fundamentos do Biodireito*. Ed. Juspodivm, 2018.

Rodrigo Arnoni Scalquette
Doutor em Filosofia do Direito e do Estado pela Pontifícia Universidade Católica de São Paulo (PUC/SP). Mestre em Direito Político e Econômico pela Universidade Presbiteriana Mackenzie (UPM). Professor de História do Direito e Direito Penal da Faculdade de Direito da Universidade Presbiteriana Mackenzie. Professor Pesquisador do Grupo de Pesquisa CNPq – Gbio. Advogado.

Thiago Rafael Vieira
Presidente do Instituto Brasileiro de Direito e Religião – IBDR; Advogado (2004), professor, ensaísta e escritor; Mestrando em Direito Político e Econômico na Universidade Mackenzie – grupo de pesquisa: Cidadania, Constituição e Estado Democrático de Direito; Pós-graduado em Direito do Estado (UFRGS – 2005); Pós-graduado em Estado Constitucional e Liberdade Religiosa pelo Mackenzie, com estudos no Regent Park College de Oxford e na Universidade de Coimbra (2017); Pós-graduado em Teologia e Bíblia (ULBRA); Colunista da Gazeta do Povo; Colunista do Burke Instituto Conservador, Blog Voltemos ao Evangelho e Gospel Prime; Articulista da Revista de Teologia Brasileira – Vida Nova, Mensageiro Luterano, TGC Brasil e Instituto Liberal.

APRESENTAÇÃO

Com velocidade e intensidade que em regra exorbitam quaisquer prognósticos, inclusive os que se encontram expostos em cuidadosas formulações teóricas, as inovações tecnocientíficas, em virtude de seu contínuo processo de generalização para domínios da vida social cuja constituição é estranha à lógica e aos preceitos nos quais se fundamentam a racionalidade instrumental ou estratégica, podem ser consideradas como o ponto nevrálgico de nosso tempo. Com efeito, questões persistentes vinculadas aos campos da moral, da ética e do direito assumiram, com as exigências daí advindas, nova roupagem. Outras, dada a emergência que trazem consigo, impuseram ao pesquisador consciente a necessidade do reconhecimento da incompatibilidade entre o normativo e o plano em que se dão as possibilidades efetivas de decisão, autônomas ou não, e de ação. Nos deparamos, assim, com uma situação paradoxal. Ao mesmo tempo que podem propiciar a redução do sofrimento humano e ampliar o bem-estar material, as concretizações do saber científico constituem um caminho aberto para o aguçamento, em diferentes dimensões, de desigualdades prévias.

O cenário descrito suscita a pergunta: qual a direção e quais as consequências de tais avanços frente ao desafio que se coloca para a construção de um mundo com feições minimamente mais justas, cuja condição basilar consiste em garantir os direitos humanos, entre eles, o do exercício da dignidade? A essência mesma da interpelação nos encaminha para o campo transdisciplinar da Bioética, cujo potencial para suscitar debates o identifica. Seu enfoque concentra-se na perspectiva da vida ameaçada. O compromisso com o viver e com a manutenção da existência destaca que estamos a lidar com algo que se nega a ser propriedade exclusiva de qualquer ciência.

Da mesma forma, o fato de nos encontrarmos inseridos em um domínio cujo registro é anterior tanto ao próprio surgimento do termo Bioética – utilizado pela primeira vez nos anos 1920 pelo teólogo alemão Fritz Jahr, sob a pretensão, simultaneamente ambiental e antropológica, de embasar um conhecimento que se dirigisse à proteção de todos os seres vivos contra quaisquer danos ou ameaças infundados – quanto à sua retomada e popularização pelo oncologista americano Van Rensselaer Potter no início da década de 1970 em um contexto no qual a proposta do estabelecimento, com o foco no futuro, de uma ponte entre as assim denominadas ciências duras e as humanidades manifestava-se como uma resposta aos cada vez mais prováveis riscos resultantes da aplicação inconsequente da ciência e da tecnologia, ou seja, sugere a Bioética como uma 'ciência da sobrevivência', apta a combinar conhecimentos dos sistemas vivos com os sistemas de valores, objetivando garantir a sobrevivência do homem num mundo cada vez mais ameaçado.

Contudo, se por um lado, do ponto de vista da Bioética as respostas às ameaças oriundas da junção entre a ciência e a tecnologia foram sendo oferecidas por meio da elaboração de diferentes e importantes documentos internacionais, que consagravam os valores que a humanidade queriam ver resguardados, por outro, estes mesmos instrumentos foram se revelando frágeis diante do poder que a biotecnologia foi capaz de originar, sobretudo a partir do último quadrante do século XX, com o Projeto Genoma Humano. Este talvez represente o marco científico a partir do qual a vida passou a ser efetivamente instrumentalizada pela técnica, doravante, todo processo vital, aí inseridas desde as etapas mais incipientes do embrião humano, até os domínios finais da vida, todas tornaram-se alvo de intervenção e, por esta razão, passaram a reclamar o estabelecimento não apenas de diretrizes éticas, como também de limites jurídicos.

O Biodireito, quarta dimensão dos direitos humanos, passou a constituir a instância normativa adequada a informar as fronteiras a serem respeitadas quando o progresso científico representar um risco não apenas à dignidade humana, tal como elencada na Constituição Federal, mas também ao patrimônio genético das futuras gerações. Por estas razões, a presente obra vem iluminar questões atuais e complexas que surgem como resultado do desenvolvimento biotecnológico, não para obstaculizar a liberdade de pesquisa científica, valor igualmente elencado como direito fundamental, antes, porém, para assegurar que a biotecnologia, aliada ao modo capitalista de produção e a economia de mercado, sob a égide da quarta revolução industrial, dominante nestas primeiras duas décadas do século XXI, não se converta em uma nova ferramenta capaz de agravar um velho problema, qual seja, o da desigualdade e, com isso, subtrair do homem aquilo que lhe é essencial, isto é, a sua humanidade.

São Paulo, 23 de junho de 2020

Os Coordenadores

SUMÁRIO

1. **Avanços e desafios da edição gênica em seres humanos**
   Graziella Trindade Clemente 21

2. **A dignidade da pessoa humana: uma questão de mulheres e homens**
   Thiago Rafael Vieira
   Jean Marques Regina 39

3. **O conceito "Pessoa Humana" como princípio e fim da reflexão bioética**
   Marcelo Antonio da Silva 57

4. **A empatia na formação do médico – condição para o respeito aos direitos do paciente**
   Patricia Unger Raphael Bataglia
   Felipe Colombelli Pacca 75

5. **Inovação e pessoa com deficiência**
   Ana Cláudia Silva Scalquette
   Rodrigo Arnoni Scalquette 89

6. **Genômica e proteção de dados: desafios e oportunidades**
   Lara Rocha Garcia
   Daniele Dimas Ramos
   Erica Vanessa Micai 105

7. Eutanásia, um longo caminho a percorrer: os reflexos dos limites morais de sua prática nos protocolos médicos e na legislação brasileira
   Lia Cristina Campos Pierson 119

8. A legitimidade da criminalização da manipulação genética *stricto sensu*: um olhar a partir da teoria da incriminação e da teoria do delito
   Felipe Longobardi Campana 133

9. Do projeto t4 à edição genética: a ameaça eugênica aos direitos humanos e ao biodireito
   Flávio de Leão Bastos Pereira
   Renata da Rocha 161

10. Religião, espaço público e a delimitação ética da biogenética em Jürgen Habermas
    Fabiano de Almeida Oliveira 197

11. Bioética e humanização
    Antonio Cantero Gimenes 223

12. Doação de orgãos e o prestígio ao exercício de autonomia do doador: pouca luz e muita sombra
    Diogo Leonardo Machado de Melo 229

13. Bioética e direitos humanos: a dignidade da vida humana
    Daniela Jorge Milani 243

14. Paternalismo médico e autonomia do paciente
    Aluisio M. B. Serodio 263

15. Telemedicina e a desumanização das relações humanas
    Maria Garcia 275

16. Cuidados paliativos: uma visão filosófica
    Maria Antonia Lanzoni de Mello 285

17. **Autonomia, envelhecimento e decisões em saúde**
    Natalia Carolina Verdi   301

18. **A terminalidade da vida sob o olhar da bioética**
    Márcia Rodriguez Vásquez Pauferro   321

19. **Reflexões sobre o direito à vida e a dignidade da pessoa humana numa perspectiva Kantiana**
    José de Resende Júnior   339

1.
Avanços e desafios da edição gênica em seres humanos

Graziella Trindade Clemente

Introdução

Em meados da década de 1990, o desenvolvimento de técnicas de edição gênica destacou-se como marco revolucionário no campo da biotecnologia, ao possibilitar a modulação específica de trechos do DNA de seres vivos. Entretanto, foi somente a partir de 2012, com o implemento da moderna tecnologia CRISPR/Cas9 (*clustered regularly interspaced short palindromic repeats*), que se garantiu, de forma simples, acessível, rápida e eficiente a manipulação do DNA humano. Essa tecnologia passou, então, a representar ferramenta revolucionária no mapeamento de doenças graves, de caráter hereditário, na maioria das vezes incuráveis, gerando expectativa positiva no que se refere às medidas de prevenção e de criação de novas alternativas terapêuticas.

Inicialmente, a aplicabilidade da edição gênica restringiu-se à linhagem de células somáticas, o que significa dizer que ela se aplica à maioria das células de nosso organismo, ou seja, aquelas responsáveis pela formação dos diferentes tecidos e órgãos. Diferentemente da linhagem germinativa, a linhagem somática não tem o potencial de gerar gametas. Assim sendo, as modificações promovidas em seu material genético não se perpetuam nas futuras gerações. Ao contrário, afetarão apenas o indivíduo em si, jamais sua progênie.

Somente a partir de 2015, os debates se acirraram em torno da possibilidade de edição gênica de células da linhagem germinativa humana – ovócitos, espermatogônias – e embriões. Assim, de forma inédita, possibilitou-se a manipulação de sequências do DNA de embriões humanos.[1]

Considerando-se que a edição gênica de células germinativas é capaz de impactar o organismo do indivíduo como um todo, bem como de seus descendentes, essa técnica ainda é muito criticada por diferentes razões nas esferas biomédicas, bioéticas ou legais. Do ponto de vista específico, a possibilidade de promover mudanças permanentes no DNA, o que pode impactar as futuras gerações, tem justificado os intensos debates sobre o tema.

Nesse contexto, torna-se relevante discutir os avanços e desafios que essa nova tecnologia impõe, incluindo as indicações e benefícios da mesma, os riscos iminentes para a saúde da população, bem como, os riscos potenciais para as gerações futuras.

1. Edição Gênica – Técnica CRISPR/CAS 9

A técnica CRISPR/Cas9, que funciona como um "editor de texto genético", promove a correção ou exclusão de genes portadores de mutações relacionadas a doenças possibilitando, assim, desfazer ou silenciar os efeitos deletérios das mesmas. Essa ferramenta apresenta dispositivos de "reconhecimento" que possibilitam sua aderência às sequências específicas de nucleotídeos do DNA-alvo, e também, dispositivos de "clivagem", que permitem seccioná-los.[2]

O processo de edição divide-se em etapas, sendo a primeira relacionada ao reconhecimento e clivagem da molécula de DNA e, a segunda,

---

[1] LIANG, P., XU, Y., ZHANG, X., DING, C., HUANG, et al.: p. 363-372.
[2] CRISPR/Cas9 – Trata-se de complexo formado por enzima do tipo endonuclease (Cas9) guiada até a região específica da molécula de DNA (gene marcado) que se pretende editar, por meio de uma molécula de gRNA, programada para reconhecer a sequência específica do DNA. Assim, procede-se a substituição do fragmento de DNA, que possui a mutação, por sequência normal possibilitando a correção da desordem. A molécula de gRNA pode ser personalizada para reconhecer sequências específicas do DNA por meio de alteração de apenas 20 nucleotídeos. Dessa forma, genes específicos podem ser alvo do gRNA e, consequentemente, da Cas 9, o que propicia modificações precisas dos mesmos. REYES, A. and LANNER, F., p. 3-7.

destinada ao reparo da mesma. Uma vez seccionados os nucleotídeos, são acionados mecanismos celulares endógenos naturais de reparação do DNA. O processo de edição utiliza-se, então, desses recursos, para promover as modificações pretendidas. Assim, o reparo pode ocorrer por ligação das extremidades não homólogas (mecanismo útil quando se pretende silenciar a ação de genes) ou, também, por reparo dirigido por moldes. Nessa situação, é possível inserir, nas células, juntamente com a ferramenta de edição, moldes de DNA externo. Assim, pode-se fornecer moldes externos contendo genes selecionados, ao novo segmento de DNA a ser formado no local da clivagem.

1.1 Aplicações da técnica

A edição gênica, quando aplicada em pesquisas básicas, oferece grande vantagem, uma vez que gera conhecimento científico amplo que poderá contribuir para a saúde e bem estar dos seres humanos. Avanços nos estudos relativos ao papel da genética no desenvolvimento humano precoce incluem: esclarecimento dos mecanismos que justificam a diferenciação celular em modelos humanos; investigação do papel de alguns genes específicos nos momentos iniciais do desenvolvimento embrionário humano; compreensão da gênese de doenças genéticas propiciando o desenvolvimento de medicamentos específicos para essas doenças (utilizando modelo de células tronco embrionárias, que apresentam vantagens significativas sobre o modelo de células pluripotentes – mais diferenciadas); desenvolvimento de terapias gênicas importantes no tratamento de diferentes tipos de câncer (utilizando-se células tronco embrionárias para obtenção de resultados mais confiáveis), entre outros, são exemplos das possíveis indicações das pesquisas básicas nesse âmbito. Assim, mesmo considerando a possibilidade dos objetivos clínicos da edição gênica não serem alcançados, a relevância das pesquisas básicas, nessa área, é indiscutível.

Nota-se, portanto, que a edição gênica da linhagem germinativa, em pesquisas básicas,[3] pode garantir inúmeros benefícios: em curto prazo, por constituírem importante ferramenta no tratamento de doenças

---

[3] GYNGELL, C., FELLOW, M., DOUGLAS, T., SAVULESCU, J. p. 498-513.

monogenéticas[4] e, em longo prazo, por representarem ferramenta eficiente no combate de doenças poligênicas, multifatoriais e infecciosas.[5]

Com relação às pesquisas de aplicação clínica, é irrefutável a importância da edição gênica em embriões humanos na prevenção de doenças genéticas (6% das crianças recém-nascidas apresentam problemas genéticos importantes). Utilizando-se dessa técnica, é possível identificar os genes responsáveis por essas condições, o que implicaria na esperança de tratamento preventivo para essas doenças.

Muitos defendem ser desnecessário lançar mão de tal tecnologia, já que tanto a fertilização "in vitro", quanto a técnica de diagnóstico pré-implantação são eficientes em selecionar embriões não afetados por grande variedade dessas doenças evitando-se, dessa forma, nascimento de crianças portadoras de tais mutações. Entretanto, há uma série de situações em que a possibilidade de seleção de embriões viáveis é muito reduzida ou próxima de zero. Podem ser citados, como exemplos: casos em que há produção de apenas um embrião viável na fertilização "in vitro" quando, o mesmo, é portador de mutação monogênica; nas situações em que os pacientes são portadores de doenças genéticas autossômicas dominantes, apresentando duas cópias do gene com mutação; casos de doenças autossômicas recessivas, quando mesmo procedendo-se a seleção de embriões pela técnica de fertilização "in vitro" seguida de diagnóstico pré-implantação, não há como evitar a possível transmissão do gene com mutação para os descendentes do portador sadio;

---

[4] "Um distúrbio monogênico é aquele determinado principalmente pelos alelos de um único locus. Uma lista clássica de doenças monogênicas conhecidas, a Mendelian Inheritance in man, foi elaborada pelo falecido Victor A. McKusick e se tornou indispensável aos médicos geneticistas durante décadas (...). Um único gen ou par de genes frequentemente produz múltiplos efeitos fenotípicos diferentes em vários sistemas, com uma diversidade de sinais e sintomas acontecendo em diferentes momentos da vida (...) embora todas as manifestações da doença sejam originárias da mesma mutação". THOMPSON & THOMPSON. p. 546.

[5] "A herança complexa dos distúrbios multifatoriais comuns (...) tais doenças raramente resultam simplesmente da herança de um ou dois alelos de efeito maior em um único locus, como ocorre nos distúrbios mendelianos dominantes recessivos. Em vez disso, acredita-se que resultam de interações complexas entre diversas variantes genéticas que alteram a susceptibilidade à doença, combinadas com determinadas exposições ambientais e possíveis eventos causais, todos atuando em conjunto para desencadear, acelerar, ou proteger contra o processo da doença. Por essa razão, estes distúrbios são considerados de origem multifatorial, e a agregação familiar caracteriza um padrão que é referido como complexo". THOMPSON & THOMPSON p. 133-170.

situações em que ambos os pais são portadores do gene com mutação. Na maioria desses casos, mesmo utilizando-se as técnicas de fertilização "in vitro" e diagnóstico pré-implantação, seria necessário produzir quantidade significativa de embriões para garantir possível seleção de embrião saudável o que, na maioria dos casos, é inviável. Ademais, isso não garantiria que tal embrião ficasse livre de ser portador da mutação podendo, assim, transmiti-la a seus descendentes.[6]

A indicação clínica da edição incluiria, também, casos de doenças poligênicas, ou seja, em que vários genes apresentam mutações simultâneas. Especialmente nos casos em que há interferência de diferentes fatores ambientais, é muito difícil a seleção de um embrião viável. Nessas situações, inúmeras mutações gênicas se associam para caracterizar uma só doença, como, por exemplo, as que ocorrem em diferentes tipos de câncer nos quais mais de duzentos diferentes genes estão envolvidos. Nesse sentido, a edição gênica nas pesquisas, em longo prazo, pode tornar-se importante ferramenta, já que a técnica tem o potencial de promover múltiplas alterações gênicas simultâneas. É fato, entretanto, que isso dependerá do avanço dos estudos, para deixar de ser apenas uma expectativa. A gênese dessas doenças ainda não foi totalmente delineada, por isso há necessidade de se progredir com as investigações a fim de comprovar o possível potencial da técnica em reduzir sua incidência.

Até mesmo no âmbito das doenças infecciosas, a indicação clínica da edição gênica já é uma realidade. Alguns genes podem garantir aumento da resistência do indivíduo à infecção por diferentes patógenos. Nesse sentido, identificar tais genes para tentar amplificar seu efeito e aumentar a resistência a tais agentes, configuraria imunização efetiva.[7]

1.2 Desafios relativos às limitações da técnica

Nos embriões em estágio de pré-implantação submetidos à edição gênica pode ocorrer, de acordo com a técnica empregada, o mosaicismo.[8]

---

[6] CAVALIERI, G. p. 1-11.
[7] XU, L., YANG, H., GAO, Y., n. 8.
[8] "O mosaicismo é a presença em um indivíduo ou em um tecido de ao menos duas linhagens celulares geneticamente diferentes, porém derivadas de um único zigoto. As mutações que acontecem em uma única célula após a concepção, como na vida pós-natal, podem originar clones celulares geneticamente diferentes do zigoto original porque, devido à

O embrião mosaico resulta de um corte ineficiente do DNA pela nuclease e/ou por reparação inapropriada do mesmo. Assim, mesmo após edição, irão coexistir diferentes tipos de células, ou seja, as originais sem mutação (normais); as originais com mutação e as devidamente editadas (sem mutação). Logo, indivíduos mosaicos apresentam diferentes genomas.

No caso da linhagem germinativa, o mosaicismo, apesar de não determinar que o indivíduo seja afetado, não impede a transmissão dos genes com mutação para os descendentes. Embriões criados exclusivamente para fins de pesquisa, por sua vez, seriam os ideais do ponto de vista da técnica, já que encontram-se no estágio de zigoto ou mesmo antes da fertilização, fase em que o espermatozoide ainda se mantém com apenas uma cópia de DNA mutante, o que seguramente evita o mosaicismo.[9] Entretanto, a maioria dos países proíbe essa prática. As limitações se estendem também ao tempo disponível para proceder as investigações desses embriões "in vitro", já que não se permite cultivá-los além da segunda semana do desenvolvimento (limite de 14 dias). Essa tem sido discussão atual e relevante: a possível extensão desse prazo.[10]

Assim, diante de tais limitações, não se pode afirmar, ao certo, até que ponto os resultados comprovando índices relevantes de mosaicismo são devidos ao uso de embriões de qualidade duvidosa, utilização de técnicas mais antigas de edição gênica, ou ambos os fatores.

Entretanto, resultados promissores de estudos inéditos realizados em animais de laboratório, utilizando método especializado de edição gênica (CRISPR/Cas9/sgRNA), já comprovaram aumento significativo na efetividade preventiva do mosaicismo.[11]

Outra preocupação relevante inclui as modificações gênicas "off-target" que podem ocorrer de forma inesperada em decorrência da técnica. Com relação aos riscos associados às mutações não intencionais (mutações "off-target" ou fora do alvo) que podem ocorrer no genoma em decorrência da ação inespecífica e não pretendida da enzima Cas9, é importante estimar o dano para, assim, avaliar o real alcance

---

natureza da replicação do DNA, a mutação irá permanecer em todos os descendentes clonais dessa célula." THOMPSON & THOMPSON. p. 107-132.
[9] MA, H., MARTI-GUTIERREZ, N., PARK, SW., et al. p. 1-7.
[10] PERA, M., DE WERT, G., DONDROP, W., et al. p. 917-919.
[11] HASHIMOTO, M., YAMASHITA, Y., TAKEMOTO, T. p. 1-9.

da técnica.[12][13] Ocorrendo a mutação, tanto a técnica – CRISPR/Cas9 – quanto a origem dos embriões, poderiam justificar o efeito danoso indesejado. Assim, têm sido desenvolvidas técnicas que permitem analisar a eficiência da edição e o cálculo do efeito mutagênico correspondente a fim de se aumentar a segurança e acurácia das mesmas.[14]

Entretanto, merece destacar que quando a ferramenta de edição – CRISPR/Cas9 – foi utilizada no momento exato da fertilização, tanto o mosaicismo, quanto a ocorrência de modificações gênicas fora do alvo puderam ser efetivamente prevenidas.[15]

Assim, se a técnica for aprimorada a ponto de ser considerada como opção terapêutica, ela poderá ser, inclusive, utilizada em substituição à técnica de diagnóstico pré-implantação evitando-se, assim, o descarte dos inúmeros embriões excedentários resultantes desse processo. Por outro lado, deve-se considerar que a técnica de diagnóstico pré-implantação pode ter sua aplicação para análise da viabilidade do embrião quanto à ocorrência de mutação "off-target". Assim, após edição gênica, selecionar-se-ia o embrião com correto padrão de genoma para, então, realizar a implantação. Dessa forma, não se estaria negando o risco de dano, mas evitando que esse dano torne-se moralmente significativo (Ex: nascimento de embrião com altas taxas de mutação). Ao contrário, estudos realizados em embriões triploides negam tal risco pois, nesses casos, a edição gênica foi realizada em embriões que não tinham nenhum potencial para nascer (sofrem aborto espontâneo).[16][17]

Apesar das precauções em relação a esses possíveis efeitos danosos, salienta-se que pouco se conhece sobre o real risco das mutações, provocadas pela edição gênica, gerarem doenças. Sabidamente, o genoma pode tolerar quantidade significativa de mutações sem, necessariamente,

---

[12] Ma, H., Marti-Gutierrez, N., Park, SW., et al. p. 1-7.
[13] Em condições fisiológicas, erros ou falhas podem ser introduzidos durante a replicação ou reparação do DNA. Essas alterações podem também ocorrer em virtude da ação de agentes físicos ou químicos – denominados agentes mutagênicos. Thompson & Thompson. p. 43-56.
[14] Mutações *off-target* seriam aquelas não intencionais, que podem ocorrer no genoma em decorrência da ação não específica da enzima Cas9. Dessa forma, além do efeito pretendido, pode-se provocar também a mutação de algum outro gene de forma não esperada ou indesejada – Boel, A., Steyaert, W., De Rocker, N. et al. p. 30330.
[15] Ma, H., Marti-Gutierrez, N., Park, SW., et al. p. 1-7.
[16] Gyngell, C., Fellow, M., Douglas, T., Savulescu, J. p. 498-513.
[17] Liang, P., Xu, Y., Zhang, X., Ding, C., Huang, R., et al. p. 363-372.

representar risco de doença. No mesmo sentido, ressalta-se que, existindo o risco, esse parece inexpressivo, na maioria dos casos, diante da certeza das consequências devastadoras das doenças que se pretende tratar pela técnica da edição gênica. Deve-se considerar, também, que mutações estão constantemente sendo introduzidas na linha germinativa humana. Fatores ambientais, tratamentos medicamentosos, alimentos, idade reprodutiva, entre outros, geram mutação do genoma humano, não necessariamente suficientes para provocar risco às futuras gerações.[18]

Para reduzir tais riscos, os pesquisadores têm-se dedicado ao aprimoramento tecnológico produzindo guias de RNA e endonucleases Cas9 mais específicas e com maior fidelidade. Ademais, atualmente, já é possível proceder, de forma prática e eficiente, a análise das possíveis mutações "off-target" geradas após utilização da técnica CRISPR/Cas9, bem como calcular seu efeito mutagênico correspondente – ferramenta de bioinformática.[19] [20] [21] Em estudos utilizando-se a proteína Cas9 recombinante, foi possível aumentar a especificidade da enzima e reduzir seu tempo de exposição o que também provocou redução significativa na ocorrência do efeito "off-target".[22]

Esses avanços tecnológicos, com certeza, vêm contribuindo para maior segurança e acurácia da técnica de edição gênica. Conclui-se, pois, que o desenvolvimento de métodos que monitoram de forma mais eficiente a ocorrência do mosaicismo e das mutações "off-target", e que definem a frequência de ocorrência das mesmas, no modelo humano, constituem uma realidade.[23]

Assim, se as medidas de segurança/precaução em relação ao mosaicismo e às mutações "off-target" continuarem a ser adotadas, não tem como supor que tais riscos se intensifiquem em longo prazo, a ponto de justificar a proibição da técnica de edição em embriões humanos. Com os avanços tecnológicos, os riscos serão certamente superados pelos benefícios potenciais da edição gênica para as gerações futuras. É inegável

---

[18] ORMOND, K., MORTLOCK, D., SCHOLES, D., et al. p. 167-176.
[19] KLEINSTIVER, B., PATTANAYAK, M., TSAI, S., et al. p. 490-495.
[20] SLAYMAKER, I., GAO, L., SCOTT, D., et al. p. 84-88.
[21] BOEL, A., STEYAERT, W., DE ROCKER, N. et al. p. 30330.
[22] MA, H., MARTI-GUTIERREZ, N., PARK, SW., et al. p. 1-7.
[23] DE WERT, G., HEINDRYCKX, B., PENNINGS, G. et al. 2018.

que toda pesquisa médica impõe riscos de danos previsíveis e imprevisíveis aos participantes, sendo esses rotineiramente considerados sob o ponto de vista ético. Nesse contexto, supor tolerância zero ao risco seria equivalente a impedir qualquer inovação clínica.

Além disso, considerando-se que a técnica de edição gênica é CRISP/Cas9 utilizada com a finalidade de corrigir defeitos genéticos e restaurar a saúde em futuras crianças, é difícil visualizar como isso refletiria negativamente na dignidade humana.[24][25] Assim, dependendo da doença genética que se pretende evitar, o benefício para o indivíduo é existencial, já que, nesses casos, as limitações são tão graves que podem comprometer a qualidade de vida ou ela própria.[26]

1.3 Contradições da técnica

Preocupação recorrente, no que diz respeito à edição gênica de embriões humanos, relaciona-se ao seu uso indevido como ferramenta para aprimoramento humano, o que poderia ser configurado como prática eugênica.[27]

Nesse sentido, o aprimoramento torna-se preocupação na medida em que pode ser utilizado para reforçar o preconceito ou restringir a diversidade gênica nas futuras gerações, bem como estreitar o conceito de normalidade.[28]

Existem muitas expectativas em relação a utilização da técnica de edição com objetivo de se obter o aprimoramento genético "máximo" da espécie humana – "designer babies". Entretanto, estudos recentes comprovam que trata-se, ainda, de ficção científica na medida em que exigiria uma série de modificações complexas e simultâneas do DNA. Além disso, as características potencialmente desejáveis – alvo da

---

[24] CAVALIERI, G. p. 1-11.
[25] DE WERT, G., HEINDRYCKX, B., PENNINGS, G. et al. 2018.
[26] GYNGELL, C., FELLOW, M., DOUGLAS, T., SAVULESCU, J. p. 498-513.
[27] Práticas eugênicas são tentativas de se obter máximo aprimoramento genético humano, sem qualquer indicação médico-terapêutica. Essas técnicas podem ser classificadas como negativas, quando têm o objetivo de promover o melhoramento genético humano por meio da redução da possibilidade procriativa de indivíduos com características "socialmente indesejadas". Já, quando classificadas como positivas, objetivam estimular a procriação de indivíduos com características "socialmente desejáveis" – ORMOND, K., MORTLOCK, D., SCHOLES, D., et al. p. 167-176.
[28] ORMOND, K., MORTLOCK, D., SCHOLES, D., et al. p. 167-176.

edição- teriam que ser determinadas predominantemente pelo DNA, o que já ficou comprovado que nem sempre ocorre.[29]

Merece destacar que essas situações são consideradas como uso indevido da edição gênica em embriões humanos, não se tratando de indicação médica. Portanto, não deveriam ser utilizadas como argumento para justificar a proibição do uso da técnica quando essa apresenta finalidade preventiva-terapêutica.[30] [31]

Sabe-se que muitas técnicas utilizadas na medicina tem a finalidade de aprimoramento, embora isso não seja razão suficiente para proibir ou restringir seu uso (Ex: cirurgias plásticas, diagnóstico pré-implantação). Portanto, não existe motivo para supor que com a técnica da edição gênica seria diferente.

1.4 Controvérsias quanto às regulamentações da técnica

O consenso global no sentido de não se permitir a edição gênica de células germinativas humanas ainda é uma realidade. Mesmo levando-se em consideração a variação dos diferentes sistemas regulatórios atualmente em vigor no mundo, sua proibição, na maioria dos países, é evidente, seja por basear-se nos regulamentos que regem a técnica de reprodução assistida, seja por confrontar-se com princípios da bioética, ou, até mesmo, pela ausência de regulamentação específica (casos em que se utilizam as regras convencionais de engenharia genética).

Os regulamentos variam não só entre os diferentes países, mas, também dependem do modelo de estudo utilizado. Assim, temos regulamentações distintas se considerarmos edição de células somáticas ou embriões/linhagem germinativa. Como a modificação gênica de células germinativas é capaz de impactar o organismo do indivíduo como um todo, bem como de seus descendentes, essa técnica ainda é muito criticada seja por razões biomédicas, seja por razões bioéticas ou legais. Apesar dos benefícios terapêuticos que podem advir do seu uso, a possibilidade de promover mudanças permanentes no DNA de células com capacidade de transmitir essas informações para as futuras gerações, tem justificado os intensos debates sobre o tema.[32]

---

[29] JANSSENS, A.C.J.W. p. 1186-1187.
[30] DE WERT, G., HEINDRYCKX, B., PENNINGS, G., et al. 2018.
[31] GYNGELL, C., FELLOW, M., DOUGLAS, T., SAVULESCU, J. p. 498-513.
[32] ISHII, T. p. 1-11.

1. AVANÇOS E DESAFIOS DA EDIÇÃO GÊNICA EM SERES HUMANOS

Na Europa, a Convenção de Oviedo deixa explícitas as restrições à criação de embriões humanos para pesquisa – 29 países ratificaram cabendo, a cada um, respeitando-se a convenção, criar as próprias leis para regulamentar o tema. Nesses termos, a modificação do genoma humano está limitada às condições de diagnóstico, prevenção ou tratamento, desde que não promova modificação no genoma dos descendentes, e que se respeite a proibição quanto à aplicação clínica restrita à reprodução.[33][34]

Com relação à regulamentação das modificações promovidas na linhagem reprodutiva humana, as restrições são ainda mais contundentes. Dependendo da distinção entre a aplicação das pesquisas (básicas ou clínicas) define-se quanto à sua proibição ou não. Entretanto, a ambiguidade torna-se ainda mais evidente pois, nos países em que se permite pesquisas básicas, condiciona-se essa prática à destruição dos embriões modificados.

Como já foi comprovado, a edição gênica de embriões humanos deve ocorrer nos primeiros estágios do desenvolvimento de embriões normais, para que se possa garantir acurácia da técnica. Além disso, é evidente que, nessas situações, promove-se a modificação no genoma dos descendentes. Nesses termos, as pesquisas tornam-se impossíveis em número significativo de países europeus.

Contudo, ocorre maior aceitabilidade se a edição gênica de embriões humanos processa-se no contexto de pesquisas básicas sem finalidade clínica como, por exemplo, na reprodução, desde que comprovada a destruição dos embriões modificados.

Assim, enquanto numa minoria de países signatários da Convenção de Oviedo não existe proibição categórica para tais pesquisas (apenas coíbe-se práticas eugênicas), na maioria, a aplicação clínica da edição de células germinativas é proibida.

Existem ainda alguns países em que se permite utilizar a técnica de transferência de mitocôndrias, aceitando a possibilidade de produção de embriões com a finalidade de pesquisa. Em vários países signatários

---

[33] Convenção de Oviedo – Intervenções sobre o genoma humano – Artigo 13 "Uma intervenção que tenha por objeto modificar o genoma humano não pode ser levada a efeito senão por razões preventivas, de diagnóstico ou terapêuticas e somente se não tiver por finalidade introduzir uma modificação no genoma da descendência."
[34] PEREIRA, A.D. p. 5-28.

da Convenção de Oviedo, entretanto, quando tais práticas são permitidas, elas só podem ocorrer em embriões excedentários do processo de fertilização in vitro.

No contexto brasileiro, a questão é enfrentada pela Lei de Biossegurança (Lei 11.105/2005) que regula as atividades que envolvam organismos geneticamente modificados, estabelecendo normas de segurança e mecanismos de fiscalização, e proibindo, expressamente, no inciso III de seu artigo 6º, a engenharia genética em célula germinal humana, zigoto humano e embrião humano.[35]

Esses exemplos comprovam a necessidade de se adaptar a legislação vigente ao dinamismo técnico-científico, pois novas demandas vão surgindo e necessitam ser devidamente regulamentadas. Além disso, é preciso solucionar a diversidade e, até mesmo, a ambiguidade legislativa a fim de possibilitar avanços seguros, responsáveis e promissores.[36]

É imprescindível destacar que o caráter globalizado da biotecnologia torna seu controle desafiador. Tendo em vista que as políticas divergem entre países, cujas regulamentações podem ser mais permissivas ou restritivas, intensifica-se a preocupação com as práticas de turismo médico. Nessa situação, pessoas deslocam-se de seu local de origem, especificamente em busca de serviços de saúde disponíveis somente em outras localidades, sem ao menos se preocuparem com os casos de mercados pouco regulados ou, até mesmo, ilegais.[37]

Assim, fica cada vez mais evidente que tais procedimentos exigem regulamentação específica, precisa e atualizada, carecendo de proteção jurídica específica. Nesse contexto, ressalta-se a importância do reconhecimento do Biodireito – um novo ramo do Direito, representando uma quarta dimensão dos direitos humanos, que por meio de abordagem multidisciplinar, visa delinear os limites de licitude do progresso

---

[35] Brasil. Lei nº 11.105, de 24 de março de 2005. Estabelece normas de segurança e mecanismos de fiscalização sobre organismos geneticamente modificados e seus derivados, e da outras providencias [Internet]. Diário Oficial da União. Brasília, 28 de março de 2005 [acesso 25 de Outubro de 2019]. Disponível: https://bit.ly/2MXryXb.
[36] BERIAN, I. p. 669-679.
[37] National Academies of Sciences, Engineering and Medicine. International summit on human gene editing: a global discussion [Internet]. Washington: The National Academies Press; 2015 [acesso 26 de Outubro de 2019]. p. 1-8, DOI: 10.17226/21913.

científico do ponto de vista da exigência ética e da aplicação do valores morais na práxis biomédica.[38][39][40]

2. Desenvolvimento técnico-científico e análise de riscos

Na perspectiva de que a produção do conhecimento impõe um desenvolvimento técnico-científico cada vez mais célere, ampliam-se as discussões em relação aos dilemas bioéticos, riscos potenciais à saúde, bem como as possibilidades de reparação de danos oriundos dos eventuais efeitos colaterais dessas técnicas.

Tendo em vista os riscos potenciais que acompanham as técnicas tidas como inéditas, como no caso da técnica CRISPR/Cas9, torna-se oportuna a discussão sobre a possível previsibilidade e causalidade de tais riscos considerados como imprevisíveis e de causa incerta, ou seja, aqueles que, apesar de imperceptíveis de imediato, representam ameaça latente caracterizando riscos desconhecidos ou de causa ignota.

Destaca-se, portanto, o princípio da precaução – figura recorrente nos debates sobre impactos difíceis de mensurar e potencialmente catastróficos, como forma de avaliar e manejar tais riscos.

Esse princípio determina que ações preventivas sejam tomadas em relação a tecnologias cujos efeitos não sejam completamente conhecidos. Pretende-se, desse modo, o gerenciamento do estado de incerteza quanto ao risco e determina-se medida proativa no sentido de anteceder o dano.

Entretanto, analisando-se a hipótese na qual riscos desconhecidos emergem da utilização da técnica CRISPR/Cas9, alguns desafios na aplicabilidade desse princípio se impõem. Destaca-se, a limitação referente à possibilidade de se realizar análise referida de forma abstrata, pois a mesma fundamenta-se na possibilidade de avaliação de uma multiplicidade de casos semelhantes. Assim sendo, somente de posse de elementos técnicos objetivos, pode-se inferir se determinado evento danoso é efeito esperado ou razoável de certa atividade.

Outro aspecto que dificulta a aplicabilidade do princípio da precaução é o fato da casuística ser mínima em relação a técnica CRISPR/Cas9.

---

[38] Sa, M. F. F.; Naves, B. T. p. 9.
[39] Costa-Martins, J. p. 91-93.
[40] Rocha, R. 224 p.

Isso se justifica devido aos impedimentos ora impostos à aplicabilidade da técnica, além de seu ineditismo e extremo dinamismo. Desde sua criação, o aprimoramento da técnica tem sido cotidiano, o que contribui para dificultar a utilização dos critérios de probabilidade e razoabilidade ao se estabelecer a vinculação entre aquela atividade que se coloca no início do dano e o dano injusto no caso concreto.

Assim, a precariedade da função precaucional ora vigente face aos riscos potenciais impostos pelas avançadas técnicas de edição gênica, torna essencial a discussão ampliada desse tema o que implica na necessidade de conceber novas estratégias de enfrentamento diante do desafio: "novos riscos".[41]

3. Controvérsias quanto à autonomia reprodutiva e os impactos sociais

Considerando-se a realidade reprodutiva de futuros pais com alto risco de terem filhos afetados por sérias doenças genéticas, pode-se dizer que com a técnica de edição gênica cria-se mais uma alternativa reprodutiva estendendo as opções e, assim, garantindo maior autonomia reprodutiva aos mesmos.[42]

Na realidade, o que ocorre é bem mais do que oferecer uma ferramenta tecnológica adicional para reprodução assistida, pois o que se oferece é opção, nos casos em que todas as outras técnicas falharam, de garantir filhos biológicos saudáveis, bem como seus descendentes.[43]

Outro aspecto, pertinente ao tema, seria a discussão em torno das questões éticas de repercussão social, relativas à técnica de edição gênica em embriões humanos. Assim, faz-se necessário analisar as práticas eugênicas, o aprimoramento e a questão da acessibilidade a tais tecnologias.

Uma preocupação comum, no que diz respeito à edição gênica de embriões humanos, relaciona-se ao seu uso como ferramenta para aprimoramento humano, e não apenas para prevenir e tratar doenças. Nesse sentido, o aprimoramento torna-se preocupação na medida em que pode ser utilizado para reforçar o preconceito ou restringir a diver-

---

[41] CLEMENTE, G.T; p. 301-317.
[42] DE WERT, G., HEINDRYCKX, B., PENNINGS, G. et al.: "Responsible innovation in human germline gene editing: Background document to the recommendations of ESHG and ESHRE," **European Society of Human Genetics**, 2018.
[43] CAVALIERI, G.: p. 1-11.

sidade gênica nas futuras gerações, bem como estreitar o conceito de normalidade.[44]

De toda forma, o risco dessas práticas é inegável, o que enfatiza a necessidade da pesquisa continuada e da cuidadosa regulamentação de quaisquer de suas aplicações.[45]

Outro aspecto importante a ser analisado é a acessibilidade à técnica. É notório que quando implementadas clinicamente, essas técnicas, certamente, irão representar custo elevado o que pode, inclusive, dificultar sua oferta via planos de saúde. Mesmo que a edição gênica, por si, não seja técnica dispendiosa, para sua implementação clínica é necessário associá-la às técnicas de reprodução assistida, fertilização "in vitro" e diagnóstico pré-implantação que, sabidamente, são onerosas. Assim, inevitavelmente, esse fato poderá limitar o acesso de alguns grupos sociais a essa tecnologia criando-se, desta forma, desigualdade de oportunidades.[46] [47]

Não só as diferenças socioeconômicas mas, também, as culturais e intelectuais podem influenciar na acessibilidade à essas terapias, pois são aspectos que interferem na questão do entendimento e aceitação da indicação clínica da edição gênica.[48]

Entretanto, essas questões de acessibilidade podem ser atenuadas, em grande parte, pelos programas de saúde pública – investimento de recursos públicos; o patenteamento e comercialização da técnica. Certamente, a inequidade social deve ser algo a ser combatido, mas jamais uma justificativa para impedir o avanço dessa tecnologia.

Conclusões

A técnica de edição gênica (CRISPR/Cas9) é considerada um dos maiores avanços da ciência na era moderna. Por meio desta técnica é possível

---

[44] ORMOND, K., MORTLOCK, D., SCHOLES, D., BOMBARD, Y., BRODY, L., FAUCETT, W. et al p. 167-176.
[45] GYNGELL, C., FELLOW, M., DOUGLAS, T., SAVULESCU, J., p. 498-513.
[46] VASSENA, R., HEINDRYCKX, B., PECO, R. et al.: Genome engineering trough CRISPR/Cas9 technology in the human germline and pluripotent stem cells, **Human Reproduction – update advanced acess**, 2016.
[47] DE WERT, G., HEINDRYCKX, B., PENNINGS, G. et al.: "Responsible innovation in human germline gene editing: Background document to the recommendations of ESHG and ESHRE," **European Society of Human Genetics**, 2018.
[48] ORMOND, K., MORTLOCK, D., SCHOLES, D., et al: p. 167-176.

manipular o DNA humano, o que constitui ferramenta revolucionária no mapeamento de doenças graves, de caráter hereditário, frequentemente incuráveis. O assunto, embora polêmico em relação aos aspectos éticos, traz consigo uma gama imensa de possibilidades que vão desde indicações preventivas até terapêuticas em diferentes afecções monogênicas hereditárias e distúrbios poligênicos.

Seu papel não se limita às doenças hereditárias, mas é muito mais abrangente uma vez que a edição gênica pode interferir na resistência do sistema imunológico favorecendo o combate aos agentes etiológicos de diferentes doenças infecciosas graves. Sua contribuição para a compreensão da gênese das doenças genéticas e do desenvolvimento embrionário humano é inquestionável.

Ainda assim, é preciso refletir sobre as controvérsias, explicitando as dúvidas inerentes à técnica, enfrentando os debates técnicos e com toda a sociedade. Os argumentos teóricos devem ser, sem dúvida, considerados, respeitados e avaliados dentro de valores éticos bem fundamentados mas não devem constituir empecilhos incontornáveis. Diálogos interdisciplinares serão sempre necessários e desejáveis no sentido de ponderar as regras já existentes, delinear e estabelecer novos paradigmas objetivando promover as adequações pertinentes.

Referências

BERIAN, I. *Legal issues regarding gene editing at the beginning of life: an EU perspective.* Regenerative Medicine, v. 12, n. 6, p. 669-679, 2017.

BOEL, A., STEYAERT, W., DE ROCKER, N. et al. *BATCH-GE: batch analysis of next generation sequencing data for genoma editing assessment.* Sci Rep., n. 6, p. 30330, 2016.

Brasil. Lei nº 11.105, de 24 de março de 2005. *Estabelece normas de segurança e mecanismos de fiscalização sobre organismos geneticamente modificados e seus derivados, e da outras providencias* [Internet]. Diário Oficial da União. Brasília, 28 de março de 2005 [acesso 25 de outubro de 2019]. Disponível: https://bit.ly/2MXryXb.

CAVALIERI, G. *Genome editing and assisted reproduction: curing embryos, society or prospective parents?* Medicine, Health Care and Philosophy, p. 1-11, 2017.

CLEMENTE, G.T; Responsabilidade Civil, Edição Gênica e o CRISPR. *In* ROSENVALD, N; DRESH, R.F.V; WESENDONCK, T. *Responsabilidade Civil – Novos Riscos.* 1ª ed. SP: Editora Foco, Cap 4, p. 301-317, 2019.

Convenção de Oviedo – Intervenções sobre o genoma humano – Artigo 13 *"Uma intervenção que tenha por objeto modificar o genoma humano não pode ser levada a efeito* senão por razões preventivas, de diagnóstico ou terapêuticas e somente se não tiver por finalidade introduzir uma modificação no genoma da descendência."

COSTA-MARTINS, JUDITH. *Bioética e Dignidade da Pessoa Humana: Rumo à Construção do Biodireito In Estudos de Direito da Bioética*. Volume II. Coimbra: Almedina, p. 91-93, 2008.

DE WERT, G., HEINDRYCKX, B., PENNINGS, G. et al. *Responsible innovation in human germline gene editing: Background document to the recommendations of ESHG and ESHRE*. European Society of Human Genetics, 2018.

GYNGELL, C., FELLOW, M., DOUGLAS, T., SAVULESCU, J. *The ethics of germline gene editing*. J Appl Philos., n. 34(4), p. 498-513, 2017.

HASHIMOTO, M., YAMASHITA, Y., TAKEMOTO, T. *Eletroporation of Cas9 protein/sgRNA into early pronuclear zygotes generates non-mosaic mutants in the mouse*. Dev Biol., n. 418, p. 1-9, 2016.

ISHII, T. *Germ line genome editing in clinics: the approaches, objectives and global society*. Briefings in Functional Genomics, p. 1-11, 2015.

JANSSENS, A.C.J.W.: *"Designing babies through gene editing: science or science fiction?"*, Genet Med. n. 18, p. 1186-1187, 2016.

KLEINSTIVER, B., PATTANAYAK, M., TSAI, S., et al. *High fidelity CRISPR-Cas9 (nucleases with no detectable genome-wide off-target effects*. Nature, n. 529, p. 490-495, 2016.

LIANG, P., XU, Y., ZHANG, X., DING, C., HUANG, R., et al. *CRISPR/Cas9-mediated gene editing in human tripronuclear zygotes*, Protein Cell, v. 6, n. 5, p. 363-372, 2015.

MA, H., MARTI-GUTIERREZ, N., PARK, SW., et al. *Correction of a pathogenic gene mutation in human embryos*. Nature, p. 1-7, 2017.

NATIONAL ACADEMIES OF SCIENCES, *Engineering and Medicine. International summit on human gene editing: a global discussion* [Internet]. Washingtong: The National Academies Press; 2015 [acesso 26 de outubro de 2019]. p. 1-8, DOI: 10.17226/21913.

ORMOND, K., MORTLOCK, D., SCHOLES, D., et al. *Human Germline Genome Editing*. The American Journal of Human Genetics, n. 101, p. 167-176, 2017.

PERA, M., DE WERT, G., DONDROP, W., et al. *What if stem cells turn into embryos in a dish?* Nat Methods, n. 12, p. 917-919, 2015.

PEREIRA, A.D. *Gene editing: a challenge for homo sapiens*. Medicine and Law, n.36, v. 4, p. 5-28, 2017.

REYES, A. and LANNER, F., *"Towards a CRISPR view of early human development: applications, limitations and ethical concerns of genome editing human embryos"*, The Company of Biologists, n.144, p. 3-7, 2017.

ROCHA, R. *Fundamentos do Biodireito*. Salvador: Editora JusPodivm, p. 224, 2018.

SA. M. F. F.; NAVES, B. T. O. Manual de Biodireito. Belo Horizonte: Del Rey, p. 9, 2009.

SLAYMAKER, I., GAO, L., SCOTT, D., et al. *Rationally engeneered Cas9 nucleases with improved specificity. Science*, n. 351, p. 84-88, 2015.

THOMPSON & THOMPSON. *Genética Médica: Diversidade genética humana: mutação e polimorfismo*. Rio de Janeiro: Elsevier, p. 43-56, 2016.

THOMPSON & THOMPSON. *Genética Médica: Padrões de herança monogênica*. Rio de Janeiro: Elsevier, p. 107-132, 2016.

THOMPSON & THOMPSON. *Genética Médica: A herança complexa dos distúrbios multifatoriais comuns*. Rio de Janeiro: Elsevier, p.133-170, 2016.

THOMPSON & THOMPSON. *Genética Médica*. Rio de Janeiro: Elsevier, p. 546, 2016.

VASSENA, R., HEINDRYCKX, B., PECO, R. et al.: "*Genome engineering trough CRISPR/Cas9 technology in the human germline and pluripotent stem cells, Human Reproduction – update advanced acess*, 2016.

XU, L., YANG, H., GAO, Y., et al. *CRISPR/Cas9 – mediated CCR5 ablation in human hematopoietic steam/progenitor cells confers HIV-1 resistance in vivo*. American Society of Gene & Cell Therapy, v. 25, n. 8, 2017.

2.
A dignidade da pessoa humana: uma questão de mulheres e homens

Thiago Rafael Vieira
Jean Marques Regina

Introdução: A concepção pós-moderna de vida humana

> "Por favor, com o intuito de evitar vergonha alheia, parem de comparar fetos e bebês com apêndices, montes de células e parasitas intestinais. Nenhum apêndice um dia olhará você nos olhos e pedirá colo, abraço ou beijo. Monte de células é uma cutícula que você arranca quando corta a unha. Parasitas intestinais, como lombrigas, por exemplo, não têm placenta e cordão umbilical."[1]

A vida humana tornou-se sinônimo de objeto de mercado. Chegamos a um ponto em que a vida foi subvertida em conceito passível de valoração, com parâmetros variáveis, valendo o que uma comunidade militante venha a definir como prioridade sobre ela. Funciona da seguinte forma: se uma visão política tem por fim promover a emanci-

---

[1] Neto, Hélio Angotti. *Disbioética – Volume III: O extermínio do amanhã*. Brasília: Editora Monergismo, 2018, p. 61.

pação do homem e da mulher, sua pauta deverá ser atendida, mesmo que, empiricamente, tal predileção atinja fatalmente a dignidade da pessoa humana. Tudo em nome de uma nova ética progressista, gnóstica, e sobretudo, humanista deísta.

O termo humanismo deísta serve para designar uma sociedade em que o homem passa a fazer o papel de Deus, em uma espécie de auto absorção absoluta. Trata-se de um modelo de sociedade em que o indivíduo alcança a posição suprema de ser o seu próprio deus, não precisando de qualquer limitador – inclusive aqueles presentes na legislação civil e penal – para regular suas ações. Até mesmo o ato/fato de falar em Deus ou escrever sobre Ele em um artigo como este pode ser visto como um grave erro acadêmico, uma desqualificadora de seu conteúdo, mas escreveremos assim mesmo, pois, como ensinava C.S. Lewis: "Creio no cristianismo assim como creio que o sol nasceu, não apenas porque o vejo, mas porque por meio dele eu vejo tudo mais[2]".

Uma das pautas deste processo de consolidação da liberdade absoluta – em que o exercício da vontade e das palavras é ilimitado – está em uma espécie de flexibilização ao princípio universal da dignidade da pessoa humana. Primariamente, há uma organização para despersonalizar a vida humana, mudando as premissas da medicina e da própria filosofia e, até mesmo da linguagem. Aqui não estamos tratando [ainda] de um grupo político, defendendo com bases subjetivas, que haja uma mudança na perspectiva da comunidade sobre a irredutibilidade da vida humana.

Para iniciar, observaremos as palavras de um médico, vencedor de Nobel, e que fez parte do grupo responsável pela descoberta da estrutura molecular do DNA, o Dr. James D. Watson. Ele defende que os médicos tenham o direito de matar crianças que nasçam com alguma deformidade – opor-se a esse fato torna-se o problema, segundo suas palavras:

> Nossa sociedade ainda não encarou este problema. Numa sociedade primitiva, se você percebe que uma criança nasceu deformada, você abandoná-la-ia numa encosta. Hoje em dia isto não é permitido, e com nossa medicina melhorando cada vez mais no sentido de ser capaz de manter

---

[2] Lewis, C.S. *O Peso da glória*. Trad. Estevam Kirschner. Thomas Nelson Brasil: Rio de Janeiro, 2017, p. 138.

pessoas doentes vivas por mais tempo, estaremos produzindo mais pessoas que vivem vidas miseráveis. Eu não vejo como você faz com que uma sociedade mude numa questão tão básica quanto esta; ninguém considera o infanticídio como algo leviano. Felizmente, nestes dias, por meio de técnicas como amniocentese, os pais podem saber de antemão se seus filhos serão normais e saudáveis ou irremediavelmente deformados. Eles podem optar por ter a criança ou por um aborto terapêutico. [...] Se uma criança não fosse declarada como viva até três dias após o nascimento, então todos os pais poderiam ter autorização de escolher aquilo que somente uns poucos podem no atual sistema. O doutor poderia permitir que a criança morresse, caso os pais assim optassem, poupando dessa forma muita miséria e sofrimento. Acredito que essa perspectiva é a única atitude racional, compassiva, para se ter[3].

Trata-se de uma despersonalização voyeurística: uma vez que a vida humana não é nada além de um objeto, ela também está sujeita a uma descapitalização, ou seja, a disposição da vontade do cientista, que poderá manipular do modo que bem entender. Já que o homem é deus sobre si mesmo, sua decisão sobre dar cabo a uma vida humana deformada deve ser considerada como válida. A deformidade é tratada como um embaraço a felicidade humana.

A dignidade da pessoa humana perde sua primeira camada, quando um ser humano é nivelado pela sua saúde e estado físico.

Assim como questões de deformidade são consideradas como justificativa para um "aborto terapêutico[4]", também encontraremos o quesito consciência como critério para tratar sobre a vida humana. Segundo o filósofo Peter Singer, uma mulher não deve ser obrigada a continuar uma gravidez que não deseja já que "não há um ser consciente envolvido" e que não sente dor. Ainda conforme sua opinião, os animais são conscientes e capazes de sentir dor, e portanto, não deveriam ser maltratados pelos humanos carnívoros.

Em suma, na alçada de Singer, os animais são sujeitos de direito, enquanto o feto não é, porque, segundo sua perspectiva política, não

---

[3] WATSON, James D. *"Children from the Laboratory"*, Prism 1, no. 2 (May,1973): 12s. Disponível em: <http://libgallery.cshl.edu/items/show/52538> Tradução Livre.

[4] No Brasil, já é previsto o aborto terapêutico ou necessário, na hipótese de risco de morte da mãe, como excludente de culpabilidade previsto no artigo 128, I do Código Penal.

biológica[5], "o feto não sente nada". Sua ideia de "altruísmo eficaz" só é válida para os animais e para seres humanos que gozam da totalidade de sua consciência. Sua preferência pelo sentimento dos animais e sua fria definição que alega o valor da vida de alguém pelo sentido e pela consciência, é explorada de uma forma bem peculiar, tomando por base o pensamento de Jeremy Bentham, que Singer faz questão de citar em suas obras, por compartilhar do mesmo pensamento, senão vejamos:

> Talvez chegue o dia em que o restante da criação animal venha a adquirir os direitos dos quais jamais poderiam ter sido privados a não ser pela mão da tirania. [...] Mas, para lá de toda comparação possível, um cavalo ou um cão adultos são muito mais racionais, além de bem mais sociáveis, do que um bebê de um dia, uma semana, ou até mesmo um mês.[6]

A concepção utilitarista de Singer é uma expressão do pensamento pós-moderno a respeito de vida humana. Para que o prazer seja garantido, sem o peso da responsabilidade e sem o receio de cometer um ato reprovável socialmente, é função dos novos formadores de opinião reprogramar o pensamento humano para entender como certo aquilo que, empiricamente, é errado. O Dr. Hélio Angotti Neto, membro do Center for *Bioethics and Human Dignity* (Global Scholar do CBHD), descreve resumidamente o cenário que permeia a filosofia abortista:

> Diante da atual insensibilidade aos sofrimentos do feto e da falta de consideração pelo mais frágil ser humano, não estranhe se cada vez mais nos tornarmos insensíveis aos sofrimentos e dores de crianças e adultos. Se nos tornarmos incapazes de enxergar a humanidade do feto ou da

---

[5] "Já sabemos, por exemplo, que a organização básica do sistema nervoso é estabelecida aos 28 dias após a concepção (4 semanas), com a formação dos primeiros neurônios no neocórtex que já começam a funcionar na qualidade de rede neuronal na sétima semana. Em relação à recepção de dor, já se observam receptores – chamados nociceptores – na região ao redor da boca nas 5 semanas após a concepção. Na nona semana, já há nociceptores em toda a face, na palma da mão e na planta do pé. Antes disso, nas 6 semanas, o feto responde ao toque." (NETO, Hélio Angotti. Op., cit.,p. 51-52. c/c BRUSSEAU, R. "*Developmental Perspectives: Is the Fetus Conscious? International Anesthesiology Clinics*, 46 (3), 2008, p. 11-23).

[6] BENTHAM, Jeremy. *Uma introdução aos princípios da moral e da legislação*. Tradução Luiz João Baraúna. 2ª ed. São Paulo: Abril Cultural, 1979. apud SINGER, Peter. *Ética prática*. Tradução Jeferson Luiz Camargo. 3ª ed. São Paulo: Martins Fontes, 2002a, p. 66-67.

criança, em breve seremos incapazes de enxergar o mesmo em nossos vizinhos e parentes. A sociedade mergulhará em um pesadelo desumano e utilitário despersonalizado.[7]

Criam-se pré-requisitos para legitimar o aborto e a eutanásia, aonde "embrião, o feto, a criança com grave deficiência mental, a até mesmo o recém-nascido, [...] nenhum deles têm consciência de si, nem têm sentido de futuro, nem são capazes de se relacionar com os demais"[8]. Apenas quando a consciência e o desejo de querer viver estão plenamente desenvolvidos em alguém, é que teremos um ambiente receptível para o direito à vida, segundo o pensamento de Singer:

> Se o direito à vida é o direito de continuar existindo como entidade distinta, então o desejo que é relevante para o direito à vida é o desejo de continuar existindo como entidade distinta. Só um ser capaz de conceber a si mesmo como entidade distinta no tempo, ou seja, só uma pessoa, poderia ter esse desejo. Por conseguinte, só uma pessoa poderia ter direito à vida.[9]

O direito à vida agora está sujeito a condicionantes: trata-se de um processo de revolução afetiva[10] do conceito de dignidade da pessoa humana. A pele de ovelha chamada de utilitarismo (filosofia que dissemina o prazer e afasta o que provoca a dor), esconde a face macabra da despersonalização do ser e promete às mulheres uma vida de liberdade, emancipação e representatividade, por meio da metodologia do "self". Como ensina Charles Taylor, a construção da identidade moderna mudou as perspectivas gerais de identidade, além de se pautar no abandono do bem comum.

---

[7] NETO, Hélio Angotti. Op., cit., p. 53.
[8] SINGER, PETER. *Vida Ética: Os melhores ensaios do mais polêmico filósofo da atualidade*. Tradução Alice Xavier. Rio de Janeiro: Ediouro 2002b, p. 164.
[9] SINGER, Peter. Op., cit., 2002a, p. 173-174.
[10] Conceito desenvolvido pelo professor **Guilherme de Carvalho** para explicar como o bem máximo na concepção pós-moderna está estritamente ligado ao prazer e aos afetos particulares da pessoa, acentuando-se um processo de introversão, abandono do bem comum e subjetivismo. Veja mais em: *Afetividade e Moralidade: Jonathan Haidt e o Mapa do Conflito* – Guilherme de Carvalho. Disponível em: <https://www.youtube.com/watch?time_continue=8&v=PBwf8pD98jE> Acesso em 03/09/2019, às 14h49min.

Por isso, estamos diante de um processo de psicologização e introversão das políticas de Direitos Humanos[11] que alcançou a [agora tratada como] pauta da vida humana: ela deixa de ser um instituto primário, direito inalienável no sentido puro e simples, e passa a dispor nas mãos de uma sociedade introversa, a saber, que elenca a opinião pessoal da mãe e do pai como instrumento demissionário para negar a continuidade à vida.

Importa saber que este processo vem acarretando uma subversão jurídica para afastar os critérios objetivos e amplos do alcance da dignidade da pessoa humana sobre a vida, como se fossem atributos que podem ser manuseados livremente, a depender da definição de prazer que os pais carregam consigo e de como eles querem construir uma vida de felicidade, mesmo que isso implique em abandono da responsabilidade:

> De certo modo, falar de um direito universal e natural à vida não parece muita inovação. A mudança parecer ser uma questão de forma. A maneira anterior de expressar o tema era que existe uma lei natural contra tirar a vida de inocentes. Ambas as formulações parecem proibir as mesmas coisas. A diferença, porém, não está no que é proibido, mas no lugar do sujeito. A lei é aquilo que devo obedecer. Ela pode me assegurar alguns benefícios, no caso a imunidade de que também minha vida deve ser respeitada; mas, fundamentalmente, estou sob a lei. Em contraste, um direito subjetivo é alguma coisa em relação à qual o possuidor pode e deve agir para colocá-la em vigor. Atribuir a alguém uma imunidade, antes dada pela lei natural, na forma de um direito natural é dar-lhe um papel no estabelecimento e aplicação dessa imunidade. Agora, sua participação é necessária e seus graus de liberdade são correspondentemente maiores. No limite extremo destes, pode-se até renunciar a um direito, derrotando assim a imunidade.[12]

---

[11] Originariamente, os Direitos Humanos tinham como característica primária a universalidade. Agora, com novas visões políticas, perceberemos um privilégio na aplicação do instituto, sobretudo, para os segmentos progressistas. Veja mais em: *Afetividade e Moralidade: Jonathan Haidt e o Mapa do Conflito* – Guilherme de Carvalho. Disponível em: <https://www.youtube.com/watch?time_continue=8&v=PBwf8pD98jE> Acesso em 03/09/2019, às 14h49min.

[12] TAYLOR, Charles. *As Fontes do Self: a construção da identidade moderna*. São Paulo: Loyola, 2013 (1989), p. 25.

2. A DIGNIDADE DA PESSOA HUMANA: UMA QUESTÃO DE MULHERES E HOMENS

São muitos os desdobramentos: eutanásia, infanticídio, ressignificação de família e casamento, veja, ao transformar a vida como um direito subjetivo, estamos diante da consequência de uma repaginação na perspectiva em relação ao casamento. Sendo [também para] a procriação, a conjunção carnal, o meio ao qual uma nova vida é gerada. Quando o sistema de crenças altera consideravelmente a concepção de matrimônio, tudo o que vem posteriormente à união entre um homem e uma mulher também é alcançado por algum tipo de mudança. Sherif Girgis, Ryan T. Anderson e Robert P. George, demonstram a diferença entre o que estabelecem como visão conjugal (originária) e a visão revisionista (atual). A primeira visão é o modelo holístico-conjugal:

> A visão conjugal de casamento há muito remete à lei – junto com a literatura, arte, filosofia, religião e prática social – de nossa civilização. É uma visão do casamento tanto corporal quanto abrangente, que é, como todo amor, efusiva: fluindo para o amplo compartilhamento da vida familiar e para a fidelidade ao longo da vida.[13]

Esta visão, conjugal, está ligada diretamente a ideia do bem comum: com capacidade de extensão não apenas para aqueles que já estão, mas para aqueles que ainda hão de vir, sendo o ato de procriar a base central de compartilhamento da vida. Já a próxima visão demonstrada, revisionista, está ligada diretamente ao utilitarismo, promoção do prazer por meio de uma dimensão individual, concretizando um modelo afetivo-emotivista:

> A segunda [visão], revisionista, informa que o casamento é, em essência, um vínculo emocional amoroso, distinto por sua intensidade – um vínculo que não precisa ir além dos parceiros, no qual a fidelidade é, em última análise, sujeito aos próprios desejos. No casamento, assim entendido, os parceiros buscam satisfação emocional e permanecem pelo tempo que a encontrarem.[14]

Diante do novo modelo de esponsais que permeia a pós-modernidade – alterando o fim último do casamento – o significado da vida

---
[13] GIRGIS, Sherif. ANDERSON, Ryan T. e GEORGE, Robert P. *What Is Marriage?: Man and Woman: A Defense*. Encounter Books. New York. London. 2012, p. 7.
[14] GIRGIS, Sherif. ANDERSON, Ryan T. e GEORGE, Robert P. Op., cit., p. 7.

também perde o seu valor inalienável e passa a ser tratado como pauta em sentido de conveniência. Encantadas com um discurso messiânico de salvação sexual, muitas mulheres alimentam diariamente a máquina da despersonalização: sobre elas mesmas, que ficam presas em meio a uma falsa ideia de liberdade e sobre outras, vítimas do espalhamento da desumanização das próximas gerações, negando o direito de existência às outras, mas garantindo a prevalência do ideal utilitário.

1. Instrumental Feminista: mulheres matando outras mulheres

Em um período em que mulheres universitárias, ou já formadas com diploma, são tratadas como "traidoras da classe feminista"[15] e frontalmente estigmatizadas – porque decidiram ter filhos durante ou ao término do período universitário –, é importante conhecer a raiz do problema e compreender que a empreitada feminista não é apenas uma afronta a dignidade dos bebês, embriões e fetos. Ela também representa uma violação à honradez e a saúde das próprias mulheres: tanto das militantes – que acreditam estar livres de uma suposta opressão sexual e carregam a responsabilidade de conquistar espaços – quanto as que consomem o conteúdo produzido pelo *intelectual feminista*, e que se utilizam das políticas feministas implementadas, de parlamentares e organizações internacionais financiadas com dinheiro público (e também com dinheiro privado – isto porque a disposição da militância feminista é tão forte, que também é alavancada com fontes de custeio privadas).

Para clarear: a militância feminista pode ser dividida em dois segmentos: 1) aquelas que seguem o movimento em resposta ao seus traumas e problemas vividos enquanto mulher: não conhecem a base intelectual do feminismo e acreditam na possibilidade de unificar mulheres com pensamentos diferentes (pensamos que a maioria); 2) a elite intelectual: as produtoras de conteúdo, observadoras do comportamento social, intimamente comprometidas com a extinção da ideia de um Deus que criou homem e mulher à sua imagem e semelhança (importante frisar que a ideia cristã de humanidade inspirou a Constituição da Repú-

---

[15] Camile Paglia. *Permissão para ser mãe*. Disponível em: <https://www.youtube.com/watch?v=9PF59sI-jvk> Acesso em 12/09/2019. 16h09min.

2. A DIGNIDADE DA PESSOA HUMANA: UMA QUESTÃO DE MULHERES E HOMENS

blica Federativa do Brasil de 1988 – art. 5º, caput – por tal motivo, será amplamente citada nesta seção) e ocupantes dos espaços de poder[16].

Trata-se de um sistema de manipulação, típico de sistemas guiados (direta e indiretamente) pelo leninismo. Esta ideia é tratada por Noam Chomsky, no livro *Mídia, Propaganda Política e Manipulação*: o autor define o primeiro segmento que mencionamos como o 'rebanho desorientado', que precisa ser conduzido pelo segundo seguimento, denominado de 'elite intelectual', que sabe melhor do que o próprio rebanho, o que é melhor para o grande bando de cidadãos(ãs).

> O princípio moral imperativo é que a maioria da população é simplesmente estúpida demais para conseguir compreender as coisas. Se tentar participar na administração de seus próprios interesses, só vai causar transtorno. Por essa razão, seria imoral e impróprio permitir que faça isso. Temos de domesticar o rebanho desorientado, impedir que ele arrase, pisoteie e destrua as coisas. É mais ou menos a mesma lógica que diz não ser apropriado deixar uma criança de 3 anos atravessar a rua sozinha. Não se dá esse tipo de liberdade a uma criança de 3 anos atravessar a rua sozinha. Não se dá esse tipo de liberdade a uma criança de 3 anos, porque esta não sabe lidar com ela. Do mesmo modo, não se permite que o rebanho desorientado se torne participante da ação: ele só vai causar transtorno. Assim, precisamos de algo que domestique o rebanho desorientado, e esse algo é a nova revolução na arte da democracia: a produção do consenso.[17]

Interessante notar, para um bom conhecedor do pensamento do Noam Chomsky, que o autor trata sobre o assunto com fim de apontar os líderes conservadores, principalmente os norte-americanos como Ronald Reagan, num perfil de manipuladores, que controlam o rebanho desorientado e transtornam as massas. Tentando remeter à direita àquilo que a história reconhece como sistema leninista, alguns pontos são importantes para entender o método reverso adotado por Chomsky.

---

[16] Escolas, Universidades, Política e Mídia: locais aonde há formação do pensamento humano e meios para promover influência em larga escala.
[17] CHOMSKY, Noam. MÍDIA *Propaganda política e manipulação*. Tradução: Fernando Santos. São Paulo: WMF Martins Fontes, 2014, p. 9.

Quer esta frase seja do Lênin ou não, importante falar que a sistemática de Chomsky está em *acusar o adversário daquilo que ele é*: um manipulador defendendo o seu método de manipulação, e os seus companheiros intelectuais dedicados a manipular. Qualquer outra proposta que venha a gerar um convencimento legítimo, o pensamento Chomskyano deverá garantir que apenas a manipulação progressista seja validada.

Eu manipulo enquanto chamo meu inimigo de manipulador, em uma típica dialética erística. Outro exemplo "erístico" é a tentativa de reduzir o impacto natural que as palavras possuem. Ao invés da utilização do substantivo aborto como o ato de matar voluntária ou involuntariamente uma criança no ventre, substitui-se pela afirmação "interrupção voluntária da gravidez", desta forma, retira-se todo estigma que o substantivo carrega em si. Entretanto, a gestação não é um processo patológico que possa ou deva ser interrompido, assim como não é um processo fisiológico particular da mulher, como o crescimento do cabelo ou de suas unhas. A gestação envolve duas ou mais pessoas (gêmeos) diretamente, e apenas pode ser interrompida com a morte de uma destas pessoas. O nascimento implica no fim da gestação, enquanto o aborto implica a morte de uma das partes ou todas, como às vezes acontece.

Enquanto a maioria da população brasileira for contra o abortamento, Chomsky identificará este cenário como fruto de um controle mental, mal intencionado. Enquanto o sociólogo consagrado no progressismo internacional, acusa as sociedades pró vida como manipuladas, veremos o segmento feminista praticando a verdadeira manipulação, por meio de um processo de engenharia social, aonde novamente presenciamos o errado como o certo. O resultado é o que se segue:

> As mulheres que abortam cometem suicídio, entram em depressão, aumentam o risco de infertilidade e, caso alguém acredite no que diz a religião, serão punidas no inferno a não ser que um milagre ocorra (às vezes acontece sim). [...] Diante da engenharia social – propagada por muitos documentários politicamente corretos em que atores e atrizes incentivam o aborto – muitas pessoas se convencem de que matar bebês e fetos pode e até deve ser feito.[18]

---

[18] Neto, Hélio Angotti. Op., cit., p. 99.

2. A DIGNIDADE DA PESSOA HUMANA: UMA QUESTÃO DE MULHERES E HOMENS

O instrumental feminista possui o mesmo perfil dos ditadores e elites que desejam manter-se no poder: negar o conhecimento, omitir o incentivo à responsabilidade, e assim, sob a falsa promessa de proteção e garantia de que o instrumental feminista é suficiente para assegurar boas decisões para todas as mulheres, teremos um rebanho verdadeiramente manipulado pela metodologia feminista.

Há quem diga que dentro do movimento feminista existem mulheres que são contra o aborto. De fato, conforme Kaczor nos lembra, feministas como Frederica Mathews-Green são contrárias à prática abortista, por entender que é neste ato que muitas mulheres morrem, e outras têm sua integridade física reduzida até que uma doença terminal chegue em seu estágio completo.

Entretanto, vale atentar para o pensamento predominante na "ala nobre", mais especificamente, a que dispensa investimento financeiro, e é composta de homens e mulheres, com interesses de mercado. Ensina Francisco Razzo, trata-se de um *"declarado jogo de interesses políticos e financeiros conduzido por influentes movimentos internacionais atuando em parceria com entidades organizadas, articuladas e financeiramente poderosas. Entidades notoriamente marcadas por políticas de controle de natalidade e uma perigosa agenda eugenista promovida, acima de qualquer suspeita, como ajuda humanitária."*[19]

E segue lecionando:

> Para se ter apenas uma ideia, atuam em parceria hoje no mundo algumas instituições internacionais não governamentais como Planned Parenthood, Ipas, Instituto Guttmacher, Catholics For Choice, NARAL Pro-Choice America e Our Bodies Ourselves. A ONU e as suas subordinadas, subvertendo o sentido da própria Declaração Universal dos Direitos Humanos, formam a rede de instituições intergovernamentais interessadas na liberação do aborto. No Brasil, temos Cfemea (Centro Feminista de Estudos e Assessoria), Católicas Pelo Direito de Decidir, GEA (Grupo de Estudos sobre o Aborto), Anis – Instituto de Bioética, Direitos Humanos e Gênero.[20]

---

[19] RAZZO, Francisco. *Contra o Aborto*. 1ª edição. São Paulo: Editora Record, 2017, p. 111.
[20] Ibidem, p. 110.

Neste meio encontraremos uma motivação, podemos dizer até uma missão, de consolidar às mulheres – a nível internacional – um sistema de crenças do qual o aborto e parte integrante e necessária. Para atrair o maior número de adeptos, o discurso vem personalizado com frases comoventes, problemas sociais, preocupação com os mais pobres e a criação de um cenário desfavorável ao ser mulher. Não veremos um discurso que ensine as mulheres a ter responsabilidade pessoal, já que o ensino da busca por responsabilidade conduz o ser humano a fugir de escolhas danosas.

Isso é uma característica do nosso tempo, em que a atuação imediata de sua capacidade de autoconsciência é a nova estratégia para fazer vigorar a sistemática abortista: trocamos o incentivo à responsabilidade pelo prazer irrestrito de poder aniquilar o que consideramos como um empecilho – mesmo que isso seja fruto da nossa própria escolha. Eu escolho algo, e posso alterar o caminho da consequência, sem sofrer o [agora considerado] ônus. Enquanto antigamente a mulher era ensinada a agir com responsabilidade, e o Estado também articulava meios para punir quem agisse de forma contrária, por entender que determinadas escolhas afetavam o bem comum:

> Com certeza, o aborto não é um fenômeno recente, pois essa prática, ou a rejeição dela, tem uma longa história no Mundo Antigo. Para os sumérios, os babilônicos, os assírios e os hititas, o aborto era um crime sério. Seguindo essa tradição, o juramento de Hipócrates, até pouco tempo recitado pelos médicos em sua formatura, declarava: "Não darei a nenhuma mulher um pessário para provocar um aborto". Outro exemplo de forte oposição ao aborto na Antiguidade vem do código legal do Império Medo- Assírio do século 12 a.C. Sem medir palavras, os antigos assírios afirmavam[21]: Se alguma mulher abortar intencionalmente, depois de julgada e condenada, deverá ser empalada sem enterro. E se tiver morrido ao abortar, a empalarão em estacas sem enterrá-la.[22]

---

[21] Kaiser Jr., Walter C. *O cristão e as questões éticas da atualidade*. São Paulo: Vida Nova, 2015, p. 137-138.
[22] Philip King; Lawrence Stager, *Life in biblical Israel* (Louisville: John Knox, 2001), p. 41 apud Kaiser Jr., Walter C. *O cristão e as questões éticas da atualidade*. São Paulo: Vida Nova, 2015, p. 138.

2. A DIGNIDADE DA PESSOA HUMANA: UMA QUESTÃO DE MULHERES E HOMENS

Nossa situação hoje vem em total contrapartida. O processo de redução das responsabilidades afeta as mulheres diretamente: sendo o ato de conceber e gerar filhos privativo da mulher, por meio da conjunção carnal, é a partir dele que outras mulheres virão ao mundo, ou seja, pelo ventre materno. Contudo, diferente de como a legislação antiga tratava do assunto, a responsabilidade que o ato de carregar um filho no ventre envolve, passa a ser minimizada e descartável.

Conjugar-se com um homem, estar no período fértil, conceber: este conjunto de etapas é violado e lançado sob a alçada do *laissez-fare*. O ser humano, tenta, usando as suas mãos e sua produção intelectual, bagunçar o que Michael Polanyi define como o segundo tipo de ordem: a ordem natural, "espontaneamente alcançada"[23], que tem relação estrita com o "livre curso às suas interações"[24]. Trata-se de um "continuado equilíbrio interno da matéria viva, sob diversificadas externas"[25] – por circunstância externa você pode entender o momento do sexo entre homem e mulher, quanto ao equilíbrio interno, entenda o desenvolvimento da criança no útero da mãe. Essa ordem natural é tratada como passível de controle humano, redução convidativa, é submetida ao âmbito das "formas socialmente desejáveis de coordenação da sociedade"[26].

As mulheres são apenas uma "massa de manobra", abandonando seu verdadeiro valor, que simplesmente é, não pela peculiaridade sexual, mas pela sua humanidade.

Conclusões: a natureza humana e a raiz do problema

Vimos na introdução como o conceito de humanidade é reduzido, a fim de consolidar um novo conjunto de crenças: aquela que subverte o conceito de ser humano para atender fins ideológicos. Tal estruturação abandona o conceito original da natureza humana e do seu valor perante Aquele que a criou. O resumo dessa situação é percebido por Christopher Kaczor:

> [...] não há obrigação alguma de tornar seres racionais potenciais em seres efetivamente racionais. E mais: não há diferença moral entre não

---

[23] POLANYI, Michael. *A Lógica da Liberdade*. Rio de Janeiro: TopBooks, 2003, p. 244.
[24] Ibidem. p. 245.
[25] Ibidem. p. 244.
[26] POLANYI, Michael. Op., cit., p. 245.

iniciar um processo e interromper o processo encaminhado (princípio da simetria) [...] assim, tampouco há algo de errado em interromper o processo pelo qual um ser potencialmente racional (feto ou bebê) se torne um ser racional efetivo (adulto humano).[27]

Como iniciamos no ponto anterior, a mulher é orientada a agir com displicência, e tal desorganização é considerada como "direito reprodutivo" – um termo um tanto esquisito, já que o aborto é a concretização da não reprodução, e um bloqueio à verdadeira natureza da multiplicação humana. O aborto tem por finalidade legitimar a premissa de que os seres humanos podem ter valor moral em maior ou menor grau. Por este motivo, importa concluir esta breve observação sobre o assunto defendendo que o aborto não é um meio legítimo, por violar a essência da humanidade como um todo; e aí voltamos para a questão do bem comum, ideia esta que foi perdida na concepção pós-moderna de vida humana.

O que Michael Polanyi define como ordem natural, termo este ao qual entendemos que o ato de conceber um filho(a) se encaixa perfeita e naturalmente, é uma expressão do que Tomás de Aquino define como bem incriado, sendo este tipo de ordem natural boa *per si*, independente da mão humana: "o fim último do homem é o bem incriado, i.e., Deus, que só, pela sua bondade infinita, pode satisfazer perfeitamente a vontade do homem"[28]. Sendo a beatitude, quanto à causa e ao objeto, um bem incriado, o conceito de vida humana é um bem incriado, já que a vida é uma participação: os homens e mulheres são felizes por participarem da essência de Deus.

A consciência não é um meio sinalizador para dar legitimidade à vida: ela é um indicativo que nos diferencia dos animais, e coloca o nosso valor e peculiaridades acima de qualquer outra coisa existente no planeta terra, somos pessoa não porque teremos consciência, mas podemos ter consciência porque, antes, somos pessoa. Trata-se de um escalonamento básico: pelo simples fato de a vida constituir-se de uma expressão do ser, ela está acima de qualquer outra coisa como a natureza e os animais – que em nosso ordenamento jurídico brasileiro não possuem a mesma estrutura de identificação, conforme os artigos 82 e 83 do

---

[27] Kaczor, Christopher. Op., cit., p. 28.
[28] Aquino, Santo Tomás de. *Suma Teológica. Vol. 2 ~La Llae.* Ecclesiae. São Paulo, 2017, p. 45.

Código Civil. Por este motivo, pelas especificações que a natureza humana possui, considerações como a potencialidade para ter consciência são o suficiente para ressaltar o valor da vida humana: não somos seres humanos quando pensamos ou sentimos dor, já somos, porque temos participação no ser de Deus. Esta participação independe de origem, raça, língua ou cor, e também de condição física, inteligência e capacidade para sentir dor. Simplesmente somos, assim como o zigoto no ventre da mãe, já é. Ensina o prof. Glauco Barreira:

> O zigoto começa a produzir a placenta visando a sua própria proteção a partir de 72 horas de existência. Assim o feto organiza a própria mãe, aparecendo, nesse caso, a mãe como sua dependente passiva. É também o feto, não a mãe, que decide quando deve iniciar o trabalho de parto[29].

E, arremata, Clemente de Alexandria:

> Toda a nossa vida só pode prosseguir segundo o plano perfeito de Deus se adquirirmos o domínio sobre nossos desejos, praticando a continência desde o início, em vez de destruirmos por meio de atos perversos e perniciosos a descendência humana, cujo nascimento é obra da Providência Divina. As pessoas que recorrem a medicamentos abortivos para esconder sua fornicação são responsáveis pelo assassinato direto não só do feto, mas também de toda a raça humana.[30]

Neste mesmo sentido, Kaczor ainda nos corrobora que o aborto vai muito além de um instrumento de promoção de libertinagem e, também é um meio para consolidar um processo de seleção sexual. Eis mais um motivo que justifica o fato de que a mulher é desvalorizada na pauta abortiva: é apenas um meio para chegar em um fim, consolidação do utilitarismo, alimentação de mercado e seleção sexual.

De modo similar, a International Federation of Gynecology and Obstetrics emitiu parecer reproduzido no artigo de Milliez expressando "preocupação com a seleção de crianças com características presumidas de

---

[29] BARREIRA MAGALHÃES Fº. *Aborto, Cultura e Vida Humana*. Glauco Barreira Magalhães Filho (Org.) São Paulo : Fonte Editorial, 2019, p. 17.
[30] ALEXANDRIA, Clement of. *Pedagogus* 2.10.96.1.

gênero desejado por seus pais, mais do que como fim em si e de si mesmas" (p.116). Aborto de seleção sexual é injusto por ser forma injusta de discriminação. A pergunta é: discriminação injusta contra quem? Negada a pessoalidade fetal, não pode ser descriminação contra o próprio feto humano.[31]

Não estamos apenas tratando de uma redução do valor humano: estamos falando de fantasias utilizadas para efetivar objetivos frios e calculistas. Enquanto Kaczor trata o problema do gênero feminino como problema de toda a humanidade, veremos autoras se preocupando com aborto apenas quando se trata de assassinato de meninas: "Uma segunda razão distinta por que o aborto de seleção sexual moralmente não se justifica são os danos que aderem a esse prática. Estes incluem a continuidade da discriminação contra mulheres, o esgarçamento de tecidos sociais e familiares e a crescente violência contra mulheres."[32]

Aqui temos dois problemas: o primeiro é que existe a prática abortiva voltada para a seleção sexual, e segundo, há mulheres que se preocupam com a violação à dignidade da pessoa "fêmea". As duas alternativas representam uma violência em face da integralidade do ser. Com preleciona o Dr. Angotti, para tais pessoas, "a própria conveniência vale mais que a vida humana"[33].

Também conhecido como "abort selection" ou "sex selection", o abortamento de mulheres é prática conhecida nos países onde o aborto é legalizado, "os casais abortam quando descobrem que estão esperando uma menina porque preferem ter filhos homens, pelos mais diversos motivos[34]". Na China, por exemplo, onde vige a política dos dois filhos (até 2015 era permitido apenas um filho por família), as famílias preferem filhos homens, recorrendo ao aborto quando descobrem que a criança no ventre é uma mulher. Denuncia Derosa que "por conta disso, a proporção entre homens e mulheres tem se desiquilibrado, chegando a 121 homens para cada 100 mulheres e estima que, em 2020, existirão

---

[31] KACZOR, op. cit., p. 181.
[32] Rogers et al. 2007, p. 522 apud Kaczor, op. cit.,1. p. 180.
[33] NETO, Hélio Angotti. Op., cit., p. 112.
[34] DEROSA, Marlon. *Precisamos falar sobre aborto: mitos e verdades.* Derosa Marlon (Org.). Florianópolis: Estudos Nacionais, 2018, p. 101.

2. A DIGNIDADE DA PESSOA HUMANA: UMA QUESTÃO DE MULHERES E HOMENS

24 milhões de homens a mais do que mulheres na China[35]", o mesmo acontece em países como a Coreia do Sul e a Índia[36]. Aliás, na Índia, segundo o próprio governo indiano, mais de 63 milhões de mulheres deixaram de nascer em 2017[37]!

Essa violência contra a mulher atravessa regimes políticos e se assenta, também, em países como a Austrália, Reino Unido, Canadá e Estados Unidos[38]. O *sex selection* se avolumou de tal maneira que o Estados Unidos precisou legislar acerca da matéria para evitá-lo, por meio do "Prenatal Nondiscrimination Act[39]" de 2016. Na prática são milhões de mulheres que simplesmente deixam de nascer todos anos, o que não deixa de ser um feminicídio, ou feminicídio intrauterino, como denominamos em ensaio que escrevemos para a Gazeta do Povo[40].

Por fim, a defesa do aborto existe pela falta de "preparo humanístico" (isto sem falar nos interesses financeiros), aonde nossas mulheres e homens também, não são ensinados a ter responsabilidades. Uma geração caracterizada pela fragilidade e pelo raciocínio emocional, onde e vida se resume a uma batalha entre as pessoas boas (que concordam com as suas ideias) e as pessoas más (os discordantes). A estrutura emocional das pessoas de nosso tempo está intimamente ligada às razões que alimentam o pensamento abortista: na falta de orientação para assumir um compromisso, temos a predominância de um raciocínio emocional, onde a intuição, "eu posso abortar porque o embrião não possui consciência e eu estou 'ocupada demais' para assumir um filho", tornou-se mais forte do que a lógica de assumir a responsabilidade de cuidar e nutrir, mesmo que seja difícil. Estamos diante de um povo que é vitimado por uma condução distorcida em seu sentido cognitivo, o que Guilherme

---

[35] Ibidem, p. 89.
[36] Ibidem, p. 103.
[37] *Gender and Son Meta-Preference: Is Development Itself an Antidote?* Disponível em <http://mofapp.nic.in:8080/economicsurvey/pdf/102-118_Chapter_07_ENGLISH_Vol_01_2017-18.pdf> Acesso em 15/06/2020. Às 14h24min.
[38] Ibidem, p. 103.
[39] H.R. 4924 – *Prenatal Nondiscrimination Act* (PRENDA) of 2016. 114th Congress (2015-2016). Disponível em: <https://www.congress.gov/bill/114th-congress/house-bill/4924> Acesso em 15/06/2020. Às 14h24min.
[40] Vieira, Thiago Rafael. *Feminicídio Intrauterino*. Gazeta do Povo, 2018. Disponível em <https://www.gazetadopovo.com.br/opiniao/artigos/feminicidio-intrauterino-2lsqwyw8zfghymb730hl4rtp8/ > Acesso em 01 de outubro de 2019.

de Carvalho define como "Era Terapêutica": o prazer é a fonte da produção de direitos, nem que seja ao custo da dignidade da pessoa humana, a mesma que levamos milênios para conquistar, agora, em questão de décadas, estamos vendo ruir, para pavimentar o bem-estar do eu.

Referências

ALEXANDRIA, Clement of. *Pedagogus* 2.10.96.1.

AQUINO, Santo Tomás de. *Suma Teológica*. Vol. 2, São Paulo: La Llae. Ecclesiae, 2017.

BARREIRA MAGALHÃES Fº. *Aborto, Cultura e Vida Humana*. Glauco Barreira Magalhães Filho (Org.) São Paulo: Fonte Editorial, 2019.

BENTHAM, Jeremy. *Uma introdução aos princípios da moral e da legislação*. Tradução Luiz João Baraúna. 2ªed. São Paulo: Abril Cultural, 1979.

CHOMSKY, Noam. *MÍDIA Propaganda política e manipulação*. Tradução: Fernando Santos. São Paulo: WMF Martins Fontes, 2014.

DEROSA, Marlon. *Precisamos falar sobre aborto*: mitos e verdades. Derosa Marlon (Org.). Florianópolis: Estudos Nacionais, 2018.

GIRGIS, Sherif. ANDERSON, Ryan T. e GEORGE, Robert P. *What Is Marriage?*: Man and Woman: A Defense. Encounter Books. New York. London. 2012.

KACZOR, Christopher. *A ética do aborto*. Direito das mulheres, vida humana e a questão da justiça. São Paulo: Edições Loyola, 2011.

KAISER JR., Walter C. *O cristão e as questões éticas da atualidade*. São Paulo: Vida Nova, 2015.

LEWIS, C.S. *O Peso da glória*. Trad. Estevam Kirschner. Thomas Nelson Brasil: Rio de Janeiro, 2017.

NETO, Hélio Angotti. *Disbioética* – Volume III: O extermínio do amanhã. Brasília: Editora Monergismo, 2018.

POLANYI, Michael. *A Lógica da Liberdade*. Rio de Janeiro: TopBooks, 2003.

RAZZO, Francisco. *Contra o Aborto*. 1ª edição. São Paulo: Editora Record, 2017.

SINGER, Peter. *Ética prática*. Tradução Jeferson Luiz Camargo. 3ª ed. São Paulo: Martins Fontes, 2002.

_____, PETER. *Vida Ética*: Os melhores ensaios do mais polêmico filósofo da atualidade. Tradução Alice Xavier. Rio de Janeiro: Ediouro, 2002.

TAYLOR, Charles. *As Fontes do Self*: a construção da identidade moderna. São Paulo: Loyola, 2013 (1989).

VIEIRA, Thiago Rafael. *Feminicídio Intrauterino*. Gazeta do Povo, 2018. Disponível em https://www.gazetadopovo.com.br/opiniao/artigos/feminicidio-intrauterino-2lsqwyw8zfghymb730hl4rtp8/, acesso em 01 de outubro de 2019.

WATSON, James D. *"Children from the Laboratory"*, Prism 1, no. 2 (May, 1973).

3.
O conceito "Pessoa Humana" como princípio e fim da reflexão bioética

MARCELO ANTONIO DA SILVA

Introdução

A proposta desta deste tema é analisar o conceito "Pessoa Humana" e sua importância para a reflexão Bioética. Tal conceito contém realidades inerentes à natureza humana, como a Lei Natural e a Consciência Moral. Premissas que serão tratadas aqui.

1. Desenvolvimento do conceito "Pessoa Humana" à luz da fé cristã

O termo *pessoa* assinala historicamente a linha de demarcação entre a cultura pagã e a cultura cristã. Antes do cristianismo não existia nem em grego e nem em latim uma palavra para exprimir o conceito de pessoa, porque na cultura clássica tal conceito não existia. Pois esta não reconhecia o valor absoluto ao indivíduo enquanto tal e fazia depender da casta ou da raça. Para isto, o cristianismo criou, ou ainda, identificou uma nova dimensão do homem: a de pessoa. Tal noção era, assim, estranha ao racionalismo clássico que os padres gregos não eram capazes de encontrar na filosofia grega as categorias e as palavras para exprimir esta nova realidade.

Marcel Mauss (1872-1950), importante sociólogo francês, reconhece também ao cristianismo a base metafísica da noção de pessoa: "foram os cristãos que fizeram da pessoa moral uma entidade metafísica, depois de terem sentido sua força religiosa. Nossa própria noção de pessoa humana é ainda fundamentalmente a noção cristã" MAUSS (2003 p. 392). E aponta para a passagem da noção de *persona, homem investido de um estado*, à noção de homem simplesmente, de pessoa humana, feita pelo cristianismo. Esta realidade deu-se principalmente no Concílio de Niceia, quando a Igreja fala da Santíssima Trindade: *Unitas in três personas, una persona in duas naturas* (Unidade das três pessoas – da Trindade – e unidade das duas naturezas do Cristo). É a partir da noção de *uno* que a noção de *pessoa* é criada. Diz Mauss:

> ... acredito nisso há muito tempo – a propósito das pessoas divinas, mas simultaneamente a propósito da pessoa humana, substância e modo, corpo e alma, consciência e ato. (MAUSS, 2003. p. 393).

A particularidade da pessoa, única e não repetível e de dignidade e nobreza de cada expoente da espécie humana, de fato é uma verdade levada, confirmada e difundida pelo cristianismo. E foi uma verdade responsável de um "poder subversivo" como poucos outros na história. Tomás de Aquino, convencido da bondade da definição da pessoa que Boécio faz, defende-se da objeção de quem a contestava, esclarecendo o sentido dos quatro termos que a compõem: *rationalis* – racional, *natura* – natural, *individua* – individual e *substantia* – substância. Diz, que a substância individual de natureza racional, existe por direito próprio *(sui iuris)* e deixa claro que estes termos, quando entendidos no sentido justo, são todos indispensáveis para ter um conceito adequado de pessoa.

A definição de pessoa em chave ontológica, como foi elaborada por Boécio e depois aperfeiçoada por Tomás de Aquino, foi uma conquista definitiva e é, segundo a Teologia da Igreja Católica, um ponto de referência seguro para todos aqueles que procuram compreender porque é justo afirmar que o ser humano é pessoa desde o momento da sua concepção e que, portanto, a dignidade da pessoa não depende de qualquer convenção social ou de qualquer código de direito, mas é uma qualidade originária, intangível e perene. BENTO (2005, p. 180), escreve que: "Quem é pessoa é pessoa desde sempre e para sempre: porque isto faz parte da sua própria constituição ontológica".

3. O CONCEITO "PESSOA HUMANA" COMO PRINCÍPIO E FIM DA REFLEXÃO BIOÉTICA

Na definição da pessoa humana, conforme Boécio e Tomás de Aquino, está sublinhada a estrutura substancial e singular (individual) da pessoa; no mais recente personalismo, também este ontologicamente fundado de Jacques Maritain (1882-1973), Emmanuel Mounier (1905-1950) e Etienne Gilson (1884-1978) foi sublinhado o aspecto comunitário e social da pessoa humana na sua dinâmica de desenvolvimento.

Refletindo o pensamento de Dom Elio Sgreccia, verificamos que a pessoa humana é também "o fundamento e o critério da *eticidade*", no sentido subjetivo, enquanto a ação é ética quando exprime uma escolha da pessoa, mas também no sentido objetivo, enquanto a pessoa é fundamento, medida e fim da ação moral. Em outras palavras, explica que "uma ação é ética se respeita a plena dignidade da pessoa humana e os valores que são intrinsecamente inscritos na sua natureza". Portanto, segundo Sgreccia, é lícita e moralmente boa aquela ação que proceda de uma escolha consciente que respeita a pessoa e a aperfeiçoa no seu ser e no seu crescimento.

No documento *GAUDIUM ET SPES*, do Concílio Ecumênico Vaticano II, n. 41, encontra-se o conceito de pessoa humana à luz da fé cristã. Diz que a pessoa humana é criada à imagem e semelhança de Deus; não é Deus, portanto. Deus é a primeira e a última fonte da vida humana. "Como a natureza humana foi n'Ele assumida, não aniquilada, por isso mesmo também foi em nós elevada a uma dignidade sublime". Para a antropologia cristã tradicional o homem ocupa um lugar singular, único e especial na criação. Segundo o CATECISMO DA IGREJA CATÓLICA (1993, n. 355) o homem é "a imagem de Deus", corpo e alma, ou seja, em sua própria natureza une o mundo espiritual e o mundo material. No documento *GAUDIUM ET SPES, n. 41*, lê-se: "esta semelhança manifesta que o homem, a única criatura na terra que Deus quis por si mesma, não pode se encontrar plenamente senão por um dom sincero de si mesmo".

BENTO (2005), diz que a *Imago Dei* – imagem de Deus, tema tradicional, leva a entender que o homem, como criatura, tem uma capacidade de consciência intelectual e uma vontade livre; no homem tudo é imagem de Deus; Deus os criou "homem e mulher" e os estabeleceu em sua amizade.

O CATECISMO DA IGREJA CATÓLICA (1993), nos diz o seguinte:

A pessoa humana, criada à imagem de Deus, é um ser ao mesmo tempo corporal e espiritual. O relato bíblico exprime esta realidade como uma linguagem simbólica, ao afirmar que *o Senhor Deus modelou o homem com a argila do solo, insuflou em suas narinas um hálito de vida e o homem se tornou um ser vivente (Gn 2,7)*. Portanto, o homem em sua totalidade é querido por Deus (CATECISMO DA IGREJA CATÓLICA, 1993. n. 362).

Além disso, conforme o Catecismo:

> [...] o corpo do homem participa da dignidade da *imagem de Deus*: ele é corpo humano precisamente porque é animado pela alma espiritual, e é a pessoa humana inteira que está destinada a tornar-se, no Corpo de Cristo o Templo do Espírito (CATECISMO DA IGREJA CATÓLICA. 1993, n. 363).

O homem como imagem de Deus vive da dignidade desta mesma imagem e como criatura tem um lugar singular no universo.

Nesta perspectiva da imagem e da singularidade da pessoa humana, encontra-se o fundamento e a justificativa dos direitos humanos como a autonomia, o direito à verdade, à assistência, à justiça e outros tantos, sobre os quais se sustenta grande parte do discurso bioético. Discurso este que, quando trata da pessoa humana, deve considera-la em todas as suas dimensões.

1.1 A Lei Natural e a Pessoa Humana

Segundo a célebre definição de Montesquieu (1689-1755), "as leis são relações necessárias que derivam da natureza das coisas", tanto o termo "lei" como "natural", possuem um significado análogo, quando se aplicam ao mundo físico ou a um contexto moral, como vemos em Vazquez (2006). Portanto, a lei moral natural não é aquela que regula a natureza das coisas "físicas", senão que se pode definir como a regra dos atos humanos segundo a natureza humana, que é uma natureza racional. É uma lei que regula aqueles "atos humanos" nos quais estão presentes sempre dois aspectos: primeiro, a consciência e a liberdade; segundo, uma natureza que é humana ou espiritual, racional, aberta. Diz ele: "disto se deduz o motivo pelo qual esta lei se chama lei natural: não por relação à natureza dos seres irracionais, mas porque a razão que a promulga

3. O CONCEITO "PESSOA HUMANA" COMO PRINCÍPIO E FIM DA REFLEXÃO BIOÉTICA

é própria da natureza humana". É mediante os conceitos de natureza humana e de ato consciente e livre que se obtém uma fundamentação sólida da moralidade. Segundo o autor, assim se fundamenta a lei natural, não só do lado objetivo – do valor moral que se nos apresenta, mas do lado subjetivo, ou seja, do sujeito racional que experimenta o valor moral.

Esta lei natural, portanto, se faz conhecida através da razão humana e pelo bom senso, e traz ao ser humano consciência daquilo que é natural ou antinatural, ou seja, aquilo que é contra ou a favor da natureza. Mas, esta sensatez é cada vez mais obscurecida ou até aniquilada por uma variedade de progressivas negações do "natural" que incide, decisivamente, e aqui enfatizamos, nos processos biomédicos, éticos, sociais e políticos, recaindo também sobre a vida cotidiana.

Há, para LADUSANS (1990) uma corrente que diz que o ser do homem é sua cultura social e não o que se vinha considerando como natureza. Em lugar da lei natural como critério ético, haveria de optar pela verdade *consensual*. Isso seria uma armadilha fatal para a sensatez cotidiana, diz ele.

Isso nos faz pensar sobre a necessidade de se voltar à reflexão sobre o conceito de natureza subjacente no sentido comum cotidiano, que constitui o último fundamento metafísico dos problemas que considera a bioética. Se conseguimos demonstrar que existe "o natural" e, portanto, uma ordem natural ou metafísica, instantaneamente disporemos de um critério firme para elucidar os problemas tanto médicos quanto morais implicados, por exemplo, nas técnicas biomédicas referidas à fase inicial da vida humana e ao processo generativo do homem. A esse respeito, responde LADUSANS (1990, p. 132-133) com a seguinte reflexão: "Se o embrião humano é só um conjunto de células mais ou menos organizadas; se a natureza humana não é mais que uma complicada estrutura orgânica, as manipulações mais extremas ficarão justificadas como o está, por exemplo, a inseminação artificial no gado *Vacum* para a obtenção de melhores carnes; se os sentimentos subjetivos ou a utilidade imediata constituem o único fundamento da norma ética, não terá nem sequer sentido a pergunta sobre a bondade ou maldade objetivas de certas manipulações genéticas. Daí ser necessário refletir sobre a ordem natural como fundamento da ordem moral (premissas metafísicas) para iluminar a partir desta perspectiva os problemas essenciais das técnicas biomédicas". Acorremos ainda a Aristóteles, que na Ética a Nicomaco (II, 1103b, 32), reflete que a natureza é causa de ordem e "agir de acordo com a reta razão" equivale a agir segundo a natureza. O contrário, seria imoral porque é desordem que, precisamente por ser tal, agride e lesa a natureza.

Há, portanto, uma ordem natural ou metafísica que culmina na ordem moral. E quando falamos, por exemplo, de um embrião humano, entendemos que nele há uma unidade ontológica que permite e fundamenta a *unicidade* de todos os seus acidentes que, através do tempo, desde o instante da fecundação fundamenta também sua *identidade*; ou seja, ele será sempre o mesmo. Logo, toda ordem natural consegue seu cume no embrião humano. Isso quer dizer que, no instante no qual os gametas se unem, põem em ato de existir aquele ente que é, por si mesmo, culminação de toda a ordem metafísica criada.

Se todos os graus do ser *"pré-humano"* implicam a pessoa na qual alcançam sua perfeição, *todo o antinatural é contrário à pessoa humana*, quer seja em seu próprio ser, em seu fazer ou em seu padecer. Também o inverso é verdadeiro: *tudo o que seja contrário à pessoa é antinatural*, segundo (LADUSANS 1990 p. 139).

Há uma nova relação com a Pessoa Humana, entre operações livres da pessoa e o Bem. Ou seja, é o mesmo ser, agora visto segundo a razão de Bem. Uma relação livre, não substancial, entre cada ato voluntário e seu "Fim Bem Último". Tal é a ordem moral real e formalmente distinta da ordem natural ou metafísica, mas que não pode existir sem estas porque a ordem natural é seu fundamento.

Disso, podemos dizer que, a regra de ouro da bioética está na ordem natural e na ética da vida que, supõe sempre que, o princípio primeiro da ordem prática (que é a manifestação da lei natural), é *"dever fazer o bem e evitar o mal"*. E isso não só se obriga a todo homem de todo tempo e toda circunstância porque não pode ser ignorado por ninguém, mas também que é o princípio manifestativo na consciência da pessoa da Lei Natural. Diante dos problemas da bioética, é necessário recordar que o primeiro princípio da ordem moral é a evidência iniludível da Lei Natural na consciência. Por isso, essa *luz* deve iluminar o processo da vida desde seu princípio até seu fim. (LADUSANSS 1990 p. 140).

Na visão de Karol Wojtyla, a Lei Natural coincide com as normas morais que todo homem pode conhecer através da luz da razão, como: não

3. O CONCEITO "PESSOA HUMANA" COMO PRINCÍPIO E FIM DA REFLEXÃO BIOÉTICA

matar, não roubar, não adulterar, honrar pai e mãe, fazer o bem e ajudar o próximo. Nesta visão, Karol Wojtyla, diz que Deus, autor da lei natural, se utiliza dela para que a criatura chegue à sua plena realização:

> A lei natural não é mais do que a luz da inteligência infundida por Deus em nós. Graças a ela, conhecemos o que se deve cumprir e o que se deve evitar. Esta luz e esta lei, Deus a concedeu na criação. A justa autonomia da razão prática significa que o homem possui em si mesmo a própria lei, recebida do Criador. (João Paulo II, 1993, n. 40)

A dignidade do homem, na ótica cristã, exige que ele se incline para Deus e evite o mal. A lei natural, portanto, auxilia o homem no discernimento entre o bem e o mal. João Paulo II afirma que:

> Na sua inclinação para Deus, para Aquele que "só é bom", o homem deve livremente fazer o bem e evitar o mal. Mas para isso, o homem deve poder distinguir o bem do mal. Fá-lo, antes de mais nada, graças à luz da razão natural, reflexo no homem do esplendor da face de Deus. Neste sentido, escreve S. Tomás ao comentar um versículo do Salmo 4: "Depois de ter dito: Ofereceis sacrifícios de justiça (Sal 4,6), como se alguns lhe pedissem quais são as obras da justiça, o salmista acrescenta: Muitos dizem: quem nos fará ver o bem? E, respondendo à pergunta, diz: A luz da Vossa face, Senhor, foi impressa em nós. Como se quisesse dizer que a luz da razão natural, pela qual distinguimos o bem do mal – naquilo que é da competência da lei natural – nada mais é senão um vestígio da luz divina em nós. Disto se deduz também do motivo pelo qual esta lei é chamada lei natural: chama-se assim, não por referência à natureza dos seres irracionais, mas porque a razão, que a dita, é própria da natureza humana. (João Paulo II, 1993. n. 43 par. 2 e 44)

De acordo com Karol Wojtyla, a lei natural está no interior do homem e é própria de sua natureza:

> *Deus prove de um modo diferente do usado com os seres que não são pessoas: não de fora, através das leis da natureza física, mas de dentro, mediante a razão que, conhecendo pela luz natural a lei eterna de Deus, está, por isso mesmo, em condições de indicar ao homem a justa direção do seu livre agir. [...] Por isso, ela participa (a criatura racional) da razão eterna, graças a qual tem uma inclinação*

> *natural para o ato e o fim devidos; esta participação da lei eterna na criatura racional é chamada lei natural. [...] Daí decorre que a lei natural é a mesma lei eterna, inscrita nos seres dotados de razão, que os inclina para o ato e o fim que lhes convém; ela é a própria razão eterna do Criador e governador do universo.* (JOÃO PAULO II, 1993, n. 43 par. 2 e 44)

A lei natural não coloca o homem numa situação de independência de Deus, nem no direito de viver, excluindo Deus da condução da sua vida; pelo contrário, toda a sua razão e sabedoria devem estar submetidas ao seu Criador, pois:

> [...] esta prescrição da razão humana não poderia ter força de lei, se não fosse a voz e a intérprete de uma razão mais alta, à qual o nosso espírito e a nossa liberdade devem estar submetidos. (JOÃO PAULO II, 1993. n. 44)

Por fim, quando Karol Wojtyla descreve a "lei" ou "nova lei", diz que é aquela que é interior, a lei do amor:

> Esta pode ser denominada lei em duplo sentido. Primeiramente, lei do espírito é o Espírito Santo [...] que, habitando na alma, não só ensina o que é necessário realizar pela iluminação da inteligência sobre as coisas a serem cumpridas, mas inclina também a agir com retidão. [...] Num sentido, lei do espírito pode designar o efeito próprio do Espírito Santo, ou seja, a fé que atua pela caridade (Gal 5,3), a qual, portanto, ensina interiormente sobre as coisas que devem ser feitas [...] e inclina o afeto a agir. (JOÃO PAULO II, 1993. n. 45)

1.2 A consciência moral e a pessoa humana

Tomaremos o termo consciência a partir da sua compreensão moral, que designa ordem, dever, valor. É algo próprio da condição humana. É na consciência que acontecem as escolhas morais na pessoa e onde se dá o conhecimento do valor moral dos atos e também onde se caracteriza a intencionalidade das ações. Por isso, é um dos mais importantes critérios a ser considerado nas avaliações bioéticas, dada a necessidade de se levar em consideração as intenções, para a emissão de um juízo moral.

Na raiz latina, a palavra consciência provém da composição *cum-scientia*. O que não indica, no entanto, somente ciência, mas um saber de tipo lógico, ou seja, percepção de valores, sensibilidade axiológica, uma consciência sintética, fruto de uma multiplicidade de experiências. Pela consciência, os estímulos do mundo externo estimulam no ser humano uma atividade inteligente e responsável e a relação com o objeto é analisada sob um juízo de valor.

O julgamento prático proferido pela inteligência sobre a honestidade ou desonestidade de cada um dos nossos atos, se dá na consciência moral; nela se distingue o bem e o mal moral e inclina a pessoa a praticar o bem e evitar o mal. Todo homem, por mais primitivo e rude que seja, possui uma consciência moral.

Ao analisarmos as culturas antigas, como a egípcia e a semítica, não se encontram expressões relacionadas ao termo consciência, mas não faltam normas, hierarquias de valores e distinções entre o bem e o mal, que acabam formando um estatuto ético para reger um povo.

Todos os povos, mesmo os mais primitivos, reconheceram a existência da consciência moral. A filosofia greco-romana desenvolveu a noção: Ovídio – de 43 a.C. a 17 d.C – chamava-a "Deus em nós"; Sêneca – de 4 a.C. a 65 d.C. – identificava-a com "Deus junto de ti" e acrescentava: "Em nós habita um espírito santo que observa o bem e o mal" (Cartas a Lucílio).

Vemos na antiga filosofia grega – estoica e epicúrea – o conceito de consciência demonstrado através da *sineidesis* – termo muito utilizado na Idade Média e que depois ficou conhecido como *sinderesis*. Este termo já estava também presente entre os pitagóricos, que praticavam um exame de consciência como uma análise de sua maneira de atuar na vida. Em seu artigo, HERRANDO (2012 p. 9), do Instituto Emmanuel Mounier de Madri, diz que esta prática interior era muito mais intensa quando acontecia em foro interno, pois se envergonhavam mais de certos atos do que quando o faziam expostos ao juízo dos demais, porque a severidade consigo mesmos era sempre maior. Encontramos também o conteúdo desta *sineidesis* nas antigas tragédias, como em *Antígona* de Sófocles, onde a protagonista apela ao interior de seu coração, onde está gravada a lei dos deuses, dando primazia a esta antes das leis exteriores impostas por homens, quando foi-lhe apresentado o dilema de cumprir como o dever moral de dar sepultura ao cadáver de seu irmão ou acatar a proibição expressa do rei.

Na literatura latina encontramos diversas concepções morais, principalmente Virgílio, Sêneca e Cícero usaram uma variada terminologia, como por exemplo: *aequitas, justitia, honor, pietas, virtus, amicitia*. (GIUSEPPE et al 1999, p. 190).

Vemos então o significado do termo consciência sendo formulado no Ocidente tendo como base a Bíblia e a Filosofia. A Sagrada Escritura mostra como os primeiros pais foram atordoados logo após o pecado original (Gn 3,7-13); também Caim sentiu o remorso (Gn 4, 9-16). Davi "sentiu o descompasso do seu coração após ter recenseado o povo" e disse: "Cometi um grande pecado! Agora, ó Senhor, perdoa esta falta ao teu servo, porque cometi uma grande loucura" (2Sm 24,10).

Nos salmos em geral manifesta-se tanto a consciência atribulada pelo pecado (Sl 6; 31; 37; 50; 101; 129 e 142) como a consciência feliz pelo bom desempenho do dever (Sl 14; 16; 40).

Na literatura bíblica do Antigo Testamento, não encontramos nenhum termo correspondente a consciência. Vamos encontra-lo no Novo Testamento, nas cartas paulinas. Mas, é preciso lembrar que, na Bíblia não se analisa apenas o termo, mas o conteúdo. Sendo assim percebemos a Bíblia falando de coração sensível à voz de Deus e capaz de determinações contraditórias, louváveis e detestáveis. O coração age de acordo com a consciência. É no coração que se dá a relação com Deus.

Paulo, o apóstolo, na carta que escreve aos Romanos, dá um sentido ao termo consciência que influenciará a formação da tradição cristã. Ele recorda que os gentios têm as leis escritas no coração, cuja observância ou violação depende da consciência de cada um (Rm 2,15). Diz ainda que, para os cristãos a responsabilidade é maior, pois, receberam maior capacidade de juízo no encontro que tiveram com Cristo (Rm 9,1). Ele chamará *sineidesis* ao equivalente da noção bíblica de *coração*, e assim, a partir disso, a palavra e a ideia irão sendo gestadas até evoluírem para o termo que contém já um fundo semelhante ao da consciência moral, tal como a compreendemos hoje. Esta noção de consciência moral, presente em São Paulo, irá se configurando ao longo da Idade Média em torno da ideia da *silenciosa, porém firme manifestação da voz de Deus no interior do homem*, e também como o verdadeiro centro unificador da pessoa.

Assim, como a patrística ajudou no desenvolvimento do conceito de pessoa humana, ela entra em cena novamente ao falar sobre a cons-

3. O CONCEITO "PESSOA HUMANA" COMO PRINCÍPIO E FIM DA REFLEXÃO BIOÉTICA

ciência. Os santos padres, utilizam a dupla fonte cultural hebraica e grega para esclarecer posteriormente algumas das características da consciência moral. Santo Agostinho foi o autor que mais demonstrou entusiasmo pelo conhecimento da realidade interior do homem, da faculdade do conhecimento, da decisão e da escolha que julga e ama. Tudo é visto a partir da consciência, onde está a realidade mais profunda do seu eu, onde habita a verdade do homem.

BERNARDO DE CLARAVAL (1090-1153) descreve a consciência em termos emotivos, o que abre para a pergunta: a consciência não poderia falhar? A resposta formulada por ele propõe um importante problema para a reflexão moral contemporânea: não é suficiente a intenção, é necessário também o recurso à verdade. Anteriormente o problema era deslocado para a responsabilidade. Mas é pecado um mal cometido com boas intenções? Bernardo responderia que sim. Abelardo (1079-1142), ao contrário pondera observando que não existe pecado se não há a má intenção ao cometê-lo. Esta é também a linha de reflexão seguida por Tomás de Aquino segundo o qual a função da consciência depende de cada situação particular. Neste sentido é muito importante a prudência na observação do bem e do mal da ação realizada.

Segundo Tomás de Aquino as atitudes têm função importante na formação da consciência. O seu pensamento, que segue a visão aristotélica, busca o saber nas particularidades dos pequenos eventos, passando dos princípios gerais à prática. Tomás conseguiu unir consciência e lei natural, pondo em foco uma questão decisiva e atual do confronto entre concepção metafísica objetiva da consciência e concepção moderna e subjetiva.

Mas, a partir do renascimento é possível notar a desvinculação cada vez maior entre a lei natural e a lei eterna ou divina como o seu princípio originário. Em Kant que começa o desligamento. Pois, para ele, a consciência se converte em uma faculdade de juízo, dirigida sobretudo para o sujeito que julga, ou seja, se transforma em um "tribunal interno do homem", diante do qual "seus pensamentos se acusam e de desculpam entre si" como diz Kant em sua obra Metafísica dos Costumes. Com isso, ele submete a fé à crítica da consciência moral e, em virtude disso, não admite outra coisa senão o cumprimento do dever. Em sua obra Crítica da Razão Prática, Kant fundamenta a ideia de Deus, mas diz que ela não é necessária para fundamentar a moral. *Ele* afirma que a moral não tem necessidade alguma da religião. Diz o seguinte no livro Religião dentro dos limites da simples razão: "A moral, que assenta no conceito do homem enquanto ser livre, obrigando-se por isso mesmo, por sua razão, a leis incondicionadas, não necessita nem a ideia de outro Ser, superior a ele, para tomar conhecimento do seu dever, nem a de outro móvel que não seja o da própria lei, para observá-la". (Religião dentro dos limites da simples razão. Kant, p. 21 In: PASCAL, p. 188).

A tese kantiana de autonomia diz que este conceito deve ser uma dimensão característica e necessária da moral.

Kant diz que o princípio cristão da moral não é teológico, mas parte da autonomia da razão pura, prática por si mesma, porque este princípio não vem do conhecimento de Deus e de sua vontade o fundamento destas leis, mas só têm fundamento na busca do supremo bem, sob a condição da observância das mesmas; não põe o motor próprio para a observância das leis na consequência desejada, mas somente na representação do dever, como o único em cuja fiel observância consiste a dignidade da aquisição do bem supremo.

Assim, a moral kantiana não é capaz de dar justa razão da fé cristã. Vem-nos a pergunta se as noções de autonomia e heteronomia são conceitos contrapostos? Pois bem, aplicados à lei moral, **autonomia** significa que o sujeito moral se dá a si mesmo a lei; **heteronomia** indica que o sujeito não se dá a si mesmo à lei, mas que se dá a outro: a lei heterônoma é uma lei dada de fora. Aplicada à consciência, autonomia pode indicar o caráter ativo desta ou também uma capacidade criadora; a expressão heteronomia, propriamente, não se pode aplicar a uma consciência que se concebe com uma função puramente passiva; a esta consciência pode-se melhor chamar de preceptista, enquanto aplica uma lei heterônoma.

Segundo CORTÉS (1996), como primeira aproximação, é possível sustentar que autonomia consiste em ter a lei em si mesmo ou ser ele mesmo a sua lei, como concebido por Kant. No discurso ético, o termo autonomia aparece com Kant; no entanto, a noção e a problemática que se querem significar, são muito mais antigas. Aparecem nos primeiros capítulos do Gênesis, quando se narra que no paraíso os primeiros humanos receberam um mandato de Deus: "Podes comer de todas as árvores do jardim; mas da árvore da ciência do bem e do mal não comerás, porque se comeres, morrerás" (Gn 2, 16-17). Porém, sofreram uma

3. O CONCEITO "PESSOA HUMANA" COMO PRINCÍPIO E FIM DA REFLEXÃO BIOÉTICA

tentação, com o argumento de que "Deus sabe que no momento em que comerem se abrirão os olhos e sereis como deuses, conhecedores do bem e do mal" (Gn3,5), e caíram nela. O que está em jogo aqui é a decisão sobre o bem e o mal. "O homem reclama para si o estabelecer – segundo sua ciência – que está bem ou que está mal, o que no relato se havia reservado Deus para si mesmo. Quer, portanto, ser a origem da lei que deve reger seus atos. Ou seja, quer ser autônomo.

Kant aborda a questão em sua obra FUNDAMENTAÇÃO DA METAFÍSICA DOS COSTUMES, publicada em 1785. Ele compreende que aqui está o fundamento da ética. Para poder afirmar a existência de uma ciência sobre o "dever ser", deve existir um "dever ser", como que normas de comportamento obrigatórias. Porém, de onde procedem? Aqui, a reflexão inicial de Kant difere do texto do Gênesis citado em terminologia, porém não em conteúdo: ou procede do homem mesmo, ou procede "de fora", "de outro" – incluindo "o Outro", Deus – ou autonomia, ou heteronomia. RAMIREZ (2000) elege a primeira consideração. Levantado o dilema em termos absolutos, sustentar a autonomia significava prescindir de Deus na ética.

Os contemporâneos de Kant assim o compreenderam e começaram a difundir a acusação de ateísmo contra o filósofo. Ele era um fervoroso luterano e quis rechaçar a acusação, buscando encontrar onde caberia Deus dentro de seu sistema. Encontrou como "postulado" da chamada "razão prática" e se apressou em publicar uma versão ampliada da *Fundamentação* que incluía este encontro: A CRÍTICA DA RAZÃO PRÁTICA, que veio à luz em 1788. Deus aparecia, porém, seu papel na ética não era de fundamento. A autonomia seguia incólume. E a razão dela era que Kant a via como uma exigência imprescindível da dignidade do homem. Para Kant a autonomia é o fundamento da dignidade da natureza humana e de toda a natureza racional de acordo com REALE (2001).

A noção de dignidade – e sua importância na antropologia – é algo que Kant herda da ilustração do livro de Gênesis. Porém, segundo RAMIREZ (2000), como é habitual nele, não se limita a recolher um conceito, mas que também este, esboce o seu conteúdo. E define a dignidade como aquilo que têm um valor intrínseco e por ele incondicionado, frente ao que tem um valor extrínseco – e, por este motivo, relativo. O digno vale por si mesmo, nunca em relação com algo alheio.

E a pessoa humana, por ser, é digna. Não são comparáveis ambos os valores, nem se podem situar no mesmo plano. Para Kant, condicionar o comportamento humano a qualquer fator da natureza, do modo que seja, supõe um atentado a uma dignidade que por definição deve ser incondicionada. Daí que a autonomia seja uma exigência iniludível da moral.

Diante desta realidade proposta por Kant, vemos a consciência moral aos poucos se desligando de sua fonte divina e chegando ao ponto de, ao longo do tempo, a sua existência, como instancia interior do homem, ser colocada em dúvida; desconsiderando-a como uma realidade que desde o mundo antigo vinha sendo considerada por cada uma das grandes tradições culturais e espirituais da humanidade. Para HERRANDO (2012), esta tendência culminaria no século XX, que foi funesto para a consciência moral, pois os grandes totalitarismos quiseram acabar com ela, pela simples razão de que o poder não teme nada mais do que a liberdade de um EU.

Consideramos que a consciência moral, longe de ensimesmar o homem, ela o lança até aos demais e até ao mundo, precisamente porque é solo firme desde que se aja com verdadeira liberdade e prudência. Esta última, deixamos claro, que é entendida como a virtude que inspira os juízes da consciência e depende das características pessoais do sujeito contemplando os valores objetivos e também os subjetivos. Aristóteles, quando reflete sobre prudência, diz que esta envolve, além do caráter de cuidado, de precaução, uma necessidade de arriscar, de algo que deve ser feito. É também chamada de *sabedoria prática*. Aristóteles foi o primeiro a distinguir claramente a sabedoria prática (*phrónesis*) da sabedoria teórica (*sophia*). Esta definição de Aristóteles para a prudência (*phrónesis*) é encontrada no Livro VI, capítulo V da *ÉTICA À NICÔMACO*.

Ainda no século XX, percebemos que a presença de Nietzsche não pode ser mais devastadora para o conceito "consciência moral". Com o anúncio da "morte de Deus", ele buscava desmascarar os valores de sempre, da tradição grega – socrática – e cristã, e a consciência moral junto, mostrando esta última como uma espécie de traição à vida. É preciso lembrar que algumas correntes culturais e de pensamento, impensáveis sem Nietzsche, quiseram e buscaram destruir a noção de consciência moral. Haja vista, os totalitarismos do século passado que, no fundo, buscavam rechaçar os conceitos de valor, de lei natural, dos prin-

3. O CONCEITO "PESSOA HUMANA" COMO PRINCÍPIO E FIM DA REFLEXÃO BIOÉTICA

cípios básicos da razão prática, em resumo de uma Tradição, pois esta não era conveniente para a conquista da natureza humana que pretendiam. Queriam, na verdade, poderes para fazer com os outros o que lhes aprouver.

SIMONE WEIL (1909-1943), filósofa francesa escreve um texto intitulado *L'Enracinement* – Enraizamento (a respeito da França, açoitada pela guerra, que tinha de renascer quando terminasse aquela tragédia) em que sublinha a necessidade de reconhecer o *destino eterno* do homem, como pilar fundamental, sem o qual, não é possível edificar nada, e muito menos toda uma civilização como a que então desmoronava.

Em suas pesquisas, HERRANDO (2012) fala de outras correntes que também negam a consciência moral, entre elas algumas teorias que giram em torno da psicanálise, do behaviorismo, dos estruturalismos, claros herdeiros das abordagens procedentes da nietzschiana morte de Deus, e que desembocam, como não podia ser de outra maneira, na morte do homem. Todas estas correntes se caracterizam, em última instância, por negar a liberdade, que é a verdadeira substância da moralidade. Ao negar a liberdade acaba-se com a concepção do homem como sujeito, não tanto como sujeito de obrigações e direitos, mas como sujeito livre, possuidor de um Eu. Corre-se, com isso, o grande risco de transformar o homem em um simples meio para "bons" fins, muitas vezes amparando-se em considerações pretensamente "humanitárias". Certos modelos antropológicos que negam a liberdade, acabam por negar o homem como sujeito pessoal, como um ser que fala em primeira pessoa. Como os modelos que consideram o homem como o resultado de certos programas, seja de índole social, genética ou cibernética, como se ele fosse uma espécie de máquina programada pelo simples encadeamento de seus genes e apenas isso.

A primeira consequência que chegamos ao negar a consciência moral é a abolição da Pessoa. Pois, consciência e liberdade são equivalentes, uma não existe sem a outra e acabar com a consciência equivale a acabar com a liberdade. Lembrando que, liberdade, consciência moral e razão não são distintas em sua raiz ontológica, quando falamos da constituição da pessoa humana. Como diria XAVIER ZUBIRI (1898-1983), que compreende a moral como estrutura constitutiva do ser humano, não se tratando de um ideal, mas de uma necessidade exigida pela sua própria natureza e pelas suas estruturas psicobiológicas. O homem é, assim, necessariamente, moral. E é moral porque é livre. A liberdade é o fundamento desta moralidade, e vice-versa. Se desmorona o fundamento, se desmorona a liberdade.

O reconhecimento da presença da consciência moral no mais íntimo da pessoa equivale a reconhecer o próprio eu ao qual se reconhece o seu valor e sua singular presença diante dos demais e diante de Deus. É reconhecer um eu ciente de sua dignidade absoluta.

Em seu artigo, HERRANDO (2012 p. 9), escreve que em 1984, o então cardeal RATZINGER, em seu livro IGREJA, ECUMENISMO E POLÍTICA, comentava algumas palavras de Hitler, nas quais, este deixava claro que não reconhecia nenhuma lei moral em política: "A Providencia me designou para ser o grande libertador da humanidade. Libertarei o homem... O libertarei de uma vil quimera que chamam consciência ou moral". Esta afirmação de Hitler deixa claro que o poder não teme nada mais do que uma pessoa livre, ou seja, a um eu, a uma consciência. O cardeal Ratzinger comentava assim esta afirmação de Hitler, destacando como os poderes totalitários não toleram nem a sombra da consciência moral: "A destruição da consciência é condição necessária de uma sujeição e de um domínio totalitário. De onde a consciência vive, se lhe põe uma barreira à dominação do homem pelo homem e à arbitrariedade humana, porque algo sagrado permanece inatacável, subtraindo-se a qualquer capricho ou despotismo próprio ou alheio. O absoluto da consciência se opõe ao absoluto da tirania, e só o reconhecimento de sua inviolabilidade protege o homem dos demais e de si mesmo, seu acatamento é a única garantia de liberdade" RATZINGER (1987). Para ele, a consciência significa reconhecer ao homem, a si mesmo e aos demais, como criação, e respeitar nesse homem a seu criador. Isto define os limites de todo poder, ao mesmo tempo que assinala o seu caminho.

Faz-se necessário, portanto, para um verdadeiro humanismo, o reconhecimento e o respeito à consciência moral que está na base e na essência do ser humano. Pois, há valores permanentes que brotam da natureza do homem, e que, portanto, são intocáveis em todos os que fazem parte desta natureza.

O CONCÍLIO VATICANO II faz uma síntese, revelando a importância da consciência moral como uma marca indelével do Criador que fundamenta a dignidade humana e nos aponta o autêntico caminho da

3. O CONCEITO "PESSOA HUMANA" COMO PRINCÍPIO E FIM DA REFLEXÃO BIOÉTICA

realização de cada homem na comunhão com todos os demais. No documento *GAUDIUM ET SPES*, lemos o seguinte:

> O homem tem no coração uma lei inscrita pelo próprio Deus; a sua dignidade está em obedecer-lhe e segundo ela será julgado. A consciência é o núcleo mais secreto do homem, o santuário onde ele se encontra a sós com Deus, cuja voz ressoa na intimidade do seu ser. Graças à consciência, revela-se de modo admirável aquela lei que se realiza no amor a Deus e ao próximo. Pela fidelidade à voz da consciência, os cristãos estão unidos aos demais homens, no dever de buscar a verdade e nela resolver os numerosos problemas morais que surgem na vida individual e na comunidade social. (COMPÊNDIO VATICANO II, 1991, *GAUDIUM ET SPES, n. 16*).

É, portanto, através da consciência moral, que o ser humano tem a capacidade de julgar o valor moral dos atos. Então, toda a ação humana só pode ser considerada boa ou má, em concreto, se for referenciada à consciência.

Assim, a consciência emerge como norma interiorizada de moralidade, isto é, o "lugar" por onde passam todas as avaliações morais das ações humanas. No juízo da consciência, os valores morais são personalizados e, por conseguinte, é revelado ao homem o valor moral dos seus atos. A consciência moral constitui, portanto, a norma subjetiva do agir moral. Ou seja, o homem agirá bem ou mal se agir em conformidade ou contra a sua consciência. Isto não significa cair numa "moral subjetivista", fechada. A consciência, sendo norma interiorizada da moralidade, não é norma autônoma, mas sim norma referenciada e, como tal, exerce a função de mediação entre o valor objetivo e a atuação da pessoa. Como diz o documento *GAUDIUM ET SPES* do COMPÊNDIO VATICANO II (1991, n.16): "o homem descobre no mais profundo da sua consciência uma lei que ele não dita a si mesmo, mas à qual deve obedecer".

O papel então da consciência moral deve ter um lugar privilegiado nas deliberações sobre a ética da vida, onde a bioética está presente para apontar caminhos que assegurem a integridade do ser humano, resguardando os fundamentos da pessoa humana, dentre os quais estão a consciência e a liberdade.

Conclusões

A partir desta perspectiva onde a Pessoa Humana é considerada em sua integralidade, a Bioética se torna um grande instrumento de defesa da vida, da dignidade e da liberdade humana. E o que garante este atributo à Bioética é a sua própria natureza epistemológica, que supõe a participação das várias áreas do saber em suas reflexões, inclusive os aportes filosóficos e teológicos como vimos. Estas contribuições enriquecem a fundamentação e a própria atuação da bioética, sem adjetiva-la. Ao contrário, torna-a adjetivo, ou seja, possibilita falarmos de uma "pessoa bioética" que esteja envolvida e comprometida com todo e qualquer assunto em que a vida, a dignidade e a liberdade humana estiverem em risco.

Referências

BENTO, Luis Antonio. *Ética e ciência biomédica – contribuição ético-teológica para a pesquisa envolvendo seres humanos no Brasil*, 2005. Tese (Doutorado) – Pontifícia Universitas Lateranensis, Roma, Academia Alfonsiana.

COMPÊNDIO DO VATICANO II. *Constituições, Decretos, Declarações*, 22ª ed., Petrópolis, Ed. Vozes, 1991.

GIUSEPPE, Cinà, LOCCI, Efísio, ROCCHETTA, Carlo, SANDRIN, Luciano. *Dicionário Interdisciplinar da Pastoral da Saúde*. São Paulo, SP: Ed. Centro Universitário São Camilo, Paulus, 1999.

HERRANDO, Carmen. *La conciencia moral. Una primera consideración para la reflexión sobre bioética*. (Trabalho apresentado no Congreso de la Asociacón Española de Personalismo, de 3 a 5 de mayo de 2012 – Valencia-Espanha, 2012).

JOÃO PAULO II, Papa. *Carta Encíclica Veritatis Splendor: Sobre Algumas Questões Fundamentais Do Ensinamento Moral Da Igreja*, São Paulo: Ed. Loyola, 1993.

LADUSANS, Stanislavs (coord.). *Questões Atuais De Bioética – 3º Volume da Coleção do Conjunto de Pesquisa Filosófica (CONPEFIL) Investigações Filosóficas da Atualidade*, São Paulo, Ed. Loyola, 1990.

MAUSS, Marcel, *Sociologia e Antropologia*, São Paulo, SP: Ed. Cosac Naify, 2003.

RAMIRES, J. *Autonomia: Dos Concepciones Éticas:* Revista de Filosofia, Univ. Complutense, 2000.

REALE, G.; ANTISERI, D. *História Del Pensamiento Filosófico Y Científico, I Del Humanismo A Kant*, Barcelona: Ed. Herder, 2001.

VAZQUEZ, C. S. *Diccionário De Bioética*, Espanha: Ed. Monte Carmelo, 2006.

4.
A empatia na formação do médico – condição para o respeito aos direitos do paciente

FELIPE COLOMBELLI PACCA
PATRICIA UNGER RAPHAEL BATAGLIA

Introdução

A medicina nem sempre foi só ciência. Houve um tempo em que o conceito de filosofia e de medicina caminhavam lado a lado. Aristóteles, filho de médico, provavelmente utilizou-se das práticas profissionais do pai para elaborar suas ideias filosóficas. Como marco social, o ser médico é parte determinante para o senso comum de uma sociedade. Médicos são vistos como figuras sábias, a quem as pessoas recorrem em momentos de dor e preocupação. Assim também acontece em sociedades indígenas, com a figura de um pajé. O médico tem força para ditar costumes sociais, comportamentos morais e direcionamentos bioéticos. Em diversas questões bioéticas a figura do médico é parte ouvida. Nas questões sobre transgeneralidade, sustentabilidade, o prolongamento da vida, a definição de morte e outros temas, a medicina sempre teve que posicionar sua opinião, seja por meio de médicos, individualmente, seja por entidades representativas da medicina.

Dada a importância e prestígio social da medicina, discutir o processo de formação do médico passa a ser também uma questão bioética.

Da Grécia Antiga até os dias atuais, muitas transformações ocorreram na formação do médico. Uma das mais impactantes transformações na formação médica foi o distanciamento científico da medicina proposto pelo Relatório Flexner (Flexner, 1910), que, motivado por um contexto histórico propício e por pressão política e econômica da indústria farmacêutica em ascensão, fez com que as escolas médicas da época se adequassem a um padrão de atenção a protocolos científicos tanto para dar acesso aos alunos quanto para todos os processos de formação. Foi um importante documento, pois revolucionou a educação médica da época. Escolas médicas que utilizavam outros modelos de medicina, como aquelas em que o ensino de homeopatia ocorria, foram fechadas (Pagliosi & De Ros, 2008). Foi uma mudança de paradigma que determinou um novo posicionamento da medicina no mundo em anos subsequentes. A relação entre homem e medicina passou a ser objeto científico e não social, o que produziu avanços médicos importantes, possibilitando procedimentos essenciais para a manutenção da saúde contemporânea. Flexner (1910, p. 20) propôs que a formação médica fosse embasada em três princípios: a preceptoria, a didática escolar e a disciplina científica. A proposta de Flexner moldou, em anos posteriores, a formação médica. Atualmente, no Brasil, um estudante de medicina precisa passar por uma formação de seis anos, sendo os dois últimos direcionados exclusivamente aos princípios propostos por Flexner.

Ao mesmo tempo que o Relatório Flexner trouxe significativas mudanças para a formação médica, tendo como consequência a compreensão científica sobre o corpo humano e a própria definição de doença após mais de um século de sua publicação, também produziu um distanciamento entre o médico e o paciente. A medicina se tornou técnica. Prioritariamente técnica. Qualquer outra abordagem que não a científica foi desqualificada e afastada da formação médica. Nesse contexto, a relação entre médico e paciente deixou de ser social e passou a ser protocolar. A maneira como o médico abordava o paciente, desde o início de uma consulta até o final de um tratamento, era pautada em protocolos médicos. O estudante de medicina aprendia, decorava e replicava o protocolo. Quanto mais higienizada fosse a relação entre médico e paciente, mais científica ela seria e melhor seria o trabalho do médico.

Não haveria, nessa composição, espaço para emoções. A razão era dominante na formação médica do último século. Qualquer demonstração de um médico sobre emoções era vista como fraqueza pessoal e falta de profissionalismo. Obviamente que essa proposta, por maiores que sejam os benefícios, não poderia se sustentar, haja visto que tanto o médico quanto o paciente são pessoas, que pensam, sentem e se relacionam, interagindo e interferindo umas nas outras. Eis que, em 1997, um novo relatório nos moldes do Relatório Flexner foi iniciado. Em 2010, Cooke, Irby & O'Brien publicam *"Educating Physicians: A call for reform of medical school and residency"*. Claramente, esse relatório é um marco histórico do que já havia sendo discutido muito antes. No Brasil, no início dos anos 1960, formou-se, por exemplo, a Associação Brasileira de Educação Médica (ABEM), que discutia o processo de formação médica e alertava sobre o impacto do tecnicismo científico nas vidas de médicos e pacientes. Assim como no Brasil, a formação do futuro profissional de medicina também era discutida em outros países. O Novo Relatório Flexner, como ficou conhecido o documento, apontava melhorias a serem superadas na formação, tais como a relação entre preceptores e estudantes, o processo qualitativo de cuidado ao paciente, a individualização do processo de aprendizagem de cada estudante em cada etapa do curso, a integração entre as bases clínicas, áreas básicas e ciências sociais, o oferecimento de feedbacks entre professor e aluno, proporcionando reflexão e a promoção de relacionamento entre a instituição que deverá dar suporte ao aluno para que ele consiga acessar padrões de excelência em sua formação. Em 2014, no Brasil, foram propostas novas Diretrizes Curriculares Nacionais (DCN) (Brasil, 2014) para o curso de medicina. Esse documento aproximou também o país de uma discussão mundial sobre o processo de educação médica, pois incluía, obrigatoriamente, direcionamentos sobre a formação do médico com metodologias ativas de ensino-aprendizagem. Em paralelo à sua publicação, o Governo Brasileiro autorizou a criação de mais escolas de medicina. Até 2018, existiam mais de 300 escolas de medicina brasileiras, que formarão, em mais alguns anos, mais de 35 mil médicos por ano em um universo que, dez anos antes, formava apenas 9 mil médicos a cada ano.

Duas "pequenas" mudanças, alinhadas às mudanças de formação médica no mundo, podem trazer impactos diversos para a economia brasileira. Em primeiro lugar, aumentando o número de vagas em cursos de medicina, o acesso da população à médicos no futuro torna-se mais possível e provável. Muitas regiões brasileiras são carentes de médicos.

O acesso à faculdade possibilitará maior distribuição de médicos na população. Soma-se a isso a característica disruptiva que o Sistema Único de Saúde (SUS) do Brasil tem de oferecer à população acesso à saúde, garantindo a universalidade, integralidade e equidade (Brasil, 1988). Uma espetacular conquista para o país, mas que escancara dificuldades para a formação médica, como a falta de conhecimento pedagógico sobre o processo de utilização das chamadas metodologias ativas em um universo de professores que foram formados com metodologias tradicionais e alunos com acesso à informação e com perfil aparentemente muito mais questionador do que o das gerações anteriores. Soma-se a esse contexto a necessidade de humanizar a formação médica, aproximando o estudante de seus pacientes e de outras pessoas.

A humanização do ensino médico é um fator que pode impactar, inclusive, a bioética. Sem se afastar do processo científico, um médico formado com o olhar humanizado poderá discutir e opinar em questões que não estão diretamente ligadas à medicina, como a qualidade do ar em nossas cidades. Se a qualidade do ar piora, mais pessoas procuram serviços de saúde, o que impacta não somente os médicos e demais profissionais da saúde, mas também as políticas governamentais de saúde e orçamento da União. Nesse contexto, a qualidade do ar também se torna uma questão de bioética.

A importância da humanização no curso de medicina é discutida também nas DCNs, que indicam a formação de um médico deverá ser "geral, humanista, crítica, reflexiva e ética" (Brasil, 2014). Rego (2012) defende a ideia de uma ética de formação baseada em reflexão. O processo reflexivo, por sua vez, pode influenciar a capacidade de conexão do estudante com o professor e, no futuro, do médico com o paciente. O processo de formação médica aborda, entre diversos outros elementos como a confiança, respeito e lealdade, a capacidade de conexão a partir da empatia, que se constituirá, após a formação, no processo de conexão entre médico e paciente.

A empatia, aliada ao altruísmo e à compaixão, é um dos valores base essenciais para o desenvolvimento de um médico que seja reflexivo e tenha boa competência moral (Cooke, Irby & O'Brien, 2010, p. 61). A ideia é que os médicos sejam capazes de separar as próprias emoções e perspectivas daquelas dos pacientes, pois só assim poderá se comunicar com compaixão, reconhecendo as necessidades dos pacientes e atendendo-o priorizando as necessidades mais do que suas próprias crenças, valores e reações emocionais. A empatia é, nesse contexto, um caminho para o desenvolvimento da humanidade no curso de medicina.

Mas, em mais de um século de formação médica pautada no distanciamento científico, é preciso ter empatia com o próprio estudante de medicina. Durante todo o ensino médio, e parte do ensino fundamental também, o estudante de medicina teve que ser um aluno acima da média. Ele se destacou por sua capacidade de estudo, por seu rendimento escolar e, principalmente, por suas boas notas. Esse é o histórico de boa parte dos atuais estudantes de medicina. Esse bom aluno, no entanto, ao ingressar na faculdade, encontra não um ambiente acolhedor e estimulante para manter sua performance estudantil, mas sim muita pressão, competitividade e comportamentos não adequados de alguns alunos e professores, além do contato precoce com o sofrimento humano, sem muita experiência para refletir sobre os impactos das agruras do mundo. Nesse contexto, não é incomum encontrar alunos de medicina desenvolvendo depressão, Burnout e outros males. Muitas instituições de ensino médico têm serviços de acompanhamento psicológico para os alunos do curso. O curso de medicina é elemento que dispara piora de qualidade de vida nos seus estudantes (Serodio, 2013). O estudo de Tempski (2018) sobre a qualidade de vida, por exemplo, aponta que a qualidade de vida do estudante é elemento que precisa ser monitorado para que se evitem consequências graves para os estudantes durante o curso. Uma das variáveis investigadas é a empatia do estudante.

Outra variável do processo de formação é a atuação docente. Harden & Lilley (2018) apresentam oito competências que o docente médico deve desenvolver para garantir um bom trabalho de ensino na formação humanizada do futuro médico. Novamente a empatia é um elemento importante no processo de formação, quando os autores afirmam que a empatia é essencial para estabelecer um relacionamento com os alunos. O professor, nesse contexto, deve ser solidário e deve ter compaixão. Ele deve lembrar os problemas pelos quais passou durante a sua própria formação para poder orientar os alunos olhando para eles como humanos (Harden & Lilley, 2018, p. 96).

Na perspectiva da escola médica tradicional, a empatia não é um elemento, mas sim um adereço ao currículo que deve ser utilizado para estabelecer conexão artificial com o paciente. A escola médica do futuro precisará incluir a empatia como elemento essencial no processo de ensino-aprendizagem do médico. Algumas experiências já foram desenvolvidas nesse sentido, tais como a apresentada por Schweller et al. (2015), que apresentou uma experiência de ensino de empatia curricular em uma renomada universidade brasileira. O texto apresentava diversas intervenções que utilizavam metodologias ativas para alunos de diversas etapas do curso, normalmente utilizando processos de entrevista com pacientes, narrativas reflexivas, consultas caricatas e consultas simuladas, dentre outras. Ao final de cada atividade os alunos discutiam os eventos e compartilhavam suas perspectivas em relação ao tema.

Questiona-se, no entanto, se é possível o ensino de empatia. Como garantir o desenvolvimento da empatia em alunos de medicina, se estudos demonstram (Serodio, 2013) que a capacidade de reflexão crítica do aluno diminui durante o decorrer do curso? É preciso, antes de tentar qualquer elaboração de resposta à questão, compreender o que, de fato, entendemos como empatia.

1. Empatia

Se pesquisarmos em dicionários ou sistemas de busca a definição de empatia, é bem provável que encontremos um texto parecido com "a capacidade de se colocar no lugar do outro, sentindo o que sentiria o outro em determinada situação". Krznaric (2015, p. 10) define empatia como "a arte de se colocar no lugar do outro por meio da imaginação, compreendendo seus sentimentos e perspectivas e usando essa compreensão para guiar as próprias ações". Falcone (2008), de maneira semelhante, apresenta empatia como a "capacidade de compreender de forma acurada, bem como de compartilhar ou considerar sentimentos, necessidades e perspectivas de alguém".

A princípio a empatia é algo de fácil compreensão, amplitude e aplicação. Porém, essas definições esbarram em definições muito parecidas para outros termos, tais como simpatia, solidariedade e, principalmente, compaixão. Muito do que se discute sobre empatia se confunde com o que consideramos compaixão. Não há aqui nenhum tipo de demérito entre as duas palavras. Ambas são essenciais para a formação do futuro médico, mas não têm o mesmo significado. A compaixão foi objeto de estudo de Martí, García-Campayo & Demarzo (2018, p. 24) e foi definida como "um sentimento de afeto ou de proximidade por outros seres humanos". No entanto, essa definição não é suficiente para os autores e os próprios desenvolvem um enorme raciocínio histórico e social para explicar a compaixão como um sentimento ou uma dimensão cognitiva, mas destacando a emoção como elemento principal, relacionada, intimamente, com a religião.

Empatia é também bastante confundida com simpatia. No entanto, para ocorrer simpatia, necessariamente é preciso existir a figura do outro, pois é o outro quem inicia o processo. É a noção do outro, tal qual a empatia, que desperta a simpatia. Porém, as emoções e pensamentos alinhados à simpatia são as do próprio observador sobre o outro. Por sua vez, a empatia elabora emoções e pensamentos no indivíduo que dizem respeito ao outro, não ao próprio indivíduo. A simpatia se confunde com a empatia desde os primórdios da palavra. Slote (2007) explica que Hume, em seu **"Tratado da Natureza Humana"**, apresentou conceitos importantes sobre empatia, mas utilizou o termo "simpatia" para fazê-lo.

Solidariedade é uma ação movida por emoção e/ou razão de querer fazer algo que traga conforto ou felicidade a outro. Isso é diferente de empatia, pois envolve uma ação. A empatia não será nunca uma ação, mas pode sempre servir de mecanismo de ativação, seja cognitivo, seja emocional, de uma ação solidária.

QUADRO 1: **Comparação entre os conceitos de empatia, simpatia, compaixão e solidariedade.**

Tipo	Fundamento Razão	Fundamento Emoção	Resulta em	Interpretado como	Perspectiva Percebida como	Mobilização do espaço externo
Empatia	X	X	Pensamento	Emoção	Altruísta	Envolvimento na ação
Simpatia	X	X	Pensamento	Pensamento	Egoísta	Direcionado a um indivíduo
Compaixão	X	X	Emoção	Emoção	Altruísta	Envolvimento na ação e modificação no ambiente
Solidariedade	X	X	Ação	Emoção	Altruísta	Mobilização para solidariedade

Fonte: síntese elaborada pelos autores a partir da literatura selecionada

O quadro acima apresenta uma comparação entre empatia, simpatia, compaixão e solidariedade, comparando algumas características de cada um dos conceitos, com o objetivo de exemplificar como a empatia se consolida como um conceito diferente dos outros citados.

Savian-Filho (2014) apresenta as ideias de Edith Stein, filósofa alemã, aluna de Edmund Husserl, que obteve o feito de ser a segunda mulher alemã a conquistar o título de doutorado. A tese de Edith Stein foi intitulada **"Sobre o problema da empatia"** foi publicada em 1917. Savian-Filho explica que Edith não 'define'[1] empatia em seu trabalho, mas busca apresentar a essência da experiência humana inegável. Para explicar o que é empatia, Edith contrapõe conceitos que não são empatia. Para ela, empatia tem origem no ato de perceber, mas se confunde com diversos outros conceitos que não são, necessariamente, empatia. O primeiro conceito de destaque sobre a questão da percepção é que é preciso distinguir a percepção do outro vivida internamente, da percepção física dos traços que acompanham a experiência alheia do outro e da percepção do observador sobre a experiência alheia interna. Assim, uma pessoa pode observar outra e ver determinada manifestação, imaginar o que a pessoa observada está experimentando, sentir e racionalizar sobre isso, mas nunca poderá sentir o que a pessoa observada sente.

Edith Stein, por exclusão, define o que empatia não é. Savian-Filho (2014) faz um recorte dessas definições. Uma dessas definições diz que empatia não é consentir, pois uma boa notícia dada a uma pessoa que é observada pode trazer felicidade tanto para a própria pessoa quanto para o observador, mas são emoções que têm origem diferentes, pois para o primeiro a felicidade é fruto de algo que aconteceu para ele mesmo, mas para o observador a felicidade que sente é consequência da felicidade que o outro está sentindo, o que não é, de maneira alguma, algo que pode ser equivalente. Outra definição explica que empatia não é associação. A maneira como o observador se aproxima da experiência alheia não é por associação com fatos do passado do próprio observador, mas sim uma sintonia intuitiva que permite compreender a situação do ponto de vista de quem é observado, não do ponto de vista de quem observa.

---

[1] Grifos do texto original.

Um dos mais interessantes apontamentos de Savian-Filho (2014) sobre o que empatia não é para Stein é o que diz que empatia não pode se limitar aos atos de vontade. Não existe uma vontade predominante que determina quando acessar ou não a empatia. A percepção não é ativada pela vontade, mas pode ser percebida por ela. Essa é uma concepção muito semelhante à de Waal (2010), que apresenta a proposta de empatia como um elemento de diferenciação para facilitar a seleção natural dos mamíferos. Para ele, empatia é parte da natureza dos mamíferos e se manifesta por meio dos vínculos afetivos, que têm enorme valor, tanto para homens quanto para animais, o que pode ser observado na ligação mais crucial de todas, aquela entre mãe e filho. Para o autor, é preciso compreender que as emoções compõem parcela determinante na maneira como os homens agem, fazendo uma analogia com comportamentos de mamíferos para exemplificar suas considerações. Nesse sentido, é preciso compreender que "vivemos em uma época que enaltece o que é cerebral e menospreza as emoções, encaradas como complicadas e piegas" (Waal, 2010, p. 20). Ele defende que a empatia é um conceito que apresenta muitas camadas, sendo um núcleo interno de sintonia de estados emocionais dos outros indivíduos, dando o nome de contágio emocional. Uma outra camada, ao redor do núcleo, encontra-se uma capacidade de preocupação com os outros, que ele denomina consolo. Uma terceira camada, ainda mais sofisticada, é a adoção de perspectiva, uma adoção de um ponto de vista, que direciona as emoções e racionalizações para uma necessidade específica. A melhor analogia para essa explicação que o autor encontra é uma boneca russa, que tem dentro de si, mais bonecas semelhantes.

Uma concepção de empatia que seja mais cuidadosa do que a apresentada pelo senso comum vai possibilitar também não só a compreensão do conceito, mas também as aplicações pedagógicas desse elemento. A percepção consciente de empatia para o médico é essencialmente determinante para o desenvolvimento de sua formação. O princípio de percepção de empatia pode levar à reflexão crítica, o que determina maior compreensão sobre o todo observado, inclusive sobre contexto.

Dessa forma a empatia é um dos elementos essenciais da competência moral. É um elemento que afeta a capacidade dos indivíduos de perceber e atuar num mundo social. É um elemento importante que sempre é destacado nos processos de educação médica como essencial para uma boa formação médica. Por ser também um elemento cognitivo consciente ativado por vontade, a empatia torna-se acessível e pode, portanto, ser objeto de ensino. É possível ensinar empatia. Ensinar aqui não é o fato de compreender o conceito, mas sim de utilizar a empatia para que o estudante seja um médico melhor no futuro.

Diversas são as formas de desenvolvimento desses processos de ensino. Claro & Mendes (2018) utilizaram narrativas reflexivas com estudantes de medicina para desenvolver empatia. O ato de confrontar a própria experiência faz saltar à consciência fatos que passam despercebidos na rotina diária. A percepção é a base para a consciência das atividades empáticas do indivíduo. Dessa maneira, escrever sobre suas experiências é uma atividade rica para o desenvolvimento moral do indivíduo. Kiosses et al. (2017) apresentaram um programa de treinamento intitulado *"Empathize with me, doctor!"*. Nesse programa de 60 horas os futuros médicos experienciavam diversas atividades e reflexões, também com o objetivo de desenvolver nos alunos maior empatia.

O ensino de empatia e sua avaliação é foco do estudo de Davis (1983). Nesse estudo, o autor desenvolve um instrumento para medir a empatia em três componentes: o cognitivo, que determina a capacidade de identificar e considerar a perspectiva e sentimentos dos outros, sem, no entanto, fazer qualquer tipo de julgamento sobre isso; o afetivo, que apresenta sentimentos de preocupação e de compaixão genuínas; e, o comportamental, que se traduz na transmissão explicita do reconhecimento do que foi compreendido racional e emocionalmente, possibilitando ao outro a sensação de ter sido verdadeiramente compreendido e acolhido (Ikeda et al, 2018). Krznaric (2015) apresenta uma série de experiências para desenvolver e avaliar empatia que também podem ser utilizadas em um ambiente de educação médica. Uma das experiências apresentadas foi a da ativista Patrícia Moore, que desenvolveu um experimento que buscava compreender como vivia uma senhora de 85 anos. Na época, Moore tinha apenas 26 anos e, num período de dois anos, visitou mais de cem cidades diferentes caracterizada de senhora, para tentar se conscientizar do processo empático sobre pessoas mais velhas. O resultado de seu trabalho deu início a uma série de modificações em produtos e serviços, que começaram a perceber necessidades diferentes para o público consumidor.

Muitas são as possibilidades de compreensão, desenvolvimento e ensino da empatia a partir da concepção mais sofisticada do termo.

O desenvolvimento da empatia é elemento que engatilha maior reflexão, competência moral, melhora o clima social dos ambientes e proporciona, como consequência temporal distante da educação médica, um impacto de melhoria para a sociedade.

Conclusões – Empatia, Formação Médica e Bioética

A medicina sempre foi um ambiente de inovação para educação. A educação médica é uma das mais desenvolvidas de todas as áreas. Enquanto se discute teoricamente concepções sobre metodologias ativas de ensino-aprendizagem em ambientes educacionais, na educação médica o uso dessas metodologias já é rotineiro. Não só na educação, mas também na ética a medicina determina tendências e estrutura conceitos. Rego, Palácios & Siqueira-Batista (2014) apresentam um relato histórico sobre os impactos da medicina na ética e na bioética. Entre as diversas informações apresentadas, a discussão sobre quem recebe os poucos órgãos destinados à transplante no mundo, a decisão de prolongamento da vida, os direitos dos pacientes e as políticas de saúde públicas.

Em uma sociedade que vive, desenvolve mecanismos e inova a todo dia, mas que está presente em um mundo finito, de recursos e capacidade limitados, é preciso que as discussões sobre ética, moral, religião, política e filosofia sejam direcionadas para melhorar a capacidade de convivência entre as pessoas neste mundo. Do ponto de vista do aluno de medicina, nenhuma discussão sobre esses aspectos é realizada em grande parte dos currículos de formação médica.

Certa vez, em discussão com um emérito professor da USP, Dr. Paulo Saldiva, foram levantados três grandes problemas sobre os quais a medicina precisará se posicionar no futuro: o desenvolvimento científico e tecnológico; as expectativas da sociedade em relação à saúde; e a mercantilização da medicina. Todos são problemas inscritos na bioética. O desenvolvimento científico e tecnológico atual já possibilita aos pacientes estudos prévios sobre resultados de exames. Cada vez mais, ao chegar nas consultas, os pacientes já estão com um diagnóstico pronto. Com o desenvolvimento tecnológico e científico, é provável que o diagnóstico de grande parte das patologias seja automatizado. O impacto desse fato para a medicina seria enorme. Um mundo em que as doenças são diagnosticadas sem médico?

Outro fato é a expectativa da sociedade sobre saúde. As pessoas querem viver mais e estender a juventude por mais tempo, para que tenham qualidade de vida na velhice. Maior tempo de vida impacta não só o campo médico, mas todo o campo social, pois implica em aumento do número de pessoas no mundo, controle de natalidade, quantidade de alimentos produzidos, direitos previdenciários discutidos. Esse fato ainda pode direcionar ações sociais como mudança de estilo de vida e relações profissionais. Menor tempo de trabalho durante a semana para que haja maior possibilidade de trabalho para todos, pois com capacidade física e psíquica estendidas, as pessoas poderão trabalhar mais tempo.

Por fim, o futuro da medicina também passa pela discussão sobre o acesso à saúde. A tendência de uma medicina de alta capacidade de resolução para patologias é uma realidade. No entanto, essa medicina terá um alto custo. Como isso será direcionado ao mundo? Apenas uns poucos poderão custear os tratamentos adequados, em detrimento de uma enorme parcela da população que terá acesso limitado à tratamentos de menor eficácia, mas mais baratos. Ou a sociedade será reorganizada para que o acesso à saúde seja equivalente a todos, independente do custo.

São três problemas que impactam diretamente na formação do médico. E a empatia pode ser o caminho para a sensibilização dos médicos para as questões bioéticas. Um médico que tenha boa empatia também é, provavelmente, um médico que tem boa reflexão crítica. A reflexão crítica por sua vez determina comportamentos morais que influenciam as relações humanas e impactam nas relações bioéticas. Conceber um processo de formação em que seja possível desenvolver a sensibilização e reflexão crítica sobre empatia deve ser o principal objetivo dos cursos de formação médica.

Sensibilizar o futuro médico para o desenvolvimento de sua capacidade cognitiva de identificar e utilizar empatia em sua vida pode garantir melhor contato social, maior domínio da competência moral e compreensão mais apurada das abstrações sobre as consequências das atividades médicas para a sociedade.

É uma decisão individual, mas que pode ser discutida e deve ser parte do processo de formação do médico. O desenvolvimento da empatia possibilitará um relacionamento bioético mais respeitoso entre o médico e seus pacientes.

Referências

BRASIL. [Constituição (1988), *Artigos 196 a 198*]. Constituição da República Federativa do Brasil: promulgada em 5 de outubro de 1988.

BRASIL. RESOLUÇÃO Nº 3, DE 20 DE JUNHO DE 2014. *Diretrizes Curriculares Nacionais do Curso de Graduação em Medicina*. CONSELHO NACIONAL DE EDUCAÇÃO. CÂMARA DE EDUCAÇÃO SUPERIOR: MINISTÉRIO DA EDUCAÇÃO, 2014.

CLARO, Lenita Barreto Lorena; MENDES, Anna Alice Amorim. *Uma experiência do uso de narrativas na formação do estudante de medicina*. Revista Interface: Comunicação, saúde, educação; v.65, n. 22, p. 621-630, 2018.

COOKE, Molly; IRBY, David M.; O'BRIEN, Bridget C. *Educatin Physicians*: A call for reformo f medical school and residency. San Francisco: Carnegie Foundation/ The Jossey-Bass, 2010.

DAVIS, Mark H. *Measuring individual differences in empathy*: Evidence for a multidimensional approach. Journal of personality and Social Psichology, v. 44, n. 1, p. 113-126, 1983.

FALCONE, Eliane Mary de Oliveira et al . *Inventário de Empatia (I.E.)*: desenvolvimento e validação de uma medida brasileira. Aval. psicol., Porto Alegre , v. 7, n. 3, p. 321-334, dez. 2008.

FLEXNER, A. *Medical Education in the United States and Canada*. New York: Carnegie Foundation for The Advancement of Teaching; 1910.

HARDEN, Ronald M.; LILLEY, Pat. *The eight roles of the medical teacher*: the purpose and function of a teacher in healthcare professions. Oxford: Elsevier, 2018.

KIOSSES, Vasileios, et al. *How medical students experience empathy training? An Interpretative Phenomenological Analysis. Results from the "Empathize with me, doctor!" Project*. Medpublish, 2017.

KRZNARIC, Roman. *O poder da empatia*: a arte de se colocar no lugar do outro para transformar o mundo. Rio de Janeiro: Zahar, 2015.

MARTÍ, Ausiás Cebolla I; GARCÍA-CAMPAYO, Javier; DEMARZO, Marcelo M. P. *A ciência da compaixão*. São Paulo: Palas Athena, 2018.

PAGLIOSA, Fernando Luiz; DA ROS, Marco Aurélio. *O relatório Flexner: para o bem e para o mal*. Rev. bras. educ. med., Rio de Janeiro, v. 32, n. 4, p. 492-499, Dez. 2008.

REGO, S. *A formação ética dos médicos: saindo da adolescência com a vida (dos outros) nas mãos*. Rio de Janeiro: Editora FIOCRUZ, 2012.

REGO, Sergio.; PALÁCIOS, Marisa.; SIQUEIRA-BATISTA, Rodrigo. *Bioética para profissionais da saúde*. Rio de Janeiro: Editora FIOCRUZ, 2014.

SAVIAN-FILHO, Juvenal (org.). *Empatia, Edmund Hesserl e Edith Stein*: Apresentações didáticas. São Paulo: Edições Loyola, 2014.

SCHWELLER, Marcelo; WANDERLEI, Jamiro; STRAZZACAPPA, Márcia; SÁ, Flavio Cesar; CELERI, Eloisa Helena Rubello Valler; CARVALHO-FILHO, Marco Antonio de. *Metodologias Ativas para o Ensino de Empatia na Graduação em Medicina* – Uma Experiência da Unicamp. Cadernos ABEM, v. 10, s/n, p. 36-46, Dez. 2014.

SERODIO, A. M. D. B. *Avaliação da competência do juízo moral de estudantes de medicina*: comparação entre um curso de bioética tradicional e um curso de bioética complementado com o método Konstanz de Discussão de Dilemas: a educação em bioética na promoção das competências moral e democrática de adultos jovens. 2013. 137 Tese (Doutor em Ciências da Saúde). Programa de Pós-Graduação em Pediatria, Universidade Federal de São Paulo, Escola Paulista de Medicina

SLOTE, Michael A. The ethics of care and empathy. New York: Routledge, 2007.

TEMPSKI, Patrícia Zen. *Qualidade de vida e resiliência do estudante de medicina e da escola médica*: Projeto VERAS – Vida do Estudante e Residente da Área da Saúde. 2018, 204. Tese [Livre Docência em Educação em Saúde], Faculdade de Medicina da Universidade de São Paulo.

WAAL, Frans de. *A era da empatia*: Lições da natureza para uma sociedade mais gentil. São Paulo: Companhia das Letras, 2010.

5.
Inovação e pessoa com deficiência

Ana Cláudia Silva Scalquette
Rodrigo Arnoni Scalquette

Introdução

Missão aparentemente paradoxal é a de abordar em um artigo o tema da Inovação e Deficiência. Um assunto pode pressupor o que há de mais moderno e avançado em termos de pesquisa tecnológica, ou seja, o atestado do sucesso humano, enquanto o outro poderia ser visto como a realidade difícil e mais pura com que os homens convivem, em que pese todo o avanço da área científica, ou seja, o atestado de que "nada controlam", mesmo empenhando grande esforço.

Essa primeira afirmativa, porém, pode ser diametralmente invertida se pensarmos em conexão. Como os dois temas se relacionam em um viés positivo, em que não se medem avanços e retrocessos, vitórias e fracassos, mas sim no sentido de que todo conhecimento humano só tem realmente "valor" se agregar valor à sociedade, se puder ser revertido em bem estar no convívio social e atingir, diretamente, a vida de pessoas, melhorando-as.

Pois bem, nesse viés a Inovação e a Deficiência são pares perfeitos.

Não só porque com o avanço científico pode-se prevenir o surgimento de deficiências, mas, sobretudo, porque quando existem, a inovação em todas as áreas científicas tem como missão precípua facilitar a vida daqueles que as possuem, integrando-os – com suas especificidades e aparentes diferenças – plenamente à sociedade. Essa será a nossa abordagem.

1. Apontamentos históricos do tratamento dado à Pessoa com Deficiência

O tratamento desumano dado à pessoa com deficiência ao longo da história é fato notório, mas nunca devemos deixar de lembrá-lo a fim de demonstrar quão grande teve de ser a evolução da proteção jurídica e, até mesmo, a evolução social para que chegássemos a aventar a possibilidade de um sistema protetivo para os deficientes físicos e mentais.

Olney Queiroz Assis e Lafayette Pozzoli, autores de obra específica sobre os direitos e garantias da pessoa portadora de deficiência, assim relembram:

> O abandono de recém-nascidos com deficiência e a exclusão das pessoas portadoras de deficiência do convívio social são exemplos típicos de problemas que permanecem nos diversos períodos da História. Em Atenas e em Roma, como dito, a prática de abandonar recém-nascidos com deficiência era autorizada legalmente. O filósofo Platão ([19 sic.], p. 88), no século IV a.C., manifesta-se sobre o assunto nos seguintes termos: "Por consequência, estabelecerás em nossa República uma medicina que se limita ao cuidado dos que receberam na natureza corpo são; e, pelo que toca aos que recebem corpo mal organizado, deixá-los morrer".[1]

Já a lei de Esparta apresentava uma "dura realidade: só tutelava crianças saudáveis. As crianças portadoras de deficiência deveriam ser mortas – geralmente jogadas de um penhasco"[2].

---

[1] Assis, Olney Queiroz; Pozzoli, Lafayette. *Pessoa portadora de deficiência: direitos e garantias.* 2ª ed. São Paulo: Damásio de Jesus, 2005, p. 50.

[2] Scalquette, Rodrigo Arnoni. *Lições sistematizadas de história do direito.* 2ª ed. São Paulo: Almedina, 2020, p. 32. Relembramos, ainda que "a primeira cena do filme 300 de Frank Miller faz alusão a essa passagem e logo na primeira imagem há um homem jogando uma criança no abismo. Esse filme de 2007 descreveu a Batalha das Termópilas em 480 a. C. quando 300 soldados espartanos sob o comando de Leônidas lutam até a morte para conter o exército persa do Rei Xerxes I no território grego. *Idem.*

5. INOVAÇÃO E PESSOA COM DEFICIÊNCIA

Significativa contradição passível de nossa ponderação foi identificada pelos supracitados autores Olney e Lafayette quando estudaram a Lei de Talião. Vejamos:

> No *princípio de talião*, as penas são especificadas como forma de garantir a vida do ofensor. Em outras palavras, o ofensor perde uma parte do corpo (a mão, o olho, a língua, o seio etc.), mas mantem a vida. Há, nesse sentido, uma moderação do *princípio da represália* por meio do *princípio de talião*. Percebe-se que a moderação e o controle são instituídos no *princípio da represália* para que o forte não acabe como o fraco.
>
> O Estado, desde a sua origem, ao mesmo tempo em que elabora uma politica jurídica de exclusão ou extermínio de pessoas portadoras de deficiência, seja pelo abandono de crianças "mal constituídas" ou pela eliminação dos "inúteis" em tempos de guerra, consolida uma estrutura legal com base no *princípio de talião*, que contribui para aumentar o contingente de pessoa portadoras de deficiência que o próprio Estado deseja excluir ou eliminar. A essa situação denominamos de "paradoxo da lei de talião".
>
> A arquitetura legal fundada na *lei de talião* atravessa a Idade Média, passa pelo Estado Absolutista e permanece até o final do século XVIII, quando, então, se consolida uma nova mentalidade: a pena passa a ser proposta como algo que deve ser útil à sociedade.
>
> Ainda na Antiguidade, contudo, os gregos realizam uma forma de governo – a democracia – que expande a cidadania e provoca a participação de um número maior de pessoas nas estruturas do poder. A democracia exige o debate público sobre todas as questões e, de algum modo, remodela as noções de virtude (*areté*), liberdade (*eleuteria*) e justiça (*diké*) que passam prevalecer na cidade. Essas noções, por sua vez, reforçam o *princípio da igualdade*.[3]

Como se pode perceber, pior do que não proteger a pessoa com deficiência, a história demonstra que a sua eliminação, ou seja, morte, era, por vezes, mandamento legal.

Dos tempos antigos até os atuais, muitos esforços foram empreendidos para, em primeiro lugar, vencer a ideia de eliminação e, mais

---

[3] Assis, Olney Queiroz; Pozzoli, Lafayette. *Pessoa portadora de deficiência: direitos e garantias.* 2ª ed. São Paulo: Damásio de Jesus, 2005, p. 75-76.

adiante, pensar que a proteção destinada às pessoas com deficiência vai desde o desenvolvimento de medidas preventivas para culminar com a busca de tratamento legal diferenciado, objetivando a máxima aplicação do princípio da igualdade.

Essa evolução histórico-jurídica se alinha com o reconhecimento e desenvolvimento de direitos inatos ao homem, ou, como conhecemos, direitos humanos. Como dissertam Olney e Lafayette

> Os direitos das pessoas portadoras de deficiência dependem da luta ideológica no sentido de fazê-los prevalecer como conteúdos da "vontade geral". Além da elaboração teórica do jurista, exige o trabalho persuasivo e de convencimento dos diversos setores da sociedade, e isso só se consegue com ação conjunta. Em síntese, os direitos das pessoas portadoras de deficiência exigem a convergência entre pensamento e ação.
>
> O trabalho persuasivo implica a concepção de um sistema ideológico cujos valores permitam a defesa e a construção dos direitos das pessoas portadoras de deficiências. Um sistema desse tipo implica a defesa dos Direitos Humanos, ou seja, o reconhecimento de que cada ser humano é único e insubstituível. O retrato da construção histórica dos Direitos Humanos tem a função de conceder-lhes caráter universal e demonstrar que é necessário manter esses direitos protegidos pelo Direito positivo, pois a ação contrária aos Direitos Humanos, quando não reprimida pelo Direito, implica o aumento das diferenças sociais, o aumento das incertezas e perturbações sociais que podem provocar conflitos em grande escala.
>
> De outra parte, o processo histórico demonstra a acentuada preocupação dos filósofos com formulação dos conceitos genéricos que devem presidir e manter em harmonia a organização social. Conceitos como justiça, liberdade e poder estão presentes nas formulações jurídicas de todas as épocas. Existe, portanto, uma história dos próprios conceitos ou ideias, suas formulações e críticas. Nem sempre determinados conceitos se imprimem na "vontade geral" ou consistem valores predominantes, mas permanecem como elaborações que devem ser consideradas, não apenas para compreender determinado momento histórico, mas no mínimo, também como fontes de inspiração e reflexão que podem apontar alternativas para os problemas modernos. Nesse sentido os conceitos

5. INOVAÇÃO E PESSOA COM DEFICIÊNCIA

formulados no decorrer do processo histórico podem ser recuperados para o tema dos direitos e garantias das pessoas portadoras de deficiência, que, como dito, estão em processo de construção.[4]

Nesse sentido, cumpre-nos, também, ressaltar que a própria nomenclatura destinada às pessoas com deficiência passou e ainda passa por constante modificação.

Destaca Rosanne de Oliveira Maranhão, em obra em que é abordada a posição da pessoa com deficiência no âmbito do direito do trabalho, que, "em nível internacional, em 1999, os Estados Americanos, comprometidos através da Convenção Interamericana para a eliminação de todas as formas de descriminação contra as pessoas portadoras de deficiência, definiram no inciso I, de seu art. 1º, o termo *deficiência*"[5], conforme segue:

> O termo 'deficiência' significa uma restrição física ou sensorial, de natureza permanente ou transitória, que limita a capacidade de exercer uma ou mais atividades essenciais da vida diária, causada ou agravada pelo ambiente econômico ou social.

Elida Séguim, por seu turno, destaca que pela definição da ONU, na Resolução 33/3447[6]

> o termo pessoas deficientes refere-se a qualquer pessoa incapaz de assegurar por si mesma, total ou parcialmente, as necessidades de vida individual ou social normal, em decorrência, de uma deficiência, congênita ou não, em suas capacidades físicas ou mentais.

Ainda lembramos que a expressão "pessoa portadora de deficiência" foi consagrada pelo Constituição de 1988, mas, na legislação infracons-

---

[4] ASSIS, Olney Queiroz; POZZOLI, Lafayette. *Pessoa portadora de deficiência: direitos e garantias.* 2. ed. São Paulo: Damásio de Jesus, 2005, p. 54-55.
[5] MARANHÃO, Rosanne de Oliveira. *O portador de deficiência e o direito de trabalho.* São Paulo: LTr, 2005, p. 38-39.
[6] Séguin, Elida. *Justiça é Diferente de Direito: A vitimização do portador de necessidades especiais.* In O direito do Deficiente. Organizadores: MARCIAL, Danielle; ROBERT, Cinthia; SÉGUIN, Elida. Rio de Janeiro: Lumen Juris, 1999, p. 17.

titucional, é possível encontrar outras nomenclaturas como: "inválido", "deficitário", "portador de deficiência"[7].

Embora a maior parte da doutrina tenha utilizado esta expressão para designar pessoas que apresentavam alguma deficiência, tal expressão foi, aos poucos, substituída pela expressão "pessoa portadora de necessidade especial" que também foi alvo de críticas, pois, se de um lado, apresentava uma vantagem porque eliminava a expressão "deficiência" por outro lado, constituía um problema porque acolhia certas pessoas que, na maioria das vezes, não se enquadrariam nos fins objetivados pelos textos normativos, como a mulher gestante, por exemplo.[8]

Cabe ainda ressaltar outra observação feita à expressão necessidade especial. Há que se refletir se haveria a necessidade especial ou apenas aquelas que decorreriam do problema físico ou mental apresentado por determinada pessoa, ou seja, não especial, mas comum aos que possuem determinadas deficiências.

Destas observações podemos concluir que não é tarefa simples a de escolher denominações. A melhor saída, quase sempre, é a de descrever a situação fática. O que exatamente fez o novo microssistema jurídico específico para deficientes (Lei n.13.146/2015) que adotou a expressão *Pessoa com Deficiência*, razão pela qual a escolhemos para título deste artigo.

Não só os apontamentos históricos feitos neste item, mas também a abordagem da dificuldade encontrada para se escolher uma nomenclatura não discriminatória, correta e ao mesmo tempo abrangente, podem servir para demonstrar quão complexa é essa matéria, o quanto evoluímos e o quanto há, ainda, para ser feito.

2. Igualdade, ações afirmativas e políticas públicas: um consenso

A razão pela qual escolhemos colocar um denominador comum de "consenso" na abordagem *da igualdade, ações afirmativas e políticas públicas* decorre do fato de que em pleno século XXI ninguém mais pode duvidar ou olvidar que as pessoas com deficiência física e/ou mental são

---

[7] Assis, Olney Queiroz; Pozzoli, Lafayette. *Pessoa portadora de deficiência: direitos e garantias.* 2. ed. São Paulo: Damásio de Jesus, 2005, p. 234.

[8] Cf. Assis, Olney Queiroz; Pozzoli, Lafayette. *Pessoa portadora de deficiência: direitos e garantias.* 2. ed.. São Paulo: Damásio de Jesus, 2005, p. 234.

parte substancial de nossa sociedade e, por todas as garantias que temos estabelecidas em nossa Constituição Federal e em diversos diplomas esparsos, são merecedoras de tratamento que lhes permita a total integração social e, sobretudo, viver com dignidade.

Nas palavras do jurista português Fernandes da Eira,

> Para uma cabal integração na sociedade, mormente no emprego, o Deficiente, melhor que o cidadão escorreito, terá necessidade de um ensino específico, dadas as suas limitações de ordem motora e ou sensorial.
>
> É que se para uns existem as barreiras arquitectónicas para outros acresce uma multidão de situações que apenas casuisticamente se podem aperceber. É a visão. É a audição. É a fala. É a concentração, etc., etc.
>
> Daí que os Estados Modernos, que se preocupam com a problemática da integração no seio da sua sociedade da minoria que os deficientes constituem, tenham uma parte do ensino exclusivamente dedicado ao Deficiente: é a educação especial, que pela suas próprias características tem um custo elevado para as bolsas daqueles que, por força das circunstâncias, se vêem obrigados a frequentá-lo.[9]

A preocupação com a inclusão ou com a garantia de tratamento igualitário de pessoas com deficiência existe, além da educação, no cenário do mercado de trabalho. Nesta seara, interessantes as observações feitas por Rosanne Maranhão:

> É difícil falar em promoção e inserção de portadores de deficiência no mercado de trabalho, quando existe no Brasil um contingente expressivo de pessoas, que não portam nenhum tipo de deficiência e estão desempregadas – sem o apoio de leis ou outros mecanismos de proteção. Entretanto, não e com esta concepção simplista que vamos responder àqueles que combatem as leis protetivas, que exigem cumprimento de quotas e outras providências e, sim, fazendo-os compreender que, se para aqueles indivíduos que não portam nenhuma deficiência, a dificuldade para encontrar emprego é grande, imagine para aqueles que nasceram ou adquiriram uma deficiência, que os impede de competir em

---

[9] EIRA, F. Fernandes da. *Guia jurídico do deficiente*. Coimbra/PT: Coimbra Editora, 1992, p. 55.

iguais condições para ascender profissionalmente ou apenas ganhar seu sustento.[10]

Continua a autora ponderando que

A questão que envolve o trabalho dos portadores de deficiência vai além desta despretensiosa visão, se analisarmos a complexidade de todo o processo que envolve os problemas que precisam ser superados pelos portadores de deficiência, para que possam trabalhar e contribuir economicamente para o país. Além do mais, temos que levar em conta o custo social ocasionado pelo desemprego destas pessoas, que é muito maior do que aquele ocasionado pelos indivíduos não portadores de deficiência.[11]

Embora as dificuldades possam parecer imensas, há experiências positivas. Lucíola Rodrigues Jaime e José Carlos do Carmo destacam esse aspecto:

Se as dificuldades e contratempos para implementar a política de inclusão para as pessoas com deficiência são muitas, há também, felizmente, vários exemplos de experiências bem sucedidas.

São muitos os casos de empresas que, se de início consideravam um fardo o cumprimento da legislação, perceberam que não estavam contratando "deficiências", mas sim trabalhadores que podiam contribuir de forma positiva para o sucesso da empresa.

Acima de tudo, destaca-se a mudança na qualidade da vida das pessoas com deficiência que conseguiram seu primeiro emprego, ou que, mesmo já tendo trabalhado, o faziam de forma marginal. Em alguns casos, passaram a ser arrimo de suas famílias[12].

---

[10] MARANHÃO, Rosanne de Oliveira. *O portador de deficiência e o direito de trabalho*. São Paulo: LTr, 2005, p. 17-18.
[11] MARANHÃO, Rosanne de Oliveira. *O portador de deficiência e o direito de trabalho*. São Paulo: LTr, 2005, p. 18.
[12] JAIME, Lucíola Rodrigues Jaime; CARMO, José Carlos do. *A inserção da pessoa com deficiência no mundo do trabalho: o resgate de um direito de cidadania*. São Paulo: Ed. dos Autores, 2005, p. 92.

5. INOVAÇÃO E PESSOA COM DEFICIÊNCIA

A evolução e a busca da efetiva igualdade de tratamento de pessoas com deficiência são contínuas. Preconizadas pelo texto constitucional, as ações afirmativas que visam à isonomia traduzem o ideário de justiça no seu sentido mais profundo que perpassa a não discriminação.

Flávio Martins, explica-nos esse objetivo maior da República. *In verbis*:

> A Constituição Federal, com o estabelecimento expresso de valores como "justiça", fixando a redução das desigualdades sociais como um dos "objetivos da República", criou o cenário para que fossem construídas no Brasil as primeiras efetivas ações afirmativas. A primeira deles ocorreu em 1995, com a alteração da legislação eleitoral, estabelecendo uma cota mínima de 30% para as mulheres candidatas de todos os partidos políticos. As leis 8.112/90 e 8.213/91 trataram de cotas para portadores de deficiência no serviço público da união e no setor privado respectivamente.[13]

Além das ações concretas na batalha para a efetivação da igualdade das pessoas com deficiência, traduzidas em ações afirmativas das mais diversas ordens, imprescindível frisar o alcance da igualdade sob a ótica da dignidade humana e os autores portugueses Canotilho e Vital Moreira, de forma simples mas profunda, denotam a importância de se primar por este fundamento maior. Vejamos:

> A base constitucional do princípio da igualdade é a **igual dignidade social** de todos os cidadãos que, aliás, não é mais do que um corolário da igual dignidade humana de todas as pessoas, cujo sentido imediato consiste na proclamação da idêntica "validade cívica" de todos os cidadãos, independentemente de sua inserção econômica, social, cultural e política, proibindo desde logo formas de tratamento ou de consideração social discriminatórias. O princípio da igualdade é, assim, não apenas um princípio de disciplina das relações entre o cidadão e o Estado (ou

---

[13] MARTINS, Flávio. *Curso de Direito Constitucional*. 1ª ed. São Paulo: Revista dos Tribunais, 2017, p. 833. O autor também ressalta a origem das ações afirmativas: "As ações afirmativas tiveram origem nos Estados Unidos nos governos de John Kennedy e Lindon Johnson, na década de 1960. Aliás, a expressão *affirmative action* surgiu na *Executive Order* 10.925, de 6 de março de 1963, de iniciativa do Presidente Kennedy, que instituiu um *Committee on Equal Employment Opportunity*, criado para estudar as relações de trabalho no Governo Federal e promover a diversidade racial." *Ibidem*, p. 831.

equiparadas), mas também uma regra de estatuto social dos cidadãos, um princípio de conformação social e de qualificação da posição de cada cidadão na coletividade.[14]

Movidos pela busca da chamada "validade cívica de todos os cidadãos", na expressão dos autores ou limitados pela proibição de discriminação, o fato inegável é que estamos construindo um caminho para que as pessoas que possuem deficiências sejam respeitadas, reconhecidas como parte integrante e importante da sociedade e, especialmente, se sintam como tal.

Infelizmente, em que pesem os avanços, ainda há um longo trajeto a percorrer. Rebecca Garcia, em artigo sobre a inclusão da pessoa com deficiência, assim pondera:

> Apesar da existência de proteção normativa tanto na seara nacional, como também na internacional, a erradicação das barreiras sócio culturais para inclusão das pessoas com deficiência ainda constitui um longo caminho a ser percorrido. Nesse sentido, a pesquisa "Condições de Vida das pessoas com deficiência no Brasil", realizada pela DataSenado, com base em cadastro cedido pelo Instituto Brasileiro das Pessoas com Deficiência (IBDD) com 10.273 pessoas com deficiência, concluiu que 77% das pessoas com deficiência acreditam que não têm seus direitos respeitados no Brasil.[15]

Contudo, tal constatação deve reforçar ainda mais as ações propostas pelo Estado no sentido de promover e alcançar a igualdade de tratamento e o respeito aos direitos das pessoas com deficiência. Nesse sentido, ao abordar as novas formas de políticas públicas, em um viés para além da judicialização, Clarice Seixas Duarte argumenta:

> Ora, de acordo com o modelo de Estado Social, adotado na Constituição de 1988, a ação do Estado deve estar voltada à redução das desigual-

---

[14] CANOTILHO, J. J. Gomes; MOREIRA, Vital. *Constituição da República Portuguesa Anotada*. 1ª ed. São Paulo: Revista dos Tribunais; Coimbra/PT: Coimbra Editora, 2007, p. 337-338.
[15] GARCIA, Rebeca Alves de Souza. *A Inclusão da Pessoa com Deficiência. In*: O Direito na fronteira das políticas públicas. Organizadores: Gianpaolo Poggio Smanio, Patrícia Tuma Martins Bertolin e Patrícia Cristina Brasil. São Paulo: Páginas & Letras Editora e Gráfica, 2015, p. 96.

dades sociais, econômicas, regionais, entre grupos, ou, em última análise, à produção de justiça social. De fato, as Constituições do Estado Social, diferentemente do que ocorre no Estado Liberal, trazem uma série de novas tarefas e exigências para a atuação dos Poderes Públicos, que devem se organizar para cumprir os fins e objetivos coletivos nela previstos. Pois bem: no Estado Social há um fundamento constitucional por trás das políticas públicas. Esse é o seu grande diferencial. A ação do Estado deve estar direcionada para a realização dos fins materiais que caracterizam esse modelo de Estado, tendo em vista a concretização de um projeto de sociedade pautado na redução de desigualdades e na promoção do desenvolvimento. Esse projeto de nação, entre nós, está sistematizado no art. 3º da CF/88.[16]

Na expressão dos americanos, *so far, so good...*, ou seja, até aqui tudo parecer estar alinhado para que a situação das pessoas com deficiência concretamente possa melhorar.

Temos princípios e mandamentos constitucionais consolidados, ações afirmativas que visam à igualdade, proteção e inserção das pessoas com deficiência. Há, sobretudo, a consciência que só existirá verdadeiramente um projeto de nação se houver redução das desigualdades (frise-se, em todas as áreas e não só para pessoas com deficiência!), mas não podemos pensar que todo este esforço social, cultural e jurídico, essa longa caminhada, atinja seus objetivos sem que haja investimento em pesquisa científica, em tecnologia, em inovação para que a efetivação desta proteção aconteça na prática.

3. O Estatuto da Pessoa com Deficiência: um primeiro passo para a Inovação a serviço da pessoa com deficiência

Como vimos, após serem superados muitos obstáculos históricos, culturais e legais, a pessoa com deficiência foi vista, em primeiro lugar, como pessoa para, na sequência, ser reconhecida como merecedora de um arcabouço de medidas e ações protetivas que visam nada mais que à igualdade e à dignidade, inatas a todos os seres humanos.

---

[16] DUARTE, Clarice Seixas. *Para além da Judicialização: a necessidade de uma nova forma de abordagem das Políticas Públicas. In*: O Direito na fronteira das políticas públicas. Organizadores: Gianpaolo Poggio Smanio, Patricia Tuma Martins Bertolin e Patrícia Cristina Brasil. São Paulo: Páginas & Letras Editora e Gráfica, 2015, p. 14.

Muitos foram os diplomas jurídicos que buscaram – em áreas distintas como o Direito do Trabalho e Direito Tributário – garantir um tratamento desigual para promover o bem-estar social desejado pelas pessoas com deficiência.

Leis determinando cotas de vagas de trabalho para pessoas com deficiência e isenções fiscais para beneficiar compra de automóveis são apenas dois exemplos das inúmeras ações já pensadas para promover a proteção da pessoa com deficiência e com isso, garantir seus direitos e diminuir a desigualdade ainda hoje existente.

Contudo, recentemente, tivemos um grande avanço no sistema protetivo com a aprovação da *Lei Brasileira de Inclusão da Pessoa com Deficiência* ou *Estatuto da Pessoa com Deficiência* – EPD (Lei 13.146/2015), destinado a assegurar e a promover, em condições de igualdade, o exercício dos direitos e das liberdades fundamentais por pessoa com deficiência, visando à sua inclusão social e cidadania.

Interessante destacar que expressamente no referido estatuto, considera-se pessoa com deficiência aquela que tem impedimento de longo prazo de natureza física, mental, intelectual ou sensorial, o qual, em interação com uma ou mais barreiras, pode obstruir sua participação plena e efetiva na sociedade em igualdade de condições com as demais pessoas.

Dentre as inúmeras definições legais, trazidas no Estatuto, três merecem nossa maior atenção por terem relação direta com a inovação e avanço tecnológicos: o conceito de Acessibilidade, de Desenho Universal e o conceito de Tecnologia Assistida ou Ajuda Técnica. Os três constantes no artigo 3º do referido diploma.

A *Acessibilidade* pode ser entendida como a possibilidade e condição de alcance para utilização, com segurança e autonomia, de espaços, mobiliários, equipamentos urbanos, edificações, transportes, informação e comunicação, inclusive seus sistemas e tecnologias, bem como de outros serviços e instalações abertos ao público, de uso público ou privados de uso coletivo, tanto na zona urbana como na rural, por pessoa com deficiência ou com mobilidade reduzida.

Já a definição de *Desenho Universal* é relativa à concepção de produtos, ambientes, programas e serviços a serem usados por todas as pessoas, sem necessidade de adaptação ou de projeto específico, incluindo os recursos de tecnologia assistiva.

Tecnologia Assistiva ou *Ajuda Técnica*, por sua vez, engloba produtos, equipamentos, dispositivos, recursos, metodologias, estratégias, práticas e serviços que objetivem promover a funcionalidade, relacionada à atividade e à participação da pessoa com deficiência ou com mobilidade reduzida, visando à sua autonomia, independência, qualidade de vida e inclusão social.

Além destas, quando é abordada a Comunicação, há, como não podia deixar de ser, menção à Língua Brasileira de Sinais (*Libras*), ao *Braille*, mas também aos dispositivos de multimídia e aos modos, meios e formatos aumentativos e alternativos de comunicação, incluindo as tecnologias da informação e das comunicações.

Como se pode notar, no artigo 3º do EPD, o legislador fez questão de mencionar e, sobretudo, esclarecer, alguns pontos imprescindíveis para a inclusão social da pessoa com deficiência, mas, especialmente, buscar destacar novas tecnologias que podem ser utilizadas para esse fim.

Foi ainda garantido à pessoa com deficiência, um amplo acesso à informação e à comunicação determinando-se como obrigatória a acessibilidade nos sítios da *internet* mantidos por empresas com sede ou representação comercial no País ou por órgãos de governo, conforme as melhores práticas e diretrizes de acessibilidade adotadas internacionalmente.

Os Telecentros comunitários que receberem recursos públicos federais para seu custeio ou sua instalação e *lan houses* devem possuir equipamentos e instalações acessíveis. Estes estabelecimentos devem garantir, no mínimo, 10% (dez por cento) de seus computadores com recursos de acessibilidade para pessoa com deficiência visual, sendo assegurado pelo menos 1 (um) equipamento, quando o resultado percentual for inferior a 1 (um).

Os serviços de radiodifusão de sons e imagens devem permitir o uso da subtitulação por meio de legenda oculta; janela com intérprete em *Libras*, audiodescrição, dentre outros recursos disponíveis em tecnologia que visem à facilitação do acesso da pessoa com deficiência a informações. Caberá ao poder público, ainda, adotar mecanismos de incentivo à produção, à edição, à difusão, à distribuição e à comercialização de livros em formatos acessíveis, inclusive em publicações da administração pública ou financiadas com recursos públicos, com vistas a garantir à pessoa com deficiência o direito de acesso à leitura, à informação e à comunicação.

Especificamente quanto à Tecnologia Assistiva, caberá ao poder público desenvolver plano específico de medidas (Artigo 75 da EPD), a ser renovado em cada período de 4 (quatro) anos, com a finalidade de I – facilitar o acesso a crédito especializado, inclusive com oferta de linhas de crédito subsidiadas, específicas para aquisição de tecnologia assistiva; II – agilizar, simplificar e priorizar procedimentos de importação de tecnologia assistiva, especialmente as questões atinentes a procedimentos alfandegários e sanitários; III – criar mecanismos de fomento à pesquisa e à produção nacional de tecnologia assistiva, inclusive por meio de concessão de linhas de crédito subsidiado e de parcerias com institutos de pesquisa oficiais; IV – eliminar ou reduzir a tributação da cadeia produtiva e de importação de tecnologia assistiva; V – facilitar e agilizar o processo de inclusão de novos recursos de tecnologia assistiva no rol de produtos distribuídos no âmbito do SUS e por outros órgãos governamentais.

No plano da Ciência e Tecnologia, segundo preconiza o artigo 77 do Estatuto da Pessoa com Deficiência, o poder público deve fomentar o desenvolvimento científico, a pesquisa e a inovação e a capacitação tecnológicas, voltados à melhoria da qualidade de vida e ao trabalho da pessoa com deficiência e sua inclusão social. O fomento pelo poder público deve priorizar a geração de conhecimentos e técnicas que visem à prevenção e ao tratamento de deficiências e ao desenvolvimento de tecnologias assistiva e social.

O artigo 78 do EPD prevê, por fim, que devem ser estimulados a pesquisa, o desenvolvimento, a inovação e a difusão de tecnologias voltadas para ampliar o acesso da pessoa com deficiência às tecnologias da informação e comunicação e às tecnologias sociais, devendo, em especial, serem estimulados o emprego de tecnologias da informação e comunicação como instrumento de superação de limitações funcionais e de barreiras à comunicação, à informação, à educação e ao entretenimento da pessoa com deficiência e a adoção de soluções e a difusão de normas que visem a ampliar a acessibilidade da pessoa com deficiência à computação e aos sítios da *internet*, em especial aos serviços de governo eletrônico.

Como se pode depreender da leitura dos artigos supracitados, houve uma imensa preocupação, traduzida no texto legal, de se garantir, de forma ampla e irrestrita, o acesso da pessoa com deficiência à informação e a todos os meios de comunicação, mas, sobretudo, restou claro no texto positivado que as maiores ações na busca da efetivação de uma vida digna e de qualidade para a pessoa com deficiência estão intimamente ligadas à inovação e ao desenvolvimento tecnológicos, à ciência e à pesquisa.

A ampliação do acesso da pessoa com deficiência à tecnologia fará e, já está fazendo, com que os limites da deficiência sejam superados e que a integração do ser humano deficiente seja uma realidade não apenas jurídica, mas fática.

Conclusões

Como, na segunda década do século XXI, imaginar a pessoa com deficiência senão integrada plenamente à sociedade?

Na era da *internet*, da informação globalizada e da comunicação digital e virtual, em que distâncias foram encurtadas, as pessoas com deficiências têm de ser os grandes beneficiários destas novas tecnologias, a fim de que a inserção social que se espera possa, finalmente, ser alcançada.

Apontando os percalços históricos e os avanços legislativos, notamos que a grande diferença, em termos de conquista social, cultural e jurídica, atualmente, está nas mãos da tecnologia.

Diagnósticos apurados, tratamentos eficientes e processos de inovação tecnológica tendem a ser a nova realidade para pessoas com deficiência, fazendo com que, acreditamos, em um futuro não tão distante, esta descrição de "pessoa com deficiência" possa definitivamente desaparecer, para que sejamos todos apenas pessoas. Nossa esperança está depositada nas mãos da tecnologia. Que assim seja.

Referências

Assis, Olney Queiroz; Pozzoli, Lafayette. *Pessoa portadora de deficiência: direitos e garantias*. 2ª ed. São Paulo: Damásio de Jesus, 2005.

Canotilho, J. J. Gomes; Moreira, Vital. *Constituição da República Portuguesa Anotada*. 1ª ed. São Paulo: Revista dos Tribunais; Coimbra/PT: Coimbra Editora, 2007.

Duarte, Clarice Seixas. *Para além da Judicialização: a necessidade de uma nova forma de abordagem das Políticas Públicas. In*: O Direito na fronteira das políticas públicas. Organizadores: Gianpaolo Poggio Smanio, Patricia Tuma Martins Bertolin e Patrícia Cristina Brasil. São Paulo: Páginas & Letras Editora e Gráfica, 2015.

EIRA, F. Fernandes da. *Guia jurídico do deficiente.* Coimbra/PT: Coimbra Editora, 1992.

GARCIA, Rebeca Alves de Souza. *A Inclusão da Pessoa com Deficiência. In*: O Direito na fronteira das políticas públicas. Organizadores: Gianpaolo Poggio Smanio, Patricia Tuma Martins Bertolin e Patrícia Cristina Brasil. São Paulo: Páginas & Letras Editora e Gráfica, 2015.

JAIME, Lucíola Rodrigues Jaime; CARMO, José Carlos do. *A inserção da pessoa com deficiência no mundo do trabalho: o resgate de um direito de cidadania.* São Paulo: Ed. dos Autores, 2005.

MARANHÃO, Rosanne de Oliveira. *O portador de deficiência e o direito de trabalho.* São Paulo: LTr, 2005.

MARTINS, Flávio. *Curso de Direito Constitucional.* 1ª ed. São Paulo: Revista dos Tribunais, 2017.

SCALQUETTE, Rodrigo Arnoni. *Lições sistematizadas de história do direito.* 2ª ed. São Paulo: Almedina, 2020.

SÉGUIN, Elida. Justiça é Diferente de Direito: *A vitimização do portador de necessidades especiais. In* O direito do Deficiente. Organizadores: MARCIAL, Danielle; ROBERT, Cinthia; SÉGUIN, Elida. Rio de Janeiro: Lumen Juris, 1999.

6.
Genômica e proteção de dados: Desafios e oportunidades

LARA ROCHA GARCIA
DANIELE DIMAS RAMOS
ERICA VANESSA MICAI

Introdução

O Projeto Genoma Humano teve a duração de 13 anos e foi um importante marco na ciência genômica pois apresentou ao mundo, de forma estruturado, o mapeamento dos genes do corpo humano e, com isso, descortinou novas possibilidades para a medicina e ciência de dados, ao mesmo tempo em que configuram novos desafios éticos e jurídicos, especialmente no que tange a privacidade dos dados.

A questão da privacidade de dados se torna complexa não somente na definição da propriedade, mas, especialmente, no uso e tratamento dos dados em pesquisas, análises clínicas preventivas ou de tratamento e até mesmo em sua comercialização. Quem, como, de forma e para quais fins seriam permitidos o uso e tratamento destes dados?

Tais questões são prementes ao se pensar que dado é uma unidade que compõe a informação, que, por sua vez, ao ser analisada, será a base para a evolução em várias áreas do conhecimento.

Ao mesmo tempo, percebe-se que essa preocupação, com relação privacidade dos dados pessoais, não é exclusiva da genômica, nem mesmo exclusiva das ciências da vida. Por isso, a União Europeia lançou a GDPR – *General Data Protection Regulation*, traduzido para a língua portuguesa como Regulação Geral sobre Proteção de Dados. Ao mesmo tempo, diversos países, entre eles o Brasil, também lançaram suas leis utilizando como base a europeia.

A Lei 13.709/2018, conhecida como Lei Geral de Proteção de Dados, promulgada em 2018, com alterações feitas por medida provisória e nova lei em 2019, exige adequações de todas as instituições, sejam elas públicas ou privadas, de atuação em qualquer indústria, seja saúde ou não. Além disso, a lei define o que são dados pessoais, incluindo a subcategoria dos dados sensíveis, hipóteses em que podem ser tratados, princípios éticos envolvidos e responsabilidades dos papéis implicados.

Neste contexto, questiona-se, utilizando o método hipotético-dedutivo, sobre o encontro de dois ilustres desconhecidos: o projeto genoma, que continua a ser pesquisado e que precisa cada vez mais de dados para oferecer respostas consistentes, com uma lei ainda não vigente que pretende estruturar a forma com que os dados são utilizados, exigindo transparência, consentimento e permite que o paciente decida se quer fazer parte de tal banco. Por outro lado, se muito assim o decidirem, o poder de um banco de dados dessa natureza se torna reduzido.

1. Genômica – o estudo do genoma humano

O genoma é o material genético de todos os seres vivos, cada um com sua particularidade, composto pelo DNA de cada espécie, sendo que a biologia possui um termo específico para tratar de todo e qualquer estudo sobre o genoma: genômica.

Portanto, a genômica tem como objetivo o entendimento de como os genes e a informação genética estão organizados dentro do genoma e como essa organização determina a sua função, assim como a compreensão de diversas doenças genéticas humanas acontece por meio da análise do genoma. Considerando que o primeiro sequenciamento do genoma humano aconteceu em 2003[1], há apenas 16 anos, este campo

---

[1] Associação Médica Brasileira, Revista da, Editorial. *A descoberta do DNA e o projeto genoma*, Rev. Assoc. Med. Bras. vol.51 no.1 São Paulo Jan./Feb. 2005. Disponível em http://www.

do conhecimento ainda é bastante recente, com pesquisas em andamento e seu potencial ainda é uma promessa, mesmo que alguns resultados já sejam visíveis.

O estudo dos genomas iniciou-se utilizando a tecnologia de DNA[2], a partir do conhecimento da dupla hélice, em 1953, mas somente em 1990 iniciou-se o Projeto Genoma, que tinha com objetivo identificar todos os genes humanos; determinar a sequência dos cerca de 3,2 bilhões de pares de bases que compõem o genoma; armazenar a informação em bancos de dados; desenvolver ferramentas de análise dos dados; transferir a tecnologia relacionada ao Projeto para o setor privado; colocar em discussão os problemas éticos, legais e sociais que pudessem surgir com o Projeto Genoma Humano[3].

Isso demonstra que a pesquisa sempre teve o intuito de caminhar com vistas a democratização do conhecimento e criar novos produtos a serviço da melhoria da qualidade de vida do paciente e de ampliação das fronteiras da ciência. Este projeto permitiu, inclusive, ampliar o conceito de mapeamento genético, baseando-se em mapeamento cromossômico, com a abertura para a investigação dos genes individuais.

O mapeamento genético humano, por exemplo, até então já descobriu mais de 1800 genes de doença[4]. A análise genômica pode fornecer informações sobre a suscetibilidade e os padrões genômicos de proteção contra determinadas doenças de um indivíduo.

Diante de toda essa evolução nas ciências biológicas, acredita-se que, em breve, os dados obtidos com as análises genéticas dos indivíduos poderão constituir uma base de prevenção e tratamento médico personalizado[5].

---

scielo.br/scielo.php?script=sci_arttext&pid=S0104-42302005000100001. Acessado em 27 de outubro de 2019.

[2] Idem.

[3] HUMAN GENOME PROJECT INFORMATION ARCHIVE. *Human Genome Project*. U.S. Department of Energy Office of Science, Office of Biological and Environmental Research, 2003. Disponível em: https://web.ornl.gov/sci/techresources/Human_Genome/index.shtml. Acesso em 25 de outubro de 2019.

[4] CANHAS, Isabela. *Genômica*. Disponível em https://elib.tips/genomica.html. Acessado em 13 de setembro de 2019.

[5] CANHAS, Isabela. *Genômica*. Disponível em https://elib.tips/genomica.html. Acessado em 13 de setembro de 2019.

Por meio da genômica, é possível não apenas fazer o diagnóstico como indicar a melhor terapia para uma mutação específica, bem como fazer medicina preventiva, garantindo tratamento diferenciado ao longo da vida para quem é portador de uma mutação em determinado gene.

Um projeto de mapeamento genômico segue os seguintes passos: o sequenciamento do DNA, a montagem da sequência obtida para criar uma representação do cromossomo original, anotação e análise das estruturas e genes encontrados.

Inicialmente, é realizada a coleta do DNA, que pode ser obtido de qualquer região do corpo. Após realizada tal coleta, é necessário amplificar esse DNA, para que seja aumentado o número de cópias da molécula. Ato contínuo, é necessário sequenciar o genoma, ou seja, obter a ordem dos nucleotídeos do DNA. Finalmente, analisa-se os dados obtidos, seja com base em estudos já publicados, ou para a realização de pesquisas pioneiras, analisando os dados encontrados com a base de dados previamente estabelecida.

Após o sequenciamento do DNA, são necessárias análises computacionais árduas para identificar quais trechos da sequência correspondem a genes, comparar a sequência com indivíduos da mesma espécie e de espécies diferentes, entre outras coisas. Essas análises permitiram o nascimento de uma outra área do conhecimento, a bioinformática.

> Bioinformatics is the genome-inspired field of biology that analyzes genomic information to predict gene and protein function. Bioinformaticists can easily examine a region of a chromosome and determine which segments correspond to protein-encoding genes. Furthermore, they can compare the sequence of a gene of unknown function to the rest of the genome and find similar genes with known functions. Based on similarity between genes, researchers can often predict how gene-encoded proteins may function within a cell[6].

Por esse motivo, e tendo em vista a quantidade de dados analisados para a obtenção dos resultados esperados, bem como a necessidade de

---

[6] CHIAL, H. *Rare Genetic Disorders: Learning About Genetic Disease Through Gene Mapping, SNPs, and Microarray Data*. Nature Education 1(1):192, 2008. Disponível em https://www.nature.com/scitable/topicpage/rare-genetic-disorders-learning-about-genetic-disease-979/. Acesso em 25 de outubro de 2019, p.

comparação de dados de diversos indivíduos, é que a Eleidi Alice Chautard-Freire-Maia (1995) alega que "*a fase antes que o tratamento esteja disponível é aquela na qual ocorrem as consequências mais danosas e se acumulam os problemas de cunho ético*", indicando, ainda diversos problemas éticos que poderiam surgir pela utilização dos dados obtidos na análise realizada pelo estudo do genoma humano.

Já Tábita Hünemeier destaca que alguns países já estão em vias de mapear genomas completos de toda sua população, com o objetivo de usar essas informações para usos médicos, forenses e de identificação individual, o que torna ainda mais latente a possibilidade de conflitos com relação aos dados estudados[7].

Tendo este panorama complexo em vista, a professora afirma que os maiores desafios dos estudos genômicos seria a grande quantidade de informação manipulada, bem como os problemas éticos advindos dessa manipulação (BIAZON, 2018).

Tanto é verdade que, desde o início do Projeto de análise do genoma humano, os pesquisadores tinham consciência de que a informação obtida pela pesquisa poderia ser usada de forma inadequada, e, por este motivo, foi criado um programa de ética conhecido como ELSI (implicações éticas, legais e sociais), que se dedica às aplicações potenciais mais imediatas das pesquisas realizadas no projeto. O programa dá ênfase em quatro áreas distintas: "privacidade da informação genética, introdução efetiva e segura da informação genética na clínica, equidade no uso da informação genética e educação profissional e pública.[8]"

Considerando o alto nível de análise de dados coletados para a realização dos estudos do genoma, trabalhamos no presente artigo com as consequências advindas da publicação da lei brasileira intitulada Lei Geral de Proteção de Dados cujo valor axiológico se pauta em proteger todos os dados pessoais coletados no Brasil, trazer transparência para o

---

[7] BIAZON, Tássia Oliveira. *Genômica: a ciência que rompe fronteiras e desafia os cientistas*. Especial para o Jornal da USP. Fevereiro 2018. Disponível em https://jornal.usp.br/ciencias/genomica-a-ciencia-que-rompe-fronteiras-e-desafia-os-cientistas/. Acessado em 13 de setembro de 2019.

[8] CHAUTARD-FREIRE-MAIA, Eleidi Alice. *Mapeamento do genoma humano e algumas implicações éticas*. Educ. rev., Curitiba, n. 11, p. 15-26, Dezembro/1995 Disponível em http://www.scielo.br/scielo.php?script=sci_arttext&pid=S0104-40601995000100004&lng=en&nrm=iso. Acessado em 15 de setembro de 2019.

tratamento ao qual estes dados serão submetidos e, especialmente, garantir que o proprietário dos dados esteja ciente e autorizando.

O impacto da ciência genômica vai além de seu próprio escopo, de fato, ela serve de subsídios para pesquisas em saúde, bioinformática, engenharia e direito. Isto porque, conhecendo o genoma, conhecemos o conjunto completo do gene, o que auxilia de forma imensurável no estudo de doenças complexas ampliando a quantidade de dados disponíveis para composição na análise de doenças graves como, por exemplo, nos casos de câncer, nos quais a base de análise são as mutações somáticas do gene.

Ainda há muito o que se descobrir em relação às doenças raras, mas, para entender o câncer, especificamente, é necessário entender suas mutações, o que pode ser facilitado pela genômica. Assim, quanto maior a informação e conhecimento dos genes, maior, também, as possibilidades de tratamento.

Em relação ao futuro, os impactos de tal ciência são incalculáveis, mas o conhecimento do genoma nos permitirá um entendimento de doenças complexas, o que é fundamental para o progresso do diagnóstico, do tratamento e da prevenção destas doenças.

Como todo assunto de fronteira e multidisciplinar, tudo traz desafios. A privacidade e confidencialidade dos dados; a responsabilidade no caso de vazamentos; a responsabilidade do controlador e de quem faz o tratamento dos dados; quem pode ter acesso; como funciona a transparência; quais os riscos sociais – estigmatização e discriminação com relação a descoberta de alguma doença ou condição genética; como o individuo vai perceber a si mesmo; em casos de reprodução e a busca pelo ser humano geneticamente perfeito; garantias genéticas – a dúvida sobre a inalterabilidade genética ao longo da vida de uma pessoa; e também se tais informações podem ser comercializadas.

Este artigo não pretende exaurir todas os desafios éticas elencadas, apenas debater a questão da privacidade de dados à luz da nova legislação promulgada e aventar caminhos possíveis.

2. Perspectivas sobre proteção de dados pessoais

O Regulamento Geral de Proteção de Dados da União Europeia (GDPR) 2016/679, do Parlamento Europeu e do Conselho, surge visando criar um conjunto único de regras de proteção de dados para as empresas ativas na União Europeia, independentemente de sua localização.

Nesse sentido, a GDPR regula o processamento por um indivíduo, uma empresa ou uma organização, de dados relativos a indivíduos na União Europeia. Cabe ressaltar que as regras não se aplicam ao tratamento de dados pessoais de pessoas falecidas ou de pessoas coletivas.

Além disso, os dados processados por um indivíduo por razões puramente pessoais ou para atividades realizadas em sua casa, desde que não haja conexão com uma atividade profissional ou comercial, não possuem aplicação da GDPR. Portanto, quando um indivíduo utiliza tais dados coletados fora da esfera pessoal, para atividades socioculturais ou financeiras, por exemplo, o Regulamento Geral não será aplicado.

A proteção aos dados pessoais não é uma novidade no ordenamento jurídico nacional. A Constituição Federal já em 1988 reconheceu direitos e garantias específicas relativos aos dados pessoais como o princípio da dignidade humana, a proteção aos direitos da personalidade, amparando o direito à liberdade de expressão, o direito à informação, a inviolabilidade da vida privada e da intimidade, a garantia *do Habeas Data*, entre várias garantias à privacidade e à intimidade. Além da Constituição Federal, há também legislação infraconstitucional como o Marco Civil da Internet[9] e o Código de Defesa do Consumidor[10].

Mesmo que não seja inédito em sentido lato, a iniciativa de criação de legislação específica sobre a privacidade, no qual a União Europeia foi a pioneira, a GDPR trouxe a exigência não somente para os países europeus, mas também para todos aqueles que tenham relação comercial ou ofereçam serviços a europeus. Refere-se a necessidade de adoção de níveis de proteção equivalentes ou superiores àqueles descritos na lei. À luz do espírito europeu, nasce a Lei Geral de Proteção de Dados Pessoais (LGPD)[11].

Publicada como Lei nº 13.709/2018, já foi alterada pela Medida Provisória 869/2018 e também pela Lei 13.853/2019, está prevista para entrar em vigor em agosto de 2020 e é a legislação brasileira que regula

---

[9] LEI Nº 12.965/2014.
[10] LEI Nº 8.078/1990.
[11] Pinheiro, Peck, P. *Proteção de dados pessoais – comentários à Lei n. 13.709/2018 LGPD*. Saraiva Jur. Setembro 2018. Disponível em https://integrada.minhabiblioteca.com.br/#/books/9788553608324/. Acesso em 14 de setembro de 2019, p. 18.

as atividades de tratamento de dados pessoais e que também altera os artigos 7º e 16 do Marco Civil da Internet[12], regulando também a transferência e manipulação de dados pessoais por meio da internet.

A LGPD tem por objetivo garantir a todos a ampla informação sobre como empresas públicas e privadas tratam os dados pessoais de todos os brasileiros, ou seja, o modo e a qualidade da coleta, como esses dados são armazenados, por quanto tempo guardam e com quem compartilham.

Seu texto determina que todos os dados pessoais (informação relacionada à pessoa natural identificada ou identificável, como nome, idade, estado civil, documentos) necessitam do consentimento expresso e específico do usuário para serem coletados. Quanto à realização de tratamento de dados pessoais sem o consentimento do titular, a lei prevê hipóteses específicas em seu artigo 11, inciso II[13]. Importante salientar que a tutela da saúde consta como uma dessas hipóteses para tratamento dos dados sem o consentimento expresso do titular (artigo 7, inciso VIII).

Além disso, o texto da lei demonstra quais informações são consideradas sensíveis: "sobre origem racial ou étnica, convicção religiosa,

---

[12] Lei que regulamenta o uso da Internet no Brasil por meio da previsão de princípios, garantias, direitos e deveres para quem usa a rede, bem como da determinação de diretrizes para a atuação do Estado.

[13] Art. 11. O tratamento de dados pessoais sensíveis somente poderá ocorrer nas seguintes hipóteses:
II – sem fornecimento de consentimento do titular, nas hipóteses em que for indispensável para:
a) cumprimento de obrigação legal ou regulatória pelo controlador;
b) tratamento compartilhado de dados necessários à execução, pela administração pública, de políticas públicas previstas em leis ou regulamentos;
c) realização de estudos por órgão de pesquisa, garantida, sempre que possível, a anonimização dos dados pessoais sensíveis;
d) exercício regular de direitos, inclusive em contrato e em processo judicial, administrativo e arbitral, este último nos termos da Lei nº 9.307, de 23 de setembro de 1996 (Lei de Arbitragem) ;
e) proteção da vida ou da incolumidade física do titular ou de terceiro;
f) tutela da saúde, exclusivamente, em procedimento realizado por profissionais de saúde, serviços de saúde ou autoridade sanitária; ou
g) garantia da prevenção à fraude e à segurança do titular, nos processos de identificação e autenticação de cadastro em sistemas eletrônicos, resguardados os direitos mencionados no art. 9º desta Lei e exceto no caso de prevalecerem direitos e liberdades fundamentais do titular que exijam a proteção dos dados pessoais.

opinião política, filiação a sindicato ou a organização de caráter religioso, filosófico ou político, dado referente à saúde ou à vida sexual, dado genético ou biométrico" (Artigo 5, inciso II), sendo que sua principal premissa é a proteção de dados pessoais e a garantia de um tratamento diferenciado para informações que são consideradas sensíveis.

De acordo com Patrícia Pinheiro, dados sensíveis são aqueles que:

> estejam relacionados a características da personalidade do indivíduo e suas escolhas pessoais, tais como origem racial ou étnica, convicção religiosa, opinião política, filiação a sindicato ou a organização de caráter religioso, filosófico ou político, dado referente a saúde ou a vida sexual, dado genético ou biométrico, quando vinculado a uma pessoa natural.[14]

Basicamente, a lei pretende coibir o uso indiscriminado de dados pessoais informados por meio de cadastros e garantir o direito de estar ciente sobre como será feito o tratamento das informações obtidas de todos os cidadãos e para qual finalidade específica elas serão usadas. A lei determina que qualquer empresa que realize tratamento de dados[15] deve explicar ao proprietário da informação, ou seja, àquele a que os dados se referem, a razão pela qual vai usar algum dado obtido. Além disso, deve haver um consentimento prévio expresso antes de sua utilização, assim como para a transferência de informações para outras empresas.

Essa determinação, portanto, afeta de forma direta o modo como os dados da saúde são tratados no país, tendo em vista a atual necessidade de informação prévia de todas as possíveis utilizações dos dados pessoais antes mesmo de sua coleta.

---

[14] PINHEIRO, Peck, P. *Proteção de dados pessoais – comentários à Lei n. 13.709/2018 LGPD*. Saraiva Jur. Setembro 2018. Disponível em https://integrada.minhabiblioteca.com.br/#/books/9788553608324/. Acesso em 14 de setembro de 2019, p. 26.

[15] Toda operação realizada com algum tipo de manuseio de dados pessoais: coleta, produção, recepção, classificação, utilização, acesso, reprodução, transmissão, distribuição, processamento, arquivamento, armazenamento, edição, eliminação, avaliação ou controle da informação, modificação, comunicação, transferência, difusão ou extração. PINHEIRO, Peck, P. *Proteção de dados pessoais – comentários à Lei n. 13.709/2018 LGPD*. Saraiva Jur. Setembro 2018. Disponível em https://integrada.minhabiblioteca.com.br/#/books/9788553608324/. Acesso em 14 de setembro de 2019, p. 25.

3. LGPD e Genoma: impactos, desafios e oportunidades

Percebe-se, portanto, que a mudança legislativa trazida pela Lei Geral de Proteção de Dados trará desdobramentos para todos os campos que utilizam da coleta de dados pessoais, entretanto, por ser a área da saúde sujeita a pesquisa e comparação de dados obtidos em múltiplos momentos, acredita-se que terá um forte impacto gerado por tais mudanças.

A partir da entrada em vigor da LGPD, todos os profissionais de saúde, principalmente clínicas médicas, odontológicas, hospitais e clínicas de exames laboratoriais e de imagem, deverão estar preparados para sua adequação quanto aos dados processados e tratados no atendimento a seus pacientes.

Um prontuário eletrônico, por exemplo, contém dados pessoais como histórico familiar, anamnese, descrição e evolução de sintomas e exames, além de indicações e tratamentos e prescrições, sendo certo que tais informações podem ser caracterizadas como dados pessoais sensíveis, havendo a necessidade de cuidado e autorização especiais no processamento de tais dados.

Tendo isso em vista, as análises realizadas por meio dos programas de estudos genômicos acabam por ser diretamente afetadas, uma vez que se utilizam de dados extremamente sensíveis para chegar em suas conclusões.

Como seu objetivo é analisar os dados de pacientes utilizando-se da comparação de genomas diversos da mesma espécie, que pode ser humana, no caso deste artigo, ou outros seres vivos, bem como para a elaboração de uma base de prevenção e tratamento médico personalizado, inicialmente, os indivíduos objeto dessa análise consentem com a utilização de seus dados para a obtenção de resultados referente a eles próprios por meio do termo de consentimento livre e esclarecido. Porém, para que o projeto não entre em fase de estagnação, os dados coletados para a análise daquele indivíduo poderão ser futuramente utilizados como base para a análise de outras pessoas.

Assim, todos aqueles que pretendem ter seus dados analisados devem estar perfeitamente cientes de todos os tratamentos e utilizações a serem realizados com os dados obtidos a partir da análise de seu material genético/genoma. Inclusive, no futuro.

A partir das exigências da LGPD, não há como os laboratórios responsáveis pelas análises dos genomas retirados de seus pacientes realizarem o tratamento dos dados obtidos sem que haja a prévia informação e o prévio consentimento obtidos dos sujeitos objetos de tais análises para todos os tratamentos que poderão surgir dos dados coletados. Necessita, portanto, de um processo transparente de gestão da informação.

As instituições e profissionais da saúde deverão realizar adequações estruturais e comportamentais para que se alcance a segurança dos dados. Deverão repensar todos os seus processos de coleta, produção, recepção, classificação, utilização, acesso, reprodução, transmissão, distribuição, processamento, arquivamento, armazenamento, eliminação, avaliação ou controle da informação, modificação, comunicação, transferência, difusão ou extração de dados dos pacientes. Tais adequações, via de regra, não são simples ou fáceis. Especialmente se pensar que, a qualquer tempo, como um requisito da LGPD, o usuário pode simplesmente retirar seu consentimento para utilização de seus dados.

No entanto, há ainda a possibilidade de ser considerado uma tutela da saúde. Em uma situação hipotética, é descoberto um novo gene relacionado a uma doença, submete-se todo o banco de genoma humano a nova análise em busca de potenciais pessoas que poderiam desenvolver essa doença para que, visando a prevenção.

Seja o cenário de necessidade de consentimento para toda e qualquer pesquisa, mesmo que ela aconteça em momento posterior ao da coleta do material genético; ou aquele em que será considerado uma atitude necessária para a tutela da saúde humana, a qual a lei permite ser realizada por profissionais de saúde, ambos envolvem riscos, principalmente porque a lei ainda não está em vigor e, por consequência, não há jurisprudência.

Conclusões

A partir do estudo demonstrado acima, conclui-se que a análise realizada pelos médicos e cientistas participantes de projetos relacionados à análise do genoma humano sofrerá forte impacto com a aplicação dos dispositivos incluídos na legislação brasileira a partir da vigência da nova Lei Geral de Proteção de Dados Pessoais.

O estudo do genoma humano pressupõe uma análise entre dados obtidos de diversos indivíduos, e não somente daquele do qual se pretende obter as informações.

Por esse motivo, verificamos que os procedimentos adotados atualmente para o tratamento e coleta dos dados a serem trabalhados nos estudos relacionados à genômica violam as diretrizes criadas pela LGPD. Isso porque o indivíduo, muitas vezes, consente com a utilização de seus dados somente para a análise e obtenção de seus resultados, não sabendo que os dados fornecidos por ele poderão ser utilizados para que diversos outros estudos possam ser realizados.

Assim, é possível dizer que os procedimentos adotados para estudos relacionados ao genoma humano precisarão ser modificados, com o objetivo de aplicar as diretrizes trazidas pela LGPD para o tratamento de dados pessoais quando a lei entrar em vigor, exceto se for utilizada a hipótese de tratamento dos dados como uma tutela da saúde, ainda que também seja uma teoria ampla, sem definições claras e específicas.

Será necessária uma mudança cultural, bem como do procedimento adotado nas instituições que realizam tais estudos, seja elas públicas ou privadas, de qualquer porte, para que as normas criadas pela LGPD não inviabilizem os estudos tão importantes abarcados pela análise da Genômica, e melhoramento da qualidade/expectativa de vida humana. No entanto, acredita-se que o cenário nacional ainda será arriscado, sem garantias, como não poderia deixar de ser, já que se trata de um tema fronteiriço da ciência médica e jurídica.

Referências

Associação Médica Brasileira, Revista da, Editorial. *A descoberta do DNA e o projeto genoma*, Rev. Assoc. Med. Bras. vol.51 no.1 São Paulo Jan./Feb. 2005. Disponível em http://www.scielo.br/scielo.php?script=sci_arttext&pid=S0104-42302005000100001. Acessado em 27 de outubro de 2019.

Biazon, Tássia Oliveira. *Genômica: a ciência que rompe fronteiras e desafia os cientistas*. Especial para o Jornal da USP. Fevereiro 2018. Disponível em https://jornal.usp.br/ciencias/genomica-a-ciencia-que-rompe-fronteiras-e-desafia-os-cientistas/. Acessado em 13 de setembro de 2019.

Brasil. *Lei Federal nº 12.965/2014*. Disponível em http://www.planalto.gov.br/ccivil_03/_ato2011-2014/2014/lei/l12965.htm. Acesso em 25 de outubro de 2019.

Brasil. *Lei Federal nº 8.078/1990*. Disponível em http://www.planalto.gov.br/ccivil_03/leis/l8078.htm. Acesso em 25 de outubro de 2019.

Brasil. *Lei Federal nº 13.709/2018 (LGPD)*. Disponível em http://www.planalto.gov.br/ccivil_03/_ato2015-2018/2018/lei/L13709.htm. Acesso em 25 de outubro de 2019.

CANHAS, Isabela. *Genômica*. Disponível em https://elib.tips/genomica.html. Acessado em 13 de setembro de 2019.

CHAUTARD-FREIRE-MAIA, Eleidi Alice. *Mapeamento do genoma humano e algumas implicações éticas*. Educ. rev., Curitiba, n. 11, p. 15-26, Dezembro 1995 Disponível em http://www.scielo.br/scielo.php?script=sci_arttext&pid=S0104-40601995000100004&lng=en&nrm=iso. Acessado em 15 de setembro de 2019.

CHIAL, H. *Rare Genetic Disorders: Learning About Genetic Disease Through Gene Mapping, SNPs, and Microarray Data*. Nature Education 1(1):192, 2008. Disponível em https://www.nature.com/scitable/topicpage/rare-genetic-disorders-learning-about-genetic-disease-979/. Acesso em 25 de outubro de 2019.

DONEDA, Danilo. *Da privacidade à proteção de dados pessoais*. Rio de Janeiro: Renovar, 2006.

HUMAN GENOME PROJECT INFORMATION ARCHIVE. *Human Genome Project*. U.S. Department of Energy Office of Science, Office of Biological and Environmental Research, 2003. Disponível em: https://web.ornl.gov/sci/techresources/Human_Genome/index.shtml. Acesso em 25 de outubro de 2019.

PINHEIRO, Peck, P. *Proteção de dados pessoais – comentários à Lei n. 13.709/2018 LGPD*. Saraiva Jur. Setembro 2018. Disponível em https://integrada.minhabiblioteca.com.br/#/books/9788553608324/. Acesso em 14 de setembro de 2019.

UNIÃO EUROPEIA. *Regulamento Geral de Proteção de Dados da União Europeia*. Disponível em https://gdpr-info.eu/. Acesso em 25 de outubro de 2019.

7.
Eutanásia, um longo caminho a percorrer: os reflexos dos limites morais de sua prática nos protocolos médicos e na legislação brasileira

Lia Cristina Campos Pierson

Introdução

O caminho para prática da eutanásia nestes primeiros quase 20 anos do século XXI está relacionada com a mudança da percepção da morte entre os humanos. Se um dia a morte dos semelhantes podia parecer indiferente para diversas culturas humanas e, matavam-se crianças recém-nascidas, por que razões hoje fariam o mesmo?

O mundo em que vivemos é um mundo pensado, movemo-nos através das ideias e valores que construímos ao longo do milenar processo civilizatório. A ciência vem considerando que os sinais de rituais funerários encontrados em sítios arqueológicos podem demonstrar que tais seres tinham capacidade simbólica.

Pinheiro[1] (2005) relata que Richard E. F. Leakey[2], um dos maiores paleontologistas do século XX, afirma que o sepultamento deliberado

---

[1] Pinheiro, Marta, Aspectos históricos da neuropsicologia: subsídios para a formação de educadores *Educar em Revista*, núm. 25, 2005, pp. 175-196 Universidade Federal do Paraná, Paraná, Brasil. p. 178.

de mortos sinaliza a presença de uma atividade humana plena de consciência e que às vezes deixa a sua marca no registro arqueológico, uma vez que nela podemos identificar claramente uma percepção da morte e, portanto, uma percepção do eu.

Os humanos, *homo sapiens*, possuem uma habilidade cognitivo-emocional que os torna capazes de "colocarem-se no lugar do outro", isso acontece em razão da capacidade de simbolização, qual seja "presentificar ausências". Somos capazes de trabalhar ideias e suposições de resultados sem que experimentemos concretamente os objetos desses pensamentos. O que em Psicologia se denomina "antecipar respostas". Essa capacidade exige que cada indivíduo possa pensar em si como alguém distinto de tudo quanto o circunda. Prever estados futuros e antecipar respostas que garantam a estabilidade do organismo é um valioso instrumento de sobrevivência, como afirma Damásio[3].

Em razão dessa capacidade, que faz parte das razões dos cuidados com os mortos, é a empatia que deve ter surgido, por óbvio, da convivência entre famílias e membros de grupos que compartilhavam a mesma região geográfica, ela proporciona e permite que os indivíduos se relacionem rapidamente em outro nível, que é essencial em espécies que fornecem cuidados parentais extensivos e trabalham cooperativamente para objetivos comuns, como tem sido com os humanos.

Por certo a empatia, faz parte das habilidades que podem ter levado os *homo sapiens* e os *neandertais* (com segurança) a enterrarem seus mortos. Tendo em vista que tudo isso necessita do desenvolvimento da capacidade de simbolização, como afirmado acima.

Para Waal e Preston[4] empatia pode ser entendida como:

> Qualquer processo que emerge do fato de os observadores entenderem os estados dos outros ativando representações pessoais, neurais e mentais desse estado, incluindo a capacidade de ser afetado e compartilhar o

---

[2] Leakey, R. *A origem da espécie humana*. Rio de janeiro: Rocco, 1995 *apud* Pinheiro, Marta, Aspectos históricos da neuropsicologia: subsídios para a formação de educadores *Educar em Revista*, núm. 25, 2005, pp. 175-196 Universidade Federal do Paraná, Paraná, Brasil. p. 178.

[3] Damásio, Antônio *E o cérebro criou o homem*. São Paulo: Companhia das Letras, trad. Laura Motta, 2011 p. 326.

[4] Waal, Frans B. M. de & Preston, Stephanie D. Mammalian empathy: behavioural manifestations and neural basis *Nature*, August, 2017 vol. 18 – 498 – 509.

estado emocional de outro; avaliar as razões do estado do outro; e identificar-se com o outro, adotando sua perspectiva.

É de amplo conhecimento que povos da antiguidade praticavam a eutanásia, inclusive em crianças. Tal prática era costume na Grécia, Roma, na Índia por diferentes razões ligadas às suas especificidades culturais, os espartanos sacrificavam recém-nascidos defeituosos, em Roma a agonia de gladiadores feridos era interrompida com sua morte; na Índia jogavam-se no Ganges doentes incuráveis, na Antiguidade praticava-se a eutanásia tanto para exterminar os imperfeitos como para aliviar o sofrimento, como afirma França[5]. Desde então essa prática sempre esteve presente em diferentes regiões do planeta.

Como a vida humana é tratada, em dias nos quais convivem sofisticadas teorias jurídico-filosóficas a respeito da dignidade da pessoa humana e sua proteção com aborto legal e eutanásia de crianças recém-nascidas, com pouca ou nenhuma expectativa de sobrevivência ou vida sem dor, regulamentada em diversos países?

Talvez a resposta esteja na pergunta: dignidade de quem?

1. Vida humana sem dignidade não é vida?

O mundo passou e passa por fenômenos sociais como as guerras durante as quais acontece todo tipo de crueldade. Esses momentos, ainda que frequentes, são, explicados pela luta pelo poder ou por uma causa que se pretende defender.

Mesmo assim, apenas após a Segunda Guerra Mundial surgem os primeiros movimentos de afirmação de direitos humanos que culminaram na criação das Nações Unidas e da Declaração Universal dos Direitos do Homem, diante dos horrores perpetrados principalmente pelos nazistas em seus campos de extermínio.

É possível antevermos em diferentes documentos publicados desde então pelos órgãos das Nações Unidas os princípios bioéticos que até os dias de hoje estão na base de decisões relativas aos Direitos Humanos e às diretivas dos Estados-membros no tocante à vida humana, aos indivíduos e tudo que se relaciona com seu bem-estar e dignidade.

---

[5] França, Genival Veloso. (1999). Eutanásia: Enfoque ético-político. *Bioética*, 7(1), 71-82.

Há uma grande dificuldade para o equacionamento dos valores expressos em documentos internacionais que tratam da vida humana como elemento e valor a ser protegido. Tal dificuldade encontra-se, em parte, na questão da dignidade da pessoa humana, quando a consideramos como atributo intrínseco – passa então a ser elemento integrante da pessoa e não algo que ela detém e que lhe foi atribuído. A natureza humana sendo da ordem da dignidade.

José Afonso da Silva[6] esclarece o que é dignidade através da filosofia de Kant,

> ...segundo a qual no reino dos fins tudo tem um preço ou uma dignidade. Aquilo que tem um preço pode muito bem ser substituído por qualquer outra coisa equivalente. Daí a ideia de valor relativo, de valor condicionado, porque existe simplesmente como meio, o que se relaciona com as inclinações e necessidades geral do homem e tem um preço de mercado, enquanto aquilo que não é um valor relativo, e é superior a qualquer preço, é um valor interno e não admite substituto equivalente, é uma dignidade, é o que tem uma dignidade.
>
> Correlacionados assim os conceitos, *vê-se que a dignidade é atributo intrínseco, da essência, da pessoa humana, único ser que compreende um valor interno, superior a qualquer preço, que não admite substituição equivalente. Assim a dignidade entranha e se confunde com a própria natureza do ser humano.* (Grifamos)

Nessa perspectiva a vida que confere animação ao ser só seria plena se pudesse ser exercida com a dignidade que lhe é intrínseca. A vida somente de animação não bastaria para ser uma vida inestimável, sem dignidade ela seria desumana. A dignidade nessa ideia é que tornaria o bem vida humana um valor absoluto. Esse posicionamento pode dar suporte à ideia de que a vida sem dignidade não é um valor absoluto, sendo por isso moralmente possível eliminá-la por não ser objeto de proteção via o princípio da dignidade da pessoa humana. O valor que se protege é a vida digna.

---

[6] Silva, José Afonso da A Dignidade da Pessoa Humana como Valor Supremo da Democracia *in* Revista de direito administrativo, 1998 – Rio de Janeiro, 212: 89-94, abr./jun. 1998 p. 91.

2. A proteção confere dignidade à vida humana?

Sob outro ponto de vista a sobrevivência do ser humano passa a ser o objetivo da proteção da vida em quaisquer condições, sendo a existência de uma vida humana em particular o bem que se visa proteger e perpetuar.

Quando vamos adentrando mais ao tema da eutanásia é possível nos socorrermos da observação de MARTIN[7] que leva em conta qual valor se considera nas práticas de intervenção na morte.

> A eutanásia e a distanásia, como procedimentos médicos, têm em comum a preocupação com a morte do ser humano e a maneira mais adequada de lidar com isso. Enquanto a eutanásia se preocupa prioritariamente com a qualidade da vida humana na sua fase final – eliminando o sofrimento –, a distanásia se dedica a prolongar ao máximo a quantidade de vida humana, combatendo a morte como o grande e último inimigo.

Quando falamos em eutanásia e suas variantes, tanto como antecipação da morte como a não intervenção no processo do morrer, surge um outro elemento na discussão: aquilo que chamamos direitos da personalidade e a indisponibilidade do direito à vida.

Comumente consideramos que, para se tomar uma decisão sobre a antecipação da morte ou a não intervenção sobre o processo do morrer, levamos em consideração o livre arbítrio dos que assim decidem a respeito de si próprios, sua higidez mental quanto à decisão e a legitimidade dos que executam sua vontade.

3. As regras deontológicas e a eutanásia no Brasil

No Brasil apenas considera-se possível a ortotanásia, cessação dos esforços terapêuticos através dos cuidados paliativos, como possibilidade jurídica expressa em normas deontológicas tendo em vista a ausência do tema em nossa legislação. A ordem de não ressuscitação fica restrita aos casos limites e à hipótese de diretivas antecipadas de vontade.

---

[7] MARTIN, Leonard M. Eutanásia e Distanásia *in Iniciação à Bioética* / Sergio Ibiapina Ferreira Costa, Gabriel Oselka, Volnei Garrafa, coordenadores. – Brasília: Conselho Federal de Medicina, 1998 p. 171-192.

No entanto tais normas deontológicas vêm sendo cada vez mais restringidas fazendo desaparecer no horizonte qualquer possibilidade da prática legal da eutanásia no Brasil.

Entre nós o Conselho Federal de Medicina vem tomando resoluções que aparentemente tentam normatizar a sua prática. A Resolução 1805/2006 do Conselho Federal de Medicina declara em seu artigo 1º e parágrafos:

> **Art. 1º** É permitido ao médico limitar ou suspender procedimentos e tratamentos que prolonguem a vida do doente em fase terminal, de enfermidade grave e incurável, *respeitada a vontade da pessoa ou de seu representante legal*.
> §1º O médico tem a obrigação de esclarecer ao doente ou a seu representante legal as modalidades terapêuticas adequadas para cada situação.
> §2º A decisão referida no caput deve ser fundamentada e registrada no prontuário.
> §3º É assegurado ao doente ou a seu representante legal o direito de solicitar uma segunda opinião médica. (Grifamos)

Com é possível depreender da leitura do artigo acima essa Resolução do CFM autoriza a suspensão do tratamento de pacientes terminais com base no art. 5º, inciso III, da Constituição Federal, que estabelece que "ninguém será submetido a tortura nem a tratamento desumano ou degradante" atendendo ao princípio da dignidade da pessoa humana. E essa vontade pode legitimamente ser representada por alguém legalmente habilitado para tal.

Essa Resolução trata da possibilidade da limitação do tratamento que unicamente prolonga artificialmente a vida do paciente terminal, e da adoção de cuidados paliativos, quando esse ou seu representante legal consentir, sendo que continuam não aceitos a eutanásia e o suicídio assistido como apontam BARROSO e MARTEL[8].

Essa habilitação legal para o pedido de suspensão de procedimentos sob o art. 1º da resolução supracitada teve sua regulamentação na

---

[8] BARROSO, Luiz Roberto; MARTEL, Letícia de Campos Velho. A morte como ela é: Dignidade e autonomia individual no final da vida. *In*: GOZZO, Débora; LIGIERA, Wilson Ricardo (org). *Bioética e direitos fundamentais*. São Paulo: Saraiva, 2012. p. 21-62.

Resolução 1995/2012 que trata das Diretivas Antecipadas de Vontade, restando claro que alguém de posse de suas faculdades mentais, hígido mentalmente, pode declarar em escritura pública registrada em Cartório de Notas a que tipo de tratamento médico deseja ou não ser submetido, preservando o direito à vida e morte dignas.

4. Dignidade de quem?

Em 2018, o novo Código de Ética Médica traz diversas regras que parece que poderiam ser usadas para desconsiderar o que se encontra declaradas na Resolução 1995/2012.

O artigo 31 do novo Código de Ética Médica, afirma em seu Capítulo V, artigo 31, quando trata das relações com pacientes e familiares declara que é **vedado ao médico** "desrespeitar o direito do paciente ou de seu representante legal de decidir livremente sobre a execução de práticas diagnósticas ou terapêuticas, **salvo em caso de iminente risco de morte**". Quando se acrescenta a última expressão de algum modo fica anulada a escolha de não tratamento do doente. Logo mais a frente, ainda no Código de Ética Médica, podemos ler que é vedado ao médico:

> Art. 41   Abreviar a vida do paciente, ainda que a pedido deste ou de seu representante legal.
> Parágrafo único. Nos casos de doença incurável e terminal deve o médico oferecer todos os cuidados paliativos disponíveis sem empreender ações diagnósticas ou terapêuticas inúteis ou obstinadas, levando sempre em consideração a vontade expressa do paciente ou, na sua impossibilidade, a de seu representante legal.

Sendo assim, o médico não levará em conta a vontade do paciente ou de seu representante legal em caso de iminente risco de morte e caso não esteja nessa circunstância, deverá oferecer cuidados paliativos e levar em conta a vontade do paciente ou de seu representante legal. Isso pode ser um grande problema no caso de ordem de não reanimação (ONR) do doente em fase terminal.

Em pesquisa sobre ONR (Ordem de Não Reanimação) publicada por PUTZEL *et alter* [9] foram convidados 105 médicos inscritos na delegacia do

---

[9] PUTZEL, Elzio Luiz; HILLESHEIN, Klisman Drescher; BONAMIGO, Elcio Luiz. Terminally ill patients' do not resuscitate orders from the doctors' perspective. Rev. Bioét., Brasília , v. 24,

Conselho Regional de Medicina de Joaçaba/SC, Brasil dos quais 80 médicos aceitaram. Ao serem questionados sobre a prerrogativa de decisão sobre a decisão de não reanimação, mais da metade, 55%, considerava uma decisão conjunta de médicos e familiares.

A esse respeito devemos citar a recente resolução do Conselho federal de Medicina nº 2.232/2019, publicada no Diário Oficial da União de 16 de setembro de 2019, que estabelece normas éticas para a recusa terapêutica por pacientes e objeção de consciência na relação médico-paciente, que será comentada mais à frente no que pertine à questão da eutanásia de recém-nascidos.

Chamam à atenção alguns detalhes da referida resolução que fazem menção à dignidade da pessoa humana, que como sabido, é um dos fundamentos do Estado Brasileiro como menciona a Constituição Federal de 1988. Apresentar uma definição de dignidade é tarefa delicada uma vez que é um conceito que vive em constante mudança ao sabor da passagem do tempo e das mudanças sociais, o que torna complexa sua aplicação nas hipóteses elencadas de recusa terapêutica dos pacientes e a objeção de consciência dos profissionais da medicina.

A Resolução 2232/2019 aparentemente torna impossível a aplicação da resolução 1995/2012, que dispõe sobre diretivas antecipadas de vontade, uma vez que, nos moldes da nova resolução, podem ser consideradas recusa terapêutica.

Após afirmar que a recusa terapêutica é um direito do paciente surgem as condições para os *pacientes* fazerem valer sua vontade.

1. O paciente deve ser maior de idade e capaz, estar lúcido, orientado e consciente no momento da decisão (art.2º) – qual seria esse momento?
2. O momento em que com todas as condições acima estão presentes e o paciente escolhe não se tratar? Então o médico deve informar "os riscos e consequências previsíveis de sua decisão".
3. Se há uma diretiva antecipada de vontade previamente escrita e assinada pelo paciente e se ele não se encontra consciente? Diz o art. 3º que o médico *não deve aceitar* a recusa terapêutica de

n. 3, p. 596-602, Dec. 2016 . Available from <http://www.scielo.br/scielo.php?script=sci_arttext&pid=S1983-80422016000300596&lng=en&nrm=iso>. access on 13 June 2020. https://doi.org/10.1590/1983-80422016243159.

paciente menor ou de adulto que não esteja no pleno uso de suas faculdades mentais *independentemente de estarem representados ou assistidos por terceiros*. A pessoa que providenciou um documento com suas Diretivas antecipadas de vontade está representada por terceiro que está ali para fazer valer a vontade do signatário. Mesmo em situação de relevante risco à saúde, que parece ser a ideia de quem não deseja ficar por tempo indeterminado preso a recursos artificiais de manutenção da vida.

Quanto ao *médico* e à recusa terapêutica e a objeção de consciência:
1. Ainda pode-se acrescentar o contido no artigo 4º da Res. 2232/2019 que o médico em caso de discordância insuperável deve comunicar o fato às autoridades competentes "visando o melhor interesse do paciente".
2. Quanto à objeção de consciência, que é justo direito do médico, em situação de recusa terapêutica (art.10) que trouxer danos previsíveis à saúde do paciente, o médico poderá tratar o paciente tomando todas as medidas quando não houver outro profissional que o substitua. E se houver iminente perigo de morte o médico deve adotar todas as medidas necessárias para preservar a vida do paciente, mesmo diante da recusa (art.12).

Quando se trata de *criança, paciente menor de idade*, não há possibilidade de eutanásia ou ortotanásia tendo em vista:
1. O que se encontra determinado no artigo 3º, em que o médico não deve aceitar a recusa terapêutica de paciente menor de idade, comentado acima em relação ao adulto.
2. E o determinado no art. 5º que traz um rol de ações consideradas abuso de direito sendo que no §1º inciso I determina ser abuso de direito "a recusa terapêutica que coloque em risco a vida de terceiro", mesmo representados ou assistidos por terceiros.

Não comentaremos o §2º do mencionado art. 5º, que mesmo muito importante, não diz respeito ao que tratamos aqui.

5. A eutanásia na Bélgica e Holanda e o Protocolo de Groningen e a realidade brasileira.

Modernamente as decisões médicas não são mais, em grande parte e em respeito ao princípio da autonomia, tomadas solitariamente; dela participam também o paciente (maior de idade, mental e juridicamente capaz). Temos um grande arsenal tecnológico de tratamento e prolongamento da vida, mesmo assim, há situações insuportáveis que levam os profissionais e pacientes a escolherem a suspensão do tratamento. No entanto muitas vezes o paciente sobre cuja vida se decidirá é um recém-nascido.

Em vários países europeus, mais de um terço de todas as mortes é precedido por decisão médica em fim de vida, sendo que há a participação da enfermagem da terapia intensiva pediátrica na administração de medicação que terminam com a vida, conforme estudos de INGHELBRECHT *et alter*[10]. A realização ou suspensão de tratamentos e o alívio de sintomas severos são geralmente consideradas práticas médicas comuns. Por outro lado, na maior parte dos países não é permitido aos médicos aceder a um pedido de eutanásia (morte resultante da administração de fármacos por um médico, com a intenção explícita de acelerar a morte), embora esse seja um tópico cada vez mais debatido.

A Holanda foi o primeiro país europeu a legalizar a eutanásia infantil. Foi em 2005 quando o governo reconheceu o Protocolo de Gronigen, proposto por Eduard Verhagen – médico e advogado chefe do Departamento de Pediatria da Universidade Medical Centre em Groningen.

Na Holanda a cada 200.000 crianças nascidas por ano, aproximadamente 1000 morrem no primeiro ano de vida, 60% dessas mortes acontecem após uma decisão médica sobre o fim da vida. Na pediatria que trata de recém-nascidos em graves condições de saúde é frequente a tomada de decisão sobre iniciar ou interromper um tratamento, mesmo com o grande progresso dos recursos tecnológicos terapêuticos cada caso é um caso. Os maiores obstáculos encontram-se quando se trata de bebês com sérios distúrbios ou deformidades acompanhados de sofri-

---

[10] INGHELBRECHT E., BILSEN J., PERETH H., RAMET J., DELIENS L. Medical end-of-life decisions: experiences and attitudes of Belgian pediatric intensive care nurses *in American Journal of Critical Care* 2009 Mar;18(2):160-8. doi: 10.4037/ajcc2009515.

mentos sem possibilidade de alívio ou esperança de melhora, de acordo com a experiência de VERHAGEN e SAUER[11].

Na Bélgica a idade não foi o elemento mais importante quando se analisou a capacidade para a decisão sobre a eutanásia, levou-se em consideração preponderantemente a capacidade de discernimento. Em dezembro de 2013 o Senado aprovou um projeto de lei promulgado pela Câmara dos Representantes em fevereiro de 2014 sem referências a limites de idade, abolindo desta forma todas as restrições de idade para a realização de eutanásia. Na lei belga há condições que devem ser cumpridas, como indicado por SILVA e NUNES[12]:

> 1) "capacidade de discernimento" – avaliada cuidadosamente por equipe pediátrica multidisciplinar, incluindo um psicólogo clínico ou psiquiatra, com parecer por escrito;
> 2) contexto de doença terminal ou incurável que levará à morte dentro de um curto período de tempo – o que deverá ser acordado pelo pediatra e por um médico independente –, com sofrimento constante e insuportável do menor;
> 3) pedido por escrito da criança;
> 4) consentimento dos pais ou representante legal;
> 5) responsabilidade do médico e disponibilização de apoio psicológico a todos os envolvidos.

Nos países onde se admite a eutanásia em crianças, notadamente em recém-nascidos, há a necessidade, como descrito no Protocolo de Gronigen, de se descrever as circunstâncias dentro das quais é permitida a eutanásia de crianças. Há que se considerar também a questão da legitimidade dos pais na escolha pela eutanásia ou não e, no caso do Brasil os limites do poder familiar.

Como pode-se perceber da leitura das regras deontológicas relacionadas à questão no Brasil, estamos bem distantes de alguma regulamen-

---

[11] VERHAGEN, Eduard, M.D., J.D., and SAUER, Pieter J.J., M.D., Ph.D. The Groningen Protocol – Euthanasia in Severely Ill Newborns in New England Journal of Medicine March 10, 2005; 352:959-962 DOI: 10.1056/NEJMp058026.

[12] SILVA, Filipa Martins, NUNES, Rui Caso belga de eutanásia em crianças: solução ou problema? Revista Bioética. (Impr.). 2015; 23 (3): 475-8 http://dx.doi.org/10.1590/1983-80422015233084.

tação da eutanásia enquanto medida piedosa diante da pouca ou nenhuma possibilidade de sobrevivência de uma pessoa.

O depoimento abaixo foi transcrito do documentário ZIKA[13], produzido em março de 2016 pelo Instituto Anis – Vozes da Igualdade no Alto Sertão da Paraíba. Demonstra a distancia que há entre as discussões acadêmicas acerca da decisão de realizar eutanásia em crianças nascidas malformadas ou com baixa expectativa quanto à qualidade de vida e a realidade da vida dessas mulheres.

> Meu nome é A., sou mãe do S., ele é um menino muito especial. Eu tinha muita vontade de ter um menino, um rapaz, pois eu só tenho menina fêmea. Meu sonho era ele, aí fiquei grávida, foi tudo planejado. Peguei a gravidez dele. Com três meses de gravidez eu tive a Zika. Aí quando foi com 5 meses de gravidez, ele tava com um probleminha na cabeça, o cérebro dele tinha preenchido a metade e a outra não. Rntão fiquei muito nervosa, mas a médica disse que não era para eu me preocupar porque podia voltar ao normal. Aí eu fiquei fazendo a ultrassom. Com sete mês de gravidez eu descobri que que ele tava com a microcefalia, o mundo desabou nessa hora para mim, porque eu tinha medo de perder ele, dele morrer. Meu medo maior não era que ele viesse especial, era se ele morresse. Meu esposo era que me dava mais força, ele dizia A, se acalme, não chore não, vamos ver o que vai dar...Mas eu não aguento não, ficava chorando, até pensar em colocar ele pra fora, eu pensei. Mas só uma palavra que meu esposo disse, eu já me conformei. Ele disse: A., o sonho da gente era ter um menino homem, então se Deus quis dar ele assim à gente, a gente tem que aceitar, do jeito que ele vim. O importante é que ele é nosso filho, do jeito que ele vim, a gente vamos amar ele do jeito que a gente amam as outras. E foi o que me conformou, aí fiquei fazendo o pré-natal, mas sempre com aquele medo dele não sobreviver. Porque sempre quando batia a ultrassom a cabecinha tava do mesmo jeito. O tamanho da cabeça dele ainda estava 24 cefálico. Eu cm ste meses e a médica achava muito pequenininha. Aí quando foi com 8 meses eu fui bater uma lá na Facisa, pela Dra. Adriana, e quando ela olhou e disse: Olha A. a cabeça de seu bebezinho realmente é pequena mas não está afetando as pontificações que tem no cérebro dele. Até agora não está afetando nada. Aí foi alegria maior do mundo

---

[13] https://youtu.be/m8tOpS515dA Anis Instituto de Bioética – Vozes da Igualdade, 2016.

quando ela disse isso. Saiu eu e meu marido numa alegria muito grande, e a gente quase que cai da moto, eu dizia vai devagar! Ele disse: vamos pra João Pessoa tomar banho! E vamos tomar banho de mar e voltar, porque a alegria era tão grande, porque ela disse que ele não ia ter muitas limitações, por causa que era muito pouco. Aí quando o médico foi, que fez a minha cirurgia, que abriu que eu vi ele, que ele deu um chorinho, foi minha alegria tão grande, eu fiquei muito contente quando eu vi ele. Ói..(mostra a criança suspensa pelas mãos) que coisa mais linda, foi meu presente, foi meu filho. Ele é tudo prá mim, tudo, tudo...Assim, eu tenho as minhas filhas, eu amo tudinho do mesmo jeito, né? Mas ele tem assim, ele tem que ter um cuidado mais especial por conta da microcefalia (e sorri com sinceridade) mas eu creio que meu filho vai se desenvolver bem, vai estudar como as outras pessoas normal, vai ter uma vida tranquila ele...E quando ele crescer ele vai escolher o que ele quer ser, qual a profissão que ele quer ser. E eu tô ali para apoiar ele, eu e o pai dele, eu creio que eu e o pai dele, a gente já passemo por muitas coisa junto, e não é agora que a gente vai abandonar ele não. (O bebê chora) Agora vou dar de mamar ele...

(A. É mãe de 4 filhas e de S., casou-se aos 11 anos e teve a primeira filha aos 17, o marido trabalha como servente de pedreiro, vive no pedregal. Ainda não teve acesso aos benefício sociais para o cuidado do filho)

Para as pessoas de cultura latina, como no Brasil, há uma enorme repressão ditada por esses fatores mais emocionais da forma pela qual se encara a vida. As condições de vida em localidades mais distantes dos grandes centros urbanos e a baixa expectativa de vida parecem provocar certa "naturalização" de situações adversas na área da saúde.

8.
A legitimidade da criminalização da manipulação genética *stricto sensu*: um olhar a partir da teoria a incriminação e da teoria do delito

Felipe Longobardi Campana

Introdução

Na medida em que a descoberta da forma e funções genéticas do DNA somente ocorreu 1953[1] e as manipulações genéticas foram efetivamente testadas somente a partir dos anos 1990[2], pode-se dizer que são práticas ainda incipientes e pouco conhecidas, não existindo segurança sobre seus efeitos, consequências e repercussões.

No entanto, desde o primeiro teste de manipulação genética já se observou importantes avanços no tratamento de diferentes tipos de doenças, como distrofia muscular, hemofilia, cânceres[3], principalmente

---

[1] Este marco temporal refere-se à publicação de um estudo na revista *Nature* pelos Cientistas James Watson e Francis Crick (Gonçalves de Oliveira, Talles Henrique. Dos Santos, Neusa Fernandes. Beltramini, Leila Maria. O DNA: uma sinopse histórica. In. *Revista Brasileira de Ensino de Bioquímica e Biologia Molecular*, nº 01, Artigo A, 2004, p. A13).

[2] Moss, Joseph Anthony. Gene Therapy Review. In. *Radiologic Technogoly*, vol. 86, nº 2, nov./dez. 2014, p. 155.

[3] *Ibid.*, p. 163-166.

após o ano de 2011, quando pesquisadores americanos apresentaram a técnica do *CRISPR/Cas9* [4], que afastou dificuldades de ordem prática, em especial a segmentação de sequências indesejadas (efeito *off-target*)[5], e facilitou a realização de novos testes, tratamentos experimentais e até a edição de embriões.

Em novembro de 2018, o pesquisador chinês *He Jiankui* chocou a comunidade científica ao declarar que utilizou a referida técnica para realizar com sucesso a edição genética de duas gêmeas recém-nascidas para que ficassem imunes ao vírus HIV[6] e acabou sendo condenado a uma pena de três anos[7].

Desde então, as notícias sobre os avanços nestas práticas somente aumentaram, dando conta da ampliação da mencionada técnica para editar diversos genes de uma só vez[8]; da edição de novos embriões tal qual a realizada por *He Jiankui* [9] e da realização de novos experimentos genéticos com objetivos estéticos e contra envelhecimento[10].

[4] GONÇALVES, Giulliana Augusta Rangel. PAIVA, Raquel de Melo Alves. Terapia gênica: avanços, desafios e perspectivas. In. *Einstein (São Paulo)*, [s. l.], n. 3, 2017, p. 372-373. Disponível em: http://www.scielo.br/scielo.php?script=sci_arttext&pid=S1679-45082017000300369&lng=en&nrm=iso&tlng=pt. Acesso em: 26.09.2019. Esta técnica provém da composição da bactéria *Escherichia coli* que era capaz de segmentar DNA's de vírus invasores com objetivos de imunidade, sendo um vetor mais eficaz para a realização de edições genéticas.

[5] GIONO, Luciana E. CRISPR/Cas9 y la terapia génica. In. *Medicina (Buenos Aires)*, Ciudad Autónoma de Buenos Aires, v. 77, n. 5, out. 2017, p. 407. Disponível em: http://www.scielo.org.ar/scielo.php?script=sci_arttext&pid=S0025-76802017000500009&lng=en&nrm=iso. Acesso em: 09.07.2019.

[6] Para mais detalhes do caso: Cientista que editou DNA humano mentiu e driblou leis, dizem autoridades. *Galileu*. Disponível em: https://revistagalileu.globo.com/Ciencia/noticia/2019/01/cientista-que-editou-dna-humano-mentiu-e-driblou-leis-dizem-autoridades.html. Acesso em: 26.09.2019.

[7] https://www.uol.com.br/tilt/noticias/redacao/2019/12/30/cientista-chines-que-editou-genes-de-bebes-e-condenado-a-3-anos-de-prisao.htm. Acesso em: 15.06.2020.

[8] Técnica usada para editar genes humanos passa por aprimoramento. *Galileu*. Disponível em: https://revistagalileu.globo.com/Ciencia/noticia/2019/08/tecnica-usada-para-editar-genes-humanos-passa-por-aprimoramento.html. Acesso em: 26.09.2019.

[9] Cientista russo afirma que planeja modificar o DNA de bebês. *Galileu*. Disponível em: https://revistagalileu.globo.com/Ciencia/noticia/2019/06/cientista-russo-afirma-que-planeja-modificar-o-dna-de-bebes.html. Acesso em: 26.09.2019.

[10] GRENS, Kerry. First Data from Anti-Aging Gene Therapy. *The Scientist*. Disponível em: https://www.the-scientist.com/daily-news/first-data-from-anti-aging-gene-therapy-33661. Acesso em: 26.09.2019. Já existem até empresas ofertando este tipo de serviço, conforme se observa no site https://www.integrated-health-systems.com/. Acesso em: 26.09.2019.

Com a transformação da manipulação genética em uma realidade científica, torna-se inevitável que a sociedade e os juristas se debrucem sobre, no mínimo, duas questões: devemos reprovar moral e legalmente toda manipulação genética? É legítima a criminalização da prática de manipulação genética?

Estas são as questões que este artigo pretende abordar e, para tanto, será necessário realizar um panorama geral sobre a manipulação genética, de modo a delimitar e classificar o objeto de estudo (abaixo nº 1). Na sequência, serão analisadas as diferentes posições sobre os questionamentos bioéticos destas práticas (abaixo nº 2) e, por fim, uma visão crítica a partir de uma teoria da incriminação e da teoria do delito a respeito da legitimidade ou não da atuação penal sobre esta prática (abaixo nº 3).

1. Um panorama da manipulação genética: delimitação do objeto e classificação

Tendo em vista as especificidades da técnica de engenharia genética e o uso genérico do termo, faz-se necessária uma delimitação do que se entende por manipulação genética *stricto sensu* e a devida classificação de suas formas.

1.1. O DNA e seu sequenciamento

Os seres vivos são constituídos por unidades chamadas células, cujas funções são variadas dentro de cada organismo. Cada célula contém em seu núcleo o "código" responsável pela formação daquele ser vivo, que se denomina genoma[11]. No corpo humano, este "código" é formado por 23 pares de cromossomos, filamentos formados pela molécula ácido desoxirribonucleico, o DNA[12].

O DNA é a molécula que contém a informação genética do ser vivo, sendo formada por duas hélices constituídas de fósforo e açúcares e com

---

[11] *"O genoma é o conjunto de instruções genéticas que se encontram em uma célula"* (tradução livre). Conceito retirado do glossário do site "National Human Genome Research Institute", disponível em: https://www.genome.gov/es/genetics-glossary/Genoma. Acesso em: 26.09.2019.

[12] *"Um cromossomo é um pacote organizado de DNA que se encontra no núcleo da célula"* (tradução livre). Conceito retirado do glossário do site "National Human Genome Research Institute", disponível em: https://www.genome.gov/es/genetics-glossary/Cromosoma. Acesso em: 26.09.2019.

bases nitrogenadas nas pontas que, por meio de pontes de hidrogênio, se conectam[13]. Diferentes sequências das bases nitrogenadas são denominadas genes[14], cujo conjunto forma o genótipo do ser vivo. Os genes carregam as informações a partir das quais a célula irá sintetizar as diferentes proteínas necessárias para funções e características físicas de cada organismo vivo, que, juntos, formam o fenótipo[15].

1.2. Manipulação genética no genoma humano

O gene é responsável por carregar a informação que será utilizada pela célula para produzir os aminoácidos necessários. Ocorre que, em algumas situações, seja por hereditariedade, seja por mutação genética, os genes podem produzir proteínas de maneira equivocada ou até mesmo cessar esta produção e, caso sejam proteínas importantes para determinada célula, aquele organismo poderá sofrer com graves doenças[16].

Abre-se espaço, então, para a terapia genética, cujo objetivo, em linhas gerais, é *"modificar um gene ou uma sequência de genes com o fim de prevenir ou reduzir os efeitos de doenças"*[17]. Este objetivo pode ser atingindo pela substituição de um gene com informações erradas por um novo; pela inativação do gene com funcionamento ruim; pela introdução de um gene novo para combater as consequências do gene defeituoso ou ainda pela reparação deste gene[18].

Neste particular, o projeto "Genoma Humano" representou um avanço na medicina molecular, pois, após mapear todo o genoma do ser humano[19],

---

[13] Conceito retirado do glossário do site "National Human Genome Research Institute", disponível em: https://www.genome.gov/es/genetics-glossary/ADN-acido-Desoxirribonucleico. Acesso em: 26.09.2019.

[14] Moss, Joseph Anthony, *op. cit.*, p. 157.

[15] COLLINS esclarece que *"Por certo, o gene não realiza a sua função no DNA. É a proteína produzida a partir dele que realiza a atividade"* (tradução livre). In. Glossário do site "National Human Genome Research Institute", disponível em: https://www.genome.gov/es/genetics-glossary/Gen. Acesso em: 26.09.2019.

[16] Moss, Joseph Anthony, *op. cit.*, p. 159.

[17] *Ibid.*, p. 155 (tradução livre).

[18] *Ibid.*, p. 156. O autor esclarece ainda que a *"Terapia genética envolve tipicamente a substituição de um gene defeituoso por genes que funcionam corretamente"* (*Ibid.*, p. 157 – tradução livre).

[19] O mapeamento consiste somente *"na ordenação dos fragmentos de DNA de forma a corresponderem às suas respectivas posições nos cromossomos"* (DIEDRICH, Gislayne Fátima. Genoma Humano: Direito Internacional e Legislação Brasileira. In. Santos, Maria Celeste Cordeiro

permitiu que se descobrisse relações entre algumas doenças e determinadas composições genéticas de cada ser humano[20].

O objeto da presente investigação é a conduta de editar parte da sequência de genes de um ser humano por técnicas de engenharia genética molecular, de modo a alterar suas características fenotípicas, o que se denominará de manipulação genética *stricto sensu*[21].

Esta delimitação afasta do escopo deste artigo investigações sobre práticas de *clonagem humana*; de *armas bioquímicas*; de *criação de híbridos*; de *reprodução assistida* que, apesar de utilizarem da manipulação de células humanas, não são edições do genoma de um ser humano vivo ou em formação, classificando-se, portanto, como manipulação genética *lato sensu*[22].

1.3. As classificações da manipulação genética *stricto sensu*

A manipulação genética *stricto sensu* em seres humanos é subdivida a partir de dois critérios: *(i)* tipo celular alvo do procedimento e *(ii)* objetivo do procedimento.

Partindo do critério do "tipo celular" alvo do procedimento, a manipulação genética pode ser:

a) **de linhagem germinativa**: é o procedimento que visa modificar as sequências genéticas das células responsáveis pela reprodução (óvulos e espermatozoides). Nesta situação, as modificações serão hereditárias, sendo repassadas para as gerações futuras do ser humano modificado[23]. Também se incluem as células embrionárias, pois ainda não sofreram processo de especificação e qualquer edição genética será repassada para herdeiros do ser humano que se desenvolver do embrião.

Leite (Org.). *Biodireito: ciência da vida, os novos desafios.* São Paulo: Revista dos Tribunais, 2001, p. 216).

[20] Estima-se que das 14.000 doenças conhecidas, mais de 10.000 são controladas por um único gene (Moss, Joseph Anthony, *op. cit.*, p. 156).

[21] Nesse sentido, GRACIA MARTÍN, Luis. ESCUCHURI AISA, Estrella. *Los delitos de lesiones al feto y los relativos a la manipulacíon genética.* Valencia: Tirant lo Blanch, 2005, p. 86. Também GARCÍA ALFARAZ, Ana Isabel. Terapia Génica y Derecho Penal. In. SANZ MULAS, Nieves (Coord.). *El Derecho Penal y la Nueva Sociedad.* Granada: Comares, 2007, p. 114.

[22] GRACIA MARTÍN, Luis. ESCUCHURI AISA, Estrella. *op. cit.*, p. 86.

[23] GONÇALVES, Giulliana Augusta Rangel. PAIVA, Raquel de Melo Alves. *op. cit.*, p. 371.

b) **de linhagem somática**: é o procedimento que visa modificar as sequências genéticas das chamadas células somáticas, isto é, que já têm uma especificação no corpo humano. Este procedimento se restringe ao ser humano modificado, não sendo herdado por sua descendência[24].

Já com base no critério do "objetivo do procedimento", a manipulação genética pode ser dividida em:

a) **terapêutica**: é o procedimento de manipulação genética que visa impedir o surgimento ou o tratamento de enfermidades dos seres humanos, sejam as doenças causadas por desordens em genes recessivos, como hemofilia, fibrose cística, anemia falciforme, etc., sejam as doenças genéticas adquiridas, como o câncer ou ainda as doenças determinadas por infecções virais, como a AIDS[25].

b) **não terapêutica**: é o procedimento de manipulação genética que visa melhorar os seres humanos, modificando determinadas características que, a princípio, seriam consideradas como desvios de certo padrão, como, por exemplo, a surdo-mudez, o nanismo ou até mesmo meras questões estéticas, como a cor dos olhos e o não envelhecimento.

2. Questionamentos bioéticos da atividade de manipulação genética *stricto sensu* em seres humanos: o que se pretende proteger com a proibição da conduta?

Não há dúvida de que, com os avanços nas pesquisas científicas, a realização da manipulação genética *stricto sensu* é possível e pode representar vantagens para o ser humano. Porém, a primeira pergunta a ser feita aqui é: devemos realizá-las ou há motivo para sua reprovação?

2.1. A eugenia e o risco de padronização

Um primeiro argumento, de dimensão coletiva, seria o de que a manipulação genética *stricto sensu* representaria a possibilidade de praticar

---

[24] Gonçalves, Giulliana Augusta Rangel. Paiva, Raquel de Melo Alves. *op. cit.*, p. 371.
[25] *Ibid.*, p. 370.

uma *eugenia*[26] (ser "bem-nascido"[27]) qualificada, ameaçando a diversidade humana.

As práticas eugênicas foram aplicadas pela primeira vez em 1883, quando Francis Galton, influenciado pela seleção natural de Darwin e entendendo que as características do "talento" e do "caráter" estariam relacionadas à hereditariedade, defendeu a necessidade de realizar uma seleção artificial da evolução dos seres humanos, por meio, por exemplo, da combinação de casamentos e limitação da reprodução daqueles considerados como portadores de características desfavoráveis[28].

Em uma primeira fase, mais especificamente em 1910 nos E.U.A, iniciaram-se práticas de eugenia compulsória como, por exemplo, realização de esterilização compulsória dos considerados "geneticamente anormais"[29]. Estas práticas foram também aplicadas na Alemanha, durante o Governo Nazista, culminando em conhecidas atrocidades.

Posteriormente, com o fim da 2ª Guerra Mundial, as práticas eugênicas passaram para uma segunda fase, sem a característica da compulsoriedade quanto à adesão, mas mantendo quanto ao estabelecimento do padrão virtuoso a ser perseguido. Estados definiam um padrão oficial virtuoso de ser humano e incentivavam aqueles que estavam fora deste padrão a não se reproduzirem.

Não há dúvida sobre a inadmissibilidade destas duas primeiras formas de eugenia. Porém, tal reprovação não se relaciona com a prática da manipulação genética *stricto sensu*, mas já antes com a característica da compulsoriedade na adesão às práticas (primeira fase) ou no estabelecimento do padrão virtuoso (segunda fase).

---

[26] DWORKIN aponta três motivos principais: (i) os riscos de efeitos colaterais das práticas de engenharia genética, como múltiplos abortos ou crianças deformadas, (ii) ampliação da injustiça social pelo acesso às novas tecnologias somente para os mais ricos e (iii) práticas eugênicas (DWORKIN, Ronald. Brincar de Deus: genes, clones e sorte. In. DWORKIN, Ronald. *A virtude soberana*: a teoria e a prática da igualdade, 2 ed., São Paulo: Martins Fontes, 2011, p. 625-626). Ocorre que estes riscos estão cada vez menores, como DWORKIN previu em seu escrito, e a injustiça social não é um problema exclusivo desta tecnologia, mas de toda e qualquer tecnologia. Logo, limitou-se a discussão ao terceiro motivo.

[27] SANDEL, Michael J. *Contra a perfeição*: Ética na era da engenharia genética [recurso eletrônico]. Trad. Ana Carolina Mesquita., Rio de Janeiro: Civilização Brasileiro, 2013, p. 49.

[28] SANDEL, Michael J., *op. cit.*, p. 49.

[29] *Ibid.*, p. 50-51.

Há, no entanto, uma terceira fase denominada "eugenia liberal", na qual o padrão prévio não é estabelecido pelo Estado, mas sim livremente pelos interesses do mercado, prática que se intensifica com a manipulação genética *stricto sensu*.

Assim, argumenta-se que, com as práticas de manipulação genética *stricto sensu*, se estabelecerá um padrão de normalidade genético a partir dos interesses do mercado, o que ameaçará a diversidade humana.

Ocorre que fundamentar a reprovação moral da manipulação genética *stricto sensu* exclusivamente com tal argumento de dimensão coletiva não parece o caminho mais convincente por duas razões: (i) diante da inexistência de compulsoriedade das práticas é difícil que se estabeleça um padrão tão rígido de formação genética, pois os gostos do mercado também vão variar e (ii) não se pode pressupor a exata correspondência entre o *genótipo* e o *fenótipo*, pois as características dos seres humanos são determinadas pela formação genética, mas também pelas influências do meio em que o ser vivo se desenvolve[30].

Portanto, tendo em vista a inexistência de compulsoriedade das práticas e de correspondência entre *genótipo* e *fenótipo*, este risco de padronização dos seres humanos não é suficiente, por si só, para fundamentar a reprovação das práticas de manipulação genética.

2.2. O fim da aleatoriedade da formação genética

Do exposto até o momento, foi possível observar a existência de um núcleo comum a qualquer prática de eugenia: a indução do processo de formação do genoma humano. Qualquer prática de eugenia apresenta a intenção de que um ser humano seja obra de outro ser humano projetista precedente, que busca diminuir ao máximo a aleatoriedade da formação do genoma.

Na medida em que se conecta esta intenção eugênica com a manipulação genética *stricto sensu* há verdadeira aniquilação da aleatoriedade da formação do genoma, surgindo um segundo argumento para fundamentar a reprovação de tais práticas: a impossibilidade de configuração autônoma da própria vida.

---

[30] DWORKIN, Ronald. *op. cit.*, p. 628-629.

8. A LEGITIMIDADE DA CRIMINALIZAÇÃO DA MANIPULAÇÃO GENÉTICA *STRICTO SENSU*...

Segundo Habermas, a espécie humana detém uma auto compreensão *"normativa, pertencente a pessoas que determinam sua própria vida e agem com responsabilidade"*[31].

Esta compreensão moral que temos de nós mesmos é o que permite estabelecer que o ser humano age e julga por si. Assim, para que o indivíduo seja ele mesmo, é preciso encarnar-se no corpo vivo, possibilitando a distinção entre ações que atribuímos a nós mesmos e a outros. Porém, tal união somente é possível mediante a identificação que surge a partir do desenvolvimento natural deste corpo[32] e nunca por intervenção prévia de um outro ser humano.

Para um agir livre é necessário que ocorra um início indisponível, aleatório, pois, ao escapar da disposição de seres humanos, o exercício da liberdade não será prejulgado[33]. Este início marca a diferença entre o natural e o cultural que permite ao indivíduo atribuir a ele próprio suas performances, pois, do contrário, não seria possível se entender como iniciador de suas ações.

As práticas de manipulação genética, em oposição a isso, constituem verdadeira "neutralização" da distinção fundamental entre o "natural" e o "construído"[34], que culmina na profunda modificação desta autocompreensão. No momento em que tem conhecimento de que foi projetada geneticamente, a pessoa modifica sua perspectiva de autor da própria vida para a de um observador do próprio corpo[35].

Segundo Habermas, na medida em que a manipulação genética *stricto sensu* modifica a diferença que se faz entre *"o que cresceu naturalmente"* e *"o que foi fabricado"*, há uma modificação da auto compreensão da espécie humana e, principalmente, uma afetação na *"auto compreensão de uma pessoa geneticamente programada"* que ofenderia a configuração autônoma da vida deste indivíduo[36].

---

[31] HABERMAS, Jürgen. *O futuro da natureza humana*: a caminho de uma eugenia liberal? Trad. Karina Jannini. São Paulo: Martins Fontes, 2004, p. 59.
[32] HABERMAS, Jürgen. *op. cit.*, p. 80.
[33] *Ibid.*, p. 81.
[34] *Ibid.*, p. 65.
[35] *Ibid.*, p. 75. HABERMAS argumenta que, no âmbito existencial, o conhecimento de que se é fruto de uma programação genética, exige que se subordine *"o fato de ser um corpo vivo ao de ter um corpo"* (*Ibid.*, p. 75).
[36] *Ibid.*, p. 33.

Destarte, a mera possibilidade de um ser humano projetar outro ofende a realização de uma nova vida livre e autônoma, exclui este novo indivíduo da realização de ações comunicativas que permitam revisões retroativas das dependências sociais e a construção da individualidade e culminam com a incapacidade de performar sua própria existência.

Michael Sandel acrescenta que as práticas de manipulação genética *stricto sensu* atingem a noção de "talento" do ser humano como algo dado, o que ofende três características cruciais da moral da sociedade: humildade; responsabilidade e solidariedade.

A sociedade perderia a humildade, pois se tornaria absolutamente intolerante ao imprevisto e se perderia a noção de dons para os talentos; o âmbito de responsabilidade se ampliaria demasiadamente e menor seria a solidariedade com o menos afortunado, já que tal condição seria fruto de sua própria escolha ou escolha de seus pais[37].

Sendo assim, não há dúvida de que, já em uma dimensão individual, as práticas de manipulação genética *stricto sensu* devem ser reprovadas, pois, ao aniquilarem a aleatoriedade da formação do genoma, impossibilitam a configuração autônoma da própria vida, culminando na transformação de características sociais como a humildade, a responsabilidade e a solidariedade[38].

2.3. Primeira conclusão: as espécies de manipulação genética *stricto sensu* reprovadas moralmente

Diante do apresentado, a primeira pergunta deste artigo está respondida: é possível concluir que existem argumentos para se reprovar práticas de manipulação genética *stricto sensu*, porém tais argumentos não se aplicam a todas as espécies.

A manipulação genética terapêutica em células somáticas, por não ser de natureza hereditária e estar limitada tanto pela célula específica

---

[37] SANDEL, Michael J., *op. cit.*, p. 61-64.
[38] Acreditando não ser moralmente equivocado, mas um deslocamento moral, como já aconteceu em outras descobertas científicas, e que este receio, não do moralmente errado, mas de *"perder o pulso sobre o que está errado"*, não contém valor próprio, DWORKIN, Ronald. *op. cit.*, p. 633, 635 e 636. Próximo LISKER, Rubén. ARMENDARES, Salvador. Eugenesia y Eufenesia. In. PÉREZ TAMAYO, Ruy. LISKER, Rubén. TAPIA, Ricardo (Coords.). *La construcción de la bioética*. Textos de bioética, Vol. I. México: FCE, 2007, p. 217.

quanto pela própria necessidade de terapia, não poderia ser reprovada com os argumentos acima.

Por outro lado, as manipulações genéticas não terapêuticas em células somáticas sofrem a objeção de risco à diversidade humana e às características sociais de humildade, responsabilidade e solidariedade e as realizadas em células germinativas sofrem as objeções de impedimento da organização autônoma da vida.

Passa-se, então, à segunda pergunta: diante de tais reprovações morais, é legítima a criminalização destas práticas?

Por serem mais amplas, as reprovações morais não guardam relação de equivalência com as análises jurídico-penais. Logo, cumpre verificar, diante destas reprovações, quais delas apresentam dignidade penal que legitime a criminalização das práticas de manipulação genética *stricto sensu*[39].

3. Legitimidade da criminalização da manipulação genética *stricto sensu*

Após a classificação das condutas consideradas como manipulação genética *stricto sensu* e a demonstração dos diferentes problemas morais que podem representar, cumpre verificar se existe legitimidade para criminalizá-las.

3.1. Breve introdução sobre a teoria da incriminação

Conforme expõe Robles Planas, a decisão político criminal de proibir penalmente uma conduta não é exclusivamente política e sem controle prévio, mas sim deve seguir uma organização dogmática básica[40], identificando certas características prévias, baseadas no tipo de Estado e nos direitos e garantias fundamentais.

---

[39] PEÑA GUILLÉN, Catalina. *Manipulación genética "sensu lato" y Derecho penal*: Reflexiones sobre algunos presupuestos dogmáticos. 2009. Tesis de doctorado (Doctor em Derecho Penal) – Facultad de Derecho, Universitat de Barcelona, Barcelona, 2009. Disponível em: http://diposit.ub.edu/dspace/handle/2445/41560. Acesso em: 11.04.2019, p. 266.

[40] ROBLES PLANAS, Ricardo. Introducción a la edición española. Dogmática de los limites al Derecho penal. In. HIRSCH, Andrew. SEELMANN, Kurt. WOHLERS, Wolfgang (eds.). *Límites al derecho penal*. Princípios operativos em la fundamentación del castigo. Barcelona: Atelier, 2012, p. 19-20.

O difundido critério do bem jurídico, segundo o qual uma conduta somente poderá ser proibida quando representar a ofensa a um bem jurídico, não pode ser o único capaz de configurar uma dogmática da política criminal, pois, enquanto apreciação meramente consequencialista[41], permite que se paute a criminalização de condutas somente com argumentos de utilidade, ainda que indireta, culminando no "amoralismo estatal"[42].

Desta forma, em primeiro lugar, é necessário identificar se a criminalização examinada não ofende restrições deontológicas[43] *a priori* que favoreçam o indivíduo, como seu núcleo imponderável, conceituado por Greco como *"âmbitos nos quais o Estado não pode imiscuir-se sob nenhuma circunstância, de que os cidadãos dispõem de algo como uma esfera altamente pessoal que o Estado não pode tocar"*[44]. Integram este núcleo os comportamentos dotados de universalizabilidade, isto é, se não for um privilégio que exclua que terceiros também o pratiquem[45].

Toda conduta que integrar este núcleo, ainda que acabe representando ofensas indiretas a bens cuja sociedade entende como passíveis de proteção[46], não pode ser objeto de criminalização legítima [47].

No entanto, uma vez fora do núcleo imponderável do indivíduo, a conduta somente será legitimamente criminalizada se o Estado de-

---

[41] GRECO, Luís. Tem futuro a teoria do bem jurídico? Reflexões a partir da decisão do Tribunal Constitucional Alemão a respeito do crime de incesto. In. *Revista Brasileira de Ciências Criminais*, São Paulo, n. 82, jan./fev., 2010, p. 169.

[42] GRECO, Luís. Lo vivo y lo muerto en la teoria de la pena de Feuerbach. Uma contribución al debate actual sobre los fundamentos del Derecho penal. Trad. Paola Dropulich. José R. Béguelin. Madri: Marcial Pons, 2015, p. 109.

[43] GRECO define a deontologia da seguinte forma: *"Deontológica é a teoria que determina a retidão como função do respeito a uma regra independente das consequências"* (Ibid., p. 106, nota de rodapé nº 62 – tradução livre).

[44] *Ibid.*, p. 272.

[45] GRECO, Luís. Posse de droga, privacidade, autonomia: Reflexões a partir da decisão do Tribunal Constitucional Argentino sobre a inconstitucionalidade do tipo penal de droga com a finalidade de próprio consumo. In. *Revista Brasileira de Ciências Criminais*, n. 87, nov. 2010, p. 89-90. No entanto, não se pode perder de vista a dificuldade de concretização deste âmbito imponderável (GRECO, Luís. *Lo vivo y lo muerto..., op. cit.*, p. 274),

[46] GRECO, Luís. *Lo vivo y lo muerto..., op. cit.*, p. 273. Importante ressaltar que a amplitude deste conceito é superior a amplitude do conceito de "esfera da vida privada", que se limitaria a considerar condutas que não representem danos a terceiros (*Ibid.*, p. 170).

[47] *Ibid.*, p. 144-145 e 153-154.

monstrar as consequências sociais úteis que surgirão daquela proibição, evitando o denominado "moralismo individual"[48].

Esta função é cumprida pela identificação do "objeto da norma de comportamento" (o que se protege?), denominado, majoritariamente[49], de bem jurídico, e pela identificação da "estrutura desta norma de comportamento" (como se protege?), que pode ser uma estrutura de lesão ou de perigo, concreto ou abstrato.

3.2. Análise da legitimidade da criminalização das condutas de manipulação genética *stricto sensu*

Após uma breve introdução da teoria da incriminação, cumpre aplicá-la ao objeto do presente artigo para analisar se há ou não legitimidade na criminalização das práticas de edição genética.

a) *Limite deontológico: não pertencimento ao núcleo imponderável do indivíduo*

Dentre as três formas restantes de manipulação genética *stricto sensu* analisadas, as não terapêuticas praticadas sobre células somáticas pertencem ao núcleo imponderável do indivíduo e, consequentemente, não podem ser objeto de criminalização.

Isto porque, em que pese a identificação de que este tipo de conduta pode representar ofensas a sentimentos estruturais da nossa sociedade e à diversidade humana, prima face o Estado não pode, por meio do arcabouço penal, intervir para definir como o indivíduo irá organizar sua esfera íntima relacionada às células somáticas.

Em termos práticos, se um indivíduo quiser utilizar os acima apontados procedimentos de não envelhecimento por meio da edição genética de suas próprias células somáticas, não é permitido ao Estado intervir penalmente[50] nesta forma de organização individual.

---

[48] O respeito a este núcleo está baseado na proibição categórica de instrumentalização (*Ibid.*, p. 108-109).

[49] Existem posições no sentido de que se deve identificar *direitos subjetivos* ou que é preciso identificar um dano (*harm principle*), porém se mostram diferenciações de pouca relevância prática para a teoria da incriminação. Nesse sentido, *Ibid.*, p. 275-276. Para uma discussão detalhada sobre a inexistência de superioridade de aporte liberal entre as teorias do bem jurídico e dos direitos subjetivos, *cf. Ibid.*, p. 228-274.

[50] Subsistemas normativos específicos da sociedade poderão regulamentar esta conduta, caso entendam necessário, mas não por meio do Direito Penal. Por exemplo, a FIFA poderá

Esta limitação deontológica tem a função de impedir que o poder punitivo penal intervenha em determinado âmbito, seja qual for o bem jurídico a ser tutelado[51].

A legislação brasileira[52] e a legislação alemã[53] abarcaram este entendimento ao limitar a conduta típica da manipulação genética àquelas que representem manipulações de células germinativas e embriões, afastando de antemão a criminalização da manipulação em células somáticas.

Por outro lado, tipos penais como o espanhol[54] não fazem distinção entre o tipo celular objeto da conduta, deixando em aberto a possibili-

determinar se o uso de técnicas de edição genética será ou não permitido aos jogadores de futebol, porém a transgressão desta norma não representará uma intervenção penal.

[51] Esta observação se mostra importante, na medida em que, por exemplo, CORCOY BIDASOLO, ao adotar o bem jurídico coletivo "identidade genética da espécie humana", se coloca contrária à limitação do tipo penal às células de tipo germinativo, pois " *a informação genética se encontra em todas as células*" (CORCOY BIDASOLO, Mirenixu. Límites y controles de la investigación genética. La protección penal de las manipulaciones genéticas. In. QUINTERO OLIVARES, Gonzalo. MORALES PRATS, Fermín (Coords.). *El nuevo Derecho penal español*: Estudios penales en memoria del Profesor José Manuel Valle Muñiz. Navarra: Aranzadi, 2001, p. 1111). Ao contrário, a autora pontua a irrelevância do consentimento da pessoa afetada pela técnica genética e chega à conclusão, um pouco ampliativa da incidência penal, de que aquele que se submete ao procedimento de forma consentida poderia ser considerado um partícipe da conduta criminosa (*Ibid.*, p. 1113).

[52] O tipo penal encontra-se no art. 25 da Lei n. 11.105/05 e disciplina: *"Art. 25. Praticar engenharia genética em célula germinal humana, zigoto humano ou embrião humano. Pena – reclusão, de 1 (um) a 4 (quatro) anos, e multa".* Vale ressaltar, no entanto, que o art. 6º da Lei prevê uma proibição administrativa para a realização de engenharia genética em organismo vivo em desacordo com as normas nela previstas. Portanto, há limitações e sanções para a manipulação de células somáticas, porém não de teor criminal. Esta é uma das propostas de *lege ferenda* de ROMEO CASABONA para o tipo penal espanhol (ROMEO CASABONA, Carlos María. *Los delitos contra la vida y la integridade personal y los relativos a la manipulacíon genética*. Granada: Comares, 2004, p. 288).

[53] O tipo penal da legislação alemã está disposto no §5º da Lei de Proteção de Embriões (*Embryonenschutzgesetz – EschG*), que trata exclusivamente da modificação artificial de células de linha germinativas humanas (*Keimbahnzellen*) e afirma: *"(1) Quem modificar artificialmente informações genéticas de uma célula de linha germinativa será punido com uma pena privativa de liberdade de até cinco anos ou com uma pena de multa. (2) Da mesma forma será punido, quem empregar um gameta humano com informações genéticas artificialmente modificadas em uma inseminação artificial..."* (tradução livre).

[54] O tipo penal da legislação espanhola está disposto no art. 159 do Código Penal Espanhol e disciplina: *"Serão castigados com a pena de prisão de dois a seis anos e inabilitação especial para emprego ou cargo público, profissão ou ofício de sete a dez anos, aqueles que, com a finalidade distinta da*

dade de condutas que recaiam sobre células somáticas serem típicas, o que se mostra temerário do ponto de vista da proteção da autonomia do indivíduo[55].

b) O objeto da norma de comportamento: tutela de bens jurídicos

Ultrapassado o primeiro nível de análise, sobram somente as condutas de manipulação genética de células germinativas e embriões[56], tanto para fins terapêuticos quanto não terapêuticos, sendo necessário indagar qual seria o bem jurídico efetivamente tutelado com a criminalização destas.

É importante ressaltar que a decisão sobre o bem jurídico, além de ter a função de justificar a intervenção penal, tem influência em diversas questões posteriores, como, por exemplo, a estrutura do delito, a existência ou não de um resultado, o início da execução e a consumação.

Grande parte da doutrina entende que o bem jurídico tutelado por esta proibição penal seria a "identidade genética da espécie humana", ou seja, a continuidade da espécie humana tal qual foi naturalmente cunhada pela evolução, tratando-se de um bem jurídico coletivo[57]. No entanto, é possível apontar duas objeções a esta posição.

---

eliminação ou diminuição de doenças ou enfermidades graves, manipulem genes humanos de maneira que se altere o genótipo" (tradução livre).

[55] DE LA CUESTA AGUADO, Paz. M. Protección penal del genoma y preembrión. Análisis comparado y propuesta alternativa. In. *Revista Electrónica de Ciencia Penal y Criminología*, n. 21-01, pp. 1-35, 2019, p. 08. Disponível em: http://criminet.ugr.es/recpc/21/recpc21-01.pdf. Acesso em: 01.08.2019. No mesmo sentido, LUZÓN PEÑA, Diego-Manuel. Función simbólica del Derecho penal y delitos relativos a la manipulacíon genética. In. *Modernas tendências em la ciência del Derecho Penal y en la criminologia*. Madri: Universidad Nacional de Educación a Distancia, 2001, p. 137. Esta preocupação se coloca na medida em que muitos autores espanhóis admitem que também são típicas as manipulações de células somáticas. Nesse sentido, *cf.* GRACIA MARTÍN, Luis. ESCUCHURI AISA, Estrella. *op. cit.*, p. 88 e 95; CORCOY BIDASOLO, Mirenixu. *op. cit.*, p. 1111 e ROMEO CASABONA, Carlos María. *op. cit.*, p. 277-279.

[56] Há diferença fundamental entre o embrião e o feto: o primeiro é composto por células-tronco, o que significa que a amplitude de possibilidades de edição genética é muito superior, sendo idônea a atingir o bem jurídico que abaixo se coloca. Já o feto é composto de células somáticas, o que restringe em absoluto a possibilidade e os efeitos da manipulação, aproximando-se muito mais de uma conduta de lesão corporal.

[57] Nesse sentido, ROMEO CASABONA, Carlos María. *Op. cit.*, p. 277. GRACIA MARTÍN, Luis. ESCUCHURI AISA, Estrella. *op. cit.*, p. 89. CORCOY BIDASOLO, Mirenixu. *op. cit.*, p. 1112. SUÁREZ GONÁZALEZ, Carlos J. La función del Derecho Penal y sus consecuencias para el genoma humano. In. ZÚÑIGA RODRÍGUEZ, Laura. MÉNDEZ RONDRIGUEZ, Cristina. DÍAZ-SANTOS,

Em primeiro lugar, as condutas de manipulação genética *stricto sensu* não buscam uma alteração dos traços básicos da espécie humana, mas sim composições de genótipos individuais com fins de cura ou melhoramento tendo por pressuposto exatamente esta identidade genética.

Em segundo lugar, a afetação deste suposto bem jurídico coletivo exige a afetação anterior de um bem jurídico individual[58], o que significa que não ultrapassa os critérios de postulação[59] que lhe conferem necessária realidade[60].

Isto porque os bens jurídicos coletivos, com maior razão, precisam ser dotados de realidade e, para tanto, devem cumprir alguns critérios que impedem subterfúgios de incriminação decorrentes de falsos bens jurídicos[61].

Greco apresenta três critérios dentre os quais interessa neste momento o critério da *afetação específica*, segundo o qual não se pode postular um bem jurídico coletivo se sua afetação pressupõe, necessariamente, a afetação anterior de um bem jurídico individual, o que ocorre com o bem jurídico postulado pela corrente coletivista.

Por outro lado, não há dúvida de que a conduta da manipulação genética em células germinativas e embriões, tanto terapêuticas quanto não terapêuticas, atinge diretamente a "configuração autônoma da vida".

M. Rosario Diego (Coords.). *Derecho penal, Sociedad y nuevas tecnologias*. Madri: Colex, 2001, p. 158.

[58] Tal fica evidente, por exemplo, quando Gracia Martín admite a existência de dois bens jurídicos, um individual e outro coletivo (Gracia Martín, Luis. Escuchuri Aisa, Estrella. *op. cit.*, p. 94) e afirma: *"A nosso juízo este é um bem jurídico individual, em princípio, mas a ratio da proteção vai mais longe e tem em conta uma dimensão coletiva"* (*Ibid.*, p. 89 – tradução livre). No mesmo sentido, García González, Javier. *Límites penales a los últimos avances de la ingeniería genética aplicada al ser humano*. Madri: Instituto de Criminología de la Universidad Complutese de Madrid, 2001, p. 285.

[59] Greco, Luís. Existem critérios para a postulação de bens jurídicos coletivos? In. Machado, Marta Rodriguez de Assis. Püschel, Flavia Portella (orgs.). *Responsabilidade e pena no Estado democrático de direito*: desafios teóricos, políticas públicas e o desenvolvimento da democracia. São Paulo: FGV Direito SP, 2016, p. 446.

[60] Hefendehl, Roland. ?Debe ocuparse el derecho penal de riesgos futuros? Bienes jurídicos colectivos y delitos de peligro abstracto. In. *Revista electrónica de ciência penal y criminologia*, nº 4, 2002, p. 73 e também Greco, Luís. "Princípio da ofensividade" e crimes de perigo abstrato: Uma introdução ao debate sobre o bem jurídico e as estruturas do delito. *Revista Brasileira de Ciências Criminais*, São Paulo, n. 49, 2004, p. 106.

[61] Greco, Luís. Existem critérios..., *op. cit.*, p. 434.

8. A LEGITIMIDADE DA CRIMINALIZAÇÃO DA MANIPULAÇÃO GENÉTICA *STRICTO SENSU*...

Não cabe objetar, neste ponto, que não haveria bem jurídico, pois os embriões ainda não são seres humanos formados[62]. Tal objeção confunde a existência do bem jurídico, que é inequívoca, com a capacidade do embrião de ter esta proteção, que também não se questiona, pois é plenamente possível reconhecer algumas proteções jurídicas a ele.

A realização de pesquisas com células-tronco sobre embriões que, definitivamente, não serão viáveis, não impede que se reconheça a proteção de embriões viáveis[63] com relação à futura configuração autônoma de sua vida, fundamentando a criminalização da edição genética[64].

Este reconhecimento parcial de dignidade ao embrião também fundamenta a proibição penal da edição genética nas células germinativas, pois tais procedimentos são praticados em gametas *in vitro*, objetivando a produção de um embrião específico. Logo, já nesta fase antecipada, é possível conferir proteção jurídica ao produto daquela fecundação *in vitro*.

Em suma, o bem jurídico tutelado pela norma penal que proíbe a prática da manipulação genética *stricto sensu* de células germinativas e embriões é a "configuração autônoma da vida do futuro indivíduo", o

---

[62] GRECO, Luís. "Princípio da ofensividade" ..., *op. cit.*, p. 109.

[63] É importante destacar que a discussão em questão não se confunde com aquela enfrentada pelo STF no julgado da ADI nº 3.510, quando se entendeu pela constitucionalidade da pesquisa com células-tronco de embriões disposta no art. 5º da Lei n. 11.105/05. Isto porque lá entendeu-se que tais pesquisas – que não são edições genéticas – em embriões não utilizados em procedimento de fertilização e com mais de 3 anos de congelamento não ofenderiam o direito à vida e à dignidade deste embrião. Aqui trata-se da edição genética em embriões com fins à reprodução, o que significa dizer que se trata de um embrião viável, cujo objetivo é que se torne um ser humano, porém a violação de seu bem jurídico "realização de uma nova vida livre e autônoma" somente pode ser atingida no momento em que ainda é um embrião. Em suma, o momento em que é possível a violação do bem jurídico faz com que o embrião seja, inequivocamente, seu legítimo portador. Logo, conclui-se que o entendimento de que é constitucional a autorização de pesquisas com células-tronco proferido pelo STF não invalida a posição que ora se adota de que é legítima a criminalização da edição genética em embriões *in vitro*. Interessante notar que a legislação alemã adotou esta distinção dentro do próprio tipo penal quando destaca que o crime não será aplicável *"a uma modificação artificial de informação genética de um gameta humano fora do corpo, se for impossível que este gameta seja aplicado a uma inseminação artificial"* (§5º, n. 4, 1 – EschG – tradução livre).

[64] SANDEL, Michael J., *op. cit.*, p. 82-83. Também considerando o embrião como portador do bem jurídico e sujeito passivo deste delito, ainda que sob o argumento artificial de que o Direito Penal não tutela direitos subjetivos, GRACIA MARTÍN, Luis. ESCUCHURI AISA, Estrella. *op. cit.*, p. 26 e 91.

que garante melhor análise sobre a estrutura do delito[65] e sobre todas as demais interpretações a serem feitas[66] pela dogmática da teoria do delito, como análises do comportamento típico e sobre excludentes de antijuridicidade e culpabilidade.

c) *A estrutura da norma de comportamento: antecipação do campo de proteção*

Após a definição do objeto de proteção, é necessário analisar a maneira pela qual esta proteção será organizada, ou seja, qual a estrutura da norma de comportamento a ser elegida. Estruturas de lesão e de perigo concreto ao bem jurídico normalmente não apresentam questionamentos, porém, quando necessário, deve-se verificar a possibilidade de utilização da estrutura antecipada de perigo abstrato, isto é, sua compatibilidade com a liberdade individual.

Com relação à conduta de manipulação genética *stricto sensu* de células germinativas e embriões, é necessário trabalhar com o conceito de estruturas de perigo abstrato de delitos de periculosidade concreta, que criminaliza comportamentos que levam a situações nas quais o autor não pode mais controlar o perigo criado e somente são legítimas quando inexistir para o autor a possibilidade de manutenção ou retomada do controle do perigo[67].

Nos procedimentos de manipulação genética *stricto sensu*, após a implantação do vetor na célula ou embrião, o bem jurídico individual será lesionado, a não ser que, por motivos naturais, o procedimento não surta

---

[65] ROMEO CASABONA, por exemplo, ao adotar falso bem jurídico coletivo, admite que o delito tenha duas estruturas alternativas, uma de lesão e outra de perigo abstrato (ROMEO CASABONA, Carlos María., *op. cit.*, p. 278). SUÁREZ GONZÁLEZ, que também adota a postura do bem jurídico coletivo, entende que o delito em questão somente faria sentido com a estrutura de delitos de acumulação, que ao fim e a cabo não se mostra legítima para o Direito Penal (SUÁREZ GONÁZALEZ, Carlos J., *op. cit.*, p. 158 e 162).

[66] CORCOY BIDASOLO, que também adota o falso bem jurídico coletivo, critica o tipo penal espanhol, pois entende que a exigência do resultado "alteração do genótipo" somente representa um resultado material típico, mas a lesão ao bem jurídico seria a afetação do genoma humano, resultando em uma ineficácia do tipo (CORCOY BIDASOLO, Mirenixu. *op. cit.*, p. 1111).

[67] VON HIRSCH, Andrew. WOHLERS, Wolfgang. Teoría del bien jurídico y estructura del delito. Sobre los criterios de una imputación justa. In. HEFENDEHL, Roland. et. al. (eds.). *La teoria del bien jurídico:* ? Fundamento de legitimación del Derecho penal o juego de abalorios dogmático? Madrid: Marcial Pons, 2016, p. 298/299.

efeitos. Logo, a implantação do vetor representa a perda do controle sobre o perigo ao bem jurídico pelo autor, que não tem possibilidade de mantê-lo ou retomá-lo.

Sendo assim, o fato de a norma de comportamento penal proibir as práticas de manipulação genética já na fase da implantação de vetores é compatível com a liberdade individual.

Porém, o principal ônus da utilização de uma estrutura de perigo abstrato é a mais exata descrição da conduta incriminada para evidenciar seu desvalor, o que impede a utilização de termos genéricos.

A legislação brasileira não se mostrou precisa neste ponto ao utilizar o verbo "praticar" engenharia genética no tipo penal do art. 25, pois, na medida em que "engenharia genética" é definida pelo art. 3º, inc. IV, da Lei n. 11.105/05 como *"atividade de produção e manipulação de moléculas de ADN/ARN recombinante"*, o tipo compõe-se, simplesmente, da expressão "praticar manipulação", que pouco auxilia na descrição exata da conduta proibida.

Por outro lado, entende-se ainda não ser conveniente a construção de um tipo de lesão e resultado material[68], como fizeram a legislação espanhola[69] e a legislação alemã[70], pois, de acordo com a terminologia utilizada, corre-se o risco de a tipicidade da conduta ficar refém das diferentes técnicas de engenharia genética, além de trazer problemas de causalidade[71].

De todo o exposto, emerge a seguinte proposta de redação do tipo penal: *"Introduzir vetores capazes de substituir, inativar ou reparar algum gene ou sequência de genes ou colocar um novo gene em embriões ou células germinativas* – Pena: 1 a 4 anos. *Caso a introdução de vetores ocorra em embriões ou zigotos intrauterinos* – Pena: 2 a 5 anos".

---

[68] Parte-se aqui da distinção entre a classificação de tipo de lesão/perigo e a classificação de tipo de resultado/mera conduta.

[69] Esta crítica é feita, por exemplo, por GRACIA MARTÍN, Luis. ESCUCHURI AISA, Estrella. *op. cit.*, p. 95-96, que buscam a delimitação do conceito a partir do desvalor do resultado material para chegar à prática exclusiva das manipulações genéticas *stricto sensu*, e por GARCÍA GONZÁLEZ, Javier. *op. cit.*, p. 293.

[70] O tipo penal alemão descreve somente o resultado proibido ao afirmar: *"Quem modificar artificialmente informações genéticas de uma célula de linha germinativa"* (§5, n. 1, ESchG – tradução livre) e pune a tentativa (§5, n. 3, ESchG).

[71] GARCÍA GONZÁLEZ destaca este problema no tipo espanhol (GARCÍA GONZÁLEZ, Javier. *op. cit.*, p. 295 e p. 299).

3.3. Há diferença entre a manipulação genética terapêutica e não terapêutica em células germinativas e embriões?

A edição genética de células germinativas com objetivo terapêutico é o símbolo máximo das vantagens desta tecnologia. Indaga-se, portanto, se as condutas de manipulação genética *stricto sensu* direcionadas para o fim de curar doenças ou preveni-las devem ser consideradas lícitas, já que produzem um resultado aparentemente "bom". Eis o principal desafio do tema para o Direito Penal.

Deve-se analisar como decidir quais as situações em que pode-se afastar, parcialmente, a organização autônoma da vida do futuro indivíduo para tutelar sua saúde.

a) Trata-se de um desafio da teoria da incriminação ou da teoria do delito?
Dê início, é necessário investigar se o desafio diz respeito à teoria da incriminação, que deve ser resolvido pelo legislador na descrição típica, ou à teoria do delito, que pertence ao âmbito do intérprete.

Para ilustrar a questão é possível citar o tipo penal espanhol que fez a delimitação por meio da técnica do "elemento subjetivo especial do tipo", descrevendo que a finalidade terapêutica não configuraria crime[72]. Parte da doutrina critica referida norma exatamente pela dificuldade de se delimitar a intenção terapêutica da intenção não terapêutica[73].

Não por acaso, o Parlamento Europeu propôs a reconsideração da utilização de termos genéricos como "enfermidades" e "doenças" em

---

[72] A favor desta postura, BECHARA afirma: *"ainda que uma modificação ocasionada por terapia genética no patrimônio individual da pessoa acabe por atingir suas futuras gerações, retirando-se, por exemplo, do conjunto informacional genético dos membros futuros da mesma família o gene causador de doenças..., tal intervenção não pode ser entendida sob o ponto de vista penal como ilícita, haja vista que não está voltada para finalidades fúteis ou eugênicas, e sim para objetivos nitidamente terapêuticos e, portanto, socialmente aceitáveis".* (BECHARA, Ana Elisa Liberatore Silva. *Manipulação genética humana e direito penal*. Porto Alegre, Zouk, 2007, p. 105). Posteriormente, faz a mesma limitação ao embrião (*Ibid.*, p. 113).

[73] DE LA CUESTA AGUADO, Paz. M. critica esta solução por entender que, na verdade, esta técnica significa que não se proíbe a alteração do genoma, mas sim a finalidade equivocada, muito difícil de comprovar. Ademais, a conduta será atípica ainda que não se verifique a cura daquela enfermidade (DE LA CUESTA AGUADO, Paz. M. *op. cit.*, p. 10 e p. 23). CORCY BIDASOLO qualifica como *"perigosa"* a utilização desta técnica (CORCOY BIDASOLO, Mirenixu. *op. cit.*, p. 1114) e entende que o termo *"taras"* é muito amplo e não apresenta justificativa científica (*Ibid.*, p. 1121). No mesmo sentido, *cf*. Javier. *op. cit.*, p. 303-304; SUÁREZ GONÁZALEZ, Carlos. *op. cit.*, p. 157. Em sentido contrário, ROMEO CASABONA, Carlos María. *op. cit.*, p. 285.

detrimento de definições vinculantes para evitar o perigo de que acabem sendo considerados passíveis de terapêutica quaisquer desvios da normalidade genética[74].

Fica claro, portanto, que se trata de uma dificuldade de conceituar *a priori* o que é uma conduta de tratamento e o que é uma conduta de "aprimoramento" do ser humano[75].

Em razão desta dificuldade, a resolução do desafio posto aproxima-se da teoria do delito, cabendo ao intérprete, por meio de suas diferentes ferramentas dogmáticas, definir se a conduta é ou não passível de punição.

b) Possíveis ferramentas dogmáticas

O primeiro raciocínio dogmático seria o da utilização da ferramenta do comportamento típico[76], dentro da categoria da tipicidade, mais especificamente a utilização da ideia de conduta permitida, segundo a qual uma conduta, ainda que formalmente subsumida ao tipo penal, poderá ser considerada lícita caso siga todas as normas de segurança extrapenais.

Assim, verificar-se-ia se a conduta respeitou as normas administrativas de segurança para as manipulações genéticas terapêuticas, e, em caso positivo, poderia[77] ser considerada permitida.

---

[74] Resolução de 16 de março de 1989. A legislação portuguesa parece tentar chegar a um termo menos genérico, afirmando no art. 37º da Lei n. 32/2006: *"Quem utilizar ou aplicar técnicas de PMA para conseguir melhorar determinadas características não médicas do nascituro, designadamente a escolha do sexo, fora dos casos permitidos pela presente lei...".* Entre as técnicas de PMA inclui no art. 2º, f da mesma lei: *"Outras técnicas laboratoriais de manipulação gamética ou embrionária..."* e os casos permitidos estão dispostos no art. 7º, n. 3. Em que pese a tentativa de uma maior concretude, os termos continuaram genérico e a própria lei precisou excetuar casos a partir da proibição, o que deixa a interpretação do tipo ainda mais confusa. Por fim, não se pode negar que os problemas não estão somente na escolha do sexo, mas em diversas outras características fenotípicas do futuro ser humano.

[75] HILGENDORF, Eric. *Introdução ao Direito Penal da Medicina*. Trad. Orlandino Gleizer. São Paulo: Marcial Pons, 2019, p. 201-203. No mesmo sentido, HABERMAS, Jürgen. *Op. cit.*, p. 27. DE LA CUESTA AGUADO, Paz. M. *op. cit.*, p. 18-19.

[76] Conceito utilizado a partir do cunhado por FRISCH, Wolfgang. La teoria de la imputación objetiva del resultado: lo fascinante, lo acertado y lo problemático. Trad. Ricardo Robles Planas. In: SILVA SÁNCHEZ, Jesús Maria. *Desvalorar e imputar*: Sobre la imputacíon objetiva em Derecho penal. Montevideo: B de F Ltda., 2006.

[77] GRECO, Luis. *Um panorama da teoria da imputação objetiva*. 4 ed. rev. e atual. São Paulo: Revista dos Tribunais, 2014, p. 59.

Esta técnica teria maior força caso o legislador se servisse de uma acessoriedade integral[78], que nada mais é do que a inclusão no tipo penal de uma referência expressa à norma administrativa[79] definidora do que seria manipulação terapêutica. Duas objeções se apresentam a esta possibilidade:

Em primeiro lugar, não se pode considerar a conduta da manipulação terapêutica de células germinativas ou de embriões como lícitas, pois atinge o bem jurídico tal qual as não terapêuticas[80]. A aceitação desta postura permitiria que um médico realizasse um procedimento de manipulação genética terapêutica em um embrião contra a vontade dos genitores, sem que estes pudessem reagir[81].

Em segundo lugar, relegar a disciplina sobre a linha divisória do terapêutico e do não terapêutico a normas administrativas tende a ampliar as possibilidades de intervenção genética, principalmente porque são elaboradas por técnicos a partir de juízos posteriores e facilmente modificáveis, influenciados por interesses econômicos.

Sendo assim, seja porque a conduta é ofensiva ao indivíduo que nascerá, seja porque a tendência é a ampliação do espectro do conceito terapêutico, o arcabouço teórico do comportamento típico não deve ser utilizado para solucionar o problema da manipulação terapêutica[82].

---

[78] GRECO, Luis. A relação entre o Direito Penal e o Direito Administrativo no Direito Penal Ambiental: uma introdução aos problemas de assessoriedade administrativa. In. *Revista Brasileira de Ciências Criminais*, n. 58, jan./fev., 2006, p. 169.

[79] Próxima é a proposta de DE LA CUESTA AGUADO, Paz. M. *op. cit.*, p. 26.

[80] Isto fica claro quando HABERMAS tenta apresentar uma solução ao problema com a ideia de consentimento presumido (HABERMAS, Jürgen. *Op. cit.*, p. 61). GRACIA MARTÍN também reconhece este argumento (GRACIA MARTÍN, Luis. *op. cit.*, p. 101).

[81] Este problema aparece na crítica à legislação espanhola (CORCOY BIDASOLO, Mirenixu. *op. cit.*, p. 1122).

[82] Isso não significa que este arcabouço teórico deve ser ignorado neste crime. Ao contrário, é o adequado para tratar das situações em que a engenharia genética for praticada em células ou embriões que não serão destinados à procriação, como fez a legislação alemã no §5, n. 4, 1 e 2, *a* e *b*, EschG. Esta solução é mais segura do que a conferida por ROMEO CASABONA que propõe, de *lege ferenda*, a inclusão de um elemento subjetivo especial do tipo *"com o fim de destiná-los à procriação"* (ROMEO CASABONA, Carlos María. *op. cit.*, p. 288 – tradução livre).

8. A LEGITIMIDADE DA CRIMINALIZAÇÃO DA MANIPULAÇÃO GENÉTICA *STRICTO SENSU*...

A segunda opção de tratamento dogmático da questão seria a da categoria da antijuridicidade[83], a partir de duas figuras: estado de necessidade e consentimento presumido.

Diante de uma grave composição genética diagnosticada no embrião, os genitores e os médicos atuariam em estado de necessidade[84] ao autorizarem e realizarem, respectivamente, a manipulação genética com fins de curar aquela enfermidade.

Já o consentimento presumido pressupõe que, devido à gravidade de determinada composição genética diagnosticada no embrião, seria possível presumir que o futuro ser humano consentiria com aquela manipulação genética, razão pela qual a conduta estaria justificada[85].

No entanto, a opção pela exclusão da antijuridicidade esbarra na objeção de proteção do bem jurídico. A solução pelo consentimento presumido, especificamente para embriões, ainda apresenta a dificuldade de estabelecer o juízo deste consentimento sem valer-se da figura objetiva do *homem médio*[86].

O embrião não tem subjetividade que permite presumir seu consentimento afora questões objetivas, o que nos aproxima de soluções que foquem nos autores do fato, em detrimento daquelas que miram o titular do bem jurídico e as preponderâncias entre bens[87].

Este raciocínio conduz à opção de tratamento dogmático que se encontra na categoria da culpabilidade pela figura do estado de necessidade exculpante, que impõe pressupostos estritos a respeito da situação

---

[83] GRACIA MARTÍN, Luis. *op. cit.*, p. 101-102. No entanto, tal posição é contrária à legalidade do tipo espanhol e, ainda que fosse possível, não resolve o problema, pois a conduta justificada é tão lícita quanto a atípica.

[84] Não se ignora a discussão sobre a impossibilidade de aplicação do estado de necessidade quando os dois bens jurídicos em choque são do mesmo titular, no caso a organização autônoma da vida e a saúde do futuro indivíduo. Porém, este parece ser um caso específico, no qual não há possibilidade alguma de consentimento por parte do titular, razão pela qual o ordenamento deve apresentar soluções para este choque entre dois bens jurídicos do mesmo titular.

[85] Esta é a solução apresentada por HABERMAS, Jürgen. *Op. cit.*, p. 61-62.

[86] Destacando este problema na figura do consentimento presumido em geral, HILGENDORF, Eric. *op. cit.*, p. 56.

[87] OLIVÉ, NÚÑEZ PAZ, OLIVEIRA e BRITO esclarecem este como o fundamento da adoção de uma diferenciação entre estado de necessidade justificante e exculpante (OLIVÉ, Juan Carlos Ferré. *et. al. Direito penal brasileiro*: parte geral. Princípios fundamentais e sistema. São Paulo: Saraiva, 2017, p. 404-405).

concreta quanto ao grau de perigo, a importância do bem em risco e a relação entre o titular e o autor, retirando-lhe a exigibilidade de conduta diversa, mas mantendo a conduta como antijurídica.

Diante de uma grave enfermidade diagnosticada, não seria exigível dos genitores e do médico não utilizarem de um meio de manipulação genética para curar o embrião ou nascituro, ainda que isto implique em retirar-lhe parcialmente a liberdade de ação e de decisão no futuro.

Nesta terceira hipótese ambas as objeções seriam superadas, pois há um limite prévio à tendência ampliativa das condutas terapêuticas, que são as peculiaridades das situações exculpantes, e do ponto de vista deontológico é justo exculpar os genitores e o médico nestas situações, porém não há imposição de um dever de suportar a lesão, não se retirando a possibilidade de uma proteção do bem jurídico *ex post*, por meio de responsabilização civil destes por tal escolha.

Ocorre que o ordenamento jurídico brasileiro confere um tratamento mais benéfico ao réu para as situações exculpantes, pois as considera, indistintamente, como situações de estado de necessidade justificante[88]. Não se pode, portanto, admitir a utilização do estado de necessidade exculpante[89], em razão do princípio da legalidade e da proibição de analogia *in malam partem*.

Sendo assim, a solução de *lege lata* para as manipulações genéticas terapêuticas, a despeito das peculiaridades mencionadas, é a figura do estado de necessidade disposta no art. 24 do Código Penal.

Conclusões

Não são legítimas as criminalizações de manipulações genética em células somáticas, pois a forma de organização genética dos indivíduos integra seu núcleo imponderável de autonomia.

São legítimas as criminalizações das manipulações genéticas em células germinativas e em embriões desde o início do processo da engenharia

---

[88] Destacando os problemas desta postura unitária adotada pelo Código Penal e propondo uma alternativa diferenciadora de *lege ferenda cf.* GRECO, Luis. et. al. *Parte Geral do código penal*: uma proposta alternativa para debate. Rev. e ampl. São Paulo: Marcial Pons, 2017, p. 31-38.

[89] Nesse sentido, OLIVÉ, Juan Carlos Ferré. et. al. *Direito penal brasileiro*: parte geral. Princípios fundamentais e sistema. São Paulo: Saraiva, 2017, p. 405.

genética, pois a conduta não integra o núcleo imponderável do autor, sua proibição é socialmente útil, pois protege um bem jurídico individual, e a sua estrutura de perigo abstrato não aniquila a liberdade individual.

Não se pode ignorar, porém, as vantagens da manipulação genética terapêutica em embriões e células germinativas. Para tanto, diante das dificuldades de distinção *a priori* entre manipulações terapêuticas e não terapêuticas, este problema deve ser tratado no âmbito da teoria do delito, sob a ótica da inexigibilidade de conduta diversa em razão da situação de grave perigo ao bem jurídico que, pelas peculiaridades do ordenamento brasileiro, se encaixa no estado de necessidade (art. 24 do CP).

Referências

BECHARA, Ana Elisa Liberatore Silva. *Manipulação genética humana e direito penal*. Porto Alegre, Zouk, 2007.

CORCOY BIDASOLO, Mirenixu. Límites y controles de la investigación genética. La protección penal de las manipulaciones genéticas. In. QUINTERO OLIVARES, Gonzalo. MORALES PRATS, Fermín (Coords.). *El nuevo Derecho penal español*: Estudios penales en memoria del Profesor José Manuel Valle Muñiz. Navarra: Aranzadi, 2001.

DE LA CUESTA AGUADO, Paz. M. Protección penal del genoma y preembrión. Análisis comparado y propuesta alternativa. In. *Revista Electrónica de Ciencia Penal y Criminología*, n. 21-01, pp. 1-35, 2019, p. 08. Disponível em: http://criminet.ugr.es/recpc/21/recpc21-01.pdf. Acesso em: 01.08.2019.

DIEDRICH, Gislayne Fátima. Genoma Humano: Direito Internacional e Legislação Brasileira. In. SANTOS, Maria Celeste Cordeiro Leite (Org.). *Biodireito*: ciência da vida, os novos desafios. São Paulo: Revista dos Tribunais, 2001.

DWORKIN, Ronald. Brincar de Deus: genes, clones e sorte. In. DWORKIN, Ronald. *A virtude soberana*: a teoria e a prática da igualdade, 2 ed., São Paulo: Martins Fontes, 2011.

FRISCH, Wolfgang. La teoria de la imputación objetiva del resultado: lo fascinante, lo acertado y lo problemático. Trad. Ricardo Robles Planas. In: SILVA SÁNCHEZ, Jesús Maria. *Desvalorar e imputar*: Sobre la imputacíon objetiva em Derecho penal. Montevideo: B de F Ltda., 2006.

GARCÍA ALFARAZ, Ana Isabel. Terapia Génica y Derecho Penal. In. SANZ MULAS, Nieves (Coord.). *El Derecho Penal y la Nueva Sociedad*. Granada: Comares, 2007.

GARCÍA ALFARAZ, Javier. *Límites penales a los últimos avances de la ingeniería genética aplicada al ser humano*. Madri: Instituto de Criminología de la Universidad Complutese de Madrid, 2001.

GIONO, Luciana E. CRISPR/Cas9 y la terapia génica. In. *Medicina (Buenos Aires)*, Ciudad Autónoma de Buenos Aires, v. 77, n. 5, out. 2017, p. 407. Disponível em: http://www.scielo.org.ar/scielo.php?script=sci_arttext&pid=S00257680 2017000500009&lng=en&nrm=iso. Acesso em: 09.07.2019.

Glossário do site "National Human Genome Research Institute". disponível em: https://www.genome.gov/es/genetics-glossary/Cromosoma.

GONÇALVES DE OLIVEIRA, Talles Henrique. DOS SANTOS, Neusa Fernandes. BELTRAMINI, Leila Maria. O DNA: uma sinopse histórica. In. *Revista Brasileira de Ensino de Bioquímica e Biologia Molecular*, nº 01, Artigo A, 2004, p. A13.

GONÇALVES, Giulliana Augusta Rangel. PAIVA, Raquel de Melo Alves. Terapia gênica: avanços, desafios e perspectivas. In. *Einstein* (São Paulo), [s. l.], n. 3, 2017, p. 372-373. Disponível em: http://www.scielo.br/scielo.php?script=sci_art text&pid=S1679450820170003000369&lng=en&nrm=iso&tlng=pt. Acesso em: 26.09.2019.

GRACIA MARTÍN, Luis. ESCUCHURI AISA, Estrella. *Los delitos de lesiones al feto y los relativos a la manipulacíon genética*. Valencia: Tirant lo Blanch, 2005.

GRECO, Luís. *Lo vivo y lo muerto en la teoria de la pena de Feuerbach*. Uma contribución al debate actual sobre los fundamentos del Derecho penal. Trad. Paola Dropulich. José R. Béguelin. Madri: Marcial Pons, 2015.

_____. Tem futuro a teoria do bem jurídico? Reflexões a partir da decisão do Tribunal Constitucional Alemão a respeito do crime de incesto. In. *Revista Brasileira de Ciências Criminais*, São Paulo, n. 82, jan./fev., 2010.

_____. Posse de droga, privacidade, autonomia: Reflexões a partir da decisão do Tribunal Constitucional Argentino sobre a inconstitucionalidade do tipo penal de droga com a finalidade de próprio consumo. In. *Revista Brasileira de Ciências Criminais*, n. 87, nov. 2010.

_____. "Princípio da ofensividade" e crimes de perigo abstrato: Uma introdução ao debate sobre o bem jurídico e as estruturas do delito. In. *Revista Brasileira de Ciências Criminais*, São Paulo, n. 49, 2004.

_____. Existem critérios para a postulação de bens jurídicos coletivos? In. MACHADO, Marta Rodriguez de Assis. PÜSCHEL, Flavia Portella (orgs.). *Responsabilidade e pena no Estado democrático de direito*: desafios teóricos, políticas públicas e o desenvolvimento da democracia. São Paulo: FGV Direito SP, 2016.

_____. *Um panorama da teoria da imputação objetiva*. 4 ed. rev. e atual. São Paulo: Revista dos Tribunais, 2014.

_____. A relação entre o Direito Penal e o Direito Administrativo no Direito Penal Ambiental: uma introdução aos problemas de assessoriedade administrativa. In. *Revista Brasileira de Ciências Criminais*, n. 58, jan./fev., 2006, p. 152-194.

_____. et. al. *Parte Geral do código penal*: uma proposta alternativa para debate. Rev. e ampl. São Paulo: Marcial Pons, 2017.

HABERMAS, Jürgen. *O futuro da natureza humana: a caminho de uma eugenia liberal?* Trad. Karina Jannini. São Paulo: Martins Fontes, 2004.

HEFENDEHL, Roland. ?Debe ocuparse el derecho penal de riesgos futuros? Bienes jurídicos colectivos y delitos de peligro abstracto. In. *Revista electrónica de ciência penal y criminologia*, nº 4, 2002.

HILGENDORF, Eric. *Introdução ao Direito Penal da Medicina*. Trad. Orlandino Gleizer. São Paulo: Marcial Pons, 2019.

LISKER, Rubén. ARMENDARES, Salvador. Eugenesia y Eufenesia. In. PÉREZ TAMAYO, Ruy. LISKER, Rubén. TAPIA, Ricardo (Coords.). *La construcción de la bioética*. Textos de bioética, Vol. I. México: FCE, 2007.

LUZÓN PEÑA, Diego-Manuel. Función simbólica del Derecho penal y delitos relativos a la manipulacíon genética. In. *Modernas tendências em la ciência del Derecho Penal y en la criminologia*. Madri: Universidad Nacional de Educación a Distancia, 2001.

MOSS, Joseph Anthony. Gene Therapy Review. In. *Radiologic Technogoly*, vol. 86, nº 2, nov./dez. 2014, p. 155.

OLIVÉ, Juan Carlos Ferré. et. al. *Direito penal brasileiro*: parte geral. Princípios fundamentais e sistema. São Paulo: Saraiva, 2017.

PEÑA GUILLÉN, Catalina. *Manipulación genética "sensu lato" y Derecho penal: Reflexiones sobre algunos presupuestos dogmáticos*. 2009. Tesis de doctorado (Doctador em Derecho Penal) – Facultad de Derecho, Universitat de Barcelona, Barcelona, 2009. Disponível em: http://diposit.ub.edu/dspace/handle/2445/41560. Acesso em: 11.04.2019.

ROBLES PLANAS, Ricardo. Introducción a la edición española. Dogmática de los limites al Derecho penal. In. Hirsch, Andrew. Seelmann, Kurt. WOHLERS, Wolfgang (eds.). *Límites al derecho penal. Princípios operativos em la fundamentación del castigo*. Barcelona: Atelier, 2012.

ROMEO CASABONA, Carlos María. *Los delitos contra la vida y la integridade personal y los relativos a la manipulacíon genética*. Granada: Comares, 2004,

SANDEL, Michael J. *Contra a perfeição*: Ética na era da engenharia genética [recurso eletrônico]. Trad. Ana Carolina Mesquita., Rio de Janeiro: Civilização Brasileiro, 2013.

SUÁREZ GONÁZALEZ, Carlos J. La función del Derecho Penal y sus consecuencias para el genoma humano. In. ZÚÑIGA RODRÍGUEZ, Laura. MÉNDEZ RONDRIGUEZ, Cristina. DÍAZ-SANTOS, M. Rosario Diego (Coords.). *Derecho penal, Sociedad y nuevas tecnologias*. Madri: Colex, 2001.

VON HIRSCH, Andrew. WOHLERS, Wolfgang. Teoría del bien jurídico y estructura del delito. Sobre los critérios de una imputación justa. In. HEFENDEHL, Roland. et. al. (eds.). *La teoria del bien jurídico*: ? Fundamento de legitimación del Derecho penal o juego de abalorios dogmático? Madrid: Marcial Pons, 2016.

9.
Do projeto T4 à edição genética: a ameaça eugênica aos direitos humanos e ao biodireito

Flávio de Leão Bastos Pereira
Renata da Rocha

O homem 'é' antes de agir, nada que ele faça pode mudar o que ele 'é'. Esta, grosso modo, é a essência filosófica do racismo. (Zygmunt Bauman)[1]
– *'Não deixem que eles me cortem',* implorou ela ao médico enquanto estava morrendo. *'Enterrem-me atrás das montanhas'.* (De Truganini, a última aborígene da Tasmânia sobrevivente ao genocídio de seu povo, ao seu médico, pouco antes de sua morte em maio de 1876) [2]

1. Contextualização: a eugenia constitui apenas um dado histórico, ou não?

[...] As pessoas poderão se valer da ciência para evitar que seus filhos nasçam feios, deformados, deficientes ou idiotas. Ou até mesmo – e essa vai ser a grande questão do século – escolher para que as crianças nasçam clones de algum gênio ou adônis

---

[1] Bauman, Zygmunt. *Modernidade e Holocausto*, p. 82. Rio de Janeiro: Jorge Zahar Editora, 1998.
[2] Texto original: *"...Don't let them cut me up she begged the doctor as she lay dying. 'Bury me behind the mountains'.*

[...]. (Do ex-Governador do Estado de Santa Catarina Luiz Henrique da Silveira, em artigo publicado no Jornal "A Notícia", de Joinville, em 28.08.2005)

A opinião de um Chefe do Poder Executivo de um dos principais Estados brasileiros externada em jornal de grande circulação no ano de 2005, abertamente defendendo o uso da ciência para "clonar" "gênios" e seres-humanos considerados autênticos "adônis" por uma suposta beleza diferenciada bem demonstra os riscos latentes da visão eugênica e a presença, na mentalidade de certas parcelas da população mundial e, também, brasileira, das bases do pensamento eugênico[3]. Dados de 2018, por exemplo, da *Agência Nacional de Vigilância Sanitária* (ANVISA) demonstram que considerando as amostras de esperma que as elites brasileiras importaram dos Estados Unidos entre os anos *de 2014 e 2016, 95,4% vinha de homens brancos; 51,8% tinha olhos azuis; 63,5% cabelo castanho*[4], restando exposto não apenas o racismo estrutural existente e que marca as relações socioeconômicas no Brasil, mas também a fixação desprovida de raízes de certas parcelas da população brasileira em buscar determinar a alteração das características genéticas das gerações futuras, comportamento especialmente revelador de uma mentalidade colonizada ao se buscar importar referências genéticas que não guardam relação com a história e identidade do país (importação de material genético de etnias saxônicas), quanto mais se considerarmos que, exatamente por ser o Brasil o país que mais escravizou populações e comunidades africanas nas Américas, possui atualmente uma população majoritariamente negra (pretos e pardos)[5]. A busca por padrões étnicos e genéticos tal como acima descrito permanece no Brasil como resultado das políticas eugênicas predominantes no final do século XIX e pri-

---

[3] FOLHA DE SÃO PAULO – CIÊNCIA. *Governador de SC louva eugenia em artigo*. Disponível em https://www1.folha.uol.com.br/fsp/ciencia/fe0309200504.htm. Acesso em 17.11.2019.

[4] EL PAIS. *Elite Brasileira que Importa Sêmen Prefere Doadores Brancos de Olhos Azuis*. Disponível em https://brasil.elpais.com/brasil/2018/03/31/politica/1522449726_364534.html. Acesso em 17.11.2019. Ainda: THE WALL STREET JOURNAL. *Demand for American Sperm Is Skyrocketing in Brazil*. Disponível em https://www.wsj.com/articles/in-mixed-race-brazil-sperm-imports-from-u-s-whites-are-booming-1521711000. Acesso em 17.11.2019.

[5] UOL. *Número de brasileiros que se declaram pretos cresce no país, diz IBGE*. 22.5.2019. Disponível em https://noticias.uol.com.br/cotidiano/ultimas-noticias/2019/05/22/ibge-em-todas-as-regioes-mais-brasileiros-se-declaram-pretos.htm. Acesso em 17.11.2019.

meira metade do século XX, no ocidente, e que ainda gera repercussão no país tanto do ponto de vista coletivo, quanto individual, preservando também uma cruel realidade e que pode ser mensurada quando se constata a cada ano que pretos e pardos recebem cerca de 31% menos em termos de salários, em relação aos brancos, além de constituir o grupo étnico mais atingido pelo desemprego, segundo dados do IBGE para o segundo semestre de 2019[6]. Outros dados também confirmam a trágica situação dos povos negros no Brasil diante de um racismo vigente e enraizado, quando considerado o perfil das principais vítimas da violência no Brasil. Segundo o *Instituto de Pesquisa Econômica Aplicada* (IPEA)[7]:

> [...] Homem jovem, solteiro, negro, com até sete anos de estudo e que esteja na rua nos meses mais quentes do ano entre 18h e 22h. Este é o perfil dos indivíduos com mais probabilidade de morte violenta intencional no Brasil. Os homicídios respondem por 59,1% dos óbitos de homens entre 15 a 19 anos no país.[...]

Referidas estatísticas são atualizadas e confirmadas a cada período de levantamento, confirmando a realidade de um país cujo racismo estrutural mostra-se inafastável e resistente a quaisquer políticas públicas[8]. É evidente, assim, a condição de desigualdade imposta às populações negras (e também indígenas) no Brasil, fruto do racismo, de seu legado histórico e da mentalidade predominante, componente do complexo de fatores que conformaram as políticas de embranquecimento que vigoraram no Brasil e que, apesar de inexistentes nos dias atuais, permanece ainda presente na mentalidade de parcela da população brasileira. E, não apenas no Brasil. Assim, remetemos ao título do item ora desenvolvido: *as bases do pensamento eugenista foram definitivamente debeladas ou,*

---

[6] ISTOÉ. *Negros têm mais dificuldade de obter emprego e recebem até 31%. menos que brancos.* Disponível em https://istoe.com.br/negros-tem-mais-dificuldade-de-obter-emprego-e-recebem-ate-31-menos-que-brancos-2/. Acesso em 17.11.2019.
[7] INSTITUTO DE PESQUISA ECONÔMICA APLICADA (IPEA). *Atlas da Violência: Brasil registra mais de 65 mil homicídios em 2017.* 05/06/2019. Disponível em http://www.ipea.gov.br/portal/index.php?option=com_content&view=article&id=34786&Itemid=8 . Acesso em 17.11.2019.
[8] Sobre o racismo estrutural no Brasil sugerimos a leitura de duas importantes obras: ALMEIDA, Silvio. *O QUE É RACISMO ESTRUTURAL?.* Belo Horizonte: Letramento, 2018; e, MOREIRA, Adilson. *RACISMO RECREATIVO*, São Paulo: Sueli Carneiro; Pólen, 2019.

ao contrário, permanecem latentes enquanto fenômeno sociológico? Neste sentido, uma questão que não é nova merece, ainda, especial atenção: qual o significado ético e de responsabilidade que deve nortear os cientistas e, ainda, qual o papel do Direito diante de um ideário que coloca em risco os direitos humanos de modo tão irremediável? A história demonstra que grandes violações dos direitos humanos apresentavam, normalmente, motivações e justificativas muitas vezes tidas por nobres e necessárias para o avanço da civilização. A Eugenia parece ser um exemplo que bem se enquadra em tal hipótese.

1.1 O Movimento Eugênico

Os pilares teóricos que inspiraram o que viria a constituir a grande parte dos movimentos políticos que, a partir do início do século XX, seriam responsáveis pelo extermínio de milhões de seres-humanos em todo o planeta, podem ser identificados com três ordens de ideias: o *racismo científico*, o *darwinismo social* e a *eugenia*. Referidos pilares influenciariam de modo tão arraigado certas visões de mundo, que suas projeções e repercussões ainda estão presentes e podem ser identificadas nas dinâmicas relacionais de certas sociedades. E foi no período colonial que a ideia da existência de civilizações consideradas inferiores ou até mesmo desprovidos de humanidade gerou males e legados que repercutem até os dias atuais, especialmente nos países subdesenvolvidos ou em desenvolvimento, com baixos padrões educacionais. O fim do sistema econômico baseado na escravidão de povos indígenas, aborígenes, negros etc. é seguido pelo dilema das sociedades que agora tinham em suas populações negras e indígenas os destinatários dos sentimentos racistas de ódio, ações discriminatórias e o permanente sentimento de superioridade de brancos em relação aqueles grupos. O sistema segregacionista chancelado pela Suprema Corte dos Estados Unidos da América[9]; o sistema do Apartheid na África do Sul ou o racismo estrutural hoje vigente no Brasil constituem, em parte, repercussões do mencionado ideário. Muito embora as populações libertadas passassem a ser vistas como "irmãos" pelos movimentos cristãos-abolicionistas, jamais se viram desti-

---

[9] JUSTIA US SUPREME COURT. *Plessy Vs. Fergunson*, 163 U.S. 537 (1896). United States Supreme Court. Disponível em https://supreme.justia.com/cases/federal/us/163/537/. Acesso em 17.11.2019.

natários do sentimento de igualdade e de políticas públicas que a efetivassem, se comparada sua situação em relação às populações brancas, mas ao contrário submetidas a estruturas raciais hierárquicas, inferiorizadas e que necessitariam da tutoria daqueles que se autodenominavam povos civilizados, europeus, detentores de um legado civilizacional cristão-ocidental cuja influência sobre os povos inferiores se mostraria irremediável – e certamente, letal. Eram vistos como *irmãos*, mas não *iguais*.

Assim, importante acontecimento histórico e que guarda conexão com a origem do ideário eugenista foi a *Conferência de Berlim* (também conhecida como a *Conferência do Congo*), realizada entre 15 de novembro de 1884 e 26 de novembro de 1885 e pela qual as nações europeias dividiram entre si o domínio do continente africano, dando início ao domínio daqueles que denominavam *indígenas* e por meio de um cruel sistema de domínio econômico, social e claramente racista, sob um discurso paternalista "ungido" sob uma suposta superior autoridade moral, espiritual, civilizacional, cultural, econômica e, especialmente, religiosa. Neste sentido, bem explica Godfrey N. Uzoigwe sobre a *Conferência de Berlim*[10]:

> [...] A conferência não discutiu a sério o tráfico de escravos nem os grandes ideais humanitários que se supunha terem-na inspirado. Adotaram-se resoluções vazias de sentido relativas à abolição do tráfico escravo e ao bem-estar dos africanos...De fato, reconhecendo o Estado Livre do Congo, permitindo o desenrolar de negociações territoriais, estabelecendo as regras e modalidades de apropriação "legal" do território africano, as potências europeias se arrogavam o direito de sancionar o princípio da partilha e da conquista de um outro continente. Semelhante situação não tem precedentes na história: jamais um grupo de Estados de um continente proclamou, com tal arrogância, o direito de negociar a partilha e a ocupação de outro continente [...]

Da fusão de fatores de ordem econômica, geopolítica, sociológica, antropológicas e racialistas erigiu-se a visão eugênica sob a qual viriam a ser desenvolvidas políticas racistas e colonizadoras em todos os seg-

---

[10] UZOIGWE, Godfrey N. *Partilha Europeia e Conquista da África: Apanhado Geral*, p. 33-35. Obra coletiva HISTÓRIA GERAL DA ÁFRICA VII – África Sob Dominação Colonial, 1880-1935, 3ª edição. São Paulo: Cortez; Brasília: UNESCO, 2011.

mentos nas sociedades ocidentais, mas sob uma dada legitimidade religiosa, além do manto de uma suposta cientificidade, a partir de então. No Brasil do século XIX e primeira metade do século XX, não foi diferente. A busca pelo "branqueamento" da população brasileira, vista por eugenistas estrangeiros como um exemplo de "raça disgênica"[11] constituiu a opção dos eugenistas brasileiros que se viam sob o dilema de buscarem na ciência a identificação das causas que comprovariam uma alegada "inferioridade" da raça brasileira à qual pertenciam. Neste sentido, marginalizados em relação aos colegas europeus, passaram a sustentar que a miscigenação com raças europeias – por meio da imigração – rapidamente conduziria ao fim das raças negras e indígenas num curto espaço de tempo e, assim, "embranquecendo" a população brasileira. Explica Souza[12]:

> [...] Apesar de destacar a morbidez de grande parte da população nacional, devido ao abandono e às inúmeras doenças, Rubião Meira demonstrava-se otimista com o futuro da nacionalidade, pois acreditava no vigor dos imigrantes que aos poucos ocupariam o território brasileiro. Para ele, a "raça negra" tenderia a desaparecer: "... Rareando em seus originais, extinguindo-se, e hoje cidades do nosso país existem, onde os pretos são dificilmente encontrados, substituídos que são pela imigração de estrangeiros, sedentos de ambições pecuniárias, que, para aqui tem sido trazidos e nos têm vindo dar todas as energias de sua vida, trabalhando com afinco, labutando com fervor extraordinário, engrandecendo o nosso torrão, modificando mesmo a nossa índole, concorrendo, sem dúvida para o nosso progresso, criando alma nova em nosso povo, nos mostrando com a pertinácia do seu exemplo e de sua operosidade que

---

[11] Explica Vanderlei Sebastião de Souza que: [...] *Eugenia, raça e identidade nacional No Brasil, as questões raciais sempre constituíram um quadro controvertido sobre a formação da identidade nacional, especialmente a partir da metade do século XIX, quando as teorias raciais, disciplinas e instituições científicas formadas no mundo europeu procuravam apontar a existência de diferenças e hierarquias entre os diversos grupos humanos.89 No início do século XX, por ser uma nação amplamente miscigenada e com sérios problemas sociais, os brasileiros foram considerados pelos discursos científicos, sociais e políticos produzidos no "mundo civilizado", como uma população que apresentava tudo do que havia de mais imoral, incivilizado e "disgênico"* [...]. SOUZA, Vanderlei Sebastião de. *Por uma Nação Eugênica: Higiene, Raça e Identidade Nacional no Movimento Eugênico Brasileiro dos Anos 1910 e 1920*, p. 160. Revista Brasileira de História da Ciência, Rio de Janeiro, v. 1, n. 2, p. 146-166.

[12] SOUZA, Vanderlei Sebastião de. *Op.cit.*, p. 161.

as nossas terras são, com efeito veios fecundos indicativos de nação forte e poderosa..." Neste sentido, ancorados pela idéia de uma mistura racial integracionista, as possíveis dúvidas que os eugenistas brasileiros tinham quanto à situação racial do Brasil davam lugar a interpretações raciais cautelosamente otimistas. Em 1921, em entrevista ao jornal Gazeta do Povo, da cidade de Curitiba, Renato Kehl acionaria a tese do branqueamento para explicar a questão racial brasileira. Para ele, o Brasil representava "um grande laboratório de elementos etnologicamente diversos", no qual estava se operando "um metabolismo racial" que tenderia a assimilar algumas raças e desassimilar outras, como os negros e índios, que, em sua interpretação, eram "raças inferiores" e com "sangue depurado" [...]

Assim como viria a ocorrer na Europa dos anos 30, especialmente durante o domínio do regime nazista na Alemanha e, posteriormente, na Europa, também no Brasil a visão eugênica seria transportada ao Direito, inclusive projetado como norma fundamental. Durante a era Vargas, por exemplo, especialmente às vésperas do início da vigência do Estado Novo, a Constituição de 1934[13] consagrou um dos momentos mais marcantes do predomínio do ideário eugênico supreendentemente pouco estudado e abordado pelos constitucionalistas, até mesmo por configurar importante e paradoxal precedente na exclusão persistente das populações negras do Brasil, de seu direito ao pleno exercício da cidadania e igualdade. No caso, apesar de ser a primeira Constituição republicana a reconhecer a educação como um direito social com *status* constitucional, o fez sob parâmetros eugênicos, ao determinar o artigo 138 que incumbia à União, aos Estados e aos Municípios, nos termos das leis respectivas, o estímulo à *educação eugênica*; adotar medidas *de higiene social*, que impeçam a propagação das doenças transmissíveis; e, ainda, cuidar da higiene mental e *incentivar a luta contra os venenos sociais*. Conforme enfatizado por Pedro Estevam Serrano, cuidou-se tal fato, no Brasil, de um pacto entre as elites e que deliberadamente, por meio de suas normas hierarquicamente mais poderosas, excluiu as populações negras da distribuição das riquezas simbólicas – no caso, a educação – optando

---

[13] PRESIDÊNCIA DA REPÚBLICA. *Constituição da República dos Estados Unidos do Brasil de 16 de julho de 1934*. Disponível em http://www.planalto.gov.br/ccivil_03/constituicao/constituicao34.htm. Acesso em 20.11.2019.

por distribuí-las entre as populações brancas imigrantes, europeias, que chegavam ao Brasil ao final do século XIX e início do século XX[14].

A eugenia encontrou em alguns países, como Alemanha, Bélgica, Estados Unidos, além do Brasil já acima mencionado, terreno fértil para sua propagação, não apenas por meio de trabalhos desenvolvidos e publicados por nomes conhecidos, mas também pela criação de associação e entidades muito influentes na esfera política em seus países. Além do pensamento eugenista, também o *darwinismo social* e o *racismo científico* tornaram-se elemento central para o movimento nacional-socialista sob o comando de Hitler, conforme se verá mais adiante. Cientistas, filósofos e escritores colaboraram para referido processo de legitimação do pensamento racista. A ideia de "raça" consolidava-se sob critérios hierarquizados e sob a roupagem da civilização e da cultura, que deveriam ser impostas aos povos das Américas, África, Ásia etc., como uma missão sagrada, inclusive com as bênçãos da Igreja[15]. Logo, o plexo de fatores consistentes em objetivos econômicos, territoriais, religiosos e militares, inspirados em ideários racialistas contribuíram para visão de inferioridade que viria a selar de modo trágico o destino dos povos nativos no mundo. Conforme já observamos[16]:

> [...] Essa aliança de necessidades econômicas e hierarquização étnico-racial-religiosa com teorias pseudocientíficas traria consequências trágicas aos povos colonizados, bem como comporia o plexo de causas para o cometimento de alguns genocídios que ocorreriam ao longo do século XX. Pensadores racistas e eugenistas vinham, desde o século XVII, ganhando espaço para a difusão de suas teorias. Em sua maioria europeus, encontravam, na expansão colonial, o acesso aos ambientes necessários para o embasamento de suas proposições. Nomes como do antropólogo e médico francês François Bernier, nascido em 1625 e autor da obra

---

[14] SERRANO, Pedro Estevam. *Estado de Direito – Educação eugênica da Constituição de 1934*. Entrevista concedida ao canal TV 247 em 20.11.2019. Disponível em https://youtu.be/xXZet29bnAA. Acesso em 20.11.2019.

[15] Neste sentido, devem ser lembradas as Bulas Papais *Romanus Pontifex* de 8 de janeiro de 1454 e *Inter Coetera*, de 4 de maio de 1493, importantes marcos jurídicos e que legitimaram a tomada de posse sobre terras, riquezas e, também, sobre nativos, durante o período das navegações.

[16] PEREIRA, Flávio de Leão Bastos. *Genocídio Indígena no Brasil – Desenvolvimentismo entre 1964 e 1985*, p. 62-63. Curitiba: Ed. Juruá, 2018.

9. DO PROJETO T4 À EDIÇÃO GENÉTICA...

> Nova divisão da terra pelas diferentes espécies ou raças que a habitam; do biólogo sueco Carolus Linnaeus, nascido em 1707, criador do termo *homo sapiens*, e que também classificou o homem segundo as suas características físicas e morais, nos seguintes termos: (i) *homem americano*: vermelho, subjugável e com mau temperamento; (ii) *homem europeu*: branco, forte e sério; (iii) *homem asiático*: amarelo, ganancioso e melancólico; (iv) *homem africano*: preto, impassível e preguiçoso; e (v) *raça monstruosa*, sem definição geográfica, incluindo indivíduos presentes no Canadá – *Flatheads* do Canadá – e os patagônicos da América do Sul [...]

Como asseverado, o amálgama que daria forma ao pensamento eugenista vinha sendo amadurecido já desde os períodos das conquistas dos navegadores financiados pelas nações europeias colonialistas, movimentos claramente imperialistas e legitimados por teóricos e suas pseudociências[17] e que impunham aos povos conquistados seus valores, suas visões e crenças. E, das tentativas de "salvação" destes povos a certa frustração diante de suas resistências, logo se chegou aos extermínios no alvorecer do século XX, como no caso dos povos Namas e Hereros vítimas, entre 1904 e 1907, do primeiro genocídio naquele século. Também aqui já registramos que[18]:

> [...] Outra importante conexão entre o genocídio dos povos da Namíbia e os processos de extermínio seguintes pode ser apontada na consideração à criação de campo de extermínio, modelo posteriormente aperfeiçoado e amplamente utilizado pelos nazistas durante o Holocausto, como, por exemplo, na instalação do primeiro campo de extermínio em Lüderitzbucht (Campo de Ilha Shark), dentre outros campos de concentração, como Windhoek, para onde eram transportados os Namas e Hereros sobreviventes, em vagões de trem para gado, a fim de serem empregados em trabalho escravo para companhias que foram beneficiadas com poucos sobreviventes. Experiências de cunho eugênicas foram também realizadas, inclusive diretamente pelo...famoso eugenista alemão Eugen Fischer, que visitou os campos da Namíbia [...]

---

[17] Como por exemplo, a aplicação da ideia da grande cadeia do ser, isto é, classificação proposta no referido período sobre o gênero humano sob ordem hierárquica (século XVIII).
[18] PEREIRA, Flávio de Leão Bastos. *Op.cit*, p.66.

Diversos processos de extermínios inspirados por ideais eugênicos podem e devem também ser lembrados, como a Guerra Negra na Tasmânia (1820)[19]; o genocídio dos Aborígenes australianos; os indígenas das Américas; o genocídio armênio e o Holocausto, dentre outros processos eugênicos de extermínios que se espalharam pelo mundo Ainda: na região do cabo sul-africano; na região do Kalahari: (povo buskimanusã); norte do Canadá e América do Sul, apenas para citarmos alguns.

A violação crescente dos direitos humanos legitimada científica e intelectualmente a partir do século XIX contou com nomes que ficariam registrados na história, na política, no direito e na ciência. Podemos mencionar alguns como Dr. Robert Knox (Escócia, Edinburgo) e sua obra *Races of Men*[20]; Dr. Samuel George Morton, criminologista norte-americano; o inglês Francis Galton, primo de Darwin, que escreveu *Inquiries into Human Faculty and Its Development*[21] e que propôs a adoção de incentivos à classe média para gerar mais filhos e a inibição da procriação entre as classes julgadas inferiores e criminosas; também definiu a eugenia como *o estudo dos agentes sob o controle social que podem melhorar ou empobrecer as qualidades raciais das futuras gerações, seja física ou mentalmente*[22]; George Bernard Shaw; Herbert George Wells; o alemão Eugen Fischer e um dos principais eugenistas do século XX, que serviu ao nazismo; Charles Benedict Davenport, responsável pela classificação de raças e classes nos Estados Unidos, fundador da *Eugenics Record Office* e autor da obra de *Eugenics: the Science of Human Improvement by Better Breeding*; também a American Eugenics Society definiu a eugenia como *o*

---

[19] A aborígene Truganini é considerada uma das últimas aborígenes puras da Tasmânia, falecida no ano de 1876. Ver REILLY, Alexander. *The Ghost of Truganini: Use of Historical Evidence as Proof of Native Title*. Federal Law Revies, Volume 28, p. 453-475. Disponível em https://journals.sagepub.com/doi/pdf/10.22145/flr.28.3.4?casa_token=q4ekJ35W5iIAAAAA:nTgQ7Dkt6InE1yNBTF6hEhzxhhxbiCX75gIidIdk-8hi0Y33HsCLMGL7qUl-PexAqhyhNfU-S6mzk. Acesso em 20.11.2019.

[20] Na qual escreveu que: [...] "...a raça é tudo; literatura, ciência, arte...em uma palavra; a civilização depende dela...as raças negras podem ser civilizadas? Eu devo dizer que não...a raça saxônica jamais as tolerará; jamais se miscigenarão jamais viverão em paz. É uma guerra de extermínio...". KNOX, Robert. *Races of Men*. Philadelphia: Lea & Blanchard, 1850. Disponível em https://archive.org/details/racesofmenfragme00knox/page/n11. Acesso em 21.11.2019.

[21] London, England: Macmillan and Co., 1883.

[22] EUGENICSARCHIVE. *Eugenics" coined by Galton*. Disponível em https://eugenicsarchive.ca/discover/tree/51509d16a4209be523000008. Acesso em 21.11.2019.

estudo da melhoria da composição genética dos seres humanos através da reprodução controlada de diferentes raças e classes de pessoas[23].

Assim, no curso do século XX a quantidade e sistematização das violações dos direitos humanos em nome da busca por uma suposta "melhoria da raça" passava a ganhar contornos de maior gravidade. Na Suécia, por exemplo, cerca de sessenta mil vítimas, predominantemente doentes mentais e minorias étnicas, seriam submetidas à esterilização forçada, por meio de programa oficial; grandes financiamentos de empresas e multinacionais passaram a financiar instituições científicas inspiradas na eugenia, como no caso do apoio financeiro por parte da Fundação Rockfeller para fundação do famoso instituto alemão *Kaiser Wilhelm de Antropologia e Hereditariedade Humana* (onde atuava Eugen Fischer, que esterilizou milhares de pessoas na Renânia durante o regime nazista, sendo 400 crianças – miscigenadas, doentes mentais etc.)[24].

1.2 A eugenia sob o regime nacional-socialista: do Projeto T4 ao julgamento dos médicos em Nuremberg

A propagação do ideário eugênico durante o final do século XIX e primeira metade do século XX encontraria seu apogeu em termos de sistematização de violações aos direitos humanos após a conquista do poder por Adolf Hitler, pela vias democráticas e eleitorais, em janeiro de 1933, ano que no qual a ditadura nazistas passou a se consolidar gradativamente com a anuência da sociedade alemã, industriais, classe média, grupos extremistas de direita, partidos políticos que compuseram as alianças que viabilizaram a conquista do Poder, dentre outros atores e fatores. Afinal, as ideias racialistas de Hitler já eram bem conhecidas desde, ao menos, 1924, quando publicado seu livro *Mein Kampf* ("Minha Luta"), no qual podiam ser constatados os objetivos racistas a serem concretizados pelos nazistas e o conhecimento sobre a eugenia norte-americana, por parte de Hitler[25].

---

[23] Original: [...] *the study of improving the genetic composition of humans through controlled reproduction of different races and classes of people* [...]. The Embryo Project Encyclopedia. *Recording and contextualizing the science of embryos, development, and reproduction.* Disponível em https://embryo.asu.edu/search?text=American%20Eugenics%20Society. Acesso em 21.11.2019.

[24] Sobre a temática consultar a obra *A Guerra Contra os Fracos – A Eugenia e a Campanha Norte--Americana Para Criar uma Raça Superior*. BLACK, Edwin. Editora A Girafa, 2003.

[25] O livro Mein Kampf registra: [...] "A exigência de que pessoas defeituosas podem ser impedidas de procriar descendências igualmente defeituosas parte da razão mais cristalina

É no final de 1938, contudo, que um fato aceleraria e seria também o catalisador de todo o processo de extermínio de cidadãos alemães considerados representantes degenerados da raça, por acometimento de doenças mentais e/ou deformidades físicas. Uma criança nascida de um casal de membros da SS em 20 de fevereiro de 1939 (o menor Gerhard Herbert Kretschmar – a "criança Knauer"), apresentou problemas de saúde e de malformação, como ter nascido cega, ausência de parte de um dos braços, além de ter nascido apenas com uma das pernas. Apesar de não ser o primeiro caso em os próprios pais informam ao Estado o nascimento de filhos com deformidades, pedindo por uma "morte piedosa", recebeu especial atenção de Hitler, que determinou ao seu médico pessoal Karl Brandt que visitasse a criança em Leipzig. Constatados os problemas de saúde, a criança foi assassinada em 25 de julho de 1939, por meio de processo de "eutanásia", que sob o nazismo viria a adquirir uma nova definição. O caso foi tratado secretamente pela Chancelaria criada por Hitler em 1934 (*KdF: Kanzlei des Führer der NSDAP*). A partir de então, foi determinada a Karl Brandt a criação de um programa secreto para o extermínio, por gás, de todas as crianças consideradas indesejáveis pelo regime por motivos clínicos. Nascia o Projeto *Tiergarten* 4 (T4 Projekt)[26], comandado por Brandt, com a cooperação do Chefe da Chancelaria de Hitler, Philip Bouhler. O nazismo confirmava ser o regime político que pela primeira vez provocava e troca do avental branco, pelo uniforme militar, pela classe médica, considerados soldados biológicos de Hitler. É criado em 1939 o *Comitê do Reich para o Registro Científico de Doenças Hereditárias e Congênitas Graves*, que concretizaria o programa de eutanásia do regime nazista, precursor do extermínio dos povos judeus, ciganos, soviéticos, poloneses, homossexuais etc., nas câmaras de gás dos campos de extermínios que viriam a ser criados duran-

e, se sistematicamente executada, representa o ato mais humano da humanidade" (Hitler, Mein Kampf, v.I cap. X, p. 255, apud Edwin Black, op. cit. p. 443). Referida passagem, publicada quinze anos antes do início da segunda guerra mundial, já deixava claro, ao mundo, as ideias extremistas dos nazistas e que levariam ao genocídio que vitimaria milhões de inocentes, de modo sistemático e por motivações racialistas.

[26] Referência ao endereço, na cidade de Berlim, onde o projeto se desenvolvia: rua Tiergarten nº 4 (*Tiergartenstrasse* 4), onde existe atualmente um memorial em homenagem às vítimas do Projeto T4. O projeto recebeu a denominação oficial de Reichsarbeitsgemeinschaft Heil- und Pflegeanstalten – RAG (*Grupo de Trabalho do Reich para Sanatórios e Casas de Repouso*), codinome Projeto T4.

te a guerra. No que tange ao programa de eutanásia, seis principais centros de extermínio foram criados: Grafeneck, Brandenburg, Hartheim, Sonnenstein, Bernburg e Hadamar. As comunicações deveriam se referir a tais centros apenas por códigos para tanto estabelecidos, buscando manter o sigilo do projeto eugênico. Qualquer nascimento com possíveis problemas considerados pelo Estado nazista como uma ameaça à raça deveria ser obrigatoriamente notificado. Uma junta de médicos decidia o futuro da criança assinalando com uma cruz a ficha respectiva, quando decidido que a criança deveria morrer[27].

O Programa T4 eliminou cerca de 70 mil vítimas entre 1939 e 1941, quando protestos da sociedade, especialmente das Igrejas, levou ao seu encerramento. Contudo, investigações já encetadas tendo em vista o julgamento dos médicos nazistas em Nuremberg concluíram que o processo de assassinato de vítimas por motivações eugênicas prosseguiu em sigilo, durante a guerra, o que elevou o número de mortes para cerca de 275 mil. Em 20 de janeiro de 1942 realizou a famigerada Conferência de Wannsee, nas proximidades de Berlim e que oficializou o extermínio do povo judeu e outras raças consideradas indesejadas como política de Estado. Dentre os presentes, metade possuía PhD. em *Higiene da Raça e Genética*, o que bem demonstra a centralidade de tal visão eugenista, para o regime nazista.

Em 9 de dezembro de 1946 teve início o Julgamento de 22 réus em Nuremberg (*United States of America vs. Karl Brandt*), sendo ré a médica Herta Oberheuser, que realizou experiências médicas no campo de concentração feminino de Ravensbrück. Com 23 réus acusados da prática de experimentos médicos cruéis em prisioneiros do regime, 7 foram condenados à pena de morte e enforcados na prisão de Landsberg; outros 7 foram absolvidos e 9 réus foram condenados a penas de prisão que variaram de 10 anos de reclusão, à pena de prisão perpétua.

Do referido julgamento foi concebido o denominado Código de Nuremberg[28], documento que formalizou os princípios éticos que deve-

---

[27] HOLOCAUST EDUCATION & ARCHIVE RESEARCH TEAM. *Introduction To Nazi Euthanasia*. Disponível em http://www.holocaustresearchproject.org/euthan/index.html. Acesso em 22.11.2019.

[28] Código de Nuremberg. *Tribunal Internacional de Nuremberg – 1947. Trials of war criminal before the Nuremberg Military Tribunals*. Control Council Law 1949;10(2):181-182.Disponível em https://www.ufrgs.br/bioetica/nuremcod.htm. Acesso em 22.11.2019.

riam passar a ser obrigatoriamente observados pelos cientistas, médicos etc. diante da necessidade de realização de pesquisas. Diretrizes como consentimento dos pacientes; prévia experimentação em animais, antes de pesquisas realizadas em seres-humanos; comprovada utilidade dos experimentos para a sociedade; realização de experimentos que evitem todo e qualquer sofrimento desnecessário, físico ou mental, além de danos; não realização de experimentos se previamente puder ser detectado o risco de invalidez etc.; experimentos realizados por especialistas e profissionais preparados; liberdade do paciente em se retirar do experimento quando assim desejar, são aspectos principais. Contudo, algumas críticas foram apresentadas em relação ao Código de Nuremberg, como ter sido direcionado aos nazistas (para alguns não era totalmente aplicável aos "bons pesquisadores"; e, além disso, pelo fato do Código de Nuremberg conferir sentido absoluto ao consentimento informado.

Assim, em 1964 a 18ª Assembléia da Associação Médica Mundial proclamou e adotou a *Declaração de Helsinque, conjunto de princípios éticos endereçados à pesquisa médica envolvendo sujeitos humanos, incluindo dados e materiais identificáveis,* nas palavras de Aline Albuquerque[29]. Ainda sob uma perspectiva crítica, cabe enfatizar que a Declaração de Helsinque não conjugou suas diretrizes de modo mais próximo com balizas dos direitos humanos, como a dignidade, por exemplo, com explica Albuquerque[30]:

> [...] A Declaração de Helsinque agregou ao Código de Nüremberg novos elementos na análise ética de pesquisas ao estabelecer a distinção entre experimento envolvendo pacientes e pesquisa com sujeitos saudáveis, bem como propugnou a avaliação ética prévia por comitê independente dos protocolos de pesquisa. Paralelamente, previu a possibilidade de estudos médicos sem consentimento informado..., sem o emprego, em nenhum de seus dispositivos, da linguagem dos direitos humanos ou a expressão da dignidade humana. Observa-se tão somente a menção genérica à proteção dos direitos dos sujeitos da pesquisa..., ao seu direito de não participar ou de retirar-se do experimento...e ao dever dos médicos de respeitar o direito à autodeterminação... Portanto, há três

---

[29] ALBUQUERQUE, Aline. *Para uma ética em pesquisa fundada nos Direitos Humanos*. Revista Bioética. (Impr.). 2013; 21 (3): 412-22. Brasília-DF.
[30] ALBUQUERQUE, Aline. Ob.cit, p. 415.

alusões aos direitos dos sujeitos da pesquisa e nenhuma direta à dignidade humana. Sendo assim, constata-se que a AMM colocou-se apartada do referencial dos direitos humanos à medida que, a despeito de incorporar alguns direitos dos sujeitos da pesquisa, não os enquadrou como "direito humano". Isso parcialmente se justifica no fato de que é documento ético endereçado a médicos, e não instrumento jurídico dirigido aos estados, característica das normas de direitos humanos [...]

Adotada em 19 de Outubro de 2005 pela 33ª sessão da Conferência Geral da UNESCO, a *Declaração Universal Sobre Bioética e Direitos Humanos*[31] constituiu novo patamar na pavimentação fundamentada dos valores humanos, especialmente quando inserida e harmonizada em sua interpretação com o direito internacional dos direitos humanos. Dentre seus princípios, foram consagrados:

I – Dignidade humana e direitos humanos;
II – Maximização dos efeitos benéficos da pesquisa, aos pacientes;
III – Autonomia e Responsabilidade Individual;
IV – Proteção especial às pessoas incapazes de exprimir o seu consentimento;
V – Respeito à vulnerabilidade humana, integridade pessoal, privacidade e confidencialidade;
VI – Igualdade, justiça e equidade;
VII – Não discriminação e não estigmatização;
VIII – Respeito pela diversidade cultural e pluralismo;
IX – Solidariedade e cooperação;
X – Responsabilidade social e saúde;
XI – Partilha dos benefícios;
XII – Proteção das gerações futuras;
XIII – Proteção do meio ambiente, da biosfera e da biodiversidade.

O avanço proporcionado pela aprovação da acima referida declaração mostrou-se significativo, exatamente por aproximar o disciplinamento ético da pesquisa médica e do biodireito de princípios inerentes ao

---

[31] UNESDOC DIGITAL LIBRARY. *Declaração Universal sobre Bioética e Direitos Humanos*. Organização das Nações Unidas para a Educação, Ciência e Cultura. Disponível em https://unesdoc.unesco.org/ark:/48223/pf0000146180_por. Acesso em 22.11.2019.

direito internacional dos direitos humanos, como se revela claramente perceptível pela estrutura principiológica acima mencionada. A partir deste ponto, novas perspectivas se abrem ao biodireito e aos direitos humanos a ele relacionados, como se verá adiante.

2. A resposta jurídica: o biodireito a quarta dimensão dos direitos humanos

> *A ética não é esse creme informe que derramamos às vezes sobre o bolo da ciência. Ela é o lugar de uma harmonia entre o homem de hoje e seu fantasma de amanhã; é o regulador de nossos delírios de sermos aquilo em que nos transformamos.*[32]

A constatação de que em nome da criação de uma espécie humana geneticamente melhorada, através da ciência, era praticado o extermínio de milhares de vidas de homens, mulheres e crianças, indistintamente, foi gradativamente impulsionando o mundo pós Segunda Guerra para a elaboração de Declarações de Direitos que tinham como objetivo primordial salvaguardar a vida e a dignidade como valores humanos fundamentais.

Neste sentido, vale lembrar a advertência feita por Norberto Bobbio no que concerne à afirmação dos direitos humanos. Ao defender a tese da historicidade dos direitos o autor assinala que à medida em que as sociedades sofrem transformações significativas, nota-se a necessidade de se afirmar novas gerações de direitos, capazes de resguardar os direitos conquistados anteriormente, que se mostrem ameaçados em virtude de alterações no cenário político, econômicos, técnico e mesmo genético, entre outros.

Assim, de acordo com o autor "[...] já se apresentam novas exigências que só poderiam chamar-se de direitos de quarta geração, referentes aos efeitos cada vez mais traumáticos da pesquisa biológica, que permitirá manipulações no patrimônio genético de cada indivíduo"[33]

Deste modo, enquanto internacionalmente, como resposta ao atos praticados em nome do desenvolvimento da ciência médica, era adotada a *Declaração Universal Sobre Bioética e Direitos Humanos*, tal como referido no tópico anterior, no Brasil, no mesmo ano, promulgava-se a

---

[32] TESTART, Jacques. *O ovo transparente*. São Paulo: Edusp, 1995, p. 102.
[33] BOBBIO, Norberto. *A era dos direitos*. Rio de Janeiro: Campus, 1992, p.6.

lei 11.105/05, que passava a estabelecer normas de segurança e mecanismos de fiscalização de atividades que envolvessem organismos geneticamente modificados – OGM e seus derivados, bem como criava o Conselho Nacional de Biossegurança – CNBS, e reestruturava a Comissão Técnica Nacional de Biossegurança – CTNBio, dispunha, por fim, sobre a Política Nacional de Biossegurança.

O ponto polêmico, contudo, do texto legislativo, que ensejou a proposição de uma ação direta de inconstitucionalidade, por parte da Procuradoria Geral da República, e que, ao mesmo tempo, despertou a comunidade jurídica interna para a necessidade do reconhecimento desta nova área da ciência do Direito, que se convencionou chamar Biodireito, dizia respeito ao artigo 5, da lei 11.105/05 que autorizava que embriões humanos excedentários, oriundos da técnica de reprodução humana assistida, fossem destinados à pesquisa científica.

> Art. 5º É permitida, para fins de pesquisa e terapia, a utilização de células-tronco embrionárias obtidas de embriões humanos produzidos por fertilização **in vitro** e não utilizados no respectivo procedimento, atendidas as seguintes condições:
>
> I – sejam embriões inviáveis; ou
>
> II – sejam embriões congelados há 3 (três) anos ou mais, na data da publicação desta Lei, ou que, já congelados na data da publicação desta Lei, depois de completarem 3 (três) anos, contados a partir da data de congelamento.[34]

A referida Ação Direta de Inconstitucionalidade deu origem às audiências públicas, realizadas pelo Supremo Tribunal Federal e, que contaram com a participação de inúmeros estudiosos, alguns de áreas até aquele momento, aparentemente, estranhas ao Direito, outros, de disciplinas mais próximas do âmbito jurídico, dentre as quais destaca-se, a biologia, a genética humana, a biomedicina, a teologia e a filosofia. A reunião destes especialistas constituiu um fato histórico, posto que até aquele momento, o mais alto tribunal brasileiro jamais havia se deparado com uma questão ao mesmo tempo tão profunda e complexa

---

[34] *Lei de Biossegurança n. 11.105/05*. Disponível http://www.planalto.gov.br/ccivil_03/_Ato2004-2006/2005/Lei/L11105.htm. Acesso em 09.06.20.

que reclamasse a comunhão de esforços, qual seja: quando começa a vida humana?

Se, por um lado, esta questão abria caminho para o estudo das inúmeras teorias[35] que apontavam para respostas diferentes, isto é, que indicavam a existência de variadas correntes, cada qual associando o início da vida humana a um momento específico do desenvolvimento embrionário, por outro lado, a mesma questão demostrava, de modo inexorável, que a ciência havia adentrado em um novo patamar, o que vale dizer, a partir da experimentação científica em embriões humanos, inúmeras técnicas iriam se desenvolver e, no cerne de todas elas estaria o ser humano, detentor do código genético da humanidade, insumo para um antigo desejo humano, demasiadamente humano, aquele de dar origem a uma espécie melhorada. Eis, pois, novamente, o retorno de um velho fantasma já conhecido, a eugenia.

Yuval Noah Harari neste sentido indaga: "O que pode acontecer quando a medicina passar a se preocupar em melhorar as habilidades humanas? Todos os humanos teriam direito a tais habilidades melhoradas ou haveria uma nova elite super-humana?"[36] No mesmo sentido, Klaus Schwab refletindo acerca da edição genética faz a seguinte ponderação:

> Retornemos à questão da edição genética, pois agora é muito mais fácil manipular com precisão o genoma humano de embriões viáveis e isso significa que poderemos presenciar, no futuro, o advento de bebês projetados com características particulares [...][37]

Assim, o risco de que ciência, em geral, e de que a engenharia genética, em particular, se desenvolva alheia ao valores humanos históricos, duramente conquistados e consagrados no bojo das declarações de direitos, justifica, uma vez mais, a afirmação do Biodireito como um ramo do Direito, uma área no estudo da ciência do Direito, apta a informar os

---

[35] Para um estudo mais completo acerca das teorias que envolvem o início da vida humana, recomendamos a consulta a obra de nossa autoria. ROCHA, Renata da. *O direito à vida e a pesquisa científica em células-tronco: limites éticos e jurídicos*. Rio de Janeiro: Elsevier, 2008.
[36] HARARI, Yuval Noah. *Sapiens: uma breve história da humanidade*. Porto Alegre: L&PM, 2018, p. 549.
[37] SCHWAB, Klaus. *A quarta revolução industrial*. São Paulo: Edipro, 2016, p. 31.

limites seguros, capazes de compatibilizar avanço tecnológico, liberdade de pesquisa científica, vida e dignidade humana como Vicente de Paulo Barreto ensina:

> Biodireito de bio (do grego *biós*, vida) + direito (do latim *directus*, particípio passado de *dirigere*, pôr em linha reta, dispor, ordenar, regular). Denominação atribuída à disciplina no estudo do Direito, integrada por diferentes matérias, que trata da teoria, da legislação e da jurisprudência relativa às normas reguladoras da conduta humana em face dos avanços da Biologia, da Biotecnologia e da Medicina[38].

2.1 Do direito fundamental à liberdade de pesquisa científica à responsabilidade dos pesquisadores

Nicola Abbagnano[39] em seu *Dicionário de Filosofia* ensina que embora o termo *revolução* guarde significado preciso apenas quando empregado no contexto político, ele frequentemente é utilizado para designar uma mudança profunda em diversas situações estranhas à esfera política. Assim, é possível falar em revolução artística, filosófica ou mesmo literária, para designar alterações intensas no espectro cultural.

É justamente neste sentido que a expressão *revolução biotecnológica* tem sido usada, sobretudo a partir do último quarto do século XX, para referir uma mudança radical no âmbito da tecnologia que, com a descoberta do código genético, passou a ter como principal objeto de experimentação o genoma humano.

Klaus Schwab fazendo menção precisamente à revolução que envolve a pesquisa genética e que se encontra a todo vapor, ensina:

> A quarta revolução industrial, no entanto, não diz respeito apenas a sistemas e máquinas inteligentes e conectadas. Seu escopo é muito mais amplo. Ondas de novas descobertas ocorrem simultaneamente em áreas que vão desde o sequenciamento genético até a nanotecnologia [...] o que torna a quarta revolução industrial fundamentalmente diferente das

---

[38] BARRETO, Vicente de Paulo (Org.). *Novos temas de biodireito e bioética*. Rio de Janeiro: Renovar, 2003, p. 78.
[39] ABBAGNANO, Nicola. *Dicionário de Filosofia*. São Paulo: Martins Fontes, 2000, p. 858.

anteriores é a fusão dessas tecnologias e a interação entre os domínios físicos, digitais e biológicos.[40]

Em sentido similar, utilizando a expressão *revolução biotecnológica*, Ray Kurzweil, diretor de engenharia do *Google* e Terry Grossman, médico especialista em longevidade, também afirmam que "À medida que aprendemos os códigos genéticos e proteicos da nossa biologia, conquistamos meios de deter a doença e o envelhecimento, enquanto colocamos em ação todo nosso potencial humano".[41]

Os pesquisadores que se alinham à essas iniciativas, que têm como foco principal o desenvolvimento de seres humanos mais talentosos, mais saudáveis, mais longevos, mais inteligentes e imunes às doenças, entre outras características, defendem que suas atuações encontram respaldo legal no direito fundamental à liberdade de pesquisa científica e entendem que em hipótese alguma este direito fundamental poderia ser limitado, circunscrito ou mesmo diminuído, sob pena de se estar cometendo censura. Consideram que qualquer limite à pesquisa científica poderia ser qualificado como uma atitude obscurantista.

Todavia, é preciso ponderar que embora a liberdade constitua um valor estruturante no ordenamento jurídico, a ponto de integrar o rol dos direitos fundamentais, faz-se necessidade de lembrar que a liberdade, seja ela qual for, de manifestação, de credo, de locomoção, de pensamento, de expressão, inclusive aquela relacionada à pesquisa científica, encontra limite, como qualquer outro direito, por mais fundamental que seja.

Este limite é posto no próprio *lócus* onde a liberdade encontra sua justa fundamentalidade, isto porque, uma vez reconhecida como norma fundante de um Estado Democrático de Direito, situa-se ao lado dos demais direitos igualmente fundamentais, como a vida e a igualdade, entre outros.

Recorde-se, ainda, que um outro aspecto igualmente primordial da liberdade como direito fundamental diz respeito à responsabilidade. Assim, uma pergunta crucial quando se leva em conta o progresso cien-

---

[40] SCHWAB, Klaus. *Op. cit.*, p. 16.
[41] KURZWEIL, Ray; GROSSMAN, Terry. *A medicina da imortalidade: viva o suficiente para viver para sempre*. São Paulo: Aleph, 2019, p. 31.

tífico no âmbito das pesquisas envolvendo o genoma humano é se o pesquisador deve responder pelo resultado de sua atividade.

Hans Jonas ao tratar da ciência livre de valores, fazendo alusão ao mito da neutralidade científica, põe ao lado desta suposta imparcialidade investigativa que em geral é atribuída em pesquisado, a questão da responsabilidade do cientista. Deste modo indaga:

> Pergunta-se: O pesquisador tem responsabilidade por suas pesquisas? Pode torna-se culpado por elas? Pode evitar essa culpa? Já há algum tempo essas questões começaram a atormentar a consciência, anteriormente tão boa, dos cientistas naturais.[42]

O autor refere-se a Robert Oppenheimer cientista que após contribuir com a sua pesquisa em física nuclear, para a produção da bomba atômica, tendo visto sua utilização em Hiroshima, durante a Segunda Guerra Mundial, disse ter conhecido o "pecado".

Das consequências atômicas na esfera da física, aos potenciais riscos que envolvem a pesquisa genética, muitos poderiam considerar, tal como observa Hans Jonas, "que o pesquisador, dado que não tem poder algum sobre a *aplicação* de suas descobertas, tampouco é responsável pelo seu abuso"[43]. A reflexão remete àquela máxima segundo a qual o conhecimento em si mesmo não é bom, nem mau. A questão central em torno do conhecimento, estará sempre relacionada ao uso que se pretende fazer acerca de certos saberes e, portanto, sempre será relacionada à estatura moral dos homens.

Neste ponto, importante a retomada do ensinamento de Max Weber. Isto porque se o uso adequado ou inadequado, a propósito de um certo tipo de conhecimento, é uma escolha diretamente relacionada à envergadura moral daquele que o detém, o que vale dizer, se existe liberdade de decisão, de ação, então o terreno onde essas tomadas de decisões se organizam é, sem sombra de dúvidas, o terreno da ética, e aqui é fulcral a distinção que o autor faz a respeito da *ética da convicção* e da *ética da responsabilidade* conforme segue:

---

[42] JONAS, Hans. *Técnica, Medicina e Ética: sobre a prática do princípio da responsabilidade*. São Paulo: Paulus, 2013, p. 87.
[43] *Op. cit.*, p. 106.

> Quando as consequências de um ato praticado por pura convicção se revelam desagradáveis, o partidário de tal ética não atribuirá responsabilidade ao agente mas ao mundo, à tolice dos homens ou à vontade que assim criou os homens. O partidário da ética da responsabilidade, ao contrário, contará com as fraquezas comuns do homem (pois como dizia muito, procedentemente Fichte, não temos o direito de pressupor a bondade e a perfeição do homem) e entenderá que não pode lançar a ombros alheios as consequências previsíveis de sua própria ação.[44]

A distinção que Max Weber propõe entre a *ética da convicção* e a *ética da responsabilidade*, precisamente quando menciona que o pesquisador deve estar atento para "[...] *as consequências previsíveis de sua própria ação*" está, pois, a informar que esta *previsibilidade* constitui a fronteira que uma vez inobservada, deverá resultar em responsabilidade para o pesquisador, isto porque o conhecimento teórico, *logos*, e o prático, *techné*, em uma sociedade industrial são indissociáveis, desta união resulta a tecnologia. Novamente se faz pertinente as considerações de Hans Jonas conforme segue:

> Hoje em dia, quase por toda parte nas ciências naturais o interesse teórico e prático se mesclam indissoluvelmente (pense-se na física nuclear ou na biologia molecular); sobretudo na vida cotidiana da pesquisa – poder-se-ia falar da indústria da pesquisa, que tão amiúde é pesquisa industrial – a busca de finalidades práticas domina de antemão, enquanto estabelece as tarefas ao cientista. Deste modo, aquele que as soluciona se converte em serviçal daqueles que utilizam a solução. Ele se torna assim corresponsável pelo modo desta utilização, que já não está em suas mãos? Deve a previsibilidade de certos usos e suas consequências ser um motivo para ele não aceitar certas tarefas, quer dizer, recusar certas pesquisas?[45]

Fato é que não se faz ciência sem investimento, e não se investe, em um mundo que se organiza pelo modo capitalista de produção e pela economia de mercado, se não houver reais possibilidades de retorno,

---

[44] *Apud* GARCIA, Maria. *Limites da Ciência: A dignidade da pessoa humana e a ética da responsabilidade*. São Paulo: RT, 2004, p. 256.
[45] Hans Jonas. *Op. cit.*, p. 89.

isto é, lucro. Assim, quando algumas empresas, gigantes dos setores da tecnologia da informação se unem, engendrando o GAFA (Google, Apple, Facebook e Amazon), cujo equivalente asiático chinês é o BATX (Baidu, Alibaba, Tencente e Xiaomi), registre-se que esse conglomerado tem um PIB maior do que o muitos Estados, o GAFA, por exemplo, tem um PIB maior que a Dinamarca[46], quando essas empresas aportam bilhões de dólares em pesquisas que envolvem o genoma humano, a fim de editá-lo, melhorá-lo, reconstruí-lo, redesenhá-lo, o que vale dizer, aperfeiçoá-lo, certamente não o fazem com fim meramente altruístico e, é justamente aí que se encontra o nó górdio, por assim dizer, da responsabilidade relacionada à atividade científica. Assim, Yuval Noah Harari assinala:

> "O Google Ventures está investindo 36% da sua carteira de 2 bilhões de dólares em start-ups na área de biociência, inclusive projetos ambiciosos relacionados com a prorrogação da vida. Esses sonhos são compartilhados por outros luminares do Vale do Silício. O co-fundador da PayPal, Peter Thiel, confessou recentemente que tem o desejo de viver para sempre. 'Acredito que existam três modos de encarar [a morte]`, ele explicou. `Você pode aceitá-la, negá-la ou combatê-la. Nossa sociedade é dominada por pessoas que estão entre a negação e a aceitação; eu prefiro combatê-la`. Muitos irão rejeitar tais declarações por considera-las fantasias de adolescentes. No entanto, Thiel deve ser levado muito a sério. Um dos mais bem sucedidos e influentes empreendedores do Vale do Silício, possui uma fortuna pessoal estimada em 2,2 bilhões de dólares".[47]

Parece razoável pensar na corresponsabilidade do cientista que, tal como referido acima, por Max Weber, consegue antever as previsíveis consequências de sua pesquisa e a prova de que não se trata de uma postura utópica foi dada por Jacques Testart, cientista responsável pelo primeiro bebê de proveta nascido em território francês, se tornou um exemplo flagrante do pesquisador que tem a exata consciência da importância de sua atividade e, por isso, coloca a questão nos seguintes termos:

---

[46] Cf. FERRY, LUC. *A revolução transumanista*. São Paulo: Manole, 2018, p. 15.
[47] HARARI, Yuval Noah. *HOMO DEUS*. São Paulo: Companhia das Letras, 2016. p. 34.

Creio que chegou o momento de fazer uma pausa, o momento da autolimitação do pesquisador. O pesquisador não é o executor de todo projeto surgido na lógica própria da técnica. Colocado no cadinho do espiral dos possíveis, ele adivinha, antes de qualquer outra pessoa, para onde tende a curva, o que ela vem apaziguar, e também o que vem abolir, censurar, renegar. Eu, "pesquisador de procriação humana assistida", decidi parar. Não a pesquisa para fazer melhor o que já fazemos, mas a que opera uma mudança radical da pessoa humana no ponto de encontro da medicina procriativa e da medicina preditiva. Fiquem tranquilos os fanáticos do artificial, os pesquisadores são muitos, e tenho consciência de estar isolado nesse ponto. Que os homens preocupados, os que eram chamados "humanistas" e que hoje são tidos como "nostálgicos", se interroguem. [...] Reivindico também uma lógica da não-descoberta, uma ética da não pesquisa.[48]

Valiosa uma vez mais a lição de Hans Jonas conforme segue:

A responsabilidade é princípio primordial e norteador deste momento da história de utopias caídas e novos paradigmas levantados, no qual o ser humano busca desesperadamente categorias que o ajudem a continuar vivendo uma vida digna e que continue merecendo o nome de humana.[49]

Eis o desafio que o atual cenário impõe: compatibilizar interesses aparentemente conflitantes e que imediatamente se instauram quando os termos, *mercado*, *ética* e *pesquisa*, são empregados na mesma sentença. Se existe um ponto de equilíbrio entre esses extremos, e é preciso que exista, já que se trata de ajustar o pêndulo a fim de que a ciência avance e que a espécie humana seja respeitada, este ponto de equilíbrio deve ser informado pelo Biodireito, ramo do Direito que tem como escopo a tutela do patrimônio genético humano.

---

[48] TESTART, Jacques. *Op. cit.*, p. 25-26.
[49] HOJAS, Hans. *O princípio da responsabilidade: ensaio de uma ética para a civilização tecnológica.* Rio de Janeiro: PUC, 2006, p. 19.

2.2 Das razões do mercado às escolhas éticas: o biodireito e a tutela do patrimônio genético humano

O acrônimo NBIC representa a união de novas tecnologias como a *nanotecnologia*, a *biotecnologia*, a *informática*, esta última fundamental especificamente no que concerne à *big data* e a internet das coisas e, por fim o *cognitivismo*, que tem se dedicado à inteligência artificial e à robótica.[50]

Diante da convergência desses ramos, é possível traçar um panorama das profundas mudanças que ocorrerão nas próximas décadas, em diversos setores da sociedade, já que a aliança dessas tecnologias constitui a quarta revolução industrial, conforme anteriormente mencionado, e que essa convergência se caracteriza, em última análise, na união de esforços no sentido de produzir vida humana sintética.

Assim, tudo indica que na economia, nos empregos, na produtividade, nas competências, nos negócios e no consumo, entre outros, todos esses segmentos serão radicalmente afetados, para o bem ou para o mal. Interessa aqui, sobremaneira, a transformação vertiginosa que a NBIC já se mostra capaz de promover no âmbito da genética humana, registre-se, sem que uma legislação própria regulamente essas práticas. Uma demonstração inequívoca da magnitude desta revolução genética, que se desenvolve à margem da lei, diz respeito àquela praticada pelo cientista chinês He Jiankui, que ficou mundialmente conhecido no ano de 2018, quando o pesquisador anunciou ter feito uso da técnica Crispr9.

De acordo com a comunidade científica, a técnica Crispr9 implica em uma espécie de edição genética, um processo que permite "recortar e colar" o DNA humano em locais específicos, alterando a sua estrutura. No anúncio, o pesquisador chinês informou que havia editado os genes das gêmeas Lulu e Nana, removendo uma proteína e, com isso, teria tornado ambas imunes ao vírus HIV. Após a referida edição do genoma, o pesquisador implantou os embriões editados no útero da materno. As gêmeas se desenvolveram e nasceram.

A partir do anúncio, é possível inferir, sobretudo por parte do público leigo, que o advento da técnica representa a cura para inúmeras doenças ainda sem tratamento eficaz. Contudo, pesquisadores que se dedicam ao estudo da genética humana, demonstraram ter recebido a notícia com grande preocupação, isto porque o nível de desenvolvi-

---

[50] Cf. FERRY, Luc. *Op.cit.*, 29.

mento embrionário no qual foi realizada a edição genética, nível germinal, a alteração não ficará restrita apenas às gêmeas, essa alteração será transmitida para os seus possíveis futuros descendentes, de modo que já houve, por assim dizer, a partir da edição do embrião da gêmeas, a alteração do patrimônio genético de toda a humanidade.

O fato é alarmante porque os cientistas não sabem dizer o que a supressão de determinada proteína pode representar no futuro da espécie humana; é alarmante porque muitas vezes o gene que predispõe uma pessoa a desenvolver uma determinada patologia é, o mesmo, que torna aquela pessoa imune à outras doenças; é alarmante porque uma vez admitido o uso da técnica para um determinado tipo de moléstia, seria preciso adotar critérios para identificar quais males justificariam a intervenção, isto é, parâmetros claros precisariam ser estabelecidos no sentido de listar o que seria aceitável em termos de saúde humana, esclerose múltipla, Parkinson, Alzheimer, poderiam justificar a intervenção e, uma vez admitidos poderiam abrir espaço para a banalização da técnica, inserindo-se nesta lista, paulatinamente, a surdez, a síndrome de down e até mesmo a obesidade; é alarmante porque a partir da aceitação do emprego do Crispr9 renasceria o velho projeto científico do eugenismo, agora não apenas para atender a interesses políticos, mas, sobretudo, em virtude dos interesses econômicos.

Neste sentido, José Geraldo de Freitas Drumond alerta:

> "[...] a biotecnologia vem potencializando três grandes utopias humanas: a da eternidade (pelo aumento da longevidade), a da beleza (pelas mudanças cosmetológicas) a do prazer (pelo aparecimento de novas drogas que suprimem a dor e promovem maior prazer físico e psíquico)"[51].

Assim, é possível afirmar que a utilização do Crispr9 representaria a oferta para uma demanda cada vez maior e mais presente na sociedade, aquela que é alimentada pelo sonho de uma "saúde perfeita" e de um "corpo perfeito", ainda que não se possa determinar exatamente o que se entende por "perfeito" e, apesar desta indeterminação, não resta dúvida de que o mercado envidará todos os seus esforços para promover, através da medicina genômica, a utópica "perfeição".

---

[51] DRUMOND, JOSÉ GERALDO DE FREITAS. *A percepção pública das biotecnologias In Desafios Jurídicos da Biotecnologia*. Belo Horizonte: Mandamentos, 2007, p. 10.

No mesmo sentido, Klaus Schwab, com a propriedade de quem é fundador e presidente do Fórum Econômico Mundial, avalia os impactos da aplicação da quarta revolução industrial, nos seguintes termos:

> O futuro desafiará nossa compreensão do que significa ser humano, de um ponto de vista social e biológico. Os programas emergentes em biotecnologia prometem melhorar e aumentar a expectativa de vida humana e melhorar nossa saúde física e mental. A oportunidade para a integração das tecnologias digitais aos tecidos biológicos também está crescendo, e o que isso pressagia nas próximas décadas está causando um sem número de emoções. Os otimistas retratam um mundo mais sustentável, livres das doenças que combatemos hoje. Os pessimistas alertam para um futuro despótico de bebês projetados e acesso desigual aos frutos da biotecnologia. Esses pontos de vistas contrários destacam o debate sobre como usar os novos recursos da biotecnologia e ressaltam as complexas questões colocadas por cada avanço científico.[52]

Considerando os riscos de um futuro despótico, após o anúncio feito pelo cientista chinês acerca da utilização da técnica Crispr9, parte da comunidade científica internacional emitiu nota condenando o procedimento. Dentre os cientistas que subscrevem o documento, encontra-se Jennifer Doudna bioquímica que participou como pesquisadora da equipe responsável pela descoberta da técnica de edição genética Crisper9. No documento, os pesquisadores fazem um apelo aos colegas cientistas que realizam pesquisa no âmbito da genética humana, solicitam que estes pesquisadores assumam um compromisso ético de não avançarem nos próximos cinco anos, no que diz respeito à técnica de edição e à seleção genes humanos.

O ato foi considerado uma espécie de moratória, de autocensura por parte dos pesquisadores. Todavia, dois pontos chamam a atenção: primeiro, o fato de no texto os cientistas substituírem a expressão "melhora genética" por "correção genética", numa tentativa de desvincular a técnica Crispr9 de eventuais práticas eugênicas e, segundo, o fato de que parte da comunidade científica simplesmente se recusou a subscrever o documento, manifestando-se publicamente contrária à moratória e disposta a dar continuidade em seus trabalhos de edição genética.

---

[52] SCHWAB, Klaus. *Aplicando a quarta revolução industrial*. São Paulo: Edipro, 2018, p. 225.

O embate entre os cientistas e a recusa por parte dos pesquisadores em assumir um compromisso ético, revela a importância do tema e a necessidade do estabelecimento de normas jurídicas especificas, de princípios jurídicos capazes de assegurar o avanço da ciência e a integridade do patrimônio genético da humanidade.

É urgente o estabelecimento de uma legislação própria que contemple este tema, para que com o devido respeito aos direitos humanos, duramente conquistados ao longo dos séculos, o progresso científico se desenvolva de modo responsável.

Não se trata, em absoluto, de obscurantismo, de uma atitude reacionária, que alimenta a ilusão de que é possível proibir o desenvolvimento científico através da lei. Trata-se, ao contrário, de empregar esforços no sentido de garantir, por meio do Biodireito, que a ciência avance e que se mantenha à serviço da humanidade, e não o contrário; que suas descobertas possam representar o acesso a tratamentos médicos, e não um maior acúmulo de riqueza; que a medicina no século XXI possa ter compromisso também com a ética, e não apenas com o lucro. Vale lembrar que o poder que a biotecnologia em geral, e a genética humana em particular suscita, é genuinamente prometeico e, como tal, necessariamente ambíguo.

Hans Jonas reflete acerca desta dubiedade, inerente ao poder das biociências e questiona se "Em função dessa ambiguidade do poder e da grandeza excessiva que se costuma ganhar com a técnica moderna – seria preciso em geral renunciar a ele e ao seu aumento, ou seja, à obtenção do novo poder?". O autor prossegue advertindo que "[...] não podemos fazer isso, porque dele necessitamos para promover os assuntos humanos. Necessitamos do seu contínuo progresso para superar a cada momento suas próprias consequências negativas, isto é, do seu uso até aqui."[53]

Reitera-se que dentre as ambiguidades que despertam maiores preocupações e que reclamam a intervenção de Biodireito, estão aquelas que unem, umbilicalmente, o progresso científico proposto no âmbito da genética humana, ao mercado. Assim, Frédéric Vandenberghe adverte:

> [...] a conjunção entre capitalismo, informática e genética pode pavimentar o caminho em direção à modificação e comodificacão tecnológica da

[53] JONAS, Hans. *Op. cit.*, p. 89.

natureza humana e, dessa forma, a um novo tipo de reificação [...] O velho conceito de reificação foi forjado ao analisar a transformação da força de trabalho em mercadoria e ao criticar a degradação dos seres humanos em coisas [...] A nova reificação vai mais longe. Na medida em que as tecnociências cientificamente desconstroem e tecnologicamente superam as distinções ontológicas entre o humano, o animal e a coisa, a própria vida humana é objetivada, pateteada, modificada e comodificada. O neocapitalismo não conhece limite algum [...] Os novos desenvolvimentos nas biociências e a tentativa da tecnoindústria em transformar a própria vida em mercadoria mostram que o neocapitalismo global não apenas colonizou o mundo-da-vida, como também pretende reificar a colonizar a vida em busca do lucro.[54]

Já para Jeremy Rifkin "Técnicas de recombinação de DNA e outras biotecnologias permitem aos cientistas e às empresas de tecnologia a localização, manipulação e exploração de recursos genéticos para fins econômicos específicos [...] a concessão de patentes de genes, linhas de células, tecido geneticamente desenvolvido, órgãos e organismos, bem como os processos usados para alterá-los" [...] todo esse cenário, segundo o autor, está dando ao mercado um incentivo comercial para explorar novos recursos"[55]

Lewontin por sua vez adverte que "[...] atualmente nos Estados Unidos não existe um único biólogo molecular de relevo que não seja dirigente, ou primeiro consultor científico, ou membro do conselho diretor, ou proprietário de quotas acionárias de uma empresa comercial de biotecnologia."[56]

Essas referências indicam que o mercado biotecnológico é tão promissor no âmbito da genética humana, que o retorno é tão certo e vultuoso, a julgar pelas altíssimas quantias investidas, que diante da brandura da atual legislação, corre-se o risco de que alguns cientistas avaliem e que cheguem à conclusão de que o crime compensa! Aja visto o

---

[54] VANDENBERGHE, Frédéric. *Pós Humanismo: ou a lógica cultural do novo neocapitalismo global*. São Paulo: Annablume, 2018, p. 15.
[55] RIFKIN, Jeremy. *O século da biotecnologia: a valorização dos genes e a reconstrução do mundo*. São Paulo: Makron Books, 1999, p. 9.
[56] Apud BERLINGUER, Giovanni; GARRAFA, Volnei. *O mercado humano*. Brasília: UnB, 2001. p. 50.

exemplo do que ocorreu há alguns anos atrás com outro pesquisador, que teve seu nome envolvido em pesquisas científicas condenáveis não apenas ética, como também juridicamente.

Hwang Woo-suk trabalhava como pesquisador na Universidade de Nacional de Seul quando, no ano de 2004, publicou um artigo no jornal *Science*, periódico de grande prestígio no meio acadêmico, informando que a equipe por ele liderada havia tido êxito na clonagem do primeiro embrião humano. Após este feito, no ano seguinte, o mesmo pesquisador também anunciou a primeira clonagem do mundo realizada em um cachorro.

Acusado de fraude, foi expulso em 2006 da Universidade em que desenvolvia suas pesquisas, após ter sido constatado que havia forjado provas, desviado dinheiro público e assediado mulheres que trabalhavam em seu laboratório, comprando seus óvulos. Em seguida, pediu publicamente desculpas pela farsa e tendo sido condenado a dois anos de prisão, conseguiu suspensão da pena por ter demonstrado arrependimento.

Em 2007 Hwang Woo-suk fundou a *Sooam Research*, uma instituição privada de pesquisa para dar continuidade à sua atividade e, em 2019, voltou ao cenário mundial como proprietário da primeira empresa do mundo, a *Biotech Sooam Research*, especializada em clonar cachorros. Contando mais de mil cães clonados, pela quantia de cem mil dólares cada um, o cientista transformou a si mesmo em um empresário de sucesso, assim como também transformou sua pesquisa em um negócio altamente lucrativo. Eis a prova de que diante de uma legislação inespecífica, incapaz de dimensionar os valores que estão em jogo quando a assunto envolve biotecnologia, o crime pode acabar por compensar.[57]

No entanto, cabe registrar que a clonagem, técnica empregada por Hwang Woo-suk, se comparada com a técnica da edição genética, praticada pelo pesquisador chinês He Jiankui, em temos de potencial lesivo para a humanidade, chega a parecer ingênua. Isto porque o Crispr9 representa economicamente a possibilidade de um mercado muito mais lucrativo, já que acena com o melhoramento genético de seres humanos, o que vale dizer, se na clonagem clona-se todas as informações

---

[57] David Ewing Duncan. *A fábrica de cachorros clonados*. Super Interessante. Edição 401. Abril, 2019, 22-31.

genéticas, isto é, "copia-se" o que o organismo clonado tem de "bom" e o que tem de "ruim". Já com a edição genética é possível a supressão de genes considerados "defeituosos", ou seja, é possível "consertar" retirar a parte "incorreta" e produzir um novo organismo, "correto". Justamente por essa razão é que a aplicação do Crispr9 se mostra veementemente condenável, porque sempre restará a questão: quem vai definir o que é aceitável, correto, incorreto e defeituoso, em se tratando da saúde humana?

É preciso reconhecer que o caminho percorrido até o momento pelo pesquisador chinês, se mostra semelhante àquele percorrido pelo cientista sul coreano. Expulso no início do ano 2019 da Universidade SUSTech, Universidade de Ciência e Tecnologia, localizada no sul da China, por ter violado normas internacionais de Bioética e de Direitos Humanos, flagrantemente àquela relacionada ao *consentimento livre e esclarecido*, instituída pelo Código de Nuremberg, He Jiankui foi, em novembro de 2019, condenado a três anos de prisão, pela realização da primeira edição genética humana do mundo.

Desperta justificada preocupação o fato de a sentença estar baseada no *exercício ilegal da medicina*, visto que o He Jiankui, médico geneticista, não tinha registro que lhe permitisse atuar no campo da reprodução humana, nem tampouco que lhe autorizasse a utilizar técnica de fertilização *in vitro*.

Registre-se, uma vez mais, que a falta de uma legislação capaz de tutelar o patrimônio genético da humanidade, diante do avanço avassalador das pesquisas envolvendo o genoma humano, possibilitará cada vez mais que práticas condenáveis ética e juridicamente resultem, por parte da justiça, em respostas brandas que, antes de serem um instrumento eficaz para a coibição deste tipo de conduta, ao contrário, se mostrem extremamente convidativas diante do incomensurável mercado biotecnológico que se descortina no século XXI.

Diante deste cenário cabe ao Biodireito, enquanto expressão da quarta dimensão dos direitos humanos, valendo-se, entre outros, dos referenciais e princípios da Bioética, construir um arcabouço jurídico a fim de permitir que a ciência avance, sem que este avanço constitua uma ameaça para a humanidade. O desafio que se impõe, portanto, ao Biodireito, será sempre aquele de equilibrar os pratos da balança, a fim de que a liberdade de pesquisa científica possa se coadunar com os valores da vida, da dignidade, do respeito e da responsabilidade, alicerces do Estado Democrático de Direito.

Conclusões

A abordagem histórica e jurídica, bem como a análise crítica do contemporâneo movimento de manipulação genética revelou o riscos presentes no uso da ciência e de seus conhecimentos para a referida manipulação e edição de genes de seres humanos, normalmente sob a alegação do escopo do combate a patologias que afligem a humanidade mas que, sob outros aspectos, podem configurar graves riscos aos direitos humanos.

Assim, a utilização de uma abordagem histórico-normativo para o estudo desta temática, baseada na experiência mundial a partir do início do século XX, permite prever e propor a necessidade de monitoramento de tais ações, mediante a observância das normas internacionais que disciplinam as pesquisas clínicas, tais como o Código de Nuremberg (1947); a Declaração de Helsinque (versão de 2000); a Declaração Ibero-Latino-Americana sobre Ética e Genética (2002); a Declaração Universal sobre Bioética e Direitos Humanos, bem como das normas internas a serem informadas pelo Biodireito à luz dos ditames constitucionais.

A edição dos genes de duas crianças, gêmeas, por um cientista chinês, conforme referido acima, demonstra a presença de riscos para a humanidade e seu código genético e, portanto, para os direitos humanos, na atualidade. Justificado está, portanto, o estabelecimento de normas reguladoras a fim de que se evite cumprir o destino antevisto por Jacques Testart que assim prenuncia: "Dia virá em que o saldo de humanidade estará contido inteiramente na lembrança do homem"[58].

Referências

ABBAGNANO, Nicola. *Dicionário de Filosofia*. São Paulo: Martins Fontes, 2000.
ALBUQUERQUE, Aline. *Para uma ética em pesquisa fundada nos Direitos Humanos*. Revista Bioética. (Impr.). 2013; 21 (3): 412-22. Brasília-DF.
ALMEIDA, Silvio. *O Que é Racismo Estrutural?* Belo Horizonte: Letramento, 2018.
BAUMAN, Zygmunt. *Modernidade e Holocausto*. Rio de Janeiro: Jorge Zahar Editora, 1998.

---

[58] TESTART, Jacques. *Op.cit.*, p. 102.

BERLINGUER, Giovanni; GARRAFA, Volnei. *O mercado humano*. Brasília: UnB, 2001.

BLACK, Edwin. *A Guerra Contra os Fracos – A Eugenia e a Campanha Norte-Americana Para Criar uma Raça Superior*. Editora A Girafa, 2003.

BARRETO, Vicente de Paulo (Org.). *Novos temas de biodireito e bioética*. Rio de Janeiro: Renovar, 2003.

BOBBIO, Norberto. *A era dos direitos*. Rio de Janeiro: Campus, 1992.

Código de Nuremberg. *Tribunal Internacional de Nuremberg – 1947. Trials of war criminal before the Nuremberg Military Tribunals*. Control Council Law 1949; 10(2): 181-182. Disponível em https://www.ufrgs.br/bioetica/nuremcod.htm. Acesso em 22.11.2019.

DRUMOND, JOSÉ GERALDO DE FREITAS. *A percepção pública das biotecnologias In Desafios Jurídicos da Biotecnologia*. Belo Horizonte: Mandamentos, 2007.

DUNCAN, David Ewing. *A fábrica de cachorros clonados*. Super Interessante. Edição 401. Abril, 2019, 22-31.

EL PAIS. *Elite Brasileira que Importa Sêmen Prefere Doadores Brancos de Olhos Azuis*. Disponível em https://brasil.elpais.com/brasil/2018/03/31/politica/1522449726_364534.html. Acesso em 7.11.2019. Acesso em 17.11.2019.

EUGENICSARCHIVE. *"Eugenics" coined by Galton*. Disponível em https://eugenicsarchive.ca/discover/tree/51509d16a4209be523000008. Acesso em 21.11.2019.

FERRY, LUC. *A revolução transumanista*. São Paulo: Manole, 2018.

FOLHA DE SÃO PAULO – CIÊNCIA. *Governador de SC louva eugenia em artigo*. Disponível em https://www1.folha.uol.com.br/fsp/ciencia/fe0309200504.htm. Acesso em 17.11.2019.

GARCIA, Maria. *Limites da Ciência: A dignidade da pessoa humana e a ética da responsabilidade*. São Paulo: RT, 2004.

HARARI, Yuval Noah. *Sapiens: uma breve história da humanidade*. Porto Alegre: L&PM, 2018.

_____. *HOMO DEUS*. São Paulo: Companhia das Letras, 2016.

HOLOCAUST EDUCATION & ARCHIVE RESEARCH TEAM. *Introduction To Nazi Euthanasia*. Disponível em http://www.holocaustresearchproject.org/euthan/index.html. Acesso em 22.11.2019.

INSTITUTO DE PESQUISA ECONÔMICA APLICADA (IPEA). *Atlas da Violência: Brasil registra mais de 65 mil homicídios em 2017*. 05/06/2019. Disponível em http://www.ipea.gov.br/portal/index.php?option=com_content&view=article&id=34786&Itemid=8 . Acesso em 17.11.2019.

ISTOÉ. *Negros têm mais dificuldade de obter emprego e recebem até 31% menos que brancos*. Disponível em https://istoe.com.br/negros-tem-mais-dificuldade-de-obter-emprego-e-recebem-ate-31-menos-que-brancos-2/. Acesso em 17.11.2019.

JONAS, Hans. *Técnica, Medicina e Ética: sobre a prática do princípio da responsabilidade*. São Paulo: Paulus, 2013.

_____. *O princípio da responsabilidade: ensaio de uma ética para a civilização tecnológica*. Rio de Janeiro: PUC, 2006.

JUSTIA US SUPREME COURT. *Plessy Vs. Fergunson, 163 U.S. 537 (1896)*. United States Supreme Court. Disponível em https://supreme.justia.com/cases/federal/us/163/537/. Acesso em 17.11.2019.

KNOX, Robert. *Races of Men*. Philadelphia: Lea & Blanchard, 1850. Disponível em https://archive.org/details/racesofmenfragme00knox/page/n11. Acesso em 21.11.2019.

KURZWEIL, Ray; GROSSMAN, Terry. *A medicina da imortalidade: viva o suficiente para viver para sempre*. São Paulo: Aleph, 2019.

MOREIRA, Adilson. *Racismo Recreativo*. São Paulo: Sueli Carneiro; Pólen, 2019.

PEREIRA, Flávio de Leão Bastos. *Genocídio Indígena no Brasil – Desenvolvimentismo entre 1964 e 1985*. Curitiba: Ed. Juruá, 2018.

PRESIDÊNCIA DA REPÚBLICA. *Constituição da República dos Estados Unidos do Brasil de 16 de julho de 1934*. Disponível em http://www.planalto.gov.br/ccivil_03/constituicao/constituicao34.htm. Acesso em 20.11.2019.

_____*Lei de Biossegurança n. 11.105/05*. Disponível http://www.planalto.gov.br/ccivil_03/_Ato2004-2006/2005/Lei/L11105.htm. Acesso em 09.06.20.

REILLY, Alexander. *The Ghost of Truganini: Use of Historical Evidence as Proof of Native Title*. Federal Law Revies, Volume 28, p. 453-475. Disponível em https://journals.sagepub.com/doi/pdf/10.22145/flr.28.3.4?casa_token=q4ekJ35W5iIAAAAA:nTgQ7Dkt6InE1yNBTF6hEhzxhhxbiCX75gIidIdk-8hi0Y33HsCLMGL7qUlPexAqhyhNfU-S6mzk. Acesso em 20.11.2019.

RIFKIN, Jeremy. *O século da biotecnologia: a valorização dos genes e a reconstrução do mundo*. São Paulo: Makron Books, 1999.

ROCHA, Renata da. *O direito à vida e a pesquisa científica em células-tronco: limites éticos e jurídicos*. Rio de Janeiro: Elsevier, 2008.

SERRANO, Pedro Estevam. *Estado de Direito – Educação eugênica da Constituição de 1934*. Entrevista concedida ao canal TV 247 em 20.11.2019. Disponível em https://youtu.be/xXZet29bnAA. Acesso em 20.11.2019.

SOUZA, Vanderlei Sebastião de. *Por uma Nação Eugênica: Higiene, Raça e Identidade Nacional no Movimento Eugênico Brasileiro dos Anos 1910 e 1920*. Revista Brasileira de História da Ciência, Rio de Janeiro, v. 1, n. 2, p. 146-166.

SCHWAB, Klaus. *A quarta revolução industrial*. São Paulo: Edipro, 2016.

_____. *Aplicando a quarta revolução industrial*. São Paulo: Edipro, 2018.

TESTART, Jacques. *O ovo transparente*. São Paulo: Edusp, 1995.

The Embryo Project Encyclopedia. *Recording and contextualizing the science of embryos, development, and reproduction*. Disponível em https://embryo.asu.edu/search?-text=American%20Eugenics%20Society. Acesso em 21.11.2019.

The Wall Street Journal. *Demand for American Sperm Is Skyrocketing in Brazil.* Disponível em https://www.wsj.com/articles/in-mixed-race-brazil-sperm-imports-from-u-s-whites-are-booming-1521711000. Acesso em 17.11.2019.

Unesdoc Digital Library. *Declaração Universal sobre Bioética e Direitos Humanos.* Organização das Nações Unidas para a Educação, Ciência e Cultura. Disponível em https://unesdoc.unesco.org/ark:/48223/pf0000146180_por. Acesso em 22.11.2019.

UOL. *Número de brasileiros que se declaram pretos cresce no país, diz IBGE.* 22.5.2019. Disponível em https://noticias.uol.com.br/cotidiano/ultimas-noticias/2019/05/22/ibge-em-todas-as-regioes-mais-brasileiros-se-declaram-pretos.htm. Acesso em 17.11.2019.

Uzoigwe, Godfrey N. *Partilha Europeia e Conquista da África: Apanhado Geral.* Obra coletiva HISTÓRIA GERAL DA ÁFRICA VII – África Sob Dominação Colonial, 1880-1935, 3ª edição. São Paulo: Cortez; Brasília: UNESCO, 2011.

Vandenberghe, Frédéric. *Pós Humanismo: ou a lógica cultural do novo neocapitalismo global.* São Paulo: Annablume, 2018.

10.
Religião, espaço público e a delimitação ética da biogenética em Jürgen Habermas

Fabiano de Almeida Oliveira

Introdução

Casos recentes envolvendo a hibridização entre células humanas e animais,[1] com finalidades terapêuticas, reacendeu a discussão sobre os limites bioéticos da ciência. Há décadas os avanços da engenharia genética têm se revelado um desafio para autocompreensão ética da espécie humana, não tanto em função de seu potencial terapêutico e das contribuições promovidas nos âmbitos do tratamento de doenças pré-existentes e traumas, reprodução assistida, dentre outras, mas muito mais por causa do surgimento de métodos e biotécnicas ligados a propósitos de aperfeiçoamento humano propiciados pela ciência genética. No final dos anos 90 e início do novo milênio, essa inquietação moral já se fazia sentir através das pesquisas envolvendo o diagnóstico genético de pré-

---

[1] O caso recente que chamou a atenção da comunidade internacional, nesses últimos meses, foi aquele noticiando que o Japão se tornou o primeiro país do mundo a permitir o cultivo de embriões híbridos de humanos e animais para a criação de órgãos humanos com fins de transplantes. Disponível em: <https://g1.globo.com/ciencia-e-saude/noticia/2019/07/31/japao-aprova-nascimento-de-embrioes-hibridos-de-humanos-e-animais.ghtml>. Acesso em: 10 set. 2019.

-implantação (DGPI)[2] e das pesquisas com células-tronco, viabilizadas pelo encontro entre a medicina reprodutiva e a técnica genética, possibilitando o avanço significativo da medicina preventiva.[3]

O desafio, na verdade, concentra-se no encontro entre os interesses eugenistas liberais e as oportunidades de aperfeiçoamento genético proporcionadas pela biotécnica e pela ciência genética, acrescido da colonização operada pelos interesses econômicos dos grandes investidores, cuja lógica sistêmica obedece aos fins estratégicos do mercado.[4] A rapidez de tais avanços técnicos, economicamente motivados, não é acompanhada, no mesmo compasso, pela compreensão da sociedade civil e do Estado, de suas implicações bioéticas e biopolíticas, podendo com isso levar à subversão de princípios e valores fundamentais para a sociedade sem que haja a devida discussão dessas implicações morais e legais na esfera pública. Será precisamente o uso eugenista liberal da engenharia genética, especialmente do DGPI e das pesquisas com células-tronco, que levará Habermas em sua obra "O Futuro da Natureza Humana", a problematizar a sua legitimidade ética e jurídica, pois tais procedimentos tendem a não reconhecer "um limite entre intervenções terapêuticas e de aperfeiçoamento, deixando às preferências individuais dos integrantes do mercado a escolha dos objetivos relativos a intervenções que alteram características".[5] Isso porque, com o DGPI e as pesquisas com células-tronco, se tornaram imprecisos os limites entre os procedimentos que visam apenas à prevenção de fatores hereditários problemáticos e aqueles que têm em vista a potencialização e o aperfeiçoamento dos fatores desejáveis. Segundo Habermas, "o limite conceitual entre a prevenção do nascimento de uma criança gravemente doente e o aperfeiçoamento do patrimônio hereditário, ou seja, de uma decisão eugênica, não é mais demarcado".[6]

---

[2] O DGPI é um método bastante precoce de diagnóstico pré-natal indicado à prevenção de patologias gênicas ou cromossômicas de indivíduos que serão gerados por casais geneticamente propensos a esses casos.

[3] HABERMAS, Jürgen. *O futuro da Natureza Humana*: A Caminho de uma Eugenia Liberal?. São Paulo: Editora WMF, 2016, p. 23.

[4] Ibid., p. 25.

[5] Ibid., p. 27.

[6] Ibid., p. 30.

10. RELIGIÃO, ESPAÇO PÚBLICO E A DELIMITAÇÃO ÉTICA DA BIOGENÉTICA...

Habermas problematiza a questão nos termos das seguintes perguntas: "É compatível com a dignidade humana ser gerado mediante ressalva e, somente após um exame genético, ser considerado digno de uma existência e de um desenvolvimento? Podemos dispor livremente da vida humana para fins de seleção?".[7] Para ele, a disseminação e a normalização da produção de embriões para fins de pesquisa, têm provocado uma paulatina e contínua insensibilidade da sociedade a respeito do valor e dignidade da vida humana pré-natal e de suas implicações morais.[8] Pior do que isso são as consequências a longo prazo que essa manipulação eugenista pode gerar à autocompreensão do homem sobre a identidade da espécie humana e as implicações que isso teria para a compreensão do direito e da moral que sempre tivemos.[9]

Habermas vê uma relação entre esse descarrilamento ético e os excessos da secularização moderna.[10] Não é sem motivo que neste atual contexto pós-secularizado, caracterizado pela emergência global do interesse pela religião, ele apelará para a contribuição do discurso religioso no espaço público, como fonte de motivações pré-políticas ou de argumentos teológicos/religiosos devidamente traduzidos, para atender as demandas por entendimento comum numa sociedade pluralista, favorecendo o fortalecimento de princípios éticos que resguardem a solidariedade e a dignidade da espécie humana, bem como sua autonomia moral.[11] A forma como Habermas proporá essa contribuição da religião será bastante original, tendo este capítulo a finalidade de averiguar a sua trajetória teórica.

1. A questão da disponibilização da natureza humana para fins de manipulação genética

Habermas reconhece que o avanço da engenharia genética com suas intervenções biotécnicas no genoma humano, nos últimos anos, faz parte

---

[7] Ibid., p. 28.
[8] Ibid., p. 29.
[9] Ibid., p. 32.
[10] HABERMAS, J. Ein Bewußtsein von dem, was fehlt. Über Glauben und Wissen und den Defätismus der modernen Vernunft. In: Wenzel, K. (Ed.) *Die Religionen und die Vernunft*. Die Debatte um die Regensburger Vorlesung des Papstes. Freiburg: 2007, p. 51.
[11] HABERMAS, Jürgen. *Entre Naturalismo e Religião*. Rio de Janeiro: Tempo Brasileiro, 2007, p. 115-167.

de um projeto mais antigo e tipicamente moderno que envolve o contínuo domínio da natureza por meio do saber científico, tornando disponível a natureza externa às intervenções do homem. Só que agora esse projeto foi levado a um outro nível, tornando disponível também a natureza humana (interna), algo que pode trazer consequências não só para a nossa autocompreensão pessoal e social, mas envolve também a própria redefinição do que seremos enquanto espécie.

Desde o início dos anos 2000, governos mundo afora tem reagido aos riscos envolvendo procedimentos mais delicados como, por exemplo, a clonagem, propondo formas mais restritivas de controle moral e legal da disponibilização da natureza humana propiciada pelas ciências naturais.[12] No entanto, o processo de normatização dessas práticas científicas não consegue acompanhar as transformações que lá ocorrem, levando as legislações vigentes apenas a se ajustarem às mudanças sociais, não refletindo prospectivamente sobre essa questão e seus dilemas bioéticos futuros. Esse desafio se intensifica à medida que este crescente avanço técnico-científico de dispor da natureza humana se une ao poder econômico de indivíduos em obter uma maior longevidade e maximização do seu bem-estar pessoal e social por meio da autonomia de moldar seu próprio destino ou o de outros.

Apesar de receoso em relação a isso, Habermas reconhece seu ceticismo no tocante às intervenções normativas do Estado em tentar controlar o uso das técnicas genéticas de aperfeiçoamento por meio de iniciativas de "moralização" ou "sacralização" da natureza humana que se comportem como formas de tabu.[13] Se existe a possibilidade de uma moralização plausível da natureza humana, essa não pode mais se restringir àqueles pudores antimodernos e infundados, baseados em preconceitos arcaicos, incompatíveis com mais esta etapa inevitável no processo de desencantamento moderno com a natureza externa (meio ambiente natural) e, que agora, se estende também à natureza interna (humana). Tal moralização, caso seja possível, deve ser justificada pela preservação de uma autocompreensão ética da espécie humana que resguarde nossa autonomia pessoal e a contingência da propagação histórica da nossa espécie. Essa parece ser, para Habermas, uma forma mais

---

[12] Habermas, *O futuro da natureza humana*, p. 34.
[13] Ibid., p. 36.

honesta e realista de intervenção do Estado sobre essa questão, sob um viés muito mais político-social do que jurídico, e que faria justiça, também, ao caráter reflexivo e deliberativo do atual estágio da visão de mundo moderna, caracterizado pelo esclarecimento científico do mundo da vida.[14]

Para ele, essa discussão precisa acontecer, também, sem a intervenção arbitrária de um tipo de argumento moral que pressupõe, sob bases metafísicas, a dignidade humana do embrião desde seu início incipiente e, por conseguinte, do seu suposto "inalienável" direito à vida, pois isso inviabilizaria a busca por consenso político por desconsiderar o pluralismo ideológico sobre o qual se constitui o Estado liberal e a sociedade civil.[15] O que o leva, então, a discutir o sentido próprio do princípio da dignidade da pessoa humana em contraposição à dignidade da vida humana, como forma de elucidar os problemas reais envolvidos nessa questão.

2. A questão da dignidade da pessoa e da vida humana

Habermas entende que todo o debate filosófico sobre o uso de embriões para pesquisa e para o diagnóstico genético de pré-implantação dos seus dias (década de 90 e início dos anos 2000) ocorria no interior de uma discussão inócua centralizada na questão do aborto. O que a seu ver, representava um equívoco, pois as razões que acompanham o DGPI, enquanto diagnóstico preventivo de genes defeituosos, nada teria a ver com as razões que geralmente acompanham a interrupção da gravidez por parte dos partidários *pro choice*.[16] Ao condicionar a discussão dessa matéria à questão da permissão ou não do aborto, cria-se um entrave insolúvel para futuros consensos, pois para a sua solução seria necessário determinar a dignidade moral daquela vida pré-pessoal intrauterina, algo que ao longo da história recente desse debate público tem se mostrado não somente infrutífero como inexequível. E não é possível chegar

---

[14] Ibid., p. 36-37. Habermas coloca essa problemática da seguinte maneira: "Podemos conceber a autotransformação genética da espécie como o caminho para o aumento da autonomia do indivíduo – ou com isso estaremos minando a autocompreensão normativa de pessoas que conduzem suas próprias vidas e consagram o mesmo respeito umas às outras?" (Ibid., p. 41).
[15] Ibid.
[16] Ibid., p. 43.

a um consenso razoável sobre essa questão, exatamente, por se tratar de um conflito de pressupostos últimos e convicções incompatíveis que já estaria na origem dessa discussão.[17]

Habermas insiste que reduzir a discussão sobre a legitimidade moral das pesquisas genéticas aos termos do debate insolúvel sobre a questão do aborto e da real (ou suposta) dignidade da vida do embrião ou feto humanos, como sujeitos de direitos fundamentais ou não, acaba encobrindo a verdadeira raiz do problema que é o da indisponibilidade da natureza interna.[18] Ou seja, é possível defender a pertinência e plausibilidade de uma discussão sobre o impacto normativo das biotécnicas favoráveis à disponibilização da natureza humana, por meio das pesquisas de manipulação genética, sem que para isso esteja necessariamente a se defender a tese *pro-life* de que o embrião seja dotado de direitos fundamentais.[19] E é importante que se diga que nesse ponto Habermas não está esvaziando o estatuto moral da vida humana pré-pessoal. Ele só está afirmando que a determinação do estatuto próprio dessa vida pré-pessoal não pode se dar à parte de uma descrição ideológica carregada de pressupostos e convicções previamente estabelecidos, tanto da parte dos adeptos da metafísica cristã quanto da parte dos adeptos da perspectiva naturalista.[20] Pois as razões usadas para se defender, ou não, a dignidade inerente à vida pré-pessoal não encontram "uma expressão racionalmente aceitável para todos os cidadãos nem na linguagem objetivante do empirismo, nem da religião", por conta da pluralidade de visões de mundo.[21] Por isso que, na sua concepção, deve-se buscar uma solução para essa problemática envolvendo a dignidade humana, seus direitos e deveres morais, não na discussão sobre suas determinações

---

[17] Sobre isso, diz Habermas: "Um lado descreve o embrião no estágio prematuro de desenvolvimento como um "amontoado de células" e o confronta com a pessoa do recém-nascido, a quem primeiramente compete a dignidade humana no sentido estritamente moral. O outro lado considera a fertilização do óvulo humano como o início relevante de um processo de desenvolvimento já individualizado e controlado por si próprio. Segundo essa concepção, todo o exemplar biologicamente determinável da espécie deve ser considerado como uma pessoa em potencial e como um portador de direitos fundamentais" (Ibid., p. 44).
[18] Ibid.
[19] Ibid.
[20] Ibid., p. 45-46.
[21] Ibid., p. 46.

ontológicas, mas no seu "estrito sentido moral e jurídico", nas "relações interpessoais de reconhecimento recíproco e no relacionamento igualitário entre pessoas".[22]

Habermas define os limites dessa moral a partir das soluções construtivas que surgem diante das imperfeições e fragilidades da nossa constituição física, da infância à velhice. Seria somente no contexto dessas relações interdependentes de solidariedade, diante da finitude e da precariedade do outro, que se fundamentaria a autonomia moral e, por conseguinte, a dignidade humana.[23] E é sobretudo nessa rede de relações e reconhecimento que se configura, para Habermas, a dignidade da pessoa humana em contraste com a dignidade da vida humana. A dignidade humana, ou da pessoa humana, reflete os acordos morais e jurídicos oriundos das relações entre seres humanos socialmente individualizados, que não mantêm mais uma relação simbiótica com o ventre materno. Portanto, submetidos desde o nascimento a um processo de socialização com "o contexto público de interação de um mundo da vida partilhado intersubjetivamente" e plenamente inseridos numa "comunidade linguística é que o ser natural se transforma ao mesmo tempo em indivíduo e em pessoa dotada de razão".[24]

Nem por isso, a vida intrauterina deixa de ter dignidade. Segundo Habermas, apesar de pré-pessoal, essa vida deve ser protegida legalmente, pois embora não sendo ainda um sujeito de direitos, ela precisa ser alvo da consideração e de deveres morais e jurídicos por parte da sociedade.[25] No entanto, sua dignidade seria relativa à sua condição, não podendo ser igualada à dignidade da pessoa humana. Aliás, Habermas entende que, quando aplicados de maneira indiscriminada a embriões e fetos, conceitos jurídicos e morais tais como "direitos humanos" e "dignidade humana" acabam se tornando muito flexíveis, perdendo a sua força.[26]

---

[22] Ibid., p. 47.
[23] Ibid., p. 48.
[24] Ibid., p. 49-50.
[25] Ibid., p. 50-51.
[26] Ibid., p. 52-53.

3. Os riscos da biogenética eugenista para a autocompreensão pessoal, social e da espécie humana

Tendo pontuado o que realmente é relevante a essa discussão, esclarecendo a distinção entre dignidade da pessoa humana e dignidade da vida humana, Habermas passa a demonstrar que as implicações éticas desse debate vão muito além das inquietações localizadas envolvidas na discussão sobre a questão do aborto e da dignidade humana. O foco real do problema tem a ver com as consequências desses experimentos genéticos para a autocompreensão ética da própria espécie humana. Daí porque, também, esse debate não pode ser refém de argumentos ideológicos restritos, tanto os metafísicos quanto os naturalistas, mas deve ser discutido livremente pela sociedade a partir dos critérios morais e linguísticos da Ética do Discurso. O que está em jogo extrapola a mera ameaça à autoimagem pessoal ou identitário-social de um grupo específico, com suas ideias e convicções particulares, mas tem a ver com a compreensão da identidade da própria espécie humana e com a sua autoimagem naturalizada que tomamos desde sempre como inalterável. Pois é exatamente dessa autocompreensão ética da espécie humana, compartilhada pela comunidade de pessoas morais, que procedem os fundamentos pragmático-racionais que substanciam os direitos humanos modernos.[27]

A questão central para Habermas, portanto, é saber se a "tecnicização da natureza humana altera a autocompreensão ética da espécie de tal modo que não possamos mais nos compreender como seres vivos eticamente livres e moralmente iguais, orientados por normas e fundamentos".[28] Sua preocupação repousa, fundamentalmente, no impacto que as pesquisas genéticas, ou futuras combinações entre o orgânico e a máquina (transumanismo), poderão ter sobre a autonomia e sobre a igualdade de condições naturais originadas da autocompreensão da espécie que vigora ainda hoje, fundamento de nossa consciência moral e pessoal, e das bases normativas dos direitos humanos.[29] Tomado nesses termos, o problema bioético envolvendo as pesquisas genéticas com embriões humanos não estaria tanto em determinar o estatuto da

---

[27] Ibid., p. 57.
[28] Ibid.
[29] Ibid., p. 58-60.

dignidade humana dos mesmos, que em sua concepção embrionária jamais pode ser equiparada à dignidade de indivíduos nascidos, portadores de direitos fundamentais. Nem tampouco se situaria na técnica de manipulação genética propriamente dita, mas sim no tipo de finalidade e alcance dessas pesquisas.[30] O problema bioético desses experimentos, para Habermas, consiste em se tomar previamente a vida pré-pessoal, impondo sobre ela um destino arbitrário que usurpa do futuro indivíduo seu poder decisório, sem falar, é claro, no impacto que tais interferências teriam sobre a espécie de uma forma geral.

A improcedência moral da eugenia positiva através do DGPI, por exemplo, repousaria no fato de que, no caso de um "aperfeiçoamento" genético qualquer, que tem como base as escolhas arbitrárias de um terceiro, não se teria garantias *a posteriori*, ainda que hipotéticas, de que a pessoa que sofreu tais modificações previamente e que, portanto, delas não participou, as ratificaria necessariamente na forma de um consentimento posterior. O que, talvez, não acontecesse no caso de uma prévia intervenção genética com finalidades clínicas e terapêuticas, cujo objetivo seria evitar que o indivíduo nascesse com algum problema de saúde gravemente impossibilitador.[31] Embora, o ideal para Habermas, é que a garantia última da base moral dessas relações, mesmo as terapêuticas, passe por uma interação "não instrumentalizadora" com a pessoa em questão.[32]

Como se não bastasse, o impasse moral gerado à autocompreensão da espécie pela problemática do avanço indiscriminado das pesquisas genéticas, que na modernidade contou com a junção entre as atitudes teórica (que antes da modernidade se caracterizava por um saber desinteressado da realidade natural) e técnica (caracterizada pelas intervenções na natureza a partir de objetivos de produção), com impacto significativo sobre a vida prática e sua ética social, mescla-se a isso os interesses estratégicos da lógica do mercado, tornando ainda mais dasafiador para a moral e para o Direito ter que manter uma reflexão independente sobre essa questão.[33] Mais crítico, ainda, é o impacto transformador e paulatino que a dissolução da demarcação entre o que é da

---

[30] Ibid., p. 60-61.
[31] Ibid., p. 72-73.
[32] Ibid., p. 61-62.
[33] Ibid., p. 62-64.

ordem do desenvolvimento natural e o que é da ordem do que é fabricado por prévia intervenção genética, poderá causar no exercício da responsabilidade moral das pessoas e na consideração delas para com o outro. Além disso, há um outro fator complicador. Em função dessas pesquisas se darem num contexto extremamente especializado e impessoal, próprio de realidades moleculares orgânicas, tais pesquisas abstraídas do componente físico-corporal, ainda que sejam cobaias animais, tendem a perder de vista a empatia própria da relação com o outro, o que é fundamental à nossa compreensão moral acerca da "vulnerabilidade da vida".[34]

Adeptos da eugenia positiva tentam minimizar tais impactos morais, especialmente sobre a autonomia humana, evocando a analogia entre, por um lado, a intervenção genética e, por outro, a intervenção dos pais através da educação e da nutrição de seus filhos. O objetivo seria justificar "a tutela educativa dos pais", já assegurada pelos direitos constitucionais, ampliando-a na forma de intervenções eugênicas cuja finalidade seria aperfeiçoar a estrutura genética dos próprios filhos.[35] Contudo, interagir com um ser humano, influindo em sua formação enquanto pessoa, por meio da educação, não é a mesma coisa que intervir previamente na constituição do indivíduo por meio de manipulação genética a partir das preferências de terceiros, pois a autoimagem subjetiva do indivíduo se constrói por meio do desenvolvimento autônomo e natural do seu corpo em completa interação com o meio ambiente. O que difere radicalmente da autoimagem que alguém constrói sobre si, consciente de que sua constituição genética foi previamente e unilateralmente modificada sem o seu devido e antecipado consenso. Habermas acredita que a consciência moral produzida por uma autocompreensão pessoal de que se foi, em alguma medida, "fabricado" de forma objetivante, como uma coisa, pode levar à consequências morais muito distintas das daquele indivíduo que se desenvolveu naturalmente sem qualquer tipo de intervenção prévia.[36] Habermas coloca essa questão da seguinte maneira:

[34] Ibid., p. 65.
[35] Ibid., p. 68-69.
[36] Ibid., p. 71, 74-75.

A eugenia liberal precisa se questionar se, em determinadas circunstâncias, o fato de a pessoa programada perceber a ausência de diferença entre o que cresce naturalmente e o que é fabricado, entre o subjetivo e o objetivo, não poderia ter consequências para sua conduta autônoma de vida e para sua autocompreensão moral.[37]

Dialeticamente, como que dando ouvidos a um interlocutor imaginário, Habermas pondera por um momento a possibilidade disso não acontecer; de ser irrelevante ou pouco relevante à autoconsciência moral aperceber-se de que foi objeto de uma programação genética prévia e que isso tenha quase nenhum impacto em seu mundo da vida. Será mesmo possível? Habermas acredita não ser possível, pois a legítima autocompreensão moral, bem como o exercício autêntico da liberdade humana, passa inevitavelmente pelo "poder ser si mesmo", ou seja, pela consciência de que todas as nossas ações e julgamentos são invariavelmente produto de nossa própria história, percorrida naturalmente e desde o nascimento através do corpo, pois é através do corpo vivo que "a existência pessoal se encarna".[38]

Ainda sobre a analogia entre as interferências dos pais, próprias do processo interativo-educacional, e uma possível intervenção prévia por meio de manipulação genética a partir das preferências paternas, Habermas expande as distinções insuperáveis entre uma coisa e outra e suas respectivas implicações morais, enfatizando que no caso da interferência educacional nada impede que, no devido tempo, o indivíduo já adulto se submeta a uma autorreflexão crítica sobre os processos de socialização que presidiram sua formação desde a infância e consiga reverter, ou equilibrar, retroativamente, aqueles resultados em prol de uma existência pessoal mais autêntica.[39] Essa possibilidade de reversão é perceptível inclusive do ponto de vista psicanalítico. Já no caso da programação genética, nada pode ser feito nesse sentido, não sendo possível voltar atrás. Isso tem implicações éticas incontornáveis ao exercício da liberdade, pois submete a pessoa "a intenções fixadas por terceiros, que ela rejeita, mas que são irreversíveis, impedindo-a de se compreender

---

[37] Ibid., p. 74.
[38] Ibid., p. 79-80.
[39] Ibid., p. 86.

livremente como o autor único de sua própria vida".[40] Segundo Habermas, a relação de determinação e dependência genética também difere profundamente da relação de determinação e dependência social, como aquela proporcionada pelo processo educacional, porque causa uma anomalia nas relações de reconhecimento recíproco e simétrico "que caracterizam uma comunidade moral e jurídica de pessoas livres e iguais".[41]

Portanto, Habermas se mostra pessimista sobre um provável futuro biopolítico marcado pela ampla utilização de práticas biogenéticas eugenistas. Ele prevê que nem mesmo o Estado constitucional poderia solucionar, de forma legítima, as lacunas morais e jurídicas causadas pela assimetria das relações de reconhecimento entre a geração daqueles que programam unilateral e irreversivelmente o genoma de sua prole e a geração daqueles que foram programados e, que, portanto, foram cerceados de sua participação livre e ativa na construção de seu próprio projeto de vida. Isso porque tais relações comprometem o princípio da igualdade à autonomia própria das sociedades democráticas e plurais.[42]

O temor por detrás dos riscos presentes às pesquisas biogenéticas e que estimula a reflexão sobre uma ética da espécie humana, talvez seja de que tais práticas futuras habituais nos conduza a uma forma de cinismo moral que despersonalize nossas relações intersubjetivas e nos torne indiferentes às demandas humanas e sociais por conta de uma nova compreensão profundamente relativizada da dignidade da pessoa humana e do impacto disso para as relações morais e legais.[43]

4. Discurso Religioso e Espaço Público no Itinerário Intelectual de Habermas

Até a década de 70, a presença do tema "religião", na obra de Habermas, aparecia sempre de forma lateral e, na maioria das vezes, apontando para a superação do seu discurso metafísico, enquanto elemento de integração social e legitimação política e legal, como acontecia nas sociedades tradicionais. Nas sociedades secularizadas do século XX, o

---

[40] Ibid., p. 87, 89.
[41] Ibid., p. 90.
[42] Ibid., p. 91-92.
[43] Ibid., p. 101.

discurso religioso não teria mais aquela primazia de outrora, tendo agora que disputar por seu espaço com outras visões de mundo. No espaço público, a autoridade do sagrado cedeu lugar à autoridade do consenso democrático baseado numa cosmovisão secular.

O fenômeno religioso foi, paulatinamente, ganhando importância no seu pensamento, à medida que a sua relevância geopolítica foi crescendo no mundo. Em sua obra publicada em 1988, "Pensamento Pós-metafísico", ele já reconhecia a legitimidade da religião em coexistir com o pensamento secular no espaço público.[44] No final dos anos 90 já era crescente a reação de grupos religiosos cristãos diante dos riscos oferecidos aos seus princípios morais por alguns dos avanços proporcionados pela engenharia genética. Esse conflito acirrado entre membros da academia científica e as igrejas, cada qual lutando para preservar suas conquistas,[45] revelava algo de mais profundo e duradouro em curso que seria a emergência do conflito entre secularização moderna e a exigência da religião por um lugar legítimo de protagonismo na tomada de decisões do espaço público. Ocorrências como essa pareciam sinalizar para o fato de que a religião não mais se contentava com um papel secundário, exilada no "corner" da dimensão privada da sociedade onde se mantinha desde o início da modernização social.

Contudo, nada se compara ao alvoroço causado na comunidade internacional pelo atentado às torres gêmeas de Nova Iorque, em 11 de setembro de 2001, por um grupo de terroristas fundamentalistas islâmicos. Esse trágico acontecimento evocou sentimentos contrários igualmente religiosos por parte dos norte-americanos, recolocando definitivamente a temática do "papel da religião num mundo moderno e secularizado" no centro das discussões políticas e intelectuais, tornando urgente e inescapável uma compreensão desse fenômeno outrora relegado a um lugar secundário. Tal acontecimento demonstrou o ressurgimento do poder das convicções religiosas no cenário público, para o bem e, nesse caso em tela, para o mal também. A sensação de desenraizamento provocada pela secularização moderna, na esteira da acelerada

---

[44] HABERMAS, Jürgen. *Pensamento Pós-Metafísico:* Estudos filosóficos. Rio de Janeiro: Tempo Brasileiro, 1990.
[45] No caso da comunidade científica, a defesa do progresso científico contra um possível retrocesso obscurantista e, no caso dos religiosos, contra a desconsideração hostil de seus princípios e valores morais por parte da ciência.

globalização do mercado, especialmente nestas sociedades tradicionais do oriente médio, levou ao surgimento deste fenômeno tipicamente moderno que é o fundamentalismo religioso, que em grau menor, tem gozado de relativa influência também no ocidente.[46]

A secularização ora tem sido vista por setores mais conservadores como a vilã espoliadora das formas de vida religiosas, ora tem sido vista por setores mais progressistas como a oportuna substituição dessas mesmas formas de vida religiosas por uma visão de mundo mais racional. Habermas entende que nenhuma das duas visões faz justiça à dialética histórica da Modernidade. Enquanto projeto inacabado, a Modernidade hoje experimenta a superação da antítese anterior posta pela tensão entre as formas de vida tradicionais e as formas de vida oriundas da secularização, inaugurando um novo momento histórico e cultural que ele chamará de pós-secularização. Como ele mesmo diz, esse conflito ou "essa imagem não é adequada a uma sociedade pós-secular que se ajusta à sobrevivência de comunidades religiosas em um ambiente cada vez mais secularizante".[47] Segundo Habermas, uma sociedade pós-secular seria aquela capaz de lidar, de forma equilibrada, com as antinomias próprias da relação conflituosa entre ciência e religião, sem necessariamente aderir aos extremos dessa luta cultural.[48] No espírito dessa sociedade pós-secular, baseada nos princípios da democracia liberal, participam aquelas comunidades religiosas que renunciaram ao discurso impositivo de suas verdades e que já compreenderam o significado de se

---

[46] Sobre o fundamentalismo religioso, diz Habermas: "Chamamos de fundamentalistas os movimentos religiosos que propagam e até praticam – o retorno à exclusividade de conteúdos de fé pré-modernos. Entretanto, o fundamentalismo não tem mais a inocência da situação epistêmica dos velhos impérios, nos quais as religiões se propagaram inicialmente, onde eram tidos, de certa forma, como isentos de limites" (HABERMAS, Jürgen. *Era das Transições*. Rio de Janeiro: Tempo Brasileiro, 2003, p. 201).

[47] HABERMAS, Jürgen. *Fé e Saber*. São Paulo: Editora Unesp, 2013, p. 6.

[48] Segundo Habermas, "a expressão 'pós-secular' foi cunhada com o intuito de prestar às comunidades religiosas reconhecimento público pela contribuição funcional relevante prestada no contexto da reprodução de enfoques desejados. [...] Na sociedade pós-secular impõe-se a ideia de que a 'modernização da consciência pública' abrange, em diferentes fases, tanto mentalidades religiosas como profanas, transformando-as reflexivamente. Neste caso, ambos os lados podem, quando entendem, em comum, a secularização da sociedade como um processo de aprendizagem complementar, levar a sério, por razões cognitivas, as suas contribuições para temas controversos na esfera pública" (Habermas, *Entre Naturalismo e Religião*, p. 126).

viver numa sociedade pluralista, fundada num Estado Democrático de Direito e laico, tendo que conviver respeitosamente com outras orientações religiosas diferentes e reconhecendo a autoridade do discurso científico no espaço público.[49] Habermas considera que sem esse "impulso reflexivo", a coexistência respeitosa das grandes religiões monoteístas com a modernidade secularizada acaba dando lugar à ação destrutiva de grupos fundamentalistas religiosos. E é justamente no cotidiano político dos embates de opiniões dissonantes, em que as questões prementes de ambas as visões de mundo se chocam no espaço público e plural, que os representantes de ambos os lados (seculares e religiosos) podem aprender o verdadeiro sentido de se viver como cidadãos de uma sociedade pós-secular.[50]

Não é preciso dizer o quão danoso pode ser para todo ordenamento democrático e, por conseguinte, para a sociedade, quando os membros dessas comunidades religiosas resolvem se isolar em guetos herméticos, deixando de interagir e dialogar com adeptos de uma visão de mundo explicitamente secular. Tal isolamento produz uma ilusão perigosa em relação àqueles que pensam de forma diferente, levando-os a acreditar, por exemplo, que cidadãos seculares seriam uma ameaça ao seu modo de vida. Mas para que essa convivência prospere é necessário que o Estado também compreenda o seu papel enquanto agente público neutro e impessoal, não tomando partido neste conflito, mas garantido as condições e liberdades para que o diálogo ou o debate de visões de mundo diferentes transcorra dentro dos limites do respeito ético e do direito.[51]

5. A dialética pós-secular entre o esclarecimento científico e as formas de vida religiosas como processo de aprendizagem complementar entre cidadãos seculares e religiosos

Habermas entende haver, em nossos dias, um inevitável e contínuo esclarecimento do senso comum a partir dos saberes científicos. Esse processo de enriquecimento de nosso mundo da vida pelos saberes da ciência, característico dos tempos modernos, vai paulatinamente alterando

---

[49] Habermas, *Fé e Saber*, p. 7-8.
[50] Ibid.
[51] Ibid., p. 8.

nossa imagem de mundo e também nossa autocompreensão pessoal.[52] Trata-se de um caminho sem volta. Contudo, adverte para o risco de que nossa autocompreensão se despersonalize e se dissocialize caso tomemos como absolutas as descrições naturalistas e objetivantes sobre quem somos. Como por exemplo, uma autodescrição reducionista sobre quem somos, enquanto seres humanos, sob os moldes da física, da neurofisiologia e da teoria evolutiva, o que seria insuficiente para dar conta da complexidade da intencionalidade da consciência humana, da normatividade de suas ações e relações intersubjetivas.[53]

> Mas também essas propostas mais extremadas parecem fracassar por conta do fato de que o conceito de conformidade a fins, que introduzimos no jogo de linguagem darwinista de mutação e adaptação, seleção e sobrevivência, é pobre demais para abarcar a diferença entre ser e dever que está em jogo quando nós burlamos regras – quando empregamos um predicado equivocadamente ou agimos contrariamente a um mandamento moral. [...] Na vida cotidiana, nós dirigimos o olhar a pessoas a que chamamos de "tu". Somente nesta posição em face da segunda pessoa podemos compreender o "sim" e o "não" dos outros, as posições passíveis de crítica que devemos e exigimos uns para com os outros. [...] A crença cientificista em uma ciência que possa um dia não apenas complementar, mas substituir a autocompreensão pessoal por uma autodescrição objetivante, não é ciência, é má filosofia.[54]

Citando Weber, ele dirá que a nossa compreensão da realidade natural sofreu exatamente esse tipo de modificação, quando por meio da despersonalização da natureza experimentou-se esse desencantamento da natureza externa através daquele conhecimento objetivante, fundado nas relações de causalidade, próprio das ciências naturais.[55] Isso não poucas vezes tem levado à subsunção de nossa autocompreensão pessoal e política às frias e impessoais descrições objetivantes das ciências naturais, favorecendo a disseminação de uma imagem de mundo indiferente a uma moralidade pública e solidária que, no âmbito das questões

---

[52] Ibid., p. 9.
[53] Ibid., p. 10-13.
[54] Ibid., p. 11-13.
[55] Ibid., p. 9.

biogenéticas, por exemplo, tende a relativizar as consequências éticas da eugenia positiva.

Habermas alerta para o fato de que, por mais esclarecido cientificamente que esteja a mente moderna, seus juízos sobre como "devemos lidar com a vida humana pré-pessoal" jamais podem ser determinados unilateralmente pela autoridade de ciência alguma.[56] Da mesma forma, a consciência humana não pode ser inteiramente subordinada ao senso comum esclarecido e ampliado pela ciência, nem tampouco a sua autocompreensão é capaz de ser reduzida aos moldes naturalistas.

O mesmo ocorre entre nosso senso comum e as tradições religiosas de onde procedem muitos dos conteúdos e motivações normativos que funcionam como fontes pré-políticas do Estado Democrático de Direito. Pois apesar desse vínculo histórico com a religião, tais conteúdos pré-políticos foram secularizados pelo Estado liberal para dar conta da crescente democratização de uma imagem de mundo cada vez mais pluralizada. Entretanto, Habermas entende que o custo dessa secularização se mostrou maior para os cidadãos religiosos desse Estado liberal, pois geralmente são eles que devem cindir sua identidade, enquanto cidadãos, entre aquilo que é próprio do espaço privado e aquilo que é próprio do espaço público, devendo "traduzir as suas convicções religiosas para uma linguagem secular antes de tentar, com seus argumentos, obter o consentimento das maiorias".[57]

Em função dessa assimetria de deveres, não poucas vezes os efeitos da secularização foram vistos pelas comunidades religiosas como favorecendo apenas aos cidadãos secularizados e como forma de marginalização da religião.[58] Segundo Habermas, esse esforço unilateral por parte dos cidadãos religiosos em traduzirem suas crenças religiosas na forma de uma razão pública, comum e universal, contudo, não é suficiente para que a legitimidade da participação dos mesmos na esfera pública seja assegurada. É necessário haver, também, um esforço cooperativo

---

[56] Ibid., p. 13-14.
[57] Ibid., p. 15.
[58] Ibid., p. 15. Isso é verdadeiro especialmente quando pensamos nos efeitos mais desastrosos ocasionados pelo tipo de secularização que acabou originando os "fundamentalismos" mundo afora, que de movimentos de resistência contra o desenraizamento provocado pela secularização, hoje se comportam como ideologias de dominação.

dos cidadãos seculares nesse processo de tradução e entendimento. Aliás, a exclusão do discurso religioso devidamente traduzido, de sua participação efetiva no espaço público, levaria a uma perda significativa na produção de sentidos que sustentam as instituições democráticas do Estado liberal.[59] Essa tarefa cooperativa e dialógica de tradução desse conteúdo religioso é necessária não apenas por causa das demandas democráticas por uma participação mais simétrica de cidadãos religiosos na cena dos acontecimentos públicos, mas também porque há um estoque de sentidos pré-políticos no discurso religioso indispensável à preservação e fortalecimento das instituições democráticas e da solidariedade entre seus cidadãos.[60] Entretanto, essa tarefa não é simples, pois determinar os limites entre os argumentos religiosos e seculares e as fronteiras "inevitavelmente fluidas" que separam as dimensões pública e privada é algo muito árduo.[61] Tal tarefa exige que o ensimesmamento individualista seja superado através de uma boa dose de empatia de ambos os lados e de um esforço por consenso até onde for possível. Da mesma forma, não se deve ceder às investidas de movimentos fundamentalistas que tentam monopolizar o espaço público (especialmente o político), promovendo um programa deliberado de dessecularização de cima para baixo, ou de sobreposição do discurso religioso sobre o secular, invertendo assim a assimetria.[62]

Acreditar que vivemos num momento histórico e cultural marcado pela pós-secularização, significa crer que o discurso secular e o discurso religioso devem encontrar uma forma consistente com as liberdades democráticas de conviverem na esfera pública. É Habermas quem diz:

> Contra tal modo de ver [sobreposição de uma visão de mundo sobre a outra], eu sugiro que interpretemos a secularização cultural e social como um duplo processo de aprendizagem que obriga ambas as tradições, a do Esclarecimento e a das tradições religiosas, à reflexão sobre os seus respectivos limites. Com relação a sociedades pós-seculares coloca--se a seguinte pergunta: que tipo de enfoques cognitivos e de expecta-

---

[59] Ibid., p. 15-16.
[60] Ibid., p. 16; Habermas, *Entre Naturalismo e Religião*, p. 116.
[61] Ibid., p. 16.
[62] Habermas, *Entre Naturalismo e Religião*, p. 116.

tivas normativas o Estado liberal pode esperar das pessoas crentes e das não-crentes no que tange ao trato recíproco?[63]

Esse esforço cooperativo para "traduzir" os princípios e crenças religiosos para uma linguagem secular e comum não seria inédito. Habermas aponta para a conturbada relação entre filosofia e religião, na Modernidade, para demonstrar que, de Kant até nossos dias, o que se presenciou foram as constantes tentativas da razão de traduzir os princípios religiosos cristãos para uma versão secular e filosófica que desse conta das exigências desta nova sociedade liberal e racional.[64] Obviamente que não se tratou de uma mera "tradução cooperativa", nos moldes pós-seculares defendidos por Habermas, mas muito mais de uma iniciativa unilateral e hostil de reapropriação dessa herança cristã que implicou em momentos de desconstrução e ressignificação desse conteúdo.[65] O que, na sua concepção, acabou produzindo uma deflação desse potencial semântico religioso e um esvaziamento da rica gama de sentidos, presentes ao seu conteúdo original, e tão importantes à preservação dos vínculos sociais.[66]

Para Habermas, essa dialética entre razão e religião, própria da Modernidade, se faz necessária hoje, também, em nossa era pós-secular, especialmente no tocante aos efeitos descarriladores da secularização moderna como se veem nas iniciativas eugenistas envolvendo a manipulação genética. Só que agora, não mais através de uma apropriação hostil e descaracterizadora dos conteúdos teológicos ou religiosos cristãos em prol de uma versão mais refinada deles, nos moldes da secularização filosófica iluminista e pós-iluminista, mas levando-se a sério seu discurso como doador de motivações e sentidos pré-políticos responsáveis pelo fortalecimento dos laços de solidariedade.

---

[63] Ibid.
[64] Habermas, *Fé e Saber*, p. 17-23.
[65] Ibid.
[66] Ibid.

6. As fontes religiosas pré-políticas da modernidade e o potencial ético-político de seu discurso como forma de equilibrar nossa autocompreensão enquanto pessoas e espécie humana diante dos desafios eugenistas da biogenética

Habermas reconhece que as formas de consciência tipicamente modernas, com suas estruturas mentais vigentes, bem como a ciência, a arte e o direito modernos não teriam se desenvolvido, como fizeram no Ocidente, sem a contribuição do cristianismo, seja através dos aportes culturais oriundos da síntese entre fé cristã e a civilização greco-romana, seja por meio da influência moral-religiosa direta das igrejas, conventos, catedrais e universidades cristãs.[67] A busca pela concretização de uma ética universal fundada nos princípios de solidariedade e fraternidade (oriunda da ideia teológica de Reino de Deus),[68] a ideia de uma dignidade natural e universal inerente a toda pessoa humana (oriunda do princípio teológico da *imago Dei*),[69] e as origens religiosas e metafísico--cristãs da racionalidade ocidental (incluindo a moderna),[70] seriam algumas das bases pré-políticas e históricas oriundas do ideário religioso judaico-cristão que teriam ajudado a moldar nossa autocompreensão enquanto pessoas e enquanto membros de uma comunidade moral e política. E apesar do ordenamento político e legal das democracias modernas estar estruturado numa racionalidade secular, boa parte da força motivadora para a ação política, solidária e respeitosa entre as pessoas, viria exatamente desse componente ético-religioso. Nesse caso, algumas crenças religiosas serviriam como potencializadoras desse senso de dever cívico e democrático, quando devidamente traduzidas na forma de uma razão pública, pois muitos dos pressupostos relacionados às ideias de justiça, solidariedade, tolerância e respeito, tão essenciais à moralidade pública, à democracia e ao direito modernos, derivariam sua motivação primária da religião.

Portanto, a admissão honesta, por parte dos cidadãos seculares, de que a genealogia da razão moderna contou, em grande medida, com o concurso dessas doutrinas metafísico-religiosas, representa um passo

---

[67] Habermas, *Era das Transições*, p. 197.
[68] Ibid., p. 199.
[69] Habermas, *Fé e Saber*, p. 24.
[70] Habermas, *Entre Naturalismo e Religião*, p. 125, 159.

10. RELIGIÃO, ESPAÇO PÚBLICO E A DELIMITAÇÃO ÉTICA DA BIOGENÉTICA...

importante no itinerário de amadurecimento de uma consciência pós-secular que deve se compreender num constante processo de aprendizagem complementar através da convivência democrática com cidadãos religiosos.[71] Mas o processo de aprendizagem de cidadãos seculares não para por aí. O que se espera deles, vivendo numa sociedade pós-secular, é que também sejam coerentes com as demais exigências cognitivas do pensamento pós-metafísico, quais sejam: (1) a admissão da clara demarcação entre aquilo que pertence à dimensão da fé e à dimensão do saber, assumindo uma postura agnóstica de suspensão do juízo diante das doutrinas religiosas quanto à sua essência teológica e privada; (2) o reconhecimento dos limites da razão moderna; e (3) a eliminação de uma concepção cientificista que, geralmente, induz a uma postura pública de menosprezo a toda e qualquer asserção ou contribuição dialógica que não passe pelos estreitos critérios experimentais do naturalismo radical, tal como as asserções morais, jurídicas e religiosas.[72] Sem essa mudança de mentalidade, por parte dos cidadãos seculares, de que também precisam se adaptar às exigências postas por uma sociedade cada vez mais pós-secular e aprender com elas, não será possível o estabelecimento de um consenso público entre eles e os cidadãos religiosos, especialmente no tocante à contribuição dos argumentos e intuições ético-religiosos às discussões políticas de interesse comum. E isso não pode acontecer sem que haja um esforço democrático e cooperativo entre cidadãos seculares e religiosos, no sentido de traduzirem o discurso religioso na forma de argumentos públicos. Caso contrário, tais conteúdos se perderão no vácuo de sua semântica privada, não trazendo qualquer contribuição para o debate público e democrático daquelas questões políticas prementes que afetam a todos.[73]

Habermas afirma que uma atitude radicalmente secularista, fundada em premissas cientificistas e naturalistas, pode levar a uma postura de negação de nossa autocompreensão prática como seres morais e responsáveis, com implicações até mesmo para o Direito Penal. Ele cita, como exemplo, o caso da recente discussão sobre determinismo biológico e os limites da liberdade humana, ocorrido na Alemanha dos anos 2000,

---

[71] Ibid., p. 159.
[72] Ibid.
[73] Ibid. p. 158.

provocada pelo avanço das pesquisas no campo da robótica e da biogenética.[74] Algo que, segundo ele, representava exatamente a despersonalização dos indivíduos, através da colonização de uma ideologia naturalista nas relações político-sociais e estruturas mentais do mundo da vida. A consequência disso seria a "auto-objetivação naturalista de sujeitos providos da faculdade de falar e agir", desafiando nossa autocompreensão social de que somos seres autônomos e responsáveis que interagem política e discursivamente a partir de um consenso normativo implícita e previamente acordado.[75] Essa auto-objetivação naturalista que busca, a partir da supervalorização do discurso científico, sobrepor as imagens de mundo originadas da prática cotidiana das relações intersubjetivas, representa a substituição de nossa autocompreensão moral, como seres contingentes, por uma autocompreensão reificada e incondicionada de nossa natureza, pois abole aquele componente essencial que nos torna pessoas humanas, a liberdade. Algo que, no âmbito da esfera pública, pode ser equilibrado através do potencial ético-semântico do discurso religioso, quando devidamente traduzido na forma de argumentos públicos. Por exemplo: o conceito religioso judaico-cristão de "idolatria" exprimiria filosoficamente, exatamente, essa tentativa de transformar realidades contingentes, relativas e condicionadas em algo incondicionado. Que quando aplicado a esta torpe objetivação da imagem do ser humano proporcionada pelas descrições naturalistas, os desumaniza, ou dito de forma teológico-religiosa, os faz perder de vista o "núcleo essencial que faz da criatura [humana] 'imagem e semelhança de Deus'", pois reifica, individua e dissocializa completamente o outro.[76]

Habermas acredita que a doutrina cristã da *imago dei*, enquanto fonte religiosa pré-política do ideário democrático moderno, estaria no cerne do princípio da dignidade universal da pessoa humana e, como tal, teria ainda hoje um importante potencial ético-cognitivo que poderia contribuir no processo de autocompreensão humana e social, diante dos desafios levantados pelos avanços da técnica e das pesquisas biogenéticas, especialmente no que se refere aos dilemas bioéticos suscitados pela eugenia positiva. Cintando o texto bíblico de Gênesis 1.27, que diz

---

[74] Ibid. p. 160.
[75] Ibid.
[76] Habermas, *Era das Transições*, p. 209-210.

que "Deus criou o homem à sua imagem e semelhança", Habermas explora as implicações morais do conceito teológico-cristão de *imago Dei*. Ele enfatiza que o sentido religioso presente ao relato de que o homem, apesar de um ser criado, é um análogo divino em termos morais, envolve uma relação de amor implicada no reconhecimento recíproco, que estaria na base de sua própria liberdade.[77] Essa intuição religiosa, quando devidamente traduzida para uma razão pública e comum, forneceria uma contribuição significativa para a autocompreensão do homem enquanto pessoa e espécie. Um primeiro sentido daí extraído, seria o da possibilidade do homem, livremente, se autodeterminar moralmente, enquanto ser contingente que é. Isso se revela de forma muito clara na narrativa religiosa da criação do homem, em "Deus não ter criado" seres autômatos. Pelo contrário, "sua determinação criadora" se daria no sentido de produzir seres livres, tal como livre seria o doador arquetípico dessa imagem.[78] Situação muito distinta daquela representada pela interferência biogenética, com fins de aperfeiçoamento e a partir de interesses de terceiros, que não são necessariamente os interesses dos futuros concernidos. Neste caso, estaria comprometida a autonomia moral dos seres humanos, enquanto pessoas, e o caráter contingente de sua história de vida enquanto espécie, o que traria profundas consequências para os direitos humanos fundados no princípio da igualdade.[79] Como diz Knapp, comentando essa conclusão de Habermas: "Se cada ser humano é insuperavelmente contingente, e não existe graças a si mesmo, mas permanece, afinal, privado de si, então todos deveriam ser considerados, em princípio, equivalentes em sua diversidade, deficiência e imperfeição e, portanto, tratados como iguais."[80]

Conclusões

Em resumo, Habermas lembra que os debates travados nos seus dias sobre a legitimidade moral e jurídica das pesquisas com células-tronco e do DGPI, deveriam transcender a discussão insolúvel sobre o estatuto próprio da dignidade humana de um embrião ou feto, pois a raiz dessa

---

[77] Habermas, *Fé e Saber*, p. 24-25.
[78] Ibid., p. 25.
[79] Ibid., p. 26
[80] KNAPP, Markus. *Fé e Saber em Jürgen Habermas – A Religião numa Sociedade "Pós-Secular"*. INTERAÇÕES, v. 6, n. 10, p. 179-192, 11, p. 190.

controvérsia estaria para além dos limites jus-filosóficos e morais de uma perspectiva político-pragmática e pós-metafísica própria das sociedades pluralista e democráticas modernas. O problema verdadeiro reside, segundo ele, no impacto que a eugenia positiva, por meio de manipulação genética, trará à autocompreensão da espécie humana, pois disso depende nossa autocompreensão pessoal como seres morais e também nossas relações legais baseadas em direitos.[81] Mesmo no caso do uso do DGPI para selecionar embriões mais saudáveis, tendo como parâmetro o discutível princípio do que seria uma vida digna de ser vivida em detrimento de uma vida não-digna de ser vivida, é bastante problemático determinar sua legitimidade moral em função do seu caráter unilateral e instrumentalizador, e da falta de clareza em se distinguir nitidamente os limites entre os motivos de uma eugenia positiva e os motivos de uma eugenia negativa.[82] E pior, a familiaridade com essa prática futura e habitual poderá dessensibilizar-nos em relação a natureza humana.[83] Daí a importância de uma atitude preventiva diante desse prognóstico futuro, acerca da necessidade de regulamentação normativa sobre o uso de embriões que preserve nossa autocompreensão da espécie humana e de sua forma de vida moral fundamentada numa ética discursiva.[84]

Nesse sentido, Habermas acredita que o discurso teológico-religioso, com suas intuições morais, poderia contribuir bastante à manutenção de nossa autocompreensão ética enquanto pessoas e espécie humana. Pois se os conceitos fundamentais da ética filosófica, desenvolvidos até o momento no Ocidente, ainda não teriam conseguido captar todo o rico arcabouço de intuições presentes no discurso religioso cristão, não é difícil imaginar o que poderia ser trazido à tona, em termos de contribuição para o cenário público-político, através desse esforço de socialização democrática e discursiva, representada pela tradução cooperativa dos conteúdos religiosos entre cidadãos seculares e religiosos.[85]

---

[81] Habermas, *O futuro da natureza humana*, p. 92.
[82] Ibid., p. 94-96.
[83] Ibid., p. 98.
[84] Ibid., p. 99.
[85] Habermas, *Era das Transições*, p. 215.

Referências

HABERMAS, J. Ein Bewußtsein von dem, was fehlt. Über Glauben und Wissen und den Defätismus der modernen Vernunft. In: Wenzel, K. (Ed.) *Die Religionen und die Vernunft*. Die Debatte um die Regensburger Vorlesung des Papstes. Freiburg: 2007.

_____. *Entre Naturalismo e Religião*. Rio de Janeiro: Tempo Brasileiro, 2007.

_____. *Era das Transições*. Rio de Janeiro: Tempo Brasileiro, 2003.

_____. *Fé e Saber*. São Paulo: Editora Unesp, 2013.

_____. *O Futuro da Natureza Humana*: A Caminho de uma Eugenia Liberal?. São Paulo: Editora WMF, 2016.

KNAPP, Markus. *Fé e Saber em Jürgen Habermas – A Religião numa Sociedade "Pós-Secular"*. INTERAÇÕES, v. 6, n. 10, p. 179-192, 11.

11.
Bioética e Humanização

Antonio Cantero Gimenes

A evolução científica, associada ao rápido desenvolvimento da tecnologia nas últimas décadas, tem colocado em constante discussão os nossos conceitos éticos no que se refere à Bioética Clínica.

A rapidez atual da comunicação faz com que entremos em contato diário com os avanços tecnológicos no tratamento dos pacientes.

Os aspectos acima citados acabam levando a uma valorização maior da tecnologia no âmbito dos cuidados à saúde. Cada vez mais a formação médica vai deixando para traz a importância do relacionamento médico paciente abandonando a sua característica fundamental que é a de cuidar do doente e não só da doença.

A bioética clínica surge como uma forma de entender e discutir os avanços da tecnologia com o olhar voltado para o ser humano em todas as suas características.

Vamos, portanto, citar alguns itens que requerem o conhecimento e o envolvimento multidisciplinar para sua adequada solução.

A aplicação da inseminação artificial trouxe um grande alento aos casais que por causas as mais variadas não podiam concretizar o seu desejo de ter filhos. No entanto, fez aflorar problemas éticos de difícil solução. A inseminação homóloga na qual óvulos e espermatozoides são doados pelo próprio casal dando origem a embriões que podem ser implantados no útero da doadora fez surgir a questão do destino dos embriões congelados nas clínicas de reprodução assistida e também o número de embriões a serem implantados em cada gestação. Outra questão que se tornou motivo de discussão foi a da cessão temporária de útero conhecida trivialmente como "barriga de aluguel" e todas as implicações que existem em tal procedimento.

No que se refere à inseminação heteróloga, na qual os gametas não pertencem ao casal, o surgimento dos bancos de espermatozoides que possibilitam a escolha do doador através da análise de suas características físicas acaba conduzindo inevitavelmente a questões como a eugenia e a real paternidade do concepto.

A pesquisa científica com células tronco embrionárias humanas trouxe a expectativa do desenvolvimento da terapia gênica. No entanto, vem acompanhada de dilemas éticos e jurídicos relacionados a origem destas células retiradas de embriões humanos descartáveis nas clínicas de fertilização. Dar ao embrião humano o mesmo amparo jurídico que tem atualmente o nascituro é uma questão amplamente discutida em nosso meio.

Outro item analisado pela bioética clínica é o aborto. Além das suas implicações legais a discussão se torna mais ampla quando se coloca em pauta as teorias sobre a determinação do início da vida humana. Ela se daria após a junção dos gametas, após a nidação, após o desenvolvimento do sistema nervoso do embrião ou após o parto? A defesa de cada uma destas teorias está diretamente ligada ao conceito de aborto. Sob o ponto de vista legal, qual seriam as implicações da sua descriminalização em nosso país?

O desenvolvimento da genética a partir do sequenciamento completo do genoma humano trouxe a reflexão sobre questões éticas e legais como o uso de testes genéticos preditivos de doenças apos o nascimento, a terapia gênica em células somáticas ou germinativas com a possibilidade da transmissão de genes modificados para gerações futuras. A importância do aconselhamento genético por profissionais capacitados tem se tornado um ponto fundamental na atuação da bioética clínica.

A identificação biológica ao nascer, através do estudo do genoma, traz a possibilidade da criação de bancos de dados que podem ser utilizados em casos de desaparecimento de crianças.

Cabe aqui ressaltar a importância do consentimento informado para a realização do exame genético já que o mesmo deverá sempre ser revisto por incluir um grande número de variáveis e seu respectivo significado.

O transplante de órgãos traz para a discussão os aspectos técnicos, legais e éticos que vão além do processo de captação. Surge a necessidade da definição do quadro de morte. O diagnóstico de morte encefálica passa a ser utilizado como condição fundamental para a eleição do doador e a sua confirmação por exames clínicos e complementares regidos por lei e resoluções do CFM. No que se refere à legislação existe todo um histórico que se inicia em 1963 na tentativa de disciplinar o transplante de órgãos no Brasil. Desde então, as normas foram modificadas culminando na Lei 9.434/1997 que estabelece os critérios técnicos para a doação de órgãos e tecidos entre vivos e "post mortem".

O aumento de idosos na população mundial e especialmente em nosso país trouxe a necessidade da inclusão do tema sobre envelhecimento nos estudos sobre humanização.

A bioética passa a ser o fórum mais adequado para a reflexão e discussão sobre o envelhecimento. Abordamos não só as condições fisiológicas e clínicas, mas também as dificuldades do cuidador e a interação do paciente idoso com a família e com a sociedade. Reconhecer a sua vulnerabilidade e preservar a sua autonomia deve ser uma meta a ser alcançada. Envelhecer deve ser encarado como uma conquista, nunca como um demérito.

A terminalidade da vida é o momento no qual o ser humano se defronta com angústias e medos. A bioética clínica se propõe a discutir amplamente a forma de enfrentar as diversas situações relacionadas a tal estado.

A *distanásia* que pode ser definida como a manutenção de procedimentos fúteis que prolongam o sofrimento do paciente na fase final da vida deve ser o ponto de reflexão a ser levantado por todos os envolvidos. Médico, família e pacientes tem o direito e o dever de ter acesso e discutir todas as informações antes da tomada de decisões.

A *ortotanásia*, definida como a morte justa sem prolongamento artificial ou desnecessário da vida do doente, caracteriza o processo de humanização. Proporciona a morte digna permitindo que o paciente enfrente o período final da sua existência sem dor, com tranquilidade e aceitação. Este procedimento necessita, na maioria dos casos, da aplicação dos cuidados paliativos onde a atuação adequada requer a formação de grupos multiprofissionais.

O *suicídio assistido*, atualmente adotado em alguns estados americanos, trouxe a reflexão sobre a eutanásia e a validade de tal procedimento como ato médico eticamente aceitável.

Os itens acima, foram citados no intuito de se ter uma visão geral da atuação da bioética clínica. Cada um deles demanda aprofundadas discussões e reflexões.

Dentro deste contexto se insere a importância da relação médico paciente e o valor da comunicação, escuta e acolhimento como formas de humanização. Estes valores acabam sendo relegados a um segundo plano frente a velocidade da evolução biotecnológica. Existe, de fato, a necessidade da constante atualização diante de novos procedimentos e tratamentos o que faz com que a maioria dos profissionais da saúde deixem de enfocar a sua atuação nas características holísticas do paciente.

O primeiro passo para que possamos atingir tais benefícios é introduzir a bioética clínica como matéria obrigatória na formação dos profissionais da saúde. Embora, atualmente, conste do currículo de algumas faculdades, ela tem sido administrada de forma superficial e voltada apenas para o conhecimento dos seus princípios sem o devido aprofundamento em questões essenciais geradoras de conflitos éticos.

A bioética não deve se ater apenas à tentativa de resolução de conflitos, mas, fundamentalmente, na capacidade de introduzir as informações necessárias para o desenvolvimento da reflexão sobre assuntos voltados a ética.

A humanização a que nos referimos no título, não se restringe apenas à forma de atendimento, mas também a conscientização de que problemas éticos associados a causa e ao desenvolvimento de doenças e tratamentos devem ser enfrentados com um olhar mais amplo voltado as relações do indivíduo com a sociedade em que vive.

Finalmente, queremos enfatizar que a humanização deve ser encarada como um verdadeiro instrumento de trabalho e não um apêndice filosófico ou cultural na formação de profissionais da saúde.

Referências

Roseli MY Nomura. *Dilemas acerca da via humana: interfaces entre a bioética e o biodireito* in: Reprodução humana: reprodução assistida, fertilização in vitro, inseminação artificial, direitos reprodutivos .1.ed. São Paulo: Atheneu, 2015.

Renata da Rocha. *O direito a vida e a Pesquisa com Células-Tronco*. São Paulo: Elsevier, 2008.

Gilka JF Gattas. *Dilemas acerca da via humana: interfaces entre a bioética e o biodireito* in: Bioética e genética: Desafios Conteporaneos.1.ed. São Paulo: Atheneu, 2015.

Edvaldo Leal de Moraes. *Dilemas acerca da via humana: interfaces entre a bioética e o biodireito* in: Doação de Órgãos e Tecidos para o Transplante.1. ed. São Paulo: Atheneu, 2015.

Leo Pessini. *Distanásia- Até quando prolongar a vida?* São Paulo, Loyola, 2001.

Pessini Leo. *Problemas atuais da Bioetica*.1reimpr. São Paulo: Loyola, 2008.

12.
Doação de órgãos e o prestígio ao exercício de autonomia do doador: pouca luz e muita sombra

Diogo Leonardo Machado de Melo

1. Quando o direito atua em desprestígio ao princípio da beneficência[1]

"– Você é doador de órgãos?" Pergunta o Professor.
"– Acho que sou. Pelo menos acho que consta de minha OAB ou RG".

Lamentavelmente, este diálogo está longe de ser meramente hipotético. Sua grande causa, certamente, é o nível de desinformação histórica a respeito do assunto no Brasil, fruto, certamente, de políticas públicas erráticas em que ignoraram a profunda transformação legislativa da Lei 9.434/97 que, há pelo menos há mais de 18 anos, tirou do doador a opção de inscrever no seu documento público a opção de doação ou a *presunção* de consentimento em caso de silêncio. Sobre o assunto há, portanto, *pouca luz e muita sombra*.

Temos um dos melhores programas de transplante no planeta. No campo tecnológico e científico, o Brasil é exemplo para o mundo.

---

[1] Dedico este singelo texto para minha querida sobrinha *Manoela Fenz Machado de Melo*, expressão maior de que a ciência aliada ao *amor humano* não encontra limites.

Para que se tenha a exata dimensão desta afirmação, hoje, o Instituto do Coração de São Paulo (InCor), por ex., realiza mais de 100 transplantes de órgãos torácicos anualmente e isto se deve, sobretudo, ao investimento institucional na criação de um Núcleo de Transplantes, que reúne médicos e multiprofissionais trabalhando exclusivamente com o procedimento.

Além disso, as parcerias estabelecidas com a Força Aérea Brasileira (FAB) e Polícias Militares com as Secretarias de Saúde, para utilização de aeronaves, helicópteros e mesmo para fretamento de voos são fundamentais, especialmente para captações à distância (acima de 50 km).

O período de espera por um coração é, na maioria das vezes, um tempo de angustia e de sofrimento que pode durar, em média, seis meses. Para outros órgãos esta espera pode ser ainda maior.

Neste período, 20% a 30% morrem e uma boa parte fica internada em leitos de emergência ou de terapia intensiva, onde muitas vezes desenvolvem complicações que acabam por impedir a realização do transplante.

O procedimento melhorou muito com os novos medicamentos disponíveis, e com o controle de rejeição. Uma pessoa muitas vezes restrita a um leito, sem força para respirar, alimentar ou viver ganha uma nova chance, uma nova vida. E a partir dali, passa a reescrever sua história.

A taxa de sucesso atual de um transplante de coração é de 90%, e vida com qualidade é alcançada por meio desse ato.

Entretanto, é sabido que necessitamos de muitos mais órgãos do que os que hoje são disponíveis para doação.

Enquanto esse problema da escassez de doadores não for solucionado, milhares de pacientes morrerão.

Para isso, a saúde pública brasileira tem que melhorar. Somente assim poderemos aumentar a captação de órgãos. O potencial doador é, na maioria das vezes, um paciente que teve derrame cerebral (AVC) ou um trauma cranioencefálico, que evoluiu para morte encefálica.

É indispensável que o potencial doador seja bem atendido e cuidado nos hospitais, e é necessário que haja a profissionalização do sistema de captação de órgãos, em parceria com o Estados e municípios, além do aprimoramento da política regional de doações. Entretanto, para que essas ações resultem em transplantes bem sucedidos e vidas salvas, é essencial que as famílias compreendam o significado da doação de órgãos, e que essa manifestação de solidariedade e compaixão seja disseminada pela sociedade como um todo.

O grande problema que se põe a enfrentar é a resistência ou recusa familiar na doação pós mortem e se hoje, mesmo sem alteração legislativa, encontraríamos mecanismos legais para se conseguir a autorização de transplante quando houvesse pleno exercício de autonomia do paciente.

A alta taxa de recusa familiar para doação de órgãos é um problema grave no país. Dados do Ministério da Saúde apontam que mais de 40% da população brasileira não aceita doar órgãos de parentes falecidos com diagnóstico de morte cerebral.

Precisamos discutir esse assunto de forma aberta e clara: o ato da doação de órgãos é genuíno, significa salvar vidas.

2. Da presunção de consentimento (1997) ao consentimento de representantes (2001) e o problema da recusa familiar na Lei de Doação de Órgãos (Lei 9434/97).

Sem nos ocupar com detalhes históricos, há que se consignar que a Lei de Doação de Órgãos (Lei 9.434/97) representou um marco na legislação brasileira no tocante ao biodireito e, porque não dizer, no exercício pleno dos direitos da personalidade.[2]

---

[2] A Lei n. 4.280, de 6 de novembro de 1963, regulava a retirada de órgãos e tecidos de cadáver, cujo diploma legal foi expressamente revogado pela Lei n. 5.479, de 10 de agosto de 1968, que dispunha sobre a retirada e transplante de tecidos, órgãos e partes do cadáver para finalidade terapêutica e científica, permitindo a disposição gratuita de partes do corpo *post mortem* desde que precedida de manifestação expressa da vontade do disponente ou de seus familiares. Após a promulgação da Carta Magna de 1988, foi instituída a Lei n. 8.489, de 18 de novembro de 1992, revogando expressamente o diploma anterior, condicionando ainda as transplantações *post mortem* à manifestação expressa em vida do doador, através de documento pessoal ou oficial, ou, se não houvesse manifestação em contrário por parte do cônjuge, ascendente ou descendente. Referido diploma legislativo, por não ter alcançado os objetivos perquiridos, pois persistia o problema da insuficiência de órgãos e ausência de doadores, fomentando a comercialização e o tráfico ilegal de órgãos, levou o legislador ordinário a alterar o parâmetro legal, promulgando a Lei n. 9.434, de 4 de fevereiro de 1997, que dispõe sobre a remoção de órgãos, tecidos e partes do corpo humano para fins de transplante e tratamento. Essa lei alterou o regime de doação até então vigente, em que era imprescindível a manifestação de vontade do doador ou de seus parentes, fazendo com que todos se tornassem doadores presumidos, salvo manifestação em contrário. Portanto, constatada e registrada por dois médicos, não participantes das equipes de remoção e trans-

Não se nega, portanto, que a doação de órgãos, apesar de regulamentado por lei especial, representa um negócio jurídico *bilateral*[3], com nítido caráter extrapatrimonial, obrigatoriamente *gratuito*, em que uma pessoa, por fins altruísticos, com o único propósito de ajudar outrem, cede um órgão seu (ou medula óssea) em vida ou após da sua morte.

Sabe-se que em sua estrutura temos um capitulo voltado à *doação de* órgãos pós mortem, um capitulo voltado para doação de órgãos *inter vivos,* uma parte penal e outra administrativa, regulamentando o regime de capitação, de coleta, de organização das listas de transplantes.

Na época da promulgação (1997), o Brasil acabou por adotar uma posição ultramoderna e corajosa, sendo inclusive reverenciado por várias partes do mundo que estavam a regulamentar a questão em seus ordenamentos jurídicos.

No tocante à doação de órgãos *pós mortem,* sensível aos problemas de disponibilização de órgãos, o Brasil adotou um regime de *presunção de consentimento* para fins de adoção.

Em sua redação original, o artigo 4º da lei prescrevia que todos eram doadores de órgãos até que diga o contrário: *"salvo manifestação de vontade em contrário, nos termos da lei, presume-se autorizada a doação de tecidos, órgãos ou parte do corpo humano, para finalidade de transplantes ou terapêutica pós mortem".*

Para tanto, a expressão "não doador de órgãos e tecidos" deveria ser gravada, de forma indelével e inviolável, na Carteira de Identidade Civil e na CNH da pessoa que fez a opção. Em caso de omissão, a opção lançada seria "doador de órgãos e tecidos", presumindo-se a aceitação do doador para fins de doação de órgãos.

Comentando sobre a *mens legis* à época, Giovanni Ettore Nanni[4] explica que "a promulgação da lei que dispôs sobre a remoção de órgãos, tecidos e partes do corpo humano para fins de transplante e tratamento

---

plante, a morte encefálica do paciente, presume-se autorizada a remoção de órgãos, exceto se existir alguma manifestação do falecido tipificando-o como "não doador de órgãos e tecidos".

[3] BETTI, Emilio. *Teoria generale del negozio giuridico.* 2. ed. Napoli: Edizioni Scientifiche Italiane, 1994.

[4] NANNI, Giovanni Ettore. "A autonomia privada sobre o próprio corpo, o cadáver, os órgãos e tecidos frente à lei Federal nº 9434/97 e à Constituição Federal". Em: LOTUFO, Renan. *Cadernos de Direito Civil Constitucional.* São Paulo: Ed. Max Limonad, 1999, p. 258.

deu-se em virtude da insuficiência de doadores de órgãos para transplantes, em que se estimava, antes da vigência da lei, existir uma fila de quase vinte mil brasileiros a espera de um transplante, número esse que poderá ser substancialmente reduzido com os novos doadores potenciais, além da possibilidade de inibir o gravíssimo problema do tráfico de órgãos".

Ocorre que tal diploma, em sua redação original, teve sua constitucionalidade questionada, sob o fundamento de que tal *presunção* acabava por aviltar a indisponibilidade dos direitos da *personalidade* da pessoa humana garantido na Constituição.

Apesar de corajosas posições no sentido de defender a *constitucionalidade* e coerência do texto proposto[5], a lei foi alterada pela Lei 10.211/2001.

---

[5] "O consentimento presumido instituído pela lei em tela tem o condão de firmar negócio jurídico? Em nossa opinião, o negócio jurídico também ocorre, tendo aperfeiçoando-se com a morte, sendo respeitada a autonomia privada e autorizadas as transplantações. Demonstram Luis Díez-Picazo e Antonio Gullón que existem duas espécies de declaração de vontade no negócio jurídico, podendo ser expressa ou tácita, sendo nesta atribuído valor jurídico ao silêncio, pois revela certa tomada de posição a respeito de algum interesse, valorada pelo ordenamento jurídico como manifestação de vontade vinculante. Aduz Giuseppe Stolfi que a manifestação tácita não deve confundir-se com o simples silêncio, porque este não sendo afirmação ou negação, não pode considerar-se como uma manifestação de querer. Contudo, isto não impede, por outra parte, que a lei possa dispor o contrário em casos particulares, interpretando o silêncio como manifestação de certa vontade ou dispondo uma sanção pela inobservância da obrigação de responder, ou, de outro modo: o silêncio vale como consentimento ou dissentimento por vontade do legislador nos casos por ele previstos. (...) Ora, dessa forma, ocorrendo a morte e inexistindo qualquer manifestação de vontade do indivíduo, à luz da Lei n. 9.434/97, está licitamente firmado o negócio jurídico e autorizadas as transplantações. Ocorre a concretização de um negócio jurídico, posto que a lei atribuiu, nesse caso, que o silêncio importa numa declaração de vontade conclusiva do negócio. Se a pessoa não deseja firmar o negócio jurídico, ao invés do silêncio, basta manifestar sua intenção de não ser doador de órgãos após a sua morte, quando, como dissemos, também estará firmando um negócio jurídico dentro de sua autonomia privada. Podemos dizer que tal negócio jurídico antes da morte da pessoa, está sujeito a uma condição, da qual ficará dependendo. E por que o negócio jurídico penderá de condição, estando portanto vinculado a um acontecimento futuro e incerto? Embora seja a morte certa quanto a sua concretização, o que a princípio nos remeteria a um termo (cláusula que subordina os efeitos do negócio jurídico a acontecimento futuro e certo) e não condição, como elemento acidental do negócio jurídico, ocorre que o próprio negócio jurídico é incerto, sendo a condição puramente potestativa, pois facultado à pessoa natural, a qualquer momento antes de sua morte, firmar manifestação de vontade contrária, acarretando o não acontecimento daquele negócio jurí-

Por questões jurídicas (em que se defendia uma suposta violação dos direitos da personalidade) e até mesmo por questões religiosas (fundadas, em grande medida, na sacralidade do corpo humano), a lei foi frontalmente modificada, para que a doação *pós mortem* voltasse ao regime anterior, a depender de *específica* autorização de familiares.

Assim, na nova redação proposta pelo artigo 4º da Lei de Doação de Órgãos, a retirada de tecidos, órgãos e partes do corpo de pessoas falecidas para transplantes ou outra finalidade terapêutica, dependerá da autorização do cônjuge ou parente, maior de idade, obedecida a linha sucessória, reta ou colateral, até o segundo grau inclusive, firmada em documento subscrito por duas testemunhas presentes à verificação da morte.

Inúmeras razões justificaram, na posição do legislativo, o giro de entendimento em relação ao consentimento na doação: o mais relevante a ser destacado nesta oportunidade teria sido uma suposta desconfiança se a autorização, ou até mesmo a ciência inequívoca do paciente doador, acontecia diante das presunções: ao consultarem seus documentos, os futuros doadores não sabiam ou manifestavam certeza se eram ou não doadores.

Assim, para se prestigiar o exercício da autonomia com "segurança", preferiu-se relegar à família a decisão de doar ou não doar.

E hoje, sabe-se, o resultado estatístico desta proposta é estarrecedor: das notificações enviadas sobre pretensos candidatos à doação de órgãos, no ano de 2019, 40%[6] (quarenta por cento) dos transplantes foram recusados por opção da família, sem qualquer perquirição sobre o *real consentimento* do pretenso doador, recusa esta que vem calcada nas mais variadas justificativas, dentre as quais opção religiosa, ausência de

---

dico, tornando-se "não doador", pactuando, portanto, outro negócio jurídico. Dessa forma, tanto em uma como em outra hipótese retro questionadas será respeitada a autonomia privada da pessoa, na sua esfera de liberdade, pois foi-lhe outorgada a possibilidade de ser ou não doadora. Assim, entendemos que a vontade do indivíduo em vida irá percutir seus efeitos *post mortem*, influenciando nas relações jurídicas, autorizando ou não as transplantações" NANNI, Giovanni Ettore. " A autonomia privada sobre o próprio corpo, o cadáver, os órgãos e tecidos frente à lei Federal nº 9434/97 e à Constituição Federal". Em: LOTUFO, Renan. *Cadernos de Direito Civil Constitucional*. São Paulo: Ed. Max Limonad, 1999, p. 274.

[6] Basta conferir o site da Associação Brasileira de Transplante de Orgãos (ABTO) em http://www.abto.org.br/abtov03/Upload/file/RBT/2019/rbt2019-1sem-leitura.pdf, consultado em 24.10.2019.

informação ou até mesmo por desconhecer a real intenção do doador enquanto vivo.

Os problemas de informação no modelo de consentimento para fins de transplante se agravam na medida em que a própria política informacional publica sobre o transplante deixa a desejar.

Para que se tenha a dimensão de como o próprio Governo Federal contribuiu negativamente para a *desinformação* sobre a sistemática de consentimento na doação de órgãos, cumpre anotar que, até pouco tempo atrás, toda a publicidade era voltada para o doador ("seja doador de órgãos") e não para família ou para o convencimento desta ("oriente sua família para que seus órgãos sejam doados"), gerando dúvidas nos familiares que não estavam preparados para tal deliberação[7]. Não é à toa, portanto, que mesmo universitários ou estudantes caiam em contradição ou em desinformação no tocante a este tema.

Há no Congresso Nacional projetos para se retomar a redação original de 1997, ou seja, para se retornar ao que se entendia como *presunção de consentimento*[8].

Não há, por sua vez, nenhuma legislação que incentive a doações de órgãos no âmbito federal ou estadual, como eventuais incentivos ou isenções tributárias (no ITCMD, por ex.) para famílias doadoras de órgãos, nem mesmo isenções de taxas processuais para os futuros inventários dos doadores. Política publica de incentivo neste sentido poderiam representar aumento de doações se assim o Estado se comportasse[9] [10].

---

[7] Somente em 2019 o endereçamento publicitário da doação de órgãos pós mortem foi feito de maneira correta pelo Ministério da Saúde: "*A Vida Continua. Doe Órgãos. Converse com sua família*".

[8] PL 3176/2019 do Senado Federal (https://www12.senado.leg.br/noticias/materias/2019/07/29/projeto-torna-doacao-de-orgaos-e-tecidos-ato-de-consentimento-presumido) consultado em 3.10.2019.

[9] Faça-se justiça, todavia, ao projeto de Lei nº 2050/07, do deputado Arnon Bezerra (PTB-CE), concede benefícios fiscais e preferência de atendimento no Sistema Único de Saúde (SUS) aos doadores de órgãos, bem como a seus familiares. A proposta também pune as entidades de saúde negligentes na preservação dos órgãos doados. Pela proposta apresentada, os doadores em vida receberão credenciais de caráter vitalício que permitam o atendimento prioritário no SUS, para todos os procedimentos, inclusive cirúrgicos, de internação e de Unidade de Tratamento Intensivo (UTI). As credenciais também serão fornecidas a descendentes e ascendentes de doadores post mortem, no limite de seis beneficiários. Os doadores e familiares receberão ainda um dos seguintes benefícios, não cumulativos, no limite de quatro beneficiários: isenção de recolhimento de INSS pelo prazo máximo de

Mas enquanto alterações legislativas não ocorrem, haveria algum instrumento jurídico para se respeitar, plenamente, o exercício dos direitos da personalidade do doador?

3. Diretivas antecipadas de vontade poderiam expressar, com força vinculante, a intenção do doador em se doar órgãos?

Compreendem-se as dificuldades enfrentadas e discutidas no ano de 1997, em que poderia se discutir se havia ou não *real manifestação de autonomia* dos doadores quando lançava sua opção nas carteiras de identidade e carteiras de habilitação, dúvida esta que acabou por ser o grande motivador da alteração da lei em 2001, acabando-se com a presunção do consentimento frente às incertezas geradas no ato de disposição do próprio corpo dos pretensos doadores.

Todavia, não pode se negar que há um direito de personalidade que, se certo, deve ser prestigiado e levado a cabo pelos familiares. Sobre a eficácia e prestígio à vontade do falecido, comenta Rabindranah Valentino Aleixo Capelo de Sousa[11]: "os direitos de personalidade das pessoas já falecidas respeitam a interesses próprios dessas mesmas pessoas em vida, a instintos, impulsos e aspirações concretas suas de sobrevivência, de continuação de si mesmo e de ultrapassagem da morte, senão mesmo de perpetuação, e a contributos objectivados seus para o desenvolvimento da espécie humana e que autonomamente continuem a actuar enquanto legados para a posteridade."

---

cinco anos; liberação da totalidade do saldo pessoal depositado no FGTS; isenção de recolhimento do Imposto de Renda retido na fonte pelo prazo de dez anos; ou isenção de pagamento do IPI na aquisição de automóveis. Pela proposta, os benefícios serão custeados por recursos do Sistema Único de Saúde.

[10] A Lei 11479/94 do município de São Paulo dispõe sobre a dispensa de pagamento ao serviço funerário municipal de taxas, emolumentos e tarifas devidas em razão da realização de funeral de pessoa que tiver doado, por si ou por seus familiares ou responsáveis, seus órgãos corporais para fins de transplante médico. Recentemente, a Lei 13656/18 passou a isentar do pagamento de taxa de inscrição em concursos públicos para provimento de cargo efetivo ou emprego permanente em órgãos ou entidades da administração pública direta e indireta de qualquer dos Poderes da União, os candidatos doadores de medula óssea em entidades reconhecidas pelo Ministério da Saúde.

[11] CAPELO DE SOUSA, Rabindranath Valentino Aleixo. *O direito geral de personalidade*. Coimbra: Coimbra Editora, 1995, p. 194.

O que se põe à discussão é se investigar se não haveria dentro do ordenamento jurídico um mecanismo de prestígio ao exercício desta autonomia diretamente pelo doador e, por que não dizer, com força vinculante aos próprios familiares, que chancelarão a vontade no momento da instauração do procedimento de doação.

Um mecanismo que poderia ser lembrado para prestigiar a autonomia do doador no momento da doação de órgãos é a *diretiva antecipada de vontade*, hoje regulamentada pela Resolução 1995/2012.

As diretivas antecipadas de vontade (ou, *testamento vital*) podem ser conceituadas como um *negócio jurídico unilateral*, de conteúdo *extrapatrimonial*, em que o paciente, em estado terminal, manifesta conjunto de desejos, cuidados e tratamentos que quer ou não, vontade esta que terá eficácia no momento em que estiver incapacitado de se expressar, livre e autonomamente, podendo, inclusive, nomear representantes para fazer valer tais vontades[12].

Neste caso, nas decisões sobre cuidados e tratamentos de pacientes que se encontram incapazes de se comunicar, em prestígio à *autonomia e beneficência*, os médicos levarão em consideração suas diretivas antecipadas.

Dentro da teoria geral do direito, defendemos que as diretivas representam *negócio jurídico unilateral*, eis que não se pode falar em *aceitação* de quem quer que seja muito menos do médico, que apenas checará a hipótese de incidência para se legitimar a eficácia da diretiva, como o *estado de incapacidade e irreversibilidade*.

Não se trata de negócio jurídico formal. A forma da *diretiva* é livre, devendo, para conhecimento de terceiros, ser acostada no prontuário do paciente (Res. 1995/2012, art. 2º, parágrafo 4º).

E como exercício pleno do direito de personalidade do paciente, trata-se de negócio jurídico de conteúdo *extrapatrimonial*, ocasião em que o paciente disporá do próprio corpo e regulará os últimos atos de sua vida, em defesa plena de sua felicidade e morte digna.

A grande questão é que, nos termos do parágrafo 3º do artigo 2º da Resolução 1995/2012, *as diretivas antecipadas do paciente prevalecerão sobre qualquer outro parecer não médico, inclusive sobre os desejos dos familiares.*

---

[12] V. MELO, Diogo Leonardo Machado de. *Gestação de substituição*. São Paulo: Editora IASP, 2017, p. 66.

Poderia então o paciente prescrever, como ultima vontade seu desejo de ser doador de órgãos, exigindo, inclusive, que o seu *representante* atue neste sentido, contrariando a vontade da família?

Um primeiro ponto a ser destacado é que tal expressão de vontade se mostra totalmente diferente da proposta inicial da lei de doação de órgãos que, na sua redação original de 1997, como vimos, deixava em duvida a verdadeira intenção do doador em relação à doação de órgãos.

É dizer, em outras palavras, que nas diretivas, em se manifestando a vontade no sentido de ser doador de órgãos, parece que estaríamos diante de uma genuína forma de manifestação, declaração, devidamente acostada no prontuário do paciente. Não se trataria, portanto, de "presunção de consentimento", mas genuína e plena forma de manifestação de uma vontade no exercício de sua autonomia privada.

Um segundo ponto a ser enfrentado é, na verdade, um falso problema. Poderia se dizer que a Resolução sobre Diretivas não teria o condão de modificar uma *lei federal*, como a lei de doação de órgãos. Assim, entre a suposta divergência entre uma diretiva e a lei federal, deveria o médico prestigiar a vontade manifestada pela família.

Ocorre que, como dissemos, trata-se de um *falso* problema.

Tecnicamente falando, o subsídio legal das diretivas não está na resolução e sim na Constituição Federal (art. 1º, III) e no Código Civil, também lei *federal*, diga-se de passagem.

Aliás, neste ultimo ponto, poderíamos até mesmo afirmar que as diretivas antecipadas de vontade dão voz e eficácia ao prescrito no artigo 14 do Código Civil, que prescreve ser válida, com objetivo altruístico, a disposição gratuita do próprio corpo, disposição esta que pode ser revogada a qualquer tempo, revogabilidade esta ínsita ao objetivo das diretivas antecipadas.

Desta forma, mostra-se equivocada a posição de que as diretivas não estariam amparadas em *lei federal* e que, por isso, não poderiam contestar a opção legislativa da *lei de doação de órgãos*.

Assim, em existindo um comando do paciente em *diretiva antecipada*, tornando expresso seu desejo em ser doador de órgãos, o médico tem o *dever ético* de respeitá-lo.

Mas e os familiares não teriam o direito de oposição em relação às Diretivas? Entendemos que não.

Aliás, temos defendido que qualquer oposição às diretivas antecipadas emitidas pelo paciente é passível de controle jurisdicional pelo representante da saúde sendo, inclusive, passível de responsabilização civil em caso de desrespeito ao seu teor, eis que violadoras dos direitos de personalidade do paciente, um bem juridicamente tutelado, portanto.

Vale ainda lembrar que o não respeito às diretivas também poderá ser interpretado como um ato de *indignidade* contra o paciente.

Cumpre lembrar que a atual posição do STJ[13] é tratar as hipóteses de *indignidade* (CC, artigos 557 e 1814) não mais como hipóteses taxativas e sim como hipóteses meramente *exemplificativas*[14].

Desta forma, nada mais correto do que interpretar a violação da vontade do paciente e se suas diretivas antecipadas (falecido ou não) como uma clara hipótese de *indignidade*, eis que representativo de uma inequívoca hipótese de violação aos seus diretos de *personalidade*, cuja consequência (no âmbito da doação ou na sucessão) poderá ser defendia pelos herdeiros ou pelos representantes no caso concreto.

Entendemos, portanto, que as diretivas antecipadas de vontade poderão sim veicular a intenção do paciente em ser doador de órgãos *pós mortem*, sendo esta diretiva – declaração negocial, portanto – vinculativa da vontade dos familiares, sendo que toda e qualquer violação a esta

---

[13] Tal como propugnado pelo Enunciado 33 aprovado pela I Jornada de Direito Civil: O novo Código Civil estabeleceu um novo sistema para a revogação da doação por ingratidão, pois o rol legal previsto no art. 557 deixou de ser taxativo, admitindo, excepcionalmente, outras hipóteses. No mesmo sentido, defende Paulo de Tarso Sanseverino a ampliação do rol das hipóteses de revogação, especialmente pelo fato do Código Civil não mais se valer da expressão "só podem revogar". Nesse sentido, defendendo que a melhor hermenêutica do artigo 557 do atual Código Civil é aquela que considera o rol de hipóteses de revogação da doação lá previsto como meramente exemplificativo, diferentemente da disciplina do Código anterior: "O Código Civil de 2002 procedeu a uma significativa alteração de rumo na questão, modificando a redação do caput do artigo 557 ao estatuir: 'podem ser revogadas por ingratidão as doações'. A aparentemente singela mudança operada na redação do texto legal, operada pela supressão da expressão 'ó se podem revogar' alterou substancialmente a natureza do rol das causas de revogação da doação por ingratidão. O rol legal deixou de ser taxativo, passando a ser exemplificativo. Substituiu-se o método casuístico pelo exemplificativo." (SANSEVERINO, P.T. Contratos Nominados II – *Contrato Estimatório / Doação / Locação de Coisas / Empréstimo Comodato Mútuo*. São Paulo: Editora Revista dos Tribunais, 2006, p. 159).

[14] Por todos, v. GUERRA, Alexandre Dartanhan de Mello. Em: NANNI, Giovanni Ettore (Coord.). *Comentários ao Código Civil. Direito Privado Contemporâneo*. São Paulo: Saraiva, 2019, p. 893.

manifestação poderá sim legitimar consequências patrimoniais aos violadores, sendo perfeitamente legítimo (e ético) dentro do ordenamento jurídico brasileiro o seu prestígio em detrimento do atraso (e retrocesso) da lei de doação de órgãos, sendo esta a única alternativa possível atualmente de se fazer valer a autonomia do paciente em detrimento da desinformação dos familiares.

As Diretivas Antecipadas de Vontade se evidencia como um eficiente meio de determinação da vontade prospectiva do indivíduo que opta por doar ou não seus órgãos. E essa determinação deve predominar sobre o consentimento dos familiares.

Trata-se de uma alternativa possível para fazer frente ao alto índice de recusa de transplantes no país, tudo isso, repita-se, a partir de um instituto de direito privado amplamente admitido pela doutrina brasileira.

Assim, se há sobre o assunto *pouca luz e muita sombra,* que o direito civil brasileiro seja resgatado e os instrumentos viabilizadores do exercício da autonomia privada sejam utilizados para se trazer um pouco de luz ao assunto e ao tema, a permitir ao menos uma contribuição oportuna ao alto déficit de consentimento de doações de órgãos *pós mortem* no território nacional.

Referências

Betti, Emilio. *Teoria generale del negozio giuridico.* 2. ed. Napoli: Edizioni Scientifiche Italiane, 1994.

Bittar, Carlos Alberto. *O direito civil na Constituição de 1988.* 2. ed. São Paulo: Ed. Revista dos Tribunais, 1991.

Bittar, Carlos Alberto. *Os direitos da personalidade.* 2. ed. Rio de Janeiro: Ed. Forense Universitária, 1995.

Canotilho, José Joaquim Gomes. *Direito constitucional.* 6. ed. Coimbra: Livraria Almedina, 1993.

Capelo de Sousa, Rabindranath Valentino Aleixo. *O direito geral de personalidade.* Coimbra: Coimbra Editora, 1995.

Gogliano, Daisy. *O direito ao transplante de órgãos e tecidos humanos.* Tese (doutoramento). Faculdade de Direito da Universidade de São Paulo, 1986.

Guerra, Alexandre Dartanhan de Mello. Em: Nanni, Giovanni Ettore (Coord.). *Comentários ao Código Civil. Direito Privado Contemporâneo.* São Paulo: Saraiva, 2019.

Melo, Diogo L. Machado de. *Gestação de substituição.* São Paulo: Editora IASP, 2017.

NANNI, Giovanni Ettore. " A autonomia privada sobre o próprio corpo, o cadáver, os órgãos e tecidos frente à lei Federal nº 9434/97 e à Constituição Federal". Em: LOTUFO, Renan. *Cadernos de Direito Civil Constitucional.* São Paulo: Ed. Max Limonad, 1999, p. 257-286.

PERLINGIERI, Pietro. *Perfis do direito civil: introdução ao direito civil constitucional.* Tradução de Maria Cristina De Cicco. Rio de Janeiro: Renovar, 1997.

PRATA, Ana. *A tutela constitucional da autonomia privada.* Coimbra: Livraria Almedina, 1982.

SERRAVALLE, Paola D'Addino. *Atti di disposizione del corpo e tutela della persona umana.* Napoli: Edizioni Scientifiche Italiane, 1983.

13.
Bioética e direitos humanos: a dignidade da vida humana

DANIELA JORGE MILANI

Introdução

A Revolução Industrial iniciada na Inglaterra no século XVIII representou uma verdadeira mudança de era, não apenas uma era de mudanças. Trouxe grandes e inovadores inventos como o tear elétrico, a locomotiva, o automóvel, o avião, além de descobertas como a corrente alternada de energia e o motor a combustão. Tudo isso mudou por completo a história humana.

Acompanhando essa mudança, a reflexão filosófica acabou se firmando no caminho do positivismo iniciado por Auguste Comte, que ganha força ao apresentar a ciência como o único caminho de evolução da humanidade com a promessa de, finalmente, levá-la ao estado de harmonia e pacificação.

Na concepção positivista de Auguste Comte a filosofia, praticamente, deixa de desempenhar uma função criadora autônoma, pois não tem existência fora da ciência. Seu trabalho fica na dependência do trabalho alheio, isto é: à medida que a ciência descobre verdades, a filosofia se enriquece, restringindo sua função a mero apêndice do trabalho do cientista para descobrir os nexos de harmonia entre os resultados.

Contudo, o século XX mostrou que a humanidade não tinha alcançado a paz almejada, sobrevindo duas grandes guerras que resultaram na divisão político-ideológica do mundo e milhões de mortos. O que se viu foi a ciência sendo usada como meio de domínio e destruição, haja vista a criação da bomba atômica que dizimou duas cidades inteiras no Japão, os experimentos nazistas, o genocídio.

Os horrores da guerra e do nazismo, de outro lado, tiveram como efeito colateral a união das nações na busca de estabelecer limites às ações políticas e governamentais que pudessem colocar em risco a integridade da vida humana.

É proclamada, então, a Declaração de Direitos Humanos perante as Nações Unidas em 1948, que declarava a existência de valores universais e direitos inerentes ao ser humano, que lhe pertenciam simplesmente por ser o que era: humano. Reconhece-se, assim, uma dignidade própria do homem.

Pois bem, desde o século passado vive-se uma nova revolução, a biotecnológica e biomédica. O homem e a própria raça humana, de forma nunca antes vista, passam a ser sujeitos da pesquisa científica. Veja-se, como exemplo o mapeamento do genoma humano, a clonagem de embriões, a tentativa de criar seres híbridos.

As novas possibilidades da ciência na área da saúde aliadas às novas formas de comunicação e relacionamento na sociedade da informação mostram uma *nova* mudança de era.

O desejo de liberdade da investigação científica representa a própria liberdade inerente ao ser humano. Contudo, começa-se a avançar em campos que colocam em cheque novamente a dignidade humana, dada a visão utilitarista ou relativista da ética.

As promessas de cura, de prolongamento da vida, de juventude eterna que o avanço da ciência traz seduzem o homem a ponto de convencê-lo de que há fins que justificariam a instrumentalização e até o descarte da vida humana.

É, sem dúvida, necessário reconhecer a importância da liberdade da pesquisa científica e os benefícios resultantes do desenvolvimento científico e tecnológico. No entanto, todo esse progresso deve estar a serviço do ser humano e do bem comum.

13. BIOÉTICA E DIREITOS HUMANOS: A DIGNIDADE DA VIDA HUMANA

1. A relação entre a bioética e os direitos humanos

A expressão "bioética" idealizada como a disciplina necessária para fazer a ponte entre os avanços tecnológicos na área de saúde e a ética foi cunhada pelo cientista oncológico Van Henseller Potter, na década de 70. Ele já previa que, para além dos benefícios trazidos ao ser humano, surgem em paralelo sérios riscos ao planeta e à vida como um todo, devido ao potencial também destrutivo do progresso irrefletido de tais pesquisas. Era necessário pensar para usar sabiamente os novos conhecimentos e práticas técnico-científicas em favor da qualidade da vida das gerações futuras e da sobrevivência da espécie humana.

A reflexão sobre a ética na medicina vem desde Hipócrates e seu *Juramento*, perpassando pela moral médica de inspiração teológica, pela filosofia moderna até chegar ao reconhecimento dos direitos humanos no pós segunda guerra[1].

Assim, a bioética foi se desenvolvendo e aprofundando, podendo atualmente ser definida como o "estudo teórico-prático, interdisciplinar, cujo objetivo é responder aos desafios morais que a aplicação da tecnologia traz ao desenvolvimento da vida, à saúde e ao meio ambiente"[2].

De que forma tal disciplina se interconecta com os direitos humanos, reconhecidos expressamente em tratados e convenções internacionais e já vigorosamente garantidos por meio das constituições de Estados Democráticos?

Para identificar o primeiro ponto comum se faz um apelo a sua origem.

A história revelou que a experiência nazista levou a práticas abjetas em diversos âmbitos, como experimentações médicas degradantes com seres humanos, realizadas sob os mais diversos argumentos e que, ao final da Segunda Grande Guerra, levou à condenação dos médicos responsáveis no Tribunal de Nuremberg.

Os juízes desse tribunal internacional, ao enfrentar a questão, perceberam que não havia normas que orientassem investigações científicas com seres humanos e acabaram, então, elaborando dez princípios para

---

[1] SGRECCIA, Elio. *Manual de Bioética*. Vol. I: Fundamentos e ética biomédica. Trad. Orlando Soares Moreira. São Paulo: Loyola, 1996, p. 36.

[2] Lucato, Maria Carolina; RAMOS, Dalton Luiz de Paula RAMOS. Bioética: histórico e modelos *in* Dalton Luiz de Paula et al. *Bioética, pessoa e vida.*. 2ª. edição. Edição do Kindle. São Caetano do Sul: Difusão, 2018, p. 494-496.

nortear quem se dispusesse a entrar nesse campo. Tais normas ficaram conhecidas como o Código de Nuremberg de 1949.

Um dos principais pontos ali fixados foi o que afirma a necessidade de que pesquisas com seres humanos devem ser precedidas da concordância inequívoca do sujeito.

De todo modo, essas normas preliminares marcaram a necessidade de se respeitar algo inerente a todo ser humano e que concomitantemente estava sendo reconhecido por diversas nações do mundo como universal: os direitos humanos.

Foi assim que, em 1948, foi proclamada a Declaração dos Direitos Humanos das Nações Unidas, considerada uma resposta aos abusos de governos à banalização da vida humana e demonstrando, desde então, que se deveria respeitar a liberdade e a autonomia do indivíduo.

Vale dizer que, o Tribunal de Nuremberg inovou ainda ao reconhecer a possibilidade de que crimes sejam praticados não apenas contra indivíduos ou coletividade, mas contra povos e mesmo contra toda a humanidade.

Significa dizer que, ações que atentem contra os direitos humanos podem ser reconhecidas internacionalmente como crimes que tocam a todos e, mesmo se não forem reconhecidos como tal por algum Estado envolvido, poderão ser punidos por um tribunal internacional.

É possível afirmar que a dignidade da pessoa humana é a pedra angular do edifício dos direitos humanos. É marca indelével de todos os membros da família humana e reconhecida não apenas na Declaração de 1948, como nos Pactos Internacionais de 1966 sobre Direitos Civis e Políticos e sobre Direitos Econômicos Sociais e Culturais.

Tanto é assim que em 2005 foi aprovado pela Conferência Geral da UNESCO o texto final da Declaração Universal sobre Bioética e Direitos Humanos, com princípios de bioética que os Estados-membro se comprometem a assegurar em suas jurisdições e que coloca a bioética entre os direitos humanos fundamentais.

Esse instrumento internacional faz menção a outros que já vinham afirmando a preeminência da dignidade humana e servindo como instrumentos de defesa dos direitos humanos, tais como a Convenção Internacional das Nações Unidas sobre a Eliminação de Todas as Formas de Discriminação Racial (1965), a Convenção das Nações Unidas sobre a Eliminação de Todas as Formas de Discriminação contra as Mulheres

(1979), a Convenção das Nações Unidas sobre os Direitos da Criança (1989), a Convenção das Nações Unidas sobre a Diversidade Biológica (1992), os Parâmetros Normativos sobre a Igualdade de Oportunidades para Pessoas com Incapacidades, adotados pela Assembléia Geral das Nações Unidas (1993), a Convenção de OIT n.º 169 referente a Povos Indígenas e Tribais em Países Independentes (1989), o Tratado Internacional sobre Recursos Genéticos Vegetais para a Alimentação e a Agricultura, adotado pela Conferência da FAO (2001), a Recomendação da UNESCO sobre a Importância dos Pesquisadores Científicos (1974), a Declaração da UNESCO sobre Raça e Preconceito Racial (1978), a Declaração da UNESCO sobre as Responsabilidades das Gerações Presentes para com as Gerações Futuras (1997), a Declaração Universal da UNESCO sobre a Diversidade Cultural (2001), o Acordo sobre os Aspectos dos Direitos de Propriedade Intelectual Relacionados ao Comércio (TRIPS) anexo ao Acordo de Marraqueche, que estabelece a Organização Mundial do Comércio (1995), a Declaração de Doha sobre o Acordo de TRIPS e a Saúde Pública (2001), entre outros das Nações Unidas e agências especializadas.

Veja-se, ademais, que foram elaborados instrumentos internacionais e regionais especificamente no campo da bioética e dos direitos humanos, como a Convenção para a Proteção dos Direitos Humanos e da Dignidade do Ser Humano com respeito às Aplicações da Biologia e da Medicina: Convenção sobre Direitos Humanos e Biomedicina do Conselho da Europa (1997) e seus protocolos adicionais, bem como a Declaração de Helsinque da Associação Médica Mundial sobre Princípios Éticos para a Pesquisa Biomédica Envolvendo Sujeitos Humanos (1964) e suas emendas posteriores e as Diretrizes Éticas Internacionais para Pesquisas Biomédicas Envolvendo Seres Humanos, do Conselho para Organizações Internacionais de Ciências Médicas, adotadas em 1982 e emendadas em 1993 e 2002.

Pois bem, não obstante algumas posições contrárias, a dignidade humana é também o grande princípio geral da bioética internacional, conforme estudo de Aline Albuquerque S. de Oliveira.[3] Isso se dá, por

---

[3] OLIVEIRA, Aline Albuquerque S. de. *Interface entre bioética e direitos humanos*: o conceito ontológico de dignidade humana e seus desdobramentos. Revista Bioética – Conselho Federal de Medicina, vol. 15 n. 2, 2007, p. 170-185.

evidente, porque a prática da biomedicina e da biotecnologia tem potencial para atingir os mais básicos direitos humanos como o direito à vida, à integridade física e o acesso básico de saúde.

A primazia do ser humano sobre a ciência é corolário decorrente do princípio da dignidade humana e tem como escopo enfatizar duas ideias fundamentais: a) que a ciência não é um fim em si mesmo, mas um meio de melhorar o bem-estar dos indivíduos e da sociedade, e b) que pessoas não podem ser reduzidas a um mero instrumento a serviço da ciência:

> Os direitos humanos e a Bioética andam necessariamente juntos. Qualquer intervenção sobre a pessoa humana, suas características fundamentais, sua vida, integridade física e saúde mental deve subordinar-se a preceitos éticos.[4]

Essa é a conclusão induvidosa que advém do artigo 3º, alínea 2, da Declaração de 2005 sobre Bioética e Direitos Humanos: "Os interesses e o bem-estar do indivíduo devem prevalecer sobre o interesse exclusivo da ciência ou da sociedade".

Percebe-se, deste modo, que tanto os direitos humanos quanto a bioética surgem para assegurar determinados valores e garantir a proteção da pessoa humana seja qual for sua condição de vida, e, portanto, compartilham o mesmo núcleo axiológico: a dignidade humana.

De todo modo, há diversidade na compreensão desse supravalor, pois há posições e argumentos em favor do enfraquecimento do conceito de pessoa humana, dele excluindo o indivíduo humano em certas condições e que "pretendendo o controle irresponsável da vida e da morte, [...] resistem à implantação das normas inspiradas nos princípios da Declaração Universal".[5]

---

[4] DALLARI, Dalmo de Abreu. Bioética e Direitos Humanos *in Iniciação à bioética*. Coord. Ferreira Costa, Sergio Ibiapina; Oselka, Gabriel; Garrafa. Brasília: CFM, 1998. Disponível em: http://www.portalmedico.org.br/biblioteca_virtual/bioetica/ParteIIIdireitoshumanos.htm. Acesso em 20 de maio de 2020.

[5] DALLARI, Dalmo de Abreu. Bioética e Direitos Humanos *in Iniciação à bioética*. Coord. Ferreira Costa, Sergio Ibiapina; Oselka, Gabriel; Garrafa. Brasília: CFM, 1998. Disponível em: http://www.portalmedico.org.br/biblioteca_virtual/bioetica/ParteIIIdireitoshumanos.htm. Acesso em 20 de maio de 2020.

São ideias que colocam em dúvida a dignidade de vidas humanas em determinadas circunstâncias, especialmente quando padecem de alguma limitação, como no momento da gênese e do final de sua existência.

Nesse sentido, apresentam-se correntes bioéticas que questionam a dignidade da vida humana em algumas de suas fases, admitindo sua extinção ou sua manipulação em situações em que nelas não se vê utilidade, submetendo-as totalmente à vontade de alguém, isto é, considerando o princípio da autonomia como um princípio absoluto, enfraquecendo o valor da vida humana para admitir, por exemplo a eutanásia e o suicídio assistido.

Assim, questiona-se se o embrião humano tem *status* de pessoa, a merecer a mesma dignidade, chegando-se a extremos de propor teses que admitem até mesmo o aborto "pós-nascimento", ou seja, o infanticídio.[6]

2. A dignidade humana como empoderamento e como limite

Não há completo consenso quanto ao estrito significado de dignidade humana. Há quem a fundamente no conceito teológico cristão do homem criado *imago Dei* ou na autonomia moral do ser humano capaz de razão, da filosofia moderna e há até mesmo os que questionam a utilidade dessa definição[7].

Não obstante as divergências, resta claro pelos instrumentos jurídicos internacionais já mencionados, que o valor maior que se quer preservar no âmbito da bioética é a dignidade humana.

Dito isso, é importante trazer a lume a diferenciação feita por Roberto Andorno entre o sentido de dignidade inerente ao indivíduo humano e a dignidade moral do indivíduo, sendo a primeira a que realmente desempenha papel fundamental na bioética.

A dignidade inerente ao ser humano independe da condição de vida ou escolhas morais, não pode ser obtida ou perdida, não é algo a con-

---

[6] Diniz, Débora; De Almeida, Marcos. Bioética e Aborto in *Iniciação à bioética*. Coord. Ferreira Costa, Sergio Ibiapina; Oselka, Gabriel; Garrafa. Brasília: CFM, 1998. Disponível em: http://www.portalmedico.org.br/biblioteca_virtual/bioetica/ParteIIIaborto.htm. Acesso em 13 de maio de 2020.

[7] Oliveira, Aline Albuquerque S. de. *Interface entre bioética e direitos humanos*: o conceito ontológico de dignidade humana e seus desdobramentos. Revista Bioética – Conselho Federal de Medicina, vol. 15 n. 2, 2007, p. 174.

quistar. Do pior criminoso pode-se dizer que está desumanizado, mas não que deixou de ser humano e, portanto, não é possível dizer que lhe falta dignidade humana.[8]

De outro lado, com sentido bem diverso é a dignidade moral. Essa, sim, capaz de ser perdida e adquirida, uma vez que depende de atitudes, de comportamento, da capacidade de escolher o bem para si e para o outro.[9] É por isso que se diz ter um comportamento indigno aquele que pratica o mal.

Pois bem, a dignidade como atributo indelével do ser humano pode ser entendida, para a bioética, como empoderamento ou como limite.

A dignidade entendida como empoderamento é a que dá ênfase ao princípio da autonomia da pessoa humana, cuja liberdade seria o único critério de determinação de escolha. Esse seria o sentido inicialmente buscado nas primeiras declarações de direitos humanos, tendo em vista a necessidade de proteger a pessoa em face do Estado.

De início, a autonomia do paciente veio dar equilíbrio ao caráter paternalista da atuação médica que, em obediência ao princípio da beneficência, acabava por excluir do contexto a concepção do próprio paciente sobre o todo da situação e sua liberdade de escolha, o que levou ao reconhecimento de outro princípio, o da autonomia.

Levado ao extremo, no entanto, o princípio da autonomia pode reduzir e até anular o princípio da beneficência e chegar ao ponto de levar ao relativismo moral, que seria o mesmo de descartar todo o esforço da bioética e erigir a autonomia como o princípio supremo da relação médico-paciente, sem vinculação com bens objetivos que transcendam os sujeitos em questão, inclusive privando a ética de toda a significação racional, sem contar que priva de sentido a própria *arte de curar*. Portanto,

---

[8] ANDORNO, Roberto. *Human dignity and human rights as a common ground for a global bioethics*. Oxford: Journal of Medicine and Philosophy – Oxford University Press, 2009, vol. 34, issue 3, p. 223-240. Disponível em: https://www.academia.edu/457873/Human_dignity_and_human_rights_as_a_common_ground_for_a_global_bioethics. Acesso em 11 de dezembro de 2019, p. 231.

[9] ANDORNO, Roberto. Human dignity and human rights as a common ground for a global bioethics. Oxford: Journal of Medicine and Philosophy – Oxford University Press, 2009, vol. 34, issue 3, p. 223-240. Disponível em: https://www.academia.edu/457873/Human_dignity_and_human_rights_as_a_common_ground_for_a_global_bioethics. Acesso em 11 de dezembro de 2019, p. 231-232.

deve-se buscar o equilíbrio entre o princípio da beneficência e o da autonomia.

Pois bem, de outro lado, a dignidade do ser humano, ante a evolução das pesquisas em biomedicina vem revelando outra fisionomia, isto é, a da restrição, dizendo respeito mais a deveres do que à autonomia. Está, portanto, menos direcionada à proteção dos direitos humanos.

Essa concepção é típica dos mais recentes instrumentos internacionais sobre pesquisas biomédicas, como a Convenção de Oviedo e a Declaração Universal sobre o Genoma Humano e *sua função principal seria a de servir de barreira ao princípio da autonomia no interesse do bem comum*.[10]

Há quem afirme que as concepções são excludentes, mas essa controvérsia desaparece se forem compreendidas como complementares de uma mesma necessidade: a de vedação à instrumentalização da pessoa humana.[11]

Roberto Andorno afirma que só existe controvérsia, quando se pretende contrapor essas duas concepções de dignidade. Entretanto, empoderamento e limite são apenas duas faces da mesma moeda, assim como os binômios direito/ dever e liberdade/ responsabilidade. Não parece difícil compreender que, ao menos nas sociedades democráticas, nenhum direito é concebido como absoluto, mas sujeito a limites razoáveis.[12]

Nesse sentido, a pesquisa científica é livre e assim deve ser, encontrando barreira apenas nos direitos humanos e na dignidade humana, como mencionado, já que pode interferir diretamente no direito à vida e à integridade física, instrumentalizando o ser humano.

Conforme Dalmo Dallari, os que aceitam com facilidade a inexistência de limites éticos para as experiências científicas ou mesmo os que, alegando atitude piedosa em defesa da dignidade humana, defendem o uso dos conhecimentos médicos para apressar a morte de uma pessoa, atentam contra os direitos humanos: "[...] estes últimos defendem a

---

[10] OLIVEIRA, Aline Albuquerque S. de. *Interface entre bioética e direitos humanos*: o conceito ontológico de dignidade humana e seus desdobramentos. Revista Bioética – Conselho Federal de Medicina, vol. 15 n. 2, 2007, p. 182.
[11] OLIVEIRA, Aline Albuquerque S. de. *Op. Cit.*, p. 182.
[12] ANDORNO, Roberto. Roberto. *Human dignity and human rights as a common ground for a global bioethics*. Oxford: Journal of Medicine and Philosophy – Oxford University Press, 2009, vol. 34, issue 3, p. 232.

eutanásia e o suicídio assistido, que são formas de homicídio, atitudes que levam à antecipação da extinção da vida, que nenhuma norma de direitos humanos autoriza."[13]

Defende-se, assim, o caráter *heurístico* da bioética, por levantar o véu da face escondida da dignidade humana, tornando visível sua função de limite contra a instrumentalização seja do indivíduo, seja das características genéticas da raça humana como um todo.

2.1 Dignidade Humana e Dignidade da Humanidade

Além da relevante distinção anteriormente realizada entre o conceito de dignidade humana como empoderamento, de um lado, e dignidade humana como limite, de outro, esse grande valor está começando a ser visto como a última barreira contra a tentativa de alteração de características básicas da espécie humana.

Roberto Andorno chama a atenção para o fato de que o recurso aos direitos humanos nesses casos não seria suficiente para lidar com esses novos desafios, porque dizem respeito a indivíduos existentes, não à humanidade como um todo.[14]

Faz-se necessário, assim, lançar mão da concepção de dignidade humana como proteção da humanidade em seu conjunto de características específicas e comuns, que ser ameaçada por experiências como a clonagem reprodutiva e intervenções em linha germinativa, inclusive na tentativa de criar seres híbridos.

É o que se depreende da Declaração sobre o Genoma Humano e os Direitos Humanos (1991), que trata da clonagem humana ou da manipulação de genes humanos. Note-se que o artigo décimo primeiro proíbe a clonagem[15] e o artigo vigésimo quarto determina ao Comitê

---

[13] DALLARI, Dalmo de Abreu. Bioética e Direitos Humanos *in Iniciação à bioética*. Coord. Ferreira Costa, Sergio Ibiapina; Oselka, Gabriel; Garrafa. Brasília: CFM, 1998. Disponível em: http://www.portalmedico.org.br/biblioteca_virtual/bioetica/ParteIIIdireitoshumanos.htm. Acesso em 20 de maio de 2020.

[14] ANDORNO, Roberto. *Human dignity and human rights as a common ground for a global bioethics*. Oxford: Journal of Medicine and Philosophy – Oxford University Press, 2009, vol. 34, issue 3, p. 228.

[15] Declaração sobre o Genoma Humano e os Direitos Humanos (1991). Artigo 11: *Práticas contrárias à dignidade humana, tais como a clonagem de seres humanos, não devem ser permitidas [...]*. Disponível em:

Internacional de Bioética da UNESCO que atue para proibir práticas contrárias à dignidade humana como a intervenção em células germinais[16].

Como se viu, a Declaração Universal dos Direitos Humanos de 1948 e os Pactos de Direitos Humanos de 1966 reconhecem a dignidade humana como bem inerente à condição de ser humano. Por sua vez, os atuais acordos internacionais de bioética e direitos humanos reforçam a necessidade da proteção dessa dignidade havendo consenso de que, de forma alguma um indivíduo ou a humanidade podem servir de instrumento para qualquer fim.

2.2 Uma palavra sobre a dignidade da *vida* humana

Não obstante a universalidade já reconhecida dos direitos humanos e da dignidade da pessoa humana, há algumas correntes bioéticas que pretendem impor uma redução dessa especificidade da vida humana ao reinterpretar o conceito de pessoa, dando azo ao avanço de teorias relativistas sobre a pessoa.

Os que estudam o panorama da bioética percebem essa pluralidade de modelos nem sempre conciliáveis entre si, que divergem não apenas quanto aos critérios, mas quanto ao seu fundamento ético. Isso mostra a complexidade da disciplina e poderia gerar, como de fato gera, o pensamento cético ou relativista.

Todavia, não se pode renunciar a buscar um fundamento universal da bioética, sob argumento do amplo pluralismo cultural, político e religioso das diversas nações do mundo.

Vale dizer que, até mesmo os que defendem uma visão culturalista do direito, como Miguel Reale, compreendem que, não obstante em cada

---

https://unesdoc.unesco.org/ark:/48223/pf0000122990_por. Acesso em 07 de dezembro de 2019.

[16] Art. 24: o Comitê Internacional de Bioética da UNESCO [...] Deve elaborar recomendações conforme os procedimentos estatutários da UNESCO, dirigidas à Conferência Geral e fornecer consultoria no que se refere ao acompanhamento da presente Declaração, particularmente na identificação das práticas que possam ser contrárias à dignidade humana, tais como intervenções em células germinais. Declaração sobre o Genoma Humano e os Direitos Humanos (1991). Disponível em:
https://unesdoc.unesco.org/ark:/48223/pf0000122990_por. Acesso em 07 de dezembro de 2019.

sociedade haja uma determinada graduação hierárquica de valores não absoluta, conforme revelam os ciclos da história, há, sim, algo de estável. Essa realidade que se mantém constante "é o homem mesmo visto como valor ou fonte espiritual de toda a experiência axiológica". Ou seja, o homem é o valor fonte de todos os valores.

Entre os valores inerentes à condição humana está a vida. Embora a sua origem permaneça um mistério, tendo-se conseguido, no máximo, associar elementos que a produzem ou saber que, em certas condições, ela se produz, o que se tem como certo é que sem ela a pessoa humana não existe, razão pela qual é fundamental para a humanidade o respeito à vida de forma integral.

Destaca-se a lição de Dalmo Dallari sobre a necessidade proteção da vida humana em sua totalidade: "[...] o que se tem como certo é que sem ela a pessoa humana não existe como tal, razão pela qual é de primordial importância para a humanidade o respeito à origem, à conservação e à extinção da vida."[17]

Reconhecendo-se que os avanços nas pesquisas biomédicas e biotecnológicas podem atingir tal valor supremo faz-se necessário encontrar um modelo de bioética que seja capaz de protegê-la amplamente contra a euforia causada pelas promessas da ciência.

Não se trata de ter uma visão pessimista ou de demonizar novas tecnologias[18], mas de invocar a dignidade humana como princípio de bioética para colocar limite aos experimentos científicos e supostas práticas de saúde não condizentes com o respeito ao ser humano.

A concepção de dignidade humana não pode excluir qualquer indivíduo, seja ele um embrião, um bebê anencefálico, um doente limitado em suas funções normais ou um idoso dependente; até porque todas as vidas humanas têm necessidades e são dependentes de alguma forma.

---

[17] DALLARI, Dalmo de Abreu. Bioética e Direitos Humanos in Iniciação à bioética. Coord. Ferreira Costa, Sergio Ibiapina; Oselka, Gabriel; Garrafa. Brasília: CFM, 1998. Disponível em: http://www.portalmedico.org.br/biblioteca_virtual/bioetica/ParteIIIdireitoshumanos.htm. Acesso em 20 de maio de 2020.

[18] GARRAFA, Volnei. Bioética e Ciência: até onde avançar sem agredir in Iniciação à bioética. Coord. Ferreira Costa, Sergio Ibiapina; Oselka, Gabriel; Garrafa. Brasília: CFM, 1998, p. 105. Disponível em: http://www.portalmedico.org.br/biblioteca_virtual/bioetica/ParteIIIdireitoshumanos.htm. Acesso em 20 de maio de 2020.

E nenhuma dessas limitações ou incapacidades é capaz de esvaziar o valor intrínseco da vida humana ou de colocar em xeque sua dignidade.

Por mais que se alegue a dificuldade, quase impossibilidade, de encontrar um fundamento universal da bioética, quando se trata da sobrevivência da espécie humana e do respeito à vida não se pode fugir ao dever moral de buscar orientações racionalmente fundadas que, por isso mesmo, podem ser compartilhadas por todos, enfrentando-se o desafio de não desistir sem antes tentar.[19]

É nessa linha de raciocínio que o bioeticista italiano Elio Sgreccia afirma a necessidade de aceitar o desafio de refletir *sobre* a bioética, isto é, buscar o fundamento, a razão última para uma verdadeira justificação pela qual um ato possa ser considerado moral ou imoral. Portanto, trata-se de construir a metabioética:

> A metabioética não pode se limitar a impor arbitrariamente as prescrições de certos comportamentos, nem se limitar a elaborar um sistema conceitual em função das exigências práticas, mas deve oferecer indicações e orientações em sentido "forte", esforçando-se por fazer entender a escola axiológico-prescritiva [...] em relação aos atos de intervenção sobre a vida física.[20]

3. O modelo do personalismo ontologicamente fundado de Elio Sgreccia

Como foi mencionado no capítulo anterior, há um pluralismo de teorias bioéticas, dentre as quais se destacam o não-cognitivismo, o utilitarismo e o contratualismo. Todas têm em comum a exclusão de qualquer tentativa de transcender a materialidade; a concepção de que o bem não é verdadeiramente conhecido pela razão, mas apenas construído pela vontade ou percebido pelos sentimentos, e que não há ações intrinsecamente ruins.[21]

---

[19] SGRECCIA, Elio. *Manual de Bioética*. Vol. I: Fundamentos e ética biomédica. Trad. Orlando Soares Moreira. São Paulo: Loyola, 1996, p. 67.

[20] SGRECCIA, Elio. *Op. Cit.*, p. 66.

[21] ANDORNO, Roberto. *Bioética y dignidad de la persona*. 2.ed. Madrid: Tecnos, 2012 Disponível em: https://www.academia.edu/people/search?utf8=%E2%9C%93&q=ADORNO%2C+Roberto.+Bio%C3%A9tica+y+dignidad+de+la+persona, p. 26/27. Acesso em 2 de outubro de 2019.

O fundamento destas teorias é o de que a vida para ser respeitada deve atender a alguma "qualidade", ou seja, deve ser capaz de sentir prazer ou dor (utilitarismo), tomar decisões sobre a própria vida (não cognitivismo) ou tomar parte nas decisões do contrato social (contratualismo).[22]

Ante o pluralismo de teorias é preciso aceitar o desafio de buscar e tentar encontrar um fundamento racional e universal para a bioética, do qual devem partir as reflexões éticas no sentido filosófico e, ainda, sobre situações concretas.

É por esse caminho que envereda o modelo objetivista ou personalista da bioética.

Na concepção da corrente objetivista da bioética, não é possível eleger arbitrariamente o que é o bem, o que é ético, seja essa escolha individual ou coletiva. Vale dizer que, o bem não é uma construção teórica, mas é *reconhecido* pela razão humana que é capaz, não sem esforço, de distinguir o que é bom do que não é para o ser humano.

Assim, é possível identificar ações objetivamente boas e ações contrárias ao bem. Essas são, especialmente, as que vão contra o patrimônio básico da pessoa humana.

Para a teoria objetivista ou personalista o respeito à vida é incondicional, pois coloca na centralidade da discussão o respeito à dignidade da pessoa humana, de forma abrangente, sem que precise atender a alguma qualidade para alcançar esse *status*. Portanto: "a noção de pessoa identificada com a de indivíduo humano está assim na base da bioética personalista"[23].

Significa afirmar que, cada indivíduo humano possui um valor intrínseco e inalienável e é visto como o fim para o qual convergem todas as instituições sociais, políticas e econômicas. É por essa razão que esse modelo é também chamado personalista.[24]

---

[22] ANDORNO, Roberto. Bioética y dignidad de la persona. 2.ed. Madrid: Tecnos, 2012. Disponível em: https://www.academia.edu/people/search?utf8=%E2%9C%93&q=ADORNO%2C+Roberto.+Bio%C3%A9tica+y+dignidad+de+la+persona, p. 27/28. Acesso em 2 de outubro de 2019.

[23] ANDORNO, Roberto. *Bioética y dignidad de la persona*. 2.ed. Madrid: Tecnos, 2012. Disponível em: https://www.academia.edu/people/search?utf8=%E2%9C%93&q=ADORNO%2C+Roberto.+Bio%C3%A9tica+y+dignidad+de+la+persona, p. 27/28. Acesso em 2 de outubro de 2019., p. 28.

[24] ANDORNO, Roberto. *Op. Cit.*, p. 28

Porém, dentro do personalismo se pode identificar três enfoques diversos, isto é, o personalismo relacional (Apel e Habermas), o hermenêutico (Gadamer) e o ontológico (Sgreccia).[25]

O primeiro modelo personalista sublinha o valor da subjetividade e da relação intersubjetiva, o segundo, o papel da consciência ao interpretar a realidade segundo a própria pré-compreensão, conforme explica Sgreccia.[26]

Já o modelo do personalismo ontológico parte da concepção de pessoa como unidade de corpo e alma espiritual ou, como é frequentemente chamada, da *unitotalidade*. É que a pessoa humana se diferencia dos demais seres da natureza, pois contém um elemento que fica para além da matéria, do aspecto físico, ou seja, há nela um elemento metafísico.

A tradição personalista afirma que somente o homem em toda a natureza é capaz de reflexão sobre si, de autodeterminação, de perscrutar o sentido das coisas, de dar sentido a seus atos e linguagem. A pessoa é um "eu" irredutível às células, átomos e neurônios que formam seu corpo físico, razão pela qual se pode falar numa alma espiritual unida ao corpo físico.[27]

Portanto, é essa a grande característica humana que diferencia o homem do restante da natureza e que sustenta a ideia de que lhe cabe uma uma dignidade própria:

> Se, contrariando essa constatação natural, concebermos o Homem apenas como uma estrutura orgânica complexa, apenas material, sem nenhuma outra dimensão metafísica, toda manipulação do Homem seria equivalente à de um simples objeto, mesmo que biologicamente complexo, mais ou menos valioso, mas que, no fim das contas, não merece uma consideração singular, inalienável.[28]

---

[25] SGRECCIA, Elio. *Manual de Bioética*. Vol. I: Fundamentos e ética biomédica. Trad. Orlando Soares Moreira. São Paulo: Loyola, 1996, p. 78/ 79.
[26] SGRECCIA, Elio. *Manual de Bioética*. Vol. I: Fundamentos e ética biomédica. Trad. Orlando Soares Moreira. São Paulo: Loyola, 1996, p. 79.
[27] SGRECCIA, Elio. *Manual de Bioética*. Vol. I: Fundamentos e ética biomédica. Trad. Orlando Soares Moreira. São Paulo: Loyola, 1996, p. 79.
[28] RAMOS, Dalton Luiz de Paula; SILVA, Monica M. Pereira; CALDATO, Milena Coelho Fernandes. A pessoa e a vida humana: um fundamento para a bioética *in* RAMOS, Dalton Luiz de Paula et al. *Bioética, pessoa e vida*. 2ª. edição. Edição do Kindle. São Caetano do Sul: Difusão, 2018.

O corpo humano, por sua vez, nessa concepção não é uma propriedade de que se pode dispor indiscriminadamente, mas sim parte do ser pessoa. É esse o elemento objetivo pelo qual a subjetividade deve se responsabilizar seja com relação a si próprio seja com relação ao outro.[29]

Como se percebe esse é o modelo de bioética mais abrangente e que se coaduna com a concepção de dignidade humana como limite, pois não exclui do conceito de pessoa nenhum indivíduo humano, seja qual for sua condição.

Para a tomada de decisão nesse tipo de modelo bioético é necessário levar em conta os aspectos subjetivos (motivação) e objetivos (dignidade humana) no momento de decisão em situações difíceis, isto é, há que se considerar a motivação subjetiva por um lado e o bem a ser protegido de outro.

Por esta razão, o personalismo ontologicamente fundado propõe um método triangular de pesquisa em bioética, firmado no tripé biologia-antropologia-ética, onde a proposição científica ou tratamento seria o ponto A, o aspecto antropológico relacionado aos valores vida e dignidade humana seria o ponto B. A solução, ponto C, deve ser o resultado da possibilidade do entrecruzamento dos pontos A e B no sentido de que não atente contra os valores fundamentais da pessoa humana.

Essa antropologia de referência seria, assim, estimulada e enriquecida com as possibilidades da pesquisa científica, mas ofereceria, em contrapartida, o critério para o que seria possível à ciência dentro do que é eticamente lícito e proveitoso para o bem do homem, fim de todas as coisas.[30]

A escola do personalismo ontologicamente fundado tem uma visão otimista e ao mesmo tempo realista das dificuldades de oferecer um fundamento universal para a bioética e por esta razão propõe alguns princípios para balizar a tomada de decisão em situações difíceis, não obstante entenda que tais princípios não sejam autônomos, pois exigem o discernimento da pessoa envolvida que se compromete com o fundamento do modelo, isto é, a pessoa humana.[31]

---

[29] SGRECCIA, Elio. *Manual de Bioética*. Vol. I: Fundamentos e ética biomédica. Trad. Orlando Soares Moreira. São Paulo: Loyola, 1996, p. 79.
[30] SGRECCIA, Elio. *Manual de Bioética*. Vol. I: Fundamentos e ética biomédica. Trad. Orlando Soares Moreira. São Paulo: Loyola, 1996, p. 82.
[31] RAMOS, Dalton Luis de Paula et al. Princípios da bioética personalista *in* RAMOS, Dalton Luiz de Paula et al. *Bioética, pessoa e vida*. 2ª. edição. Edição do Kindle. São Caetano do Sul: Difusão, 2018.

O primeiro princípio é o da defesa da vida física. Isso porque nesse modelo o corpo é entendido como parcela da essência da pessoa e da vida humana e como tal deve ser protegido, pois eliminar o corpo é eliminar a vida. Não significa com isso, que o corpo seja compreendido como valor absoluto e sim parcela da unitotalidade que é a pessoa.

Significa dizer que, a dignidade ultrapassa a corporeidade, o que faz acolher a pessoa em sua total dignidade, ainda que padeça de alguma limitação física. De todo modo, designa não apenas a proteção da vida corpórea, como sua promoção.[32]

Outro princípio é o da liberdade responsável por meio do qual se defende que a vida é condição para a liberdade, portanto, a liberdade não pode implicar a eliminação da vida. É por essa razão que, o personalismo ontologicamente fundado se opõe a existência de um direito à eutanásia, por exemplo.

Por este princípio se tem presente que a vida e a saúde estão sob a responsabilidade primeiramente do paciente e depois do médico. De todo modo: "nem a consciência do paciente pode ser violentada pelo médico, nem a do médico pode ser forçada pelo paciente".[33]

Há, ainda, o princípio de totalidade ou princípio terapêutico. Por este princípio se entende que o corpo é um todo formado por partes distintas e unificadas de modo orgânico e hierárquico entre si pela existência pessoal e única. Isso autoriza, por exemplo, a intervenção cirúrgica que venha a mutilar alguma parte do corpo, desde que ela se dê apenas sobre a parte doente, haja boa chance de sucesso e que haja consentimento do paciente. Ou seja, só se pode prejudicar uma parte do corpo se o todo for beneficiado.[34]

Por fim, os princípios da sociabilidade e da subsidiariedade implicam reconhecer e assumir a responsabilidade pela promoção da saúde na sociedade. Isso envolve fatores condicionantes como poluição, saneamento básico, condições de trabalho e moradia, epidemias contagiosas, doação de órgãos e tecidos, tendo em vista que a consciência das desi-

---

[32] RAMOS, Dalton Luis de Paula et al. Princípios da bioética personalista *in* RAMOS, Dalton Luiz de Paula et al. *Bioética, pessoa e vida*. 2ª. edição. Edição do Kindle. São Caetano do Sul: Difusão, 2018.
[33] SGRECCIA, Elio. *Manual de Bioética*. Vol. I: Fundamentos e ética biomédica. Trad. Orlando Soares Moreira. São Paulo: Loyola, 1996, p. 161.
[34] SGRECCIA, Elio. *Op. Cit.*, p. 162/ 163.

gualdades e injustiças sociais pode orientar a elaboração e atuação das políticas de saúde e das escolhas do dia-a-dia dos profissionais.[35]

De todo modo, nenhum desses princípios é absoluto, dependem da análise caso a caso, sempre estudado à luz do fundamento ontológico da pessoa humana em sua unitotalidade.

Conclusões

A bioética é disciplina que faz pensar sobre as consequências das muitas possibilidades aventadas pela ciência da área de saúde, bem como nas situações limítrofes relativas à integridade da vida e da saúde que se apresentam no dia-a-dia de qualquer pessoa, seja na forma de doença grave, demências, deficiências congênitas, métodos de reprodução humana assistida, entre outros.

Essa reflexão, portanto, não é meramente acadêmica. São inúmeras as questões existenciais e fáticas colocadas diante de pessoas comuns, que precisam tomar decisões relativas às suas próprias vida e saúde ou à vida e saúde de entes queridos.

Ninguém pode se eximir da responsabilidade de pensar sobre as questões éticas em jogo em cada uma dessas situações vividas. Todos são responsáveis por assumir um posicionamento condizente com o valor universal da dignidade humana, compreendendo o que isto significa nas decisões da vida prática.

As escolhas nesse campo têm consequências fatais.

Não se pode permitir uma postura de indiferença em relação a novos ataques contra o ser humano, como ocorreu por ocasião do nazismo, pois hoje também se pretende afirmar pesquisas e tratamentos e até teorias bioéticas em que se induz a acreditar que há vida humana sem valor. Tudo em prol da autonomia da vontade ou de uma suposta conquista evolutiva para a humanidade

Nem mesmo uma nova mudança de era, a era do poder da biomedicina e da biotecnologia, pode suplantar as conquistas éticas da humanidade.

---

[35] RAMOS, Dalton Luis de Paula et al. Princípios da bioética personalista *in* RAMOS, Dalton Luiz de Paula et al. *Bioética, pessoa e vida*. 2ª. edição. Edição do Kindle. São Caetano do Sul: Difusão, 2018.

Por esta razão, é importante realizar o esforço de encontrar o fundamento antropológico de uma bioética que respeite a vida humana, resistindo à tentação de instrumentalizá-la ou de submetê-la pura e simplesmente à vontade de alguém, ainda que seja a própria pessoa.

Não se pode perder de vista os direitos inerentes à pessoa humana, já reconhecidos em instrumentos internacionais, bem como a dignidade humana, como supremo valor e limite às possibilidades de intervenção sobre o ser humano.

Diante disso, deve-se pensar a bioética no sentido em que contemple a pessoa humana integral, composta de corpo e alma, provida de dignidade específica e a quem universalmente foram reconhecidos direitos inerentes a sua condição.

Por essa razão, este estudo coloca em destaque o modelo bioético do personalismo ontologicamente fundado de Elio Sgreccia, como alicerce seguro, a partir do qual se poderá discernir hipóteses teóricas e situações práticas que apresentem dificuldades éticas, a fim de se chegar a uma resposta que respeita a dignidade da pessoa humana e os direitos humanos.

Referências

ANDORNO, Roberto. *Human dignity and human rights as a common ground for a global bioethics*. Oxford: Journal of Medicine and Philosophy – Oxford University Press, 2009, vol. 34, issue 3, p. 223-240. Disponível em: https://www.academia.edu/457873/Human_dignity_and_human_rights_as_a_common_ground_for_a_global_bioethics. Acesso em 11 de dezembro de 2019.

ANDORNO, Roberto. *Principles of international biolaw*. Brussels: Bruylant, 2013. Disponível em:
https://www.academia.edu/4063596/Principles_of_international_biolaw?email_work_card=view-paper. Acesso em 11 de dezembro de 2019.

ANDORNO, Roberto. *Bioética y dignidad de la persona*. 2.ed. Madrid: Tecnos, 2012. Disponível em:
https://www.academia.edu/2146899/Bio%C3%A9tica_y_dignidad_de_la_persona. Acesso em 20 de novembro de 2019.

CALDATO, Milena Coelho Fernandes; RAMOS, Dalton Luiz de Paula; SILVA, Monica M. Pereira. A pessoa e a vida humana: um fundamento para a bioética *in* RAMOS, Dalton Luiz de Paula et al. *Bioética, pessoa e vida*. 2ª. edição. Edição do Kindle. São Caetano do Sul: Difusão, 2018.

DALLARI, Dalmo de Abreu. Bioética e Direitos Humanos in Iniciação à bioética. Coord. Ferreira Costa, Sergio Ibiapina; Oselka, Gabriel; Garrafa. Brasília: CFM, 1998. Disponível em: http://www.portalmedico.org.br/biblioteca_virtual/bioetica/ParteIIIdireitoshumanos.htm. Acesso em 20 de maio de 2020.

DECLARAÇÃO sobre o Genoma Humano e os Direitos Humanos (1991). Disponível em: https://unesdoc.unesco.org/ark:/48223/pf0000122990_por. Acesso em 07 de dezembro de 2019.

DINIZ, Débora; De Almeida, Marcos. Bioética e Aborto in Iniciação à bioética. Coord. Ferreira Costa, Sergio Ibiapina; Oselka, Gabriel; Garrafa. Brasília: CFM, 1998. Disponível em:
http://www.portalmedico.org.br/biblioteca_virtual/bioetica/ParteIIIaborto.htm. Acesso em 13 de maio de 2020.

GARRAFA, Volnei. Bioética e Ciência: até onde avançar sem agredir in Iniciação à bioética. Coord. Ferreira Costa, Sergio Ibiapina; Oselka, Gabriel; Garrafa. Brasília: CFM, 1998. Disponível em: http://www.portalmedico.org.br/biblioteca_virtual/bioetica/ParteIIIdireitoshumanos.htm. Acesso em 20 de maio de 2020.

LUCATO, Maria Carolina; RAMOS, Dalton Luiz de Paula RAMOS. Bioética: histórico e modelos in Dalton Luiz de Paula et al. Bioética, pessoa e vida.. 2ª. edição. Edição do Kindle. São Caetano do Sul: Difusão, 2018.

OLIVEIRA, Aline Albuquerque S. de. Interface entre bioética e direitos humanos: o conceito ontológico de dignidade humana e seus desdobramentos. Revista Bioética – Conselho Federal de Medicina, vol. 15 n. 2, 2007.

RAMOS, Dalton Luis de Paula et al. Princípios da bioética personalista in RAMOS, Dalton Luiz de Paula et al. Bioética, pessoa e vida. 2ª. edição. Edição do Kindle. São Caetano do Sul: Difusão, 2018.

REALE, Miguel. Invariantes axiológicas. In: Revista Estudos Avançados da USP. v.5-13, São Paulo: USP, 1991. Disponível em: http://www.revistas.usp.br/eav/article/view/8625/10176. Acesso em: 20 de maio de 2020.

SGRECCIA, Elio. Manual de Bioética. Vol. I: Fundamentos e ética biomédica. Trad. Orlando Soares Moreira. São Paulo: Loyola, 1996.

14.
Paternalismo médico e autonomia do paciente

ALUISIO M. B. SERODIO

Introdução

O princípio moral que fundamenta a medicina é o da beneficência: ajudar o outro a consolidar seus interesses legítimos. Médicos existem para ajudar seus pacientes no enfrentamento de problemas de saúde. Tal ajuda será tão mais efetiva quanto mais completa for a apreensão, pelo médico, dos valores que regem a vida de cada um de seus pacientes, já que pessoas com quadro clínico e prognóstico bastante semelhantes podem experimentar um agravo à saúde de maneira radicalmente diferente.

O relacionamento médico-paciente adequado deve ser permeado por um mútuo respeito (do latim *re spectare*, literalmente "olhar de novo"). É só a partir dessa atenção redobrada e cordial que o médico poderá conhecer o paciente na sua integridade, identificando os valores que inspiram seu projeto de vida e entendendo como um diagnóstico ou uma conduta poderão afetá-lo. Ainda assim, em algumas situações concretas o médico pode entender como equivocada, e até mesmo temerária, uma decisão do paciente. Se há um caminho considerado mais adequado pelo médico, este não teria o dever de conduzir seu paciente por ali, afinal é dele o conhecimento técnico sobre o assunto? E em situações nas quais o paciente decide contra o que seria o mais aconselhável, arriscando-se a causar sérios danos a si próprio, deve o médico aceitar tal decisão? Há como justificar que um médico possa tomar condutas a despeito da vontade de seu paciente? Em suma, é aceitável adotar uma postura paternalista frente a uma pessoa autônoma?

1. Autonomia: liberdade, consciência e responsabilidade

Etimologicamente, uma pessoa autônoma é aquela que dá a si própria as leis que balizam suas decisões e condutas. Os fundamentos da ação autônoma são a liberdade (entendida como a possibilidade de agir sem coação) e o senso de agência (do termo inglês *"agency"*, compreendido como capacidade de ação consciente) (Beauchamp e Childress, 2001a). É apenas quando age de maneira livre e consciente que alguém pode responder por seus atos. A conclusão incontornável é que autonomia e responsabilidade formam um binômio inseparável.

Muito embora a liberdade seja um valor universal, sua existência está longe de ser uma constatação da razão. Desde a revolução epistemológica inaugurada pela ciência moderna, estamos prontos a admitir que tudo no mundo natural é regido por leis imutáveis, de maneira que as interações entre os seres vivos são necessárias, isto é, são determinadas por aquelas leis. Por exemplo: numa colméia, a estrutura física e a divisão de tarefas são bastante complexas, mas ela é o que só poderia ser, dadas as condições materiais naquele local e a natureza das abelhas. Por que com os seres humanos seria diferente? Como explicar a noção de que boa parte das nossas interações no mundo não são necessárias, mas contingentes, isto é, poderiam ser diferentes caso tivéssemos feito escolhas livres em outro sentido?

Até mesmo para os maiores nomes do pensamento ocidental, a busca por uma resposta cabal a esses questionamentos representa um intrincado desafio filosófico. Immanuel Kant, na obra "Crítica da Razão Prática", afirma que a ideia de liberdade é, ao mesmo tempo, incompreensível e indispensável. "O conceito de liberdade é a pedra de escândalo (...) mas também a chave das mais sublimes proposições fundamentais práticas (...)" (Kant, 2015, p.38). A liberdade é um postulado da razão prática, um pressuposto sem o qual os agentes morais não poderiam ser responsáveis por suas condutas. Ademais, caso não fôssemos livres, a possibilidade de fazer qualquer juízo de valor sobre o bom e o justo, tanto nas nossas ações como nas de outrem, estaria severamente prejudicada. Se nossas decisões não fossem contingentes, se não pudéssemos escolher entre diferentes linhas de ação, a própria noção de ética enquanto sabedoria prática para a convivência restaria completamente esvaziada.

Partindo-se, então, do pressuposto da existência da liberdade da vontade, o que se procura afastar para caracterizar a ação autônoma é qualquer forma de pressão ou violência que constranja o indivíduo a agir contra a sua própria vontade.

Além de livre, a ação autônoma deve ser consciente: o agente deve entender a situação e agir intencionalmente. Mas, enquanto a intencionalidade é algo que existe ou não existe, tanto a compreensão como a liberdade se apresentam em graus variáveis, sempre relativos ao agente e à situação. É inverossímil esperar por liberdade e entendimento completos. Por isso, o que buscamos na relação entre médicos e pacientes é um grau de autonomia suficiente para a tomada de uma decisão específica. Uma pessoa autônoma seria, portanto, aquela que é capaz de deliberar sobre seus objetivos pessoais e agir sob a orientação de tal deliberação (National Commission for the Protection of Human Subjects of Biomedical and Behavioral Research, 1979). E é importante enfatizar que a autonomia, como qualquer competência, é gradativa, pode ser substancial, jamais completa.

2. Paternalismo: mais além da beneficência

Na literalidade dos termos, uma ação paternalista é aquela que o pai realiza no sentido de ajudar seu filho. Encontra sua motivação no sentimento sublime que é o amor paterno e sua legitimidade numa autoridade conferida socialmente e justificada pelo conhecimento e pela experiência.

Fundamento moral da medicina, o princípio da beneficência embasa, igualmente, a ação paternalista. Ocorre que fazer o bem, ajudar aos outros, está longe de ser algo simples. Trata-se de promover aquilo que é valorizado pela pessoa a quem a ação beneficente se destina, e a discussão acerca de valores é complexa. Inicialmente porque, numa sociedade plural como aquelas do mundo ocidental em geral e do Brasil em particular, é legítimo que as pessoas tenham visões de mundo diferentes. Ainda que existam valores universais (tais como paz, liberdade, justiça, amizade etc.), cada qual pode hierarquizar esses valores de maneira diversa. E há valores que, embora importantes para a convivência, podem ser antagônicos (como, por exemplo, os binômios transparência e sigilo, ou inovação e tradição).

A ação paternalista ocorre, portanto, no sentido de ajudar alguém, mas tratando a pessoa a quem a ação é destinada como se não tivesse uma autonomia substancial para a tomada de decisão. Encontramos amiúde essa discussão na relação do estado com o cidadão; é nesse âmbito que J.S. Mill condena taxativamente o paternalismo:

> "A única razão em nome da qual o poder pode ser corretamente exercido sobre qualquer membro de uma comunidade civilizada, contra a sua vontade, é prevenir dano aos demais. O bem dele próprio, quer físico quer moral, não é uma razão suficiente." (Mill, 2006, p.16)

Transpondo a crítica de Mill para o relacionamento entre médico e paciente, cabe questionar se haveria alguma justificativa eticamente aceitável para a ação paternalista na medicina atual. E como é impossível compreender um fenômeno sem conhecer sua origem e evolução, torna-se indispensável um breve relato sobre a autonomia e o paternalismo na história da medicina.

3. História da medicina: da beneficência paternalista ao respeito à autonomia.

Foi no século V a.C., na Grécia, que a medicina passou por sua mais importante transformação histórica. Até então, o médico era uma espécie de sacerdote, detentor de poderes místicos que lhe facultavam um contato privilegiado com os deuses e a partir dos quais exercia sua arte. Uma nova tradição, inaugurada na ilha de Cós, transmutou o médico em um sujeito sem qualquer poder transcendental, que deveria exercer seu ofício a partir de uma competência técnica embasada na observação cuidadosa e no raciocínio lógico. Assim, anamnese e exame físico fornecem as evidências para a elaboração de hipóteses diagnósticas que, por sua vez, permitem fazer prognósticos e escolher uma conduta terapêutica.

Hipócrates, o maior expoente da nova tradição, produziu um vasto material que viria a nortear o exercício da medicina por séculos, inclusive no que se refere à ética profissional. Ainda que estudos contemporâneos coloquem em dúvida a inclinação paternalista do *corpus hippocraticum* (Beier e Iannotti, 2010), essa ainda é a ideia mais aceita pelos historiadores da medicina. Hipócrates dá grande ênfase ao decoro profissional: discrição, polidez e firmeza são as virtudes principais do médico (Jonsen, 2000). Quando aborda a ética sob o prisma deontológico, o *corpus hippocraticum* prescreve que o médico deve, por exemplo, zelar pela confidencialidade, buscar esclarecer o paciente e indicar condutas "segundo sua capacidade e reto entender". Mas em relação a esses deveres a serem observados pelo médico, não correspondem direitos dos pacientes (Gracia, 2010a). Trata-se de uma obrigação imperfeita, ou seja, caberia tão somente ao médico explorar os limites desses deveres, determinando se há algum imperativo para a quebra do segredo, para não relatar toda a verdade ou para tomar uma conduta independentemente da vontade do paciente.

Essa beneficência paternalista hipocrática criou raízes na prática médica ao longo dos séculos. Estaria implícito na relação médico-paciente que as decisões deveriam ser tomadas pelo médico, afinal ele é o detentor da experiência profissional, do conhecimento técnico e age, sempre, para beneficiar o paciente. O "bom paciente" simplesmente adere ao tratamento; não cabe a ele discutir condutas. Quando, na segunda metade do século XIX, os trabalhos de Virchow, Pasteur e Koch impulsionam a segunda mais importante mudança da história da medicina, que a partir de então passaria a adotar a ciência experimental como base do conhecimento, a assimetria na relação se torna ainda mais acentuada. É o médico quem entende das doenças e suas condicionantes científicas, portanto, caberia a ele tomar as decisões.

Entretanto, a partir de meados do século XX, a Organização Mundial de Saúde capitaneia uma mudança na definição de saúde que levaria a um progressivo enfraquecimento da medicina paternalista. A saúde passa a ser associada à qualidade de vida e ao bem-estar, e não apenas à ausência de doença. É um valor prioritário qualquer que seja a hierarquia de valores adotada por um indivíduo, já que significa uma condição de bem-estar tal que permita a concepção e a realização de um projeto de vida. E quem pode dizer o que é uma vida de qualidade ou qual a vida que vale a pena ser vivida senão o próprio sujeito/paciente? Por isso, desde quando a noção de bem-estar substitui a de ausência de doença no entendimento do que é saúde, o foco da relação muda do médico para o paciente, abrindo as portas do exercício profissional para a autonomia deste último.

Desde então, cabe ao médico informar, esclarecer, orientar e, num limite discutível, persuadir seu paciente, evitando determinar condutas e buscando, nas escolhas de seus pacientes, uma participação compartilhada. No entanto, em algumas situações específicas, seria ainda cabível o paternalismo médico?

4. Há espaço para o paternalismo médico no século XXI?

A literatura destaca duas formas de paternalismo médico. No chamado **paternalismo fraco (*soft*)**, o paciente tem sua capacidade decisória comprometida pela falta de esclarecimento adequado ou por algum estado mental alterado (Beauchamp e Childress, 2001b). Sua autonomia não é, portanto, substancial. Nesses casos, que para alguns autores sequer deveria ser chamado de paternalismo, não há muita controvérsia: o médico deve proteger seu paciente de danos causados por situações que demandam competências que estão além da sua capacidade. É importante frisar, entretanto, que um cuidado digno deve complementar a ação paternalista fraca com uma disposição no sentido de promover a autonomia do paciente a um nível substancial, seja pela melhoria na qualidade das orientações oferecidas, seja pela necessidade de se obter um assentimento do paciente depois de retirá-lo do estado psicológico que limitava sua capacidade decisória.

O segundo tipo é chamado de **paternalismo forte (*hard*)**. Nesses casos, o médico, em nome da beneficência, contraria desejos, escolhas ou ações de um paciente que detém autonomia substancial para uma situação específica (Beauchamp e Childress, 2001b). Há, basicamente, duas maneiras de se praticar o paternalismo forte. A primeira é restringir a informação e o esclarecimento da situação, por vezes omitir ou mesmo mentir sobre um diagnóstico ou prognóstico, na tentativa de proteger o paciente de uma má notícia ou de impeli-lo à decisão considerada mais prudente pelo médico. A segunda se inicia com a recusa do médico em aceitar a decisão de seu paciente e se complementa com alguma forma de constrangimento no sentido de outra conduta.

É um direito do paciente conhecer toda a verdade sobre sua condição de saúde. E é uma obrigação perfeita para o médico não apenas respeitar, mas também promover a autonomia de seu paciente, daí que o médico é sempre um educador em saúde. Essa visão, todavia, veio a se consolidar apenas na segunda metade do século XX. Evidência clássica da mudança é encontrada em estudo que mostra que, em 1961, apenas 10% dos médicos estadunidenses informavam diretamente ao paciente o diagnóstico de câncer, enquanto que, em 1977, 97% já adotavam essa postura (Novack e col., 1979).

Ocorre que, em situações específicas, pode haver por parte do médico a percepção de que a comunicação direta de uma má notícia possa trazer prejuízos psicológicos e causar dano a esse paciente. Nessas situações, evoca-se o princípio da não maleficência (*primum non nocere*) para fundamentar o entendimento predominante de que o médico pode restringir as informações, assumindo assim uma postura paternalista forte.

Contudo, é também componente do entendimento majoritário que, nesses casos, o médico tem o dever empenhar-se no sentido de criar as condições para que o paciente venha a conhecer, na forma e momento adequados, sua real condição. Isto porque, na imensa maioria das vezes, os pacientes se beneficiam de saber a verdade: ainda que leve o paciente a passar por estágios de negação, revolta e depressão, o conhecimento da má notícia, num processo conduzido de maneira sensível, tende a desaguar na aceitação e na colaboração.

É importante ressaltar que em alguns casos o paciente pode não querer saber a verdade, preferindo delegar as decisões sobre os cuidados com a sua própria saúde a outrem. Nessa situação, não haveria, por óbvio, qualquer sinal de paternalismo em seguir os desejos do paciente e estabelecer uma aliança decisória entre o médico e um responsável, preferencialmente alguém designado pelo próprio paciente. Infelizmente, já em pleno século XXI, é frequente que médicos não se empenhem em apreender a vontade do próprio paciente, superestimando a opinião de familiares (Macklin, 2016).

E quando o paciente, bem informado e esclarecido, opta por uma conduta considerada inadequada pelo médico? Seguindo a compreensão de saúde como bem-estar e apoiando-se na inclinação libertária e de defesa dos direitos individuais que marcaram a segunda metade do século passado, há uma primeira linha de pensamento que é absolutamente anti-paternalista. A autoridade legítima para as decisões em saúde reside no próprio paciente. Impor uma concepção do bem a um paciente substancialmente autônomo é desrespeitá-lo como pessoa mesmo que isso promova um benefício. Segundo essa visão, a ação paternalista só seria aceitável quando não há autonomia substancial, devendo o médico esforçar-se no sentido de incrementar a autonomia de seu paciente antes de qualquer outra consideração.

Há, no entanto, outra linha de pensamento, a partir da qual a ação paternalista forte seria justificável sob certas condições. Inicialmente, a decisão a ser contestada teria de ser incompreensível, as explicações dadas pelo paciente devem parecer estranhas não apenas para o médico, mas também para qualquer ser racional. Na tentativa de dirimir o conflito entre os princípios da beneficência e do respeito à autonomia, que é a marca do paternalismo, apela-se para um consentimento hipotético, o qual seria dado por qualquer pessoa detentora de autonomia substancial para aquela situação específica (Dworkin, 1972). Não havendo, todavia, um consentimento individual e explícito, a ação paternalista fundada tão somente num consentimento racional hipotético é passível de grandes abusos, permanecendo bastante problemática.

Por isso, além de não haver razões inteligíveis para a decisão a ser sobrepujada, é indispensável que se recorra ao princípio da beneficência. Um pai não decide pelo filho pensando que aquela escolha seria feita por qualquer ser racional ou porque imagina que a criança adotaria tal escolha no futuro. Decide porque tem autoridade para isso e porque acredita que aquela escolha, quando comparada às outras possíveis, conduzirá a criança a uma vida melhor. Segundo esta visão, uma ação paternalista forte seria aceitável se (Beauchamp e Childress, 2001b):
1. O paciente está sob alto risco de um dano significativo, mas prevenível;
2. A ação paternalista tem grande probabilidade de prevenir o dano;
3. O balanço risco/benefício da ação paternalista é favorável;
4. A restrição à autonomia não deve suprimir um valor ou um interesse fundamental do paciente.

Ademais, a ação, mesmo paternalista, deveria buscar entre as alternativas que propiciam o benefício calculado, aquela que seja menos restritiva à autonomia do paciente. Vejamos, a título de esclarecimento, alguns casos que podem ilustrar o que foi escrito acima.

5. Ética médica e casuísmo

Qualquer discussão sobre problemas morais é, em grande medida e na melhor acepção da palavra, casuísta. Dos princípios abstratos às normas específicas, passando pela reflexão consequencialista ou pela influência do contexto, cada situação tem particularidades que estabelecem as possíveis linhas de ação e norteiam as decisões. A reflexão sobre casos concretos é, por conseguinte, uma ótima prática pedagógica tanto para ilustrar aspectos teóricos, como para promover a competência moral.

Imaginemos a situação de um paciente de 85 anos que comparece a uma primeira consulta geriátrica com seu filho. Quando a médica abre a porta para chamá-lo, o filho pede para dar uma palavra em particular com a médica e diz:

– Doutora, nossa família acaba de passar por um momento muito delicado com a morte de minha mãe. Ela sofria da Doença de Alzheimer e seus últimos meses de vida foram difíceis para todos nós, principalmente para o meu pai. Nos últimos tempos tenho notado em meu pai sinais parecidos com aqueles que tinha minha mãe no começo da doença dela. O que eu gostaria de pedir, doutora, é que se for esse mesmo o diagnóstico de meu pai, que a senhora não dissesse isto a ele. Tenho certeza que ele irá entrar em desespero.

A médica então realiza uma consulta bastante cuidadosa e ao final conclui que a principal hipótese diagnóstica é mesmo um estágio inicial da Doença de Alzheimer. Deve ela omitir essa informação do paciente? De acordo com o que foi exposto na sessão anterior, e considerando que o filho conhece o pai muito melhor que a médica, provavelmente seria prudente acatar seu pedido. Mas a médica deveria também, *incontinenti*, estabelecer um acordo com o filho no sentido de preparar o pai para receber o diagnóstico, explicando que isso, quase sempre, é benéfico no médio e longo prazos. A verdade deve ser dita, mas não de qualquer forma e em qualquer momento.

Consideremos agora o caso de um paciente de 40 anos, que chega ao Pronto Socorro com dores de cabeça e vômitos há um dia. Apesar das dores, o paciente está lúcido, e o exame clínico seguido de uma análise do líquido céfalo-raquidiano fecham um diagnóstico de meningite bacteriana, doença grave que pode levar a óbito ou causar seqüelas importantes. O tratamento, feito com antibióticos, tem grandes chances de evitar esses desfechos sombrios. Ao tomar conhecimento do diagnóstico, prognóstico e conduta, o paciente responde que não aceita receber antibióticos já que teve alergia grave a um medicamento desse tipo no passado e quase morreu. Esclarecimentos quanto à possibilidade de usar diferentes antibióticos e que num ambiente de cuidados intensivos seria possível controlar uma eventual reação alérgica não foram suficientes para convencê-lo a mudar de idéia.

Deveria o médico administrar a antibioticoterapia assim mesmo? O risco é alto de um dano significativo, e a conduta tem grandes chances de prevenir o dano. Mesmo levando em conta o relato de alergia grave pregressa, o balanço risco/benefício da conduta é altamente favorável. O medo da reação alérgica é compreensível, mas nenhum valor fundamental parece estar em jogo. Portanto, de acordo com as diretrizes expostas acima, uma ação paternalista forte seria cabível nesta situação.

Vejamos agora outro exemplo. Situação clássica de paciente adulta, portadora de leucemia, cujo tratamento compreende, entre outras medidas, transfusão sanguínea. Ocorre que, por convicção religiosa, a paciente recusa terminantemente a transfusão. Como no caso anterior, os três primeiros tópicos das diretrizes estão presentes. No entanto, a religiosidade é um valor fundamental, protegido constitucionalmente (Artigo 5º, inciso VI da Constituição Federal). Não seria justificável, por isso, uma ação paternalista forte neste caso.

Encerrando essa breve apresentação de casos, vale chamar a atenção para as situações de emergência, onde há risco iminente de morte. Nesses casos, a premência para a adoção de intervenções limita sobremaneira a possibilidade de um esclarecimento adequado para a decisão autônoma. Também o médico se encontra pressionado pelo tempo, de maneira que sua ponderação acerca das diretrizes acima fica prejudicada. Não há, portanto, autonomia substancial do paciente para esse tipo de situação. Ainda que haja manifestação explícita do paciente ou de familiares em sentido diverso da conduta medicamente indicada, a ação paternalista (fraca) é mandatória.

Comentários finais

De acordo com a filosofia kantiana, é a idéia de liberdade como autonomia que confere às pessoas um *status* particular entre os seres vivos. Quando acompanhada da boa vontade (entendida como a disposição permanente de agir de acordo com os imperativos morais construídos pelo próprio indivíduo) a autonomia confere às pessoas o atributo da dignidade. Tudo na natureza pode ter um valor de troca, exceto os seres humanos: jamais qualquer pessoa pode ser tratada apenas como um meio; elas são um fim em si mesmas justamente porque podem agir de maneira autônoma. Por isso não temos preço, temos dignidade.

Assim, desrespeitar a autonomia de alguém é negar a esta pessoa sua dignidade enquanto ser humano. É um direito essencial do indivíduo a possibilidade de elaborar e executar um projeto de vida, ainda que colocando-a em risco ou abreviando-a (Gracia, 2010b). Tais considerações são especialmente relevantes em relação à saúde que, como vimos, é um valor prioritário qualquer que seja o sistema de valores adotado pelo indivíduo. Não há que se falar em dignidade sem liberdade e, sem saúde, não existem seres livres (Srougi, 2011).

É precisamente por lidarem com esse bem maior, que médicos têm uma formação longa, exigente e permanente, ao longo da qual cada ato profissional é carregado de responsabilidade. Por isso, é motivo de enorme satisfação e de realização profissional quando conseguem ajudar seus pacientes a recuperarem ou manterem as condições necessárias para desfrutar a vida. Daí o inconformismo de muitos profissionais em relação a decisões cujas conseqüências benéficas fiquem aquém do que é possível ou possam até causar dano, mesmo quando tomadas por um paciente detentor de autonomia substancial.

Desta forma, é compreensível a inclinação paternalista da profissão médica. Inclinação e profissão têm um fundamento em comum, a beneficência: o médico, como o pai, tem legitimidade para zelar pelo bem-estar das pessoas sob sua responsabilidade. O pai age motivado pelo amor, o médico pela virtude.

Denomina-se *ágape* o tipo de amor no qual a alegria do amado é causa da alegria do amante. Na tentativa de promover a felicidade do amado, o amante, se preciso for, sacrifica seu próprio plano de vida. É assim o amor do pai pelo filho. E é esse nobre sentimento que motiva as ações paternas.

Certamente o paternalismo médico não é motivado por esse tipo de sentimento, mas por um conjunto de virtudes que moldam o bom médico e que, desde Hipócrates, são bastante conhecidas. Uma dessas virtudes, talvez a principal para o exercício da medicina, é a generosidade. Quem ama, no sentido de *ágape*, se doa por sentimento. Quem não ama pode se doar por generosidade. A ética seria, então, um sucedâneo do amor: devemos agir como se amássemos, a partir do exercício de certas virtudes, guiadas por sabedoria prática e conhecimento técnico.

Por tudo o que foi exposto aqui, acredito que o paternalismo não pode ser simplesmente expurgado da prática médica. Até porque é, acima de tudo, manifestação de cuidado generoso. Todavia, assim como o pai amoroso que protege seu filho deve ter sempre no horizonte a meta de torná-lo um homem independente, o médico generoso que cuida de seu paciente tem por dever promover sua autonomia a um nível substancial para lidar com seus problemas de saúde. E, atingida a maturidade pelo filho ou a autonomia substancial pelo paciente, a maior demonstração de amor ou de generosidade está precisamente no respeito por suas decisões conscientes, o que corresponde à reafirmação da dignidade de cada um.

Referências

BEAUCHAMP, T.L.; CHILDRESS, J.F. *The Nature of Autonomy*. In: _____. *Principles of Biomedical Ethics*. New York: Oxford University Press, 2001a.

BEAUCHAMP, T.L.; CHILDRESS, J.F. *Beneficence*. In: _____. *Principles of Biomedical Ethics*. New York: Oxford University Press, 2001b.

BEIER, M.; IANNOTTI, G.C. *O Paternalismo e o Juramento Hipocrático*. Revista Brasileira de Saúde Materno Infantil. 2010;10 (Supl.2): S383-S389.

DWORKIN, Gerald. *Paternalism*. The Monist. 1972; 56(1):64-84.

GRACIA, Diego. *O Juramento Hipocrático*. In:_____. *Pensar a Bioética – metas e desafios*. São Paulo: Ed. Loyola, 2010a.

GRACIA, Diego. *Bioética e tomada de decisões no paciente com doença renal crônica*. In:_____. *Pensar a Bioética – metas e desafios*. São Paulo: Ed. Loyola, 2010b.

JONSEN, Albert. *A Short History of Medical Ethics*. Oxford: Oxford University Press, 2000.

KANT, Immanuel. *Crítica da Razão Prática*. Coleção Grandes Nomes do Pensamento. São Paulo: Ed. Folha de S.Paulo, 2015.

MACKLIN, Ruth. *Doctor-Patient Relationship in Different Cultures*. In: KUHSE, H.; SCHUKLENK, U.; SINGER, P. (Eds.): *Bioethics, an Anthology*. 3rd ed. Oxford: Willey Blackwell, 2016.

MILL, John Stuart. *On liberty and The Subjection of Women*. London: Penguin Books, 2006.

NATIONAL COMMISSION FOR THE PROTECTION OF HUMAN SUBJECTS OF BIOMEDICAL AND BEHAVIORAL RESEARCH. *The Belmont Report*. Disponìvel em https://www.hhs.gov/ohrp/sites/default/files/the-belmont-report-508c_FINAL.pdf. Acessado em 12/9/2019.

NOVACK, D.H.; PLUMMER, R.; SMITH, R.L.; OCHITILL, H.; MORROW, G.R.; BENNETT, J.M. *Changes in Physicians' Attitudes Toward Telling the Cancer Patients*. Journal of the American Medical Association. 1979; 268: 897-900.

SROUGI, Miguel. *Medicina e felicidade*. Folha de São Paulo. 2011 Nov 16; Sect. Tendências e Debates:3.

15.
Telemedicina e a desumanização das relações humanas

Maria Garcia

Introdução

As revoluções tecnológicas existiram sempre, em função da extraordinária capacidade do cérebro humano, supremo criador. Nota-se, contudo, um inovar, um movimento ascensional, uma certa exaltação de maior ou menor intensidade e, por fim, a volta ao equilíbrio racional e emocional da sua utilização pelos seres humanos.

Essa volta ao equilíbrio significa, precisamente, a convicção da superioridade do criador com referência à criação e, ao mesmo tempo, a constatação da vulnerabilidade do ser humano em relação à sua própria criação, pois máquinas não têm emoções, conforme registra Nicola Abbagnano, ("Dicionário de Filosofia", Martins Fontes, 1998): "Qualquer estado, movimento ou condição que no animal ou no homem a percepção do valor (alcance ou importância) que determinada situação tem para sua vida, suas necessidades, seus interesses".

A comunicação surge como tal na Grécia Antiga (a extraordinária herança grega): a **retórica**, "arte do discurso persuasivo, a arte de convencer através da palavra, surgiu em tempos imemoriais"[1]: entendendo-

---

[1] Roberto C. G. Castro, "Comunicação na Grécia Antiga", Factash Editora, São Paulo, 2013, p. 45.

-se Comunicação como "a interação social através de mensagens (...) expressão, relacionamento e participação"[2] e, conforme Berlo[3]: "a interação é o objetivo da comunicação, a meta da comunicação humana" – e exige "a assunção recíproca de papéis".

Daí a necessidade de uma análise atenta dos atuais processos de comunicação para que não se perca o sentido de **humanidade** e da **interação**, como requisitos necessários a uma convivência ampla e abrangente sob todos os aspectos da existência humana.

E, desde logo, em todas as oportunidades, observar se esse sentido do humano e da convivência estariam sendo interceptados pelas tecnologias, ao longo da história e conduzir o estudo e a análise aos fins, no sentido kantiano do ser humano como fim em si mesmo, nunca como meio ou instrumento.

1. "O médico ao longo da História"[4]

Em artigo recente, Silvano Raia expõe as várias etapas pelas quais passou a atuação médica desde a figuração em papiros a partir de 6.000 a.C.: assim, na Idade Média passa a ocupar uma posição de destaque:

> "Não dispondo de conhecimentos sobre as doenças nem meios para diagnóstico sua atuação se limitava a exercer uma influência benéfica para que os pacientes aceitassem seu sofrimento como expressão de um desígnio superior, impossível de ser modificado.
>
> Suas características humanas constituíam a base da relação com o paciente e a aura de ser superior era responsável pelos eventuais resultados que conseguia. Esse tipo de atuação, em parte mágica e em parte ilusionista, chegou até a Grécia de Hipócrates, que valorizou a anamnese e o exame físico, conferindo à prática médica uma primeira conotação objetiva.
>
> A posição de elite na sociedade se deteriorou na Idade Média e na Renascença, quando a atuação do médico se limitava a sangrias e laxativos.
>
> (...) Do século 16 ao início do 19, a imagem do médico voltou a se dignificar, ao mesmo que a medicina passava de arte a ciência humana.

---

[2] Juan E. Diaz Bordenave , "O que é Comunicação", Brasiliense, São Paulo, 1994, p. 93.
[3] David K. Berlo, "O processo da comunicação", Fundo de Cultura, Rio de Janeiro, 1972, pp. 118-119.
[4] Silvano Raia, *in* O Estado de S. Paulo, 26/4/19.

15. TELEMEDICINA E A DESUMANIZAÇÃO DAS RELAÇÕES HUMANAS

> (...) Pouco mais tarde, na transição do século 19 para o século 20, com o advento do raio X e dos primeiros exames de laboratório, a imagem do médico se enobreceu ainda mais, na medida em que era obrigado a ter acesso aos conhecimentos da época, que já não eram poucos, para melhor atender seus pacientes. Provavelmente foi época áurea da dignificação da profissão médica.
>
> Ao contrário, de meados do século 20 até o presente, a evolução dos meios de comunicação e a consequente facilidade de acesso aos servidores web, ricos em informações médicas, concomitante a uma série de progressos e inovações, determinaram que a imagem do médico se apequenasse progressivamente.
>
> Isso porque os novos métodos terapêuticos tendem a reduzir a importância do componente humano da relação médico – paciente".

Eis aí colocados pontos básicos de reflexão sobre essa "nova era" da Medicina, à luz da Tecnologia da Informação.

Assim é que, em agosto de 2019, o jornal o Estado de S. Paulo realiza evento especial para debate referente à Telemedicina.

2. O *"Summit"* Saúde Brasil 2019

> "Discussões sobre os benefícios e os riscos dessa prática e as mudanças necessárias na estrutura de hospitais e clínicas para que os teleatendimentos sejam possíveis"[5].

> "Médicos poderão oferecer consultas e cirurgias a distância a partir de maio"[6]

> "Uma nova resolução do CFM (Conselho Federal de Medicina) sobre telemedicina está prevista para ser publicada nesta semana. A norma entraria em vigor em maio.
>
> Até então, a única exceção era quando médicos realizavam contato – em vídeo conferência, por exemplo – com colegas especialistas em outros locais durante os procedimentos, em uma espécie de segunda opinião.

---

[5] O Estado de S. Paulo, 28/2/2019.
[6] Folha de S. Paulo, 4/2/2019, p. B5.

Agora, resolução do Conselho prevê que esse tipo de atendimento online possa ser realizado também entre médicos e pacientes que já tiveram ao menos uma consulta prévia anterior".

"Conselho de Medicina regulamenta consulta, diagnóstico e cirurgia online"

"Médicos poderão atender seus pacientes pela internet. Resolução aprovada pelo Conselho Federal de Medicina (CFM) (...) permite que profissionais façam consultas, diagnósticos e cirurgias online.
(...) O relator da resolução do CFM, Aldemir Soares, garante que a publicação da medida neste momento é apenas uma coincidência e há anos as mudanças estão em discussão. Mas afirma que as consultas a distância podem ser úteis para levar assistência nas cidades que não conseguem atrair profissionais. "Isso pode se aplicar nestes casos. Além disso, era uma falácia dizer que habitantes de comunidades distantes eram atendidos o tempo todo. Parte dos profissionais passava apenas um período do mês nessas comunidades (...)".[7]

3. Conselhos Estaduais criticam aval a consultas médicas *online*[8]

Regionais cobram mais discussão pelo CFM e apontam até conflito de interesse; colegiado mantém publicação.
A resolução do Conselho Federal de Medicina (CFM) que permite consultas, triagem e até cirurgias a distância irritou parte dos conselhos estaduais da profissão. Em notas divulgadas ontem, médicos que integram representações regionais afirmam que não participaram da discussão, apontam fragilidades no texto e, sobretudo, avaliam que, da forma como está, a resolução pode provocar uma distância entre o profissional e o paciente. Entidades pedem também adiamento da regra.
Em nota divulgada ontem, o Conselho Regional de Medicina de São Paulo (Cremesp) solicitou que o CFM não publique a resolução até que todas as etapas de discussão sejam esgotadas. "O Cremesp não é conivente com a resolução e questiona seu real propósito", informa. Críticas semelhantes foram feitas pela diretoria dos conselhos regionais de Bahia, Rio, Piauí e Rio Grande do Sul.

---

[7] O Estado de S. Paulo, 4/2/2019.
[8] O Estado de S. Paulo, 6/2/2019.

Em comunicado colocado no site, o Conselho Regional da Bahia afirmou que o texto da resolução preparada pelo CFM deixa vulnerável tanto o profissional quanto o paciente. Uma das maiores críticas é a possibilidade de a primeira consulta ser feita a distância.

Essa previsão ocorre nos casos em que pacientes vivem em regiões remotas. O texto não deixa claro, no entanto, o que significa isso. Além de conselhos regionais, sindicatos também fizeram críticas."

4. A questão ética

"Novo código médico de ética abre brecha para telemedicina[9]

"(...)

O texto, que foi publicado no Diário Oficial da União, previa a possibilidade de consultas pela internet após o primeiro atendimento presencial ou em casos de áreas remotas. Mas críticas de conselhos regionais de medicina sobre quais seriam essas áreas, além do temor de banalizar as consultas online e afastar médicos e pacientes, fizeram com que a norma fosse revogada.

Agora o conselho diz que está coletando sugestões para elaborar nova versão. Ainda não há previsão de quando o novo texto será exibido, mas membros do conselho admitem deixá-lo para 2020.

(...)

Além da brecha para a ampliação da telemedicina, a nova versão do código traz outras mudanças. Entre elas, está trecho que autoriza o médico, quando houver autorização da Justiça, a encaminhar cópias do prontuário diretamente ao juiz que fez o pedido, sem autorização do paciente. Versão anterior do código permitia a entrega mediante consentimento do paciente. Para o CFM, a alteração ocorre devido a impasse em ações judiciais.

(...)

O novo código inclui mudanças na pesquisa. Uma delas é a permissão do acesso dos médicos a prontuários em estudos retrospectivos, desde que com a autorização de comissão de ética do hospital. Também cria normas de proteção a participantes vulneráveis em pesquisas, como crianças, adolescentes e pessoas com doenças mentais. Assim, além do

---

[9] Folha de S. Paulo, 24/4/2019, p. B4.

aval do representante legal, a pesquisa precisa do consentimento do próprio participante, na medida da sua compreensão.
(...)
O documento passou por três anos de discussão. Apesar das mudanças, pontos como o sigilo do atendimento e a necessidade de respeitar a vontade do paciente permanecem como pilares do código."

Ética, registra o Dicionário Abbagnano[10],

"em geral, ciência da conduta.
Existem duas concepções fundamentais dessa ciência:
1ª a que a considera como ciência do **fim** para o qual a conduta dos homens deve ser orientada e dos **meios** para atingir tal fim, deduzindo tanto o **fim** quanto os meios da **natureza do homem**; 2ª a da **natureza** do homem; 2ª a que a considera como ciência do **móvel** da conduta humana e procura determinar tal móvel com vistas a dirigir ou disciplinar essa conduta".
"Ética (do grego *ethos*: caráter. Estudo dos conceitos envolvidos no raciocínio prático: o bem, a ação correta, o dever, a obrigação, a virtude, a liberdade, a racionalidade, a escolha" – refere o Dicionário Oxford de Filosofia[11].

Quanto à **ética médica**, notícia o jornal Folha de S. Paulo[12] que "entrou em vigor no país uma nova versão do Código de Ética Médica. O novo diploma que não traz reviravoltas dramáticas em relação ao texto anterior, de 2009, pode ser mais bem descrito como uma atualização necessária".
E comenta o Editorial as questões tratadas no novo Código, finalizando:

"Por fim, há que lamentar pelo que os médicos deixaram de fazer nessa revisão.
O disciplinamento da telemedicina, exigência dos tempos modernos, foi jogado para resoluções do Conselho Federal de Medicina.

---

[10] Nicolla Abbagnano, "Dicionário de Filosofia", Martins Fontes, São Paulo, 1998.
[11] Simon Blackburn, "Dicionário Oxford de Filosofia, Jorge Zahar Editor, Rio de Janeiro, 1997, p. 129.
[12] Editorial, 6/5/19.

Pela amostra que tivemos no início do ano, o tema se afigura mais polêmico do que deveria".

Na Introdução à "Ética sem Moral"[13], Adela Cortina refere-se, "em meio a um mundo caótico, a um último horizonte de legitimidade jurídica e política, crenças morais compartilhadas de liberdade, igualdade e solidariedade.

"(...)
Os valores morais são sempre valores da pessoa. Inerentes unicamente ao homem, só no homem se podem realizar.
(...)
Só o homem, como ser livre, no uso da sua responsabilidade, pode ser moralmente bom ou mau na sua ação afirma Dietrich Von Hildebrand.
"(...) Aqui já não se pode adotar um comportamento qualquer; impõe-se a resposta correta" [14].

Max Weber[15] propõe uma **ética da convicção e uma ética da responsabilidade:**

"Desembocamos, assim, na questão decisiva. Impõe-se que nos demos claramente conta do fato seguinte: toda a atividade orientada segundo a ética pode ser subordinada a duas máximas inteiramente diversas e irredutivelmente opostas.
Pode orientar-se segundo a ética da responsabilidade ou segundo a ética da convicção. Isso não quer dizer que a ética da convicção equivalha a ausência de responsabilidade e a ética da responsabilidade, a ausência de convicção. Não se trata disso, evidentemente".
Distingue, na ética da convicção, "cumprir o seu dever" e a atitude de quem se orienta pela ética da responsabilidade, que diz: "Devemos responder pelas previsíveis consequências de nossos atos".

Sempre a ideia do correto, da linha reta como a menor distância entre dois pontos básicos, o ser humano e a moral.

---

[13] Martins Fontes, São Paulo, 2010, pp. 15 e segs.
[14] "Atitudes éticas fundamentais", Quadrante, São Paulo, 1998, pp. 3-5.
[15] "Ciência e Política: duas vocações", Cultrix, São Paulo, 1993, p. 113.

Francesco Bellino[16] refere-se, no entanto ao **relativismo moral** que "opera com uma racionalidade céptica, que tende cada vez mais, no mundo atual, a tolerar não todas as convicções, mas sobretudo as que são à sua vez, relativizáveis e podem ser colocadas em discussão.

> "(...) A tese do relativismo ético, segundo a qual toda sociedade tem os valores que tem de ter, se traduz no neutralismo ético e na justificação de qualquer costume e orientação de valor (do canibalismo à escravidão, do genocídio ao racismo, aos caçadores de cabeças, etc.).
> A absoluta diferença entre as culturas produz indiferença entre elas mesmas".

Ética e Cultura

"A preocupação com os valores do comportamento humano", refere Danilo Santos de Miranda[17], "com as finalidades e os motivos de suas ações, constitui, muito sumariamente, o campo da Ética. Portanto, nela está implícito o conceito da **melhor conduta.**

> (...)
> É por meio da ética – da filosofia moral, isto é, da reflexão sobre as condutas e da consciência moral subjetiva – que estabelecemos os códigos públicos ou privados, ou seja, que determinamos um comportamento moral completo, objetivo".
> (...)
> Ao mesmo tempo, cabe refletirmos a propósito de uma tendência contemporânea, a da relativização absoluta ou individualização radical da ética em oposição ao caráter universal que a tradição filosófica do século XVIII emprestou-lhe"

E conclui:

> "Perante um conjunto tão vasto e urgente de problemas, cabe apenas ao ser humano enfrentá-lo. E a ética, em função de sua abrangência social, de seus questionamentos e de suas preocupações com a vida em comum, é, certamente, a pedra fundamental deste caminho".

---

[16] "Fundamentos da Bioética, EDUSC, Bauru/SP, 1993, pp. 227, 231-232.
[17] *In* "Ética e Cultura", Perspectiva, São Paulo, 2004, pp. 11 e segs.

15. TELEMEDICINA E A DESUMANIZAÇÃO DAS RELAÇÕES HUMANAS

Izabel Cristina Rios e Lilia Blima Schraiber[18] tratam da "Humanização e o ensino de Humanidades Médicas", referindo-se ao "esgarçamento da relação médico – paciente", conceituando **Humanização** como "valorização da dimensão subjetiva e social em todas as práticas de atenção e gestão, fortalecendo e estimulando processos integradores e promotores de compromissos e responsabilização".

Porquanto, conforme Gadamer, em "O caráter oculto da saúde"[19], "espera-se do médico que ele "trate" seus pacientes. "Tratar" significa *palpare*, quer dizer, tocar o corpo do doente com a mão (a *palpa*) cuidadosa e sensivelmente para, com isso, perceber tensões e contrações que talvez confirmem ou corrijam o diagnostico subjetivo do paciente, o qual se designa dor.

> (...)
> Tratamento sempre implica, ao mesmo tempo, permissão e não apenas a prescrição de regulamentos ou de receitas.
> (...)
> Parte de um tratamento é o diálogo. Ele domina a dimensão decisiva de toda atividade médica, não somente entre os psiquiatras.
> O diálogo promove a humanização da relação entre uma diferença fundamental, a que há entre o médico e o paciente.
> Tais relações desiguais pertencem às mais difíceis tarefas entre os seres humanos".

Comentando o citado "Estadão – Summit Saúde de 2019, consigna o Editorial[20]:

> "A integração entre a natureza humana (a estrutura biopsíquica) e a criação humana (a tecnologia) é um caminho irreversível e desejável, mas envolve desafios morais. Na falta de uma hierarquia de valores entre o que é essencial e o que é complementar – entre o corpo e a prótese, o orgânico e o sintético, a inteligência real e a artificial –, é fácil imaginar os cenários de deformação e desintegração do ser humano projetados pela ficção científica. Neste sentido, o *Summit* concentrou esforços na

---

[18] "Humanização e Humanidades em Medicina", UNESP, 2012, pp. 209, 212.
[19] Hans – Georg Gadamer, "O caráter oculto da saúde". Vozes, Petrópolis, 2006, pp. 114.
[20] O Estado de S. Paulo, 7/9/19.

discussão da humanização da saúde. Um exemplo é o uso da tecnologia para otimizar a medicina preventiva e o atendimento primário.

(...)

Também tem se dado especial atenção à qualidade da interação entre médico e paciente. Muitas escolas, hospitais e profissionais de saúde vêm buscando revalorizar princípios básicos da profissão, como a comunicação e a empatia com o paciente.

O que restou claro do encontro é que a tecnologia na saúde é bem empregada quando reduz a distância entre o médico e o paciente – entre o ser humano que cura e aquele que é curado. Todo passo nessa direção é um passo no caminho certo."

Em "Escritos sobre a Medicina"[21], Georges Canguilhem refere-se à "regulação" – "uma palavra erudita – mas não (...) muito, no sentido de que todo mundo sabe o que é um regulador em uma antiga locomotiva, todo mundo sabe o que é uma estação reguladora.

(...)

Essa idéia, que começa com a fisiologia de Claude Bernard, apenas confirma uma velha intuição da medicina hipocrática, ou seja, existe, pelo próprio fato da vida do organismo, uma espécie de medicação natural ou de compensação natural das lesões ou dos distúrbios aos quais o organismo pode estar exposto. Essa velha idéia hipocrática da força curativa da natureza não recebeu senão confirmações por parte da fisiologia moderna.

(...)

Claude Bernard teve a originalidade de mostrar a existência de um meio interior, mas teve, além disso, a originalidade de mostrar que é o próprio organismo quem produz esse meio "interior".

Esse "meio interior", o humano que existe em nós: assim, a sociedade – que somos nós, saibamos promover essa regulação para o *ser* humano, como um fim em si mesmo, em prol da dignidade da pessoa humana (Constituição Federal, art. 1º, III), mantendo a necessária presença, o relacionamento pessoal, o diálogo – no atendimento médico / paciente.

---

[21] Forense Universitária, São Paulo, 2005, pp. 77 e segs.

16.
Cuidados paliativos: uma visão filosófica

Maria Antonia Lanzoni de Mello

*Muitas são as maravilhas do mundo,
mas nenhuma é mais maravilhosa que o homem.*
Sófocles – Sec. V a.C.

Introdução

Antes de desenvolvermos aspectos relevantes sobre o tema "Cuidados Paliativos – Uma Visão Filosófica", agradeço o honroso convite que foi dirigido pela eminente mestre e amiga doutora Renata da Rocha para integrar essa obra coletiva "Bioética/Biodireito" na pessoa de quem saúdo os demais organizadores deste trabalho que, certamente, com a colaboração de todos participantes promoverá questionamentos e reflexões no intuito de respostas e formas de encaminhamento adequados para situações polêmicas.

O tema "Cuidados Paliativos" nos coloca numa posição inquietante frente à abrangência das considerações relativas à importância e responsabilidade quanto à competência e modos de utilização desses cuidados.

Torna-se árduo, diante da complexidade do assunto e dos limites determinados para sua apresentação o examinarmos na sua completude.

O objetivo aqui é ressaltarmos aspectos que possam sugerir a possibilidade de aprofundamento da matéria.

Nessa direção, demonstraremos a necessidade de se vislumbrar alternativas que possibilitem atenuar o sofrimento tanto físico, quanto psíquico de pessoas acometidas por enfermidades graves incuráveis e aquelas em estado terminal, na busca de uma melhor qualidade de vida e bem-estar espiritual.

Corroborando com o pensamento de que o profissional médico deve desempenhar suas atividades sempre voltadas para o bem-estar de seu cliente, o Código de Ética Médica – Resolução CFM n° 2.217, de 27 de setembro de 2018, modificada pelas Resoluções CFM nº 2.222/2018 e 2.226/2019, em seu Inciso VI dos Princípios Fundamentais, explicita tal conduta, vejamos:

> *CÓDIGO DE ÉTICA MÉDICA*
>
> *Capítulo I*
> *PRINCÍPIOS FUNDAMENTAIS*
> *VI – O médico guardará absoluto respeito pelo ser humano e atuará sempre em seu benefício, mesmo depois da morte. Jamais utilizará seus conhecimentos para causar sofrimento físico ou moral, para o extermínio do ser humano ou para permitir e acobertar tentativas contra sua dignidade e integridade.*

Mencionamos o Código de Ética Médica justamente para embasar o ponto de vista quanto à opção do encaminhamento da conduta, na direção de tomadas de medidas que, por vezes, necessitam de uma explanação muito bem embasada para serem compreendidas no seu real objetivo, ou seja, a preocupação com a dignidade da pessoa humana.

Garantida a proteção ao indivíduo e amparada a conduta médica pela lei, acreditamos que os procedimentos aprazados poderão assegurar o êxito das condutas adotadas.

De acordo com Organização Mundial da Saúde – OMS – "Cuidados Paliativos consistem na assistência promovida por uma equipe multidisciplinar, que objetiva a melhoria da qualidade de vida do paciente e seus familiares, diante de uma doença que ameace a vida, por meio da prevenção e alívio do sofrimento, da identificação precoce, avaliação impecável e tratamento de dor e demais sintomas físicos, sociais, psicológicos espirituais".

Cabe, portanto, ressaltar que, dentro desse conceito, os cuidados paliativos baseiam-se em ciências referentes às diversas especialidades do conhecimento médico reafirmando a necessidade de saber específico, desde a prescrição de medicamentos, decisões à respeito de medidas não farmacológicas, observando a importância da forma de atuação que envolve a interação com o paciente, sua adequação psicológica e social, principalmente, quando se lida com a dor, tendo desvelo quanto ao aspecto espiritual, respeitando crenças e valores da pessoa.

Em uma visão abrangente da personalidade humana, considerando indivíduo em sua integração biopsicossocial, agrega-se aos cuidados paliativos a questão da espiritualidade e a preocupação com a família, em relação a assistência prestada após a morte e durante o período de luto.

Torna-se imperioso afirmar, que tais cuidados não se baseiam em protocolos e, sim, em princípios, não se falando mais em terminalidade, mas em doença que ameaça a vida.

O cuidado é indicado desde o diagnóstico e durante a evolução da enfermidade. Procura-se, de certa forma, não mencionar a impossibilidade de cura. A intenção é saber se o tratamento poderá modificar a doença, afastando a ideia de "não ter mais nada a fazer". (Manual de Cuidados Paliativos / Academia Nacional de Cuidados Paliativos – Rio de Janeiro: Diagraphic, 2009. P. 16.)

O que visamos aqui é o respeito ao princípio Bioético da Autonomia que defende o respeito à capacidade de autodeterminação do paciente que deve participar do processo de decisão sobre qualquer tratamento que o envolva ou de seu representante legal, quando não for possível a tomada de tal decisão.

Em defesa da liberdade da pessoa humana escreveu Mill:

> Desde que eu não esteja prejudicando o próximo, minha independência é, por direito, absoluta. No que diz respeito a si mesmo, ao próprio corpo e à própria mente, o indivíduo é soberano.[1]

Nesse diapasão, pode-se dizer que uma sociedade justa respeita a liberdade de cada indivíduo para escolher a própria concepção do que seja uma vida boa ou uma boa morte.

Reiterando o disposto acima, encontramos respaldo na recente Resolução nº 2.232/2019 de 16 de setembro de 2019, que dispõe sobre as

---

[1] Mill, John Stuart. On Liberty. 1859.

normas éticas para a recusa terapêutica por pacientes e objeção de consciência na relação médico-paciente.[2]

Nesse contexto, deve-se dar importância, sob o aspecto moral, aos valores que a pessoa desenvolveu no decorrer da vida. A noção do "sujeito moral" decorre desse aprendizado, gerando a consciência do "bem" e do "mal".

Tomar decisões não significa ser individualista, mas sim ter plena consciência de que não está fechado em si mesmo, convivendo em uma comunidade aberta a intersubjetividade.

Diante da noção de humanidade como benevolência, altruísmo, até mesmo de solidariedade, percebemos o indivíduo como um ser total, integrado em suas partes constitutivas, incluindo suas características físicas, sistema nervoso e psiquismo. Este indivíduo, pela condição de existir, sujeito de direitos e obrigações, tem garantido esses direitos pelo sistema normativo vigente no País e, também, pela Declaração Universal dos Direitos Humanos.

Ao mencionarmos a proteção legal do indivíduo, resta demonstrado que, diante de qualquer critério eleito para adoção de um tratamento, a atenção maior estará voltada ao acatamento da vontade do paciente.

Em se tratando do respeito à autonomia do indivíduo diante da possibilidade de escolha entre aceitar ou não determinados tratamentos e, ao mesmo tempo, considerando que não se distingue classe social ou econômica frente ao direito que lhe é assegurado, destacamos que todos são iguais perante a lei e, precipuamente "ninguém será obrigado a fazer ou deixar de fazer alguma coisa" (direito) "senão em virtude de lei" (garantia), conforme dispõe o Artigo 5º, Inciso II da Constituição da República.[3]

Assim sendo, os direitos da personalidade estão protegidos como pressupostos de todos os direitos subjetivos, ou seja, pré-condição aos direitos e obrigações jurídicas.

Ensina Pedro Frederico Caldas em sua obra[4] que o direito da personalidade "é um direito essencial, inato, absoluto, extrapatrimonial, indisponível, intransmissível, inexpropriável, vitalício e imprescritível",

---

[2] Conselho Federal de Medicina, Resolução 2.232/2019.
[3] Constituição da República. Art. 5º.
[4] Caldas, Pedro Frederico. Vida Privada, Liberdade de Imprensa e Dano Moral.

nos levando a crer que, ao avaliarmos a condição das pessoas enfermas, dos doentes incuráveis e dos pacientes no final da vida, não pode lhes ser negada a titularidade dos direitos e obrigações decorrentes da personalidade. Portanto, sempre que houver a possibilidade do paciente se manifestar livremente, sua autonomia da vontade deve ser respeitada.

Em consonância ao exposto, reiteramos a importância do direito genuíno à saúde, garantido pelo Art. 5º da Constituição da República.[3] Nesse diapasão, o Ministério da Saúde normatizou os Cuidados Paliativos para o Sistema Único de Saúde – SUS, por intermédio da Resolução nº 41, de 31 de outubro de 2018, visando garantir que essa prática proporcione maior qualidade de vida aos pacientes cuja doença é incurável.[5]

A referida Resolução torna-se de suma importância quando apontamos os aspectos relativos à autonomia da vontade e o respeito à escolha do tratamento proposto. Garante que, nas redes de atenção à saúde, sejam claramente identificadas e observadas as preferências da pessoa doente quanto ao tipo de tratamento e cuidado médico que deseja receber. Estabelece que os Cuidados Paliativos devam estar disponíveis em todos os pontos da Rede, desde Atenção Básica, Domiciliar, Ambulatorial, Hospitalar, Urgência e Emergência. Sob a perspectiva dos Cuidados Paliativos trata, também, da aceitação da morte como um processo natural, não acelerando nem retardando (com uso de equipamentos ou procedimentos), buscando oferecer suporte que permita ao paciente sobreviver com mais autonomia, o mais produtivo possível.

Neste contexto, o enfoque da morte como processo natural, não quer dizer que será aceita como ponto final. A vida ainda existe e é a qualidade desta que tornará o cuidado algo humanizado e que, por mais que saibamos que a morte está a caminho, nada fará que o paciente terminal deixe seus dias passarem sem a paz e a dignidade de que é merecedor.

Com relação ao paciente em estado terminal, a sua atitude diante da morte implica na necessidade de avaliar seu estilo de vida, na forma como construiu sua história, como estabeleceu metas, se as cumpriu ou não, quais os valores que nortearam suas condutas, quais sonhos foram realizados, enfim, como utilizou o tempo que lhe foi dado para cumprir sua missão.

---

[5] Casa Civil da Presidência da República. Resolução Nº 41, de 31 de outubro de 2018.

Nas conversas pelos corredores dos hospitais, dentro dos lares que abrigam pacientes terminais, as informações são as mais diversas possíveis, mas o ponto comum é que o paciente no fim da vida, quanto mais se realizou, construiu uma boa autoestima, sendo capaz de se conhecer e estruturar um conceito positivo de si mesmo, enxergará a morte não como uma inimiga, mas compreendendo que faz parte da vida, trazendo implícita a noção de tempo, com a consciência de que se vive tanto bons quanto maus momentos. Ele sabe que tudo passa, tanto os momentos felizes, quanto os mais difíceis, administrando a vida sob esse enfoque, equilibrando as emoções com mais disposição, não permitindo que as aflições, tão comuns neste período da doença contaminem o restante de felicidade.

Entre o viver e o morrer, encontramos a saída do "errar menos", do livre arbítrio direcionado à escolha do aceitar ou se rebelar. Os responsáveis pelo cuidado, tem como dever precípuo, não impor a alegria ao triste, o ânimo ao desanimado e, sim, promover o amor, conforto das dores do corpo e da alma, a mão amiga que todo profissional da saúde deve estar disposto a estender.

Com esses cuidados, a aceitação do fim da vida torna-se mais compreensível e simples. O tratamento é pensado na direção do acolhimento e conforto pela preservação da dignidade, ao respeito pela sua integridade moral, psíquica/emocional. As condutas são tomadas na busca pela excelência do desempenho das atividades e procedimentos propostos.

Sabendo que a rede de cuidado é composta por profissionais da área da saúde, familiares e até mesmo amigos, torna-se necessário demonstrar, inclusive, a face mais árdua desta trajetória. Como seres humanos falíveis que somos, os profissionais envolvidos devem estar aptos para justificar sua presença no desempenho desses cuidados, pois os familiares e amigos nem sempre terão o equilíbrio necessário para suportar a ideia de "perda", por mais concreta que essa situação se apresente. Portanto, faz-se extremamente necessário equilíbrio e compreensão por parte dos profissionais comprometidos, sempre orientando da melhor forma como todos devem atuar nessa situação de profundo pesar.

Há que se salientar que nem sempre encontramos pacientes dispostos a aderir ao tratamento, sabendo eles que seu quadro é irreversível, mesmo assim, todos os cuidados devem ser tomados para o alívio do sofrimento e melhora da qualidade de vida que lhe resta.

Sendo assim, o paciente, quando tratado com dignidade, sabe que jamais será esquecido e que sua vida estará guardada na memória daqueles que o amaram.

Nos dizeres do filósofo Sócrates, quando indagado por seus discípulos do porquê não reagia e lutava para manter sua vida diante da condenação que lhe fora imposta, tão-somente respondeu: "Sócrates não vai morrer, esse corpo vai acabar, mas a minha essência vai permanecer".

A ciência, na atualidade vem galgando a passos largos a busca da longevidade e da qualidade de vida, tornando-a cada vez mais longa e mais aprazível, mas com relação às doenças terminais, há um enorme caminho ainda a se percorrer.

Nessa direção, encontramos o pensamento de Stephen Bertman ao afirmar que "nos quase 25 séculos desde o apogeu da civilização grega, a humanidade estendeu seus triunfos muito além do mero domínio do céu e da terra. Por meio da tecnologia, adquirimos poderes que nos tornaram semelhantes a deuses. Ainda estamos sujeitos à morte, mas os avanços da medicina prolongaram nossa expectativa de vida e os progressos feitos pela ciência podem um dia retardar ou até interromper o processo de envelhecimento. E não somente a longevidade foi ampliada. A qualidade de vida também foi melhorada de várias formas".[6]

O que resta claro, nos cuidados paliativos em pacientes terminais, é que a ciência sem o humanismo não corre longo percurso. Para um paciente aderir, ao menos, aos cuidados mais básicos, mister se faz ter empatia para com a equipe.

Assim, temos que biologicamente somos todos humanos, mas "ser humano" na conotação altruísta requer esforço, requer a percepção da existência da sensibilidade latente no caráter, que precisa ser cultivada para atingir seu potencial absoluto.

A Filosofia ensina que, para os gregos, essa tarefa é o imperativo moral de toda nossa existência e nesse diapasão, depreendemos que o humanismo implica o compromisso com as capacidades e talentos especiais, inerentes aos seres humanos, sendo necessária uma visão de nossa interioridade para descobrirmos o que realmente podemos realizar e de qual forma podemos, efetivamente, aplicar ao cotidiano.

---

[6] Bertman, Stephen. Os Oito Pilares da Sabedoria Grega. Ed. Sextante, 2011.

Reconhecer o potencial, já nos permite entender que estamos no caminho claro e efetivo.

Porém, é fundamental uma autoavaliação, ou seja, buscar por meio do autoconhecimento reconhecer nossas qualidades e imperfeições. Na realidade, precisamos nos esforçar mais para reconhecer nossas limitações e nossos potenciais a fim de seguir o caminho do cuidado com responsabilidade.

Nessa direção, o poeta alemão Goethe, no final da sua obra Fausto expõe seu pensamento:

> A liberdade e a vida são ganhas somente por aqueles que as conquistam a cada dia.

Portanto, reconhecer seu valor como ser humano, é o caminho preciso para o sucesso de toda e qualquer atividade.

Essas considerações se fazem necessárias visto que tratam de matéria relevante, pois envolvem pessoas em sua fragilidade e aquelas que promoverão seus cuidados.

Assim, a enorme inquietação vem da imperiosa preservação da dignidade humana, inerente a cada pessoa, na qualidade de indivíduos, sujeitos de direitos e obrigações.

Como já vimos anteriormente, os Cuidados Paliativos englobam um conjunto de práticas de assistência ao paciente incurável, oferecendo dignidade e atenuação do sofrimento, sendo que esses cuidados são prestados, essencialmente, aos pacientes com doenças terminais ou em estágio avançado de determinada enfermidade.

Desta forma, os profissionais que laboram nessa área, dependem de conhecimento científico e, intrinsicamente, compreender a arte de cuidar, proteger, ou seja, "paliar".

A proteção, na direção de cuidar, encontra em um modelo terapêutico, dirimir os diversos sintomas, amenizando a dor e o sofrimento, sejam eles de ordem física, psicológica, espiritual ou social.

Esses Cuidados, além de proporcionarem qualidade de vida para aquele que somente vislumbra o sofrimento, trazem o airoso significado que ainda há o que fazer, de que nem tudo está perdido. Mesmo que o diagnóstico seja de uma enfermidade crônica de natureza grave, a equipe multidisciplinar encontra meios de apresentar ao paciente, que ainda há muito o que fazer.

O que precisamos entender, é que tal situação não atinge somente o paciente e, sim, todos aqueles que o cercam. Por isso a necessidade de, além de cuidar do paciente, do cuidado com todos os envolvidos.

A equipe médica e multidisciplinar atua ativamente no cuidado e, para os pacientes que acreditam, contam com apoio espiritual em qualquer que sejam seus rituais e crenças. O mais importante é o acolhimento sincero dos que sofrem nessa fase dolorosa da vida.

A área referente aos Cuidados Paliativos encontra-se em crescimento e seu progresso abrange estratégias diversas que englobam Bioética, comunicação e natureza do sofrimento. Seu crescimento é notável, desde o princípio do século. Em vários países do mundo, esses cuidados são reconhecidos como especialidade médica, tais como Inglaterra e Estados Unidos.

No Brasil, foi incluído pelo Conselho Federal de Medicina, em seu atual Código de Ética Médica, os Cuidados Paliativos como Princípio Fundamental.

A Academia Nacional de Cuidados Paliativos trava uma batalha na direção da "regularização da Medicina Paliativa como área de atuação médica junto à Associação Médica Brasileira e a universalização dos serviços de Cuidados Paliativos no Ministério da Saúde".

É importante enfatizar que em nosso País assistimos ao envelhecimento progressivo da população e, consequentemente, ao aumento de doenças como o câncer e enfermidades crônicas.

Infelizmente, no Brasil, as práticas concernentes aos Cuidados Paliativos ainda não possuem regulamentação na forma de lei, predominando o desconhecimento e preconceito com relação à matéria.

A colossal desorientação entre os profissionais da saúde, até mesmo do Poder Judiciário, vem de ignorar o tema e confundir costumeiramente o atendimento paliativo com a Eutanásia.

É sabido que pacientes incuráveis se aglomeram nos hospitais, na maioria das vezes recebendo assistência inadequada, focada na tentativa de recuperação do doente por uso de métodos invasivos e alta tecnologia. Procedimentos exagerados e desnecessários, por falta de conhecimento e, por muitas vezes, por não encontrarem respaldo legal para se concentrar no alívio da dor, que é o mais significativo em tais circunstâncias.

Assim sendo, o ideal de cura e preservação da vida que dependem do treinamento e aperfeiçoamento das equipes, torna-se ameaçado, pois é necessário encontrarmos o equilíbrio entre o conhecimento científico e humanismo para que a dignidade humana seja resgatada.

Por todos esses apontamentos, é de substancial importância o trabalho de orientar e habilitar os profissionais envolvidos quanto à relevância para o paciente e sua família, desses cuidados.

A pessoa, enquanto ser humano digno tem o direito de, independente da sua faixa etária visto que é um cuidado universal e uma real necessidade de saúde pública, receber as benesses do alívio da dor e do sofrimento, tanto para quem é portador da doença, quanto para aqueles que o rodeiam, levando em consideração o emprego desses cuidados quando são abordados assuntos referentes aos sintomas físicos e psicológicos, questões de comunicação, relacionadas ao luto, entre outros.

Para que possamos seguir em frente com o láboro em prol da conscientização sobre os Cuidados Paliativos e seu genuíno sentido, jamais poderemos deixar de lado o conceito de ética no sentido da atenção, do cuidado em si. Sem essa preocupação ética, não há caminho seguro.

Nesse sentido, Halina Bortnowska, filósofa e escritora polonesa, descreveu sobre a ética da cura e da atenção como sendo "uma constelação de valores sustentados pela pessoa (...), na ética da cura, as virtudes militares eram predominantes: não se dar por vencido, perseverar, ser "duro" já na ética da atenção o valor central é a dignidade humana, enfatizando a solidariedade entre o paciente e o profissional da saúde, em atitude que resulta numa compaixão afetiva. Na ética da cura, o médico é o "general"; na da atenção, o paciente é o soberano".[7]

Diante do cerne da dignidade humana e sempre levando em consideração que o paciente, em situação de sofrimento é soberano e frente às dificuldades sobre o "lidar com a vida e a morte" e dizer a verdade ao paciente sem perspectiva de cura, o Dr. Robert Twycross, médico britânico, especialista em Medicina Paliativa bem apresenta suas ideias sobre os temores de encarar esse assunto.

Aborda a temática "morte" e "medo" do ponto de vista do seu próprio medo da morte e as pressões culturais a ela associadas: "Fica a ideia

---

[7] Manual de Cuidados Paliativos / Academia Nacional de Cuidados Paliativos. Rio de Janeiro. Diagraphic, 2009.

de que, com a verdade dolorosa, podemos destruir a esperança e levar o paciente irreversivelmente ao desespero e à depressão. (...) que a mentira e a evasão são o que realmente isolam o paciente atrás de um muro de palavras ou no silêncio que impede a adesão terapêutica e a possibilidade de compartilhar seus medos, angústias e preocupações. (...) devemos ter o compromisso da abertura e da honestidade, e que o primeiro desafio ético do médico seria equipar a si mesmo de boas habilidades de comunicação e sensibilidade.[8]

O que percebemos, é que não há mais que se falar em uma medicina tradicionalista, engessada, com forte inclinação paternalista. A medicina atual deve, sim, se ater ao paciente portador de doença incurável, terminal, como um ser autossuficiente.

Essa autossuficiência decorre dos princípios da Bioética que norteiam os procedimentos realizados. Para poder decidir acerca de seu tratamento, deve ter garantida a sua autonomia, um princípio bioético que resguarda o paciente ou aquele que possa vir a ser um paciente terminal ao direito de manifestar-se antecipadamente ao tipo de procedimento por ele escolhido, tomando suas próprias decisões.

Complementando a proteção ao paciente em estado máximo de fragilidade física e psicológica, jamais poderemos lançar mão do princípio da Beneficência que permite a utilização de todos os meios que propiciem conforto e alívio do sofrimento por intermédio de um julgamento do que é melhor para o paciente terminal.

E, em contrapartida, o princípio da Não Maleficência entra neste cenário evitando qualquer dano ou risco. Em alguns casos, seguir com o tratamento médico seria prolongar o processo de morrer, sem benefícios para a pessoa em fase final. Não prolongar este processo não significa encurtar a vida, mas obedecer ao princípio da Não Maleficência.

Portanto, sempre há que se ponderar, quando o assunto é "Cuidados Paliativos", sob a perspectiva da ética no exercício de uma profissão. Esta ética deve estar presente bem antes da prática da conduta, porque impõe princípios, valores e crenças pessoais. Agir eticamente é respeitar o olhar do outro sobre o contexto, escutar o que ele tem a dizer respeitando seu espaço e seus sentimentos.

---

[8] Twycross, R. Itches. Indian Journal of Palliative Care, v. 9, n. 2, p. 47-61, 2003.

Conclusões

Diante do apresentado, sobeja a importância dos Cuidados Paliativos e do seu conhecimento pela área médica e social. Resta a esperança da criação da Medicina Paliativa no País, como especialidade médica para dar maior suporte aos pacientes sem perspectivas quanto aos recursos disponíveis e que os profissionais envolvidos se sintam protegidos e mais seguros em sua atuação.

Restou claro que a relevância desse apoio ao enfermo crônico ou aquele que se encontra nos momentos finais da vida, é justamente mantê-lo em condições apropriadas de conforto físico, psicológico e espiritual.

O amparo afetivo, a presença solidária do profissional dedicado e ético, essencialmente dos familiares e amigos que compreendem o valor da vida e atuam como uma rede de apoio para esse estágio de transição, tornando-a o mais serena, tranquila, livre de dor e sofrimento é o objetivo dessa experiência, fundamental para a aceitação.

Essencial se torna toda atenção e inquietude que vem da ideia de preservação da dignidade humana tornando o momento final uma ocorrência natural e singela, momentos tristes, mas com o alento e conforto do entendimento de que se encerra o ciclo vital a que todos estamos destinados.

A possibilidade de proporcionar recursos de atenção referentes aos cuidados deve ser igualitária, independentemente de classe social, condição econômica ou crença religiosa.

Para que esse trabalho de fato atenda aos objetivos propostos, o preparo da equipe médica e multidisciplinar deve alcançar a excelência.

O processo do final da vida leva-nos a refletir a respeito da morte.

A tomada de consciência desse todo "vida e morte", uma consequência da outra, pode ser desconfortável e, por muitas vezes, assustadora.

Quando a pessoa se encontra saudável, não deseja falar sobre a morte, deixando este assunto apenas para o momento em que realmente se tornar premente.

O momento próximo da morte deve ser o mais cuidadoso possível, pois é nele que os profissionais e a família ouvem do próprio paciente o desejo de morrer.

A escuta mais atenta não implica em execução do pedido, pois leva o profissional médico a realizar os procedimentos necessários para que este paciente termine sua jornada sem sofrimento e com dignidade.

Um enfermo necessita de atenção, conforto, medicamentos adequados, hospitais adequados, equipe médica e multiprofissional interagindo em conformidade com seus Conselhos e Códigos de Ética e parentes, familiares, responsáveis legais, amigos presentes e colaboradores, amparado em sua integralidade.

O paciente, mesmo em sofrimento, nem sempre deseja morrer, pois o seu desejo é o de viver até o último segundo desfrutando das benesses do amor familiar e do carinho dos amigos.

Este paciente, quando anseia em morrer, tem consciência de que é o melhor para si, pois se encontra em uma situação que, caso contrário, não necessitaria da fuga.

Quando decide morrer é porque a dor devastadora se instalou e nenhum medicamento que o deixe consciente é capaz de derrotá-la. Apenas medicações entorpecedoras conseguiriam lhe tirar deste sofrimento extremo. Então se pergunta: "para que viver?", reconhecendo que quem sempre fez parte da sua vida é apenas um vulto em sua memória.

Cessar a dor é obra divina – *sedare dolorem opus divinum est*.

Afastar a dor de um ser humano é o que há de mais divino e quando este procedimento é realizado pelas razões indubitáveis, sem interesses obscuros, pode-se dizer que a missão foi alcançada.

O mistério da morte, a incerteza da vida após a morte, parece-nos um dos fatores mais intrigantes nessa relação tripartite "vida-homem--morte".

O melhor seria jamais necessitar ter de escolher o luto pela ausência do ente querido, para deixar de presenciar o insuportável sofrimento causado por uma doença degenerativa, irreversível e cruel.

O que é preciso compreender, não é o significado da morte em si, mas alcançarmos a concepção de morte como um acontecimento que complementa a vida, deixando de ser seu oposto, ou seja, uma ocorrência que define a vida.

Temos por certo que o enfoque sobre a morte, de alguma forma, expressa que o apego à vida é basicamente irracional. O conhecimento da morte seria o caminho para se perceber que o valor objetivo da vida é assaz incerto.

Devemos viver bem, para morrermos bem. Nem sempre essa equação tem um bom resultado. As surpresas nos pegam de sobressalto.

A vida que bem vivemos, certamente será a condição para a morte que não se detém, não importando se chega devagar ou de repente, em casa ou no quarto de um hospital. Será bem-vinda se tivermos a consciência do dever cumprido. Mas que venha na hora que tiver de vir e que nada e nem ninguém se arvore de senhor da morte e tente mudar o seu momento de chegar.

Não podemos deixar de mencionar, a existência do Dia Mundial de Cuidados Paliativos. Esta data é referente às ações unificadas em prol das comemorações ao apoio dos Cuidados Paliativos em todo o mundo, sempre no segundo sábado de outubro de cada ano.

Por fim, quem vai decidir sobre a vida e a morte tem de pensar em uma solução humana.

Quem realiza esse trabalho com o coração imaculado está dando cumprimento ao que Deus gostaria de praticar, mas não tem mãos na terra para isso e as mãos de Deus na terra são as dos que se encontram por perto do paciente em estágio final da vida e ai daquele que usar as mãos de Deus para praticar o mal.

Referências:

BERTMAN, Stephen. *Os Oito Pilares da Sabedoria Grega*. Ed. Sextante, 2011.

BIZZATO, José Ildefonso. *Eutanásia e Responsabilidade Médica*. LED Ed. De Direito, 2000.

CALDAS, Pedro Frederico. *Vida Privada, Liberdade de Imprensa e Dano Moral*. Ed. Saraiva, 1997.

Conselho Regional de Medicina do Estado de São Paulo – Resolução 2.217 Código de Ética Médica http://www.cremesp.org.br/?siteAcao=PesquisaLegislacao&dif=s&ficha=1&id=15535&tipo=RESOLU%C7%C3O&orgao=Conselho%20Federal%20de%20Medicina&numero=2217&situacao=VIGENTE&data=27-09-2018

Constituição Federal. http://www.planalto.gov.br/ccivil_03/constituicao/constituicao.htm

Manual de Cuidados Paliativos / Academia Nacional de Cuidados Paliativos. Rio de Janeiro. Diagraphic, 2009.

MILL, John Stuart. *On Liberty*. London, John W. Parker and Son, West Strand.1859.

MORIN, Edgar. *O Homem e a Morte*. Imago Editora Ltda. Rio de Janeiro, 1997.

Casa Civil da Presidência da República – RESOLUÇÃO Nº 41, DE 31 DE OUTUBRO DE 2018. http://www.in.gov.br/materia/-/asset_publisher/

Kujrw0TZC2Mb/content/id/51520746/do1-2018-11-23-resolucao-n-41-de-31-de-outubro-de-2018-51520710

Conselho Federal de Medicina. Resolução 2.232/2019. https://sistemas.cfm.org.br/normas/visualizar/resolucoes/BR/2019/2232

TWYCROSS, R. Itches. *Indian Journal of Palliative Care*, v. 9, n. 2, p. 47 -61, 2003).

17.
Autonomia, envelhecimento e decisões em saúde

NATALIA CAROLINA VERDI

Introdução

A autonomia passa a ser dissociada daquele que envelhece, pura e simplesmente porque parte-se, comumente, do princípio que, aquele que viveu mais ao longo dos anos deixa de poder escolher por si.

Esta prática social tão corriqueira, evidencia uma total e arbitrária violação da dignidade da pessoa humana daquele que é cronologicamente mais velho, principalmente quando essa pessoa se encontra curatelada.

As escolhas que já são difíceis em atividades extremamente corriqueiras, da somatória destes fatos, encontram ainda mais obstáculos quando o assunto é saúde.

Assim, evidenciamos a necessidade de se compreender a respeito do entrelace existente entre autonomia, envelhecimento e saúde, sem a menor pretensão de se esgotar a temática.

Trazendo à luz da reflexão algumas questões e reflexões inerentes à temática, nos propomos a abordar o tema apenas e tão somente porque pelos caminhos do envelhecimento estamos todos e, até que a finitude a cada um de nós se apresente, precisamos ser considerados como seres biográficos, que precisam buscar cada vez mais o exercício da autonomia que nos é inerente, perseguindo a sua comprovação da maneira mais abrangente possível, em consonância com a legislação vigente.

1. Autonomia e envelhecimento– algumas reflexões

De forma simplista, podemos compreender a autonomia como o agir conforme se deseja, fazendo ou deixando de fazer o que se tem vontade, de maneira fundamentada em uma lei para si mesma, segundo nos ensina Kant, um dos maiores estudiosos sobre o tema. (MATTOS, 1957, p. 49).

Ao agirmos conforme nossos desejos, de acordo com nossa subjetividade, cada um de nós, independentemente da idade, ao fazer ou deixar de fazer algo, concretiza a sua dignidade enquanto pessoa humana, amparada pela Constituição Federal como um dos princípios fundamentais da República Federativa do Brasil[1].

Todavia, na medida em que os anos passam, quando nos deparamos com pessoas de 60 anos ou mais, as que são consideradas idosas pelo ordenamento jurídico brasileiro[2], não é incomum certo consenso por parte dos que são próximos a elas, de que a pessoa que viveu mais não sabe mais, por conta da idade que tem e do tempo por ela já vivido, agir e escolher por si.

Prática corriqueira, às pessoas já mais vividas incide muitas vezes uma taxação pura e simples de que são inaptas a escolher e a agir por si mesmas em incontáveis simples situações diárias, como na escolha de roupas para vestir, de um alimento para ingerir, de um programa de entretenimento para se distrair, dentre tantos outros exemplos, de maneira a corroborar com uma supressão absoluta da dignidade da pessoa humana daquele que viveu mais.

Ao falarmos de autonomia, somos remetidos à necessária compreensão sobre a capacidade, já que ela é o instituto que em muitas situações colocará em questão a possibilidade de a autonomia efetivar-se, uma vez que o ordenamento jurídico brasileiro prevê regras a serem observadas para que a prática de atos e o exercício das vontades de forma autônoma não configure irregularidades.

---

[1] BRASIL. Constituição Federal. Artigo 1º, inciso III.
[2] BRASIL. Lei Federal n.º 10.741, de 1º de outubro de 2003. Artigo 1º.

De acordo com a legislação vigente, desde a concepção são assegurados direitos ao nascituro[3], como o de receber herança, por exemplo, configurando a chamada capacidade de direito.

Todavia, a mesma legislação que ampara os direitos do nascituro e que configura a capacidade de direito, apresenta ressalvas quanto à possibilidade daquele que nasceu com vida poder exercer por si próprio os direitos que lhes são amparados pelo ordenamento, pontuando peculiaridades para com a prática dos atos da vida civil ao apontar restrições ao exercício da chamada capacidade de fato, diferenciando os absolutamente incapazes dos relativamente incapazes.

A lei dispõe que são absolutamente incapazes de exercer pessoalmente os atos da vida civil os menores de 16 anos[4].

Descreve serem relativamente incapazes para certos atos da vida civil ou à maneira de exercê-los os maiores de 16 e menores de 18 anos, os ébrios habituais e os viciados em tóxico, aqueles que, por causa transitória ou permanente não puderem exprimir sua vontade e os pródigos[5].

Aos menores de 18 anos, a legislação prevê a figura do tutor para representar aquele que, nesta condição, deseja ou precisa exercer a sua capacidade de fato[6].

Já nos demais casos, faz-se necessária a presença do curador, que auxilia na prática dos atos da vida civil o ébrio habitual, o viciado em tóxico, alguém que não possa, por uma causa provisória ou permanente, expressar-se por si próprio ou o pródigo.

Estas questões relacionadas à capacidade sofreram importantes mudanças a partir de 2015, com a entrada em vigor do Estatuto da Pessoa com Deficiência, também conhecido como Lei Brasileira de Inclusão – LBI.

Referido Estatuto trouxe com ele significativas alterações, como a disposição explícita de que ao curador cabe a prática, apenas e tão somente, de atos relacionados aos direitos de natureza patrimonial e negocial[7] em prol daquele que representa o chamado curatelado.

---

[3] BRASIL. Lei Federal n.º 10.406, de 10 de janeiro de 2002. Artigo 2º.
[4] Ibid. Artigo 3º.
[5] Ibid. Artigo 4º.
[6] Ibid.. Artigos 1728 a 1766.
[7] BRASIL. Lei Federal n.º 13.146, de 6 de julho de 2015. Artigo 85, *caput*.

A LBI trouxe ainda outras considerações relevantes, como à que faz menção à necessidade de elaboração de um laudo multiprofissional e interdisciplinar para que sejam auferidas as deficiências à que o diploma normativo faz alusão.

Assim como a velhice traz consigo a necessidade de uma compreensão que ultrapasse uma abordagem apenas sobre os aspectos biológicos que o tempo traz para cada um que vive, a deficiência precisa ser igualmente compreendida da maneira mais ampla possível, já que é o grau de dificuldade para a inclusão social que definirá quem é ou não pessoa com deficiência (ARAÚJO, 2011), sendo necessárias uma abordagem e uma compreensão social a seu respeito.

Não é incomum que nos tornemos pessoas deficientes ou adoentadas na medida em que os anos passam e envelhecemos, uma vez que são inúmeras as situações que podem nos levar a isso.

Ainda assim, devemos nos lembrar de que o envelhecimento é uma etapa da vida, também conhecida como senescência, e de que nem toda senescência trará com ela uma senilidade.

Por essa razão, não há qualquer fundamento em se afirmar que aquele que envelhece passa a sofrer um comprometimento de sua cognição ao longo dos anos pura e simplesmente porque sua existência biológica é extensa.

Para poder escolher e exercitar sua autonomia, é de suma relevância que aquele que escolhe não esteja com sua cognição comprometida.

Daí a importância da elaboração de laudos multiprofissionais, de encontro ao que disciplina a LBI, a fim de que a cognição daquele que pretende decidir sobre si e sobre o que melhor lhe parece possa ser auferida com a maior amplitude possível, já que o laudo, segundo nos ensinam LEITE, RIBEIRO e COSTA Filho (2016, p. 371),

> extrapola a perspectiva única da medicina e incorpora uma perspectiva social da deficiência, a partir de diagnósticos trazidos por outras ciências, por exemplo, a assistência social, a psicologia, a arquitetura e a engenharia. Assim, a partir deste laudo é possível certificar os limites e parâmetros naquela intervenção temporária, mas necessária naquele momento, para garantir a proteção à pessoa.

Velhice não é e nem nunca foi uma doença ou o sinônimo de incapacidade, principalmente cognitiva. Desde os primórdios o homem é um ser mortal, que ao nascer com vida caminha pelo envelhecimento, processo contínuo e conexo que começa no útero e termina no túmulo[8], individualizando cada um que por ele transita.

Assim,

> É importante saber que não sou Kronos, isto é, um tempo delimitado por mensurações provenientes das pesquisas da ciência ôntica que se esquece do Ser e das suas possibilidades.
> É importante saber que somos Kairós, isto é, um tempo vivido em uma determinação consciente e efetiva de nossa existência. Uma consciência que é tempo que indica novas direções (MARTINS, 1998, p. 22).

A fim de tentar aclarar sobre o envelhecimento são muitas as teorias (biológicas, psicológicas e sócias) que buscam trazer elucidações sobre o que o passar dos anos acarreta a todo aquele que desde o seu nascimento com vida é um ser biopsicossocial, único e individual em sua existência.

Na busca pela concretização de cada individualidade, a Organização Mundial da Saúde persegue o chamado envelhecimento ativo, a fim de que o passar dos anos seja uma experiência positiva para cada um que vive mais, acompanhada de oportunidades contínuas. (WORLD HEALTH ORGANIZATION, 2005, p. 13).

Todavia, são grandes os desafios para que esta busca tenha êxito, como por exemplo, a necessidade sobre uma compreensão cada vez mais abrangente acerca do conceito de incapacidade.

Com a entrada em vigor do Estatuto da Pessoa com Deficiência, passou-se a entender que

> a incapacidade é algo excepcional, que depende de prévia previsão legal (rol taxativo). Desse modo, na ausência de lei que limite ou até mesmo suprima a capacidade de exercício, todo ser humano é apto a praticar, por si mesmo, qualquer negócio jurídico, dentro dos limites do ordenamento (EHRHARDT Jr., 2017, p. 210).

---

[8] SANTOS, Silvana Sidney Costa. *Gerontologia e os pressupostos de Edgard Morin*. Disponível em http://www.portaldoenvelhecimento.com/acervo/artieop/Geral/artigo15.htm. Acesso em 06 set. 2019.

Por esta razão, ainda que curatelada e impossibilitada de agir por si com relação à prática de atos patrimoniais e negociais, a pessoa que estiver nesta condição será considerada relativamente incapaz e poderá

> exercer todos os atos da vida civil, inclusive casar-se e constituir união estável, exercer o direito de decidir sobre o número de filhos, de ter acesso a informações adequadas sobre reprodução e planejamento familiar, de exercer o direito à guarda, à tutela, à curatela e à adoção e de testemunhar, dentre outros (FIGUEIREDO, 2018, p. 86).

Todavia, como já dispusemos, em muitos casos, a simples escolhas quotidianas tem uma efetividade demasiado complexas para aqueles que vivem mais, tornando a efetividade dos direitos absolutamente inócua.

Imaginemos uma situação na qual uma pessoa que viveu mais e que é, por esta razão, considerada velha demais para escolher porque é idosa, mas que deseje decidir sobre sua saúde. Pensemos ainda que esta mesma pessoa tenha passado por um processo de curatela por ser um pródigo e que a sua cognição tenha sido auferida como comprometida apenas e tão somente para a prática de atos patrimoniais e negociais.

Poderá esta pessoa decidir em saúde a respeito do que melhor lhe parece?

Para poder ter um pouco mais de clareza sobre o que responder a este respeito, algumas ponderações sobre saúde são necessárias à nossa reflexão. Passemos a elas.

2. Saúde – algumas considerações

A saúde é um direito personalíssimo, matéria sobre a qual nos explicam NERY e NERY Jr. (2017, p. 13):

> direitos personalíssimos não está afeita à pertinência jurídica de alguém a algo: está afeita à circunstância de que a pessoa, que juridicamente pode titularizar tais direitos, perde essa titularidade com o desaparecimento do ente, onde esses bens se alocam. Assim, morto o ser humano, já não há de cogitar-se de sua liberdade, ou de sua integridade psíquica, por exemplo, tampouco de serem transmitidas essas características da condição humana do ente que já não é para seus sucessores. Nesse sentido, esses bens fomentam uma espécie de direito que é insuscetível de transmissão – daí a expressão personalíssimos.

17. AUTONOMIA, ENVELHECIMENTO E DECISÕES EM SAÚDE

Assim, quando falamos em saúde, entendemos ser garantido o direito de escolher sobre o que melhor lhe parece, a todo aquele que é maior de 18 anos e que não apresenta qualquer comprometimento cognitivo apto a afastar-lhe a possiblidade de decidir, mediante uma comprovação biopsicossocial a possibilidade de escolha, em uma efetivação máxima de um direito que é personalíssimo.

Para a Organização Mundial de Saúde (OMS) a saúde é "um estado de completo bem-estar físico, mental e social e não somente ausência de afecções e enfermidades"[9].

A definição apresenta uma abordagem bastante importante no sentido de que, ainda que existam afecções e enfermidades, poderá estar presente o conceito de saúde, já que ainda que estejam convivendo com alguma patologia, algumas pessoas se consideram saudáveis, em uma conotação que vai além do aspecto biomédico.

Aprofundando nossas reflexões, para saber o que é saúde, precisamos também compreender o que é doença, já que muitas vezes esta é atrelada como paradoxo daquela.

Sobre doença, ensina-nos AYRES (2007, p. 4):

> A conceituação biomédica da doença (CAMARGO JUNIOR, 2005) pode ser caracterizada, sinteticamente, por um conjunto de juízos de caráter instrumental, orientados normativamente pela noção de controle técnico dos obstáculos naturais e sociais a interesses práticos de indivíduos e coletividades, tendo como base material o conhecimento e domínio de regularidades causais no organismo (corpo/mente/meio) e, como forma de validação, uma série bem definida de critérios a priori para o controle das incertezas. Assim se configuram, basicamente, nossos conceitos modernos de doença. Mudanças importantes ocorreram desde as primeiras elaborações mecano – funcionais dos séculos XVII/XVIII (LUZ, 2004) até as atuais soluções probabilísticas do raciocínio causal – controlista nos discursos biomédicos sobre as doenças (AYRES, 2002), mas no plano de abstração em que situamos esta reflexão é possível afirmar que ainda nos situamos fundamentalmente no mesmo regime discursivo acima resumido.

---

[9] Disponível em https://www.almg.gov.br › documentos › 00_palavra_dos_organizadores. Acesso em 02 out. 2019.

Mesmo assim, independentemente de restar evidenciada uma patologia, normatizada e definida por todos os critérios disponíveis, e de surgir a partir daí a figura da doença e do doente, haverá situações em que a pessoa que tem a doença, questionada sobre sua saúde, independentemente da idade que tenha, possa se descrever como saudável.

Ayres (2007, p. 4-5) também nos aclara sobre esta possibilidade quando diz:

> É possível que muitos dos que respondessem à pergunta sobre sua saúde o fizessem a partir de um critério negativo, relativo à doença e, nesse sentido indireto, recorressem a critérios causal–controlistas: "Não, não estou saudável" ("porque minha glicemia está elevada"; ou "porque tenho o vírus HIV"). Mas outras pessoas hiperglicêmicas ou soropositivas para o HIV poderiam responder legitimamente que se sentem saudáveis. Inversamente, outros que respondessem não estar saudáveis não estariam, em sua maioria, hiperglicêmicos ou soropositivos. Entre os que respondessem estar saudáveis, seriam esperados e igualmente aceitáveis discursos também substantivamente diversos em suas estruturas e significados: "Sim, estou saudável" ("porque me sinto bem"; "porque sou muito ativo, empreendedor", "porque consigo fazer minhas coisas", "porque não dependo de ninguém", "porque estou feliz", "porque sou capaz de enfrentar qualquer desafio", "porque não sinto falta de nada", "porque tenho apetite para tudo", "porque tenho paz interior", "porque sinto uma energia boa", "porque me sinto em harmonia com a vida", "porque sim, não consigo explicar!"...).

Por estas razões, é importante compreender que independentemente da quantidade de tempo vivido, em um exercício efetivo da autonomia, como reflexo da dignidade humana que é inerente a todo aquele que vive e por inexistir qualquer disposição legal em contrário, salvo os comprovados casos por equipe multidisciplinar acerca da total ausência de cognição, a cada um cabe decidir sobre a própria saúde, em um exercício efetivo de um direito que é personalíssimo e com total e inegável amparo legislativo.

Mas, e na prática? Como tudo isso pode ser possível?

3. Entender para poder decidir

Durante nossa vida, inúmeras são as situações em que nossa saúde fica debilitada, já que, absolutamente distante de se considerar o envelhecimento como doença ou como incapacidade, fato é que o passar dos anos traz consigo circunstâncias em que nos tornamos frágeis e vulneráveis.

Podemos compreender a fragilidade (ANDRADE, 2012) como um

> evento multidimensional e multideterminado, caracterizado por vulnerabilidade aos estressores biopsicossociais e ambientais e por alterações no sistema musculoesquelético, na função motora e na composição corporal, que resultam em prejuízos funcionais e seus desfechos.

Para compreender melhor sobre a vulnerabilidade, lembramos-nos dos ensinamentos de ARAUJO e PINHEIRO (2017, p. 537), para esclarecer que a

> vulnerabilidade está relacionada à fragilidade. Vulnerável se refere ao lado fraco de um assunto ou de uma pessoa. A vulnerabilidade fragiliza o sujeito de direitos, desequilibrando a relação.

Quando falamos de idosos, nos deparamos com uma parcela da população que é considerada frágil e vulnerável por todas as peculiaridades que lhes incide, em decorrência das inúmeras variáveis a nortear estas condições.

Damo-nos conta, ainda, que o número de idosos no Brasil está em uma escala cada vez mais crescente, e que esta é uma realidade irreversível, já que estamos vivendo mais e que assim continuaremos pelos anos futuros, considerados os incontáveis avanços tecnológicos diários a propiciar esta realidade cada vez mais latente.

Os dados oficiais apontam que

> em 2000 a população idosa com mais de 60 anos era de 14,5 milhões de pessoas, um aumento de 35,5% ante os 10,7 milhões em 1991. Hoje, este número ultrapassa os 29 milhões e a expectativa é que, até 2060, este número suba para 73 milhões com 60 anos ou mais, o que representa um aumento de 160%[10].

---

[10] OMS DIVULGA METAS PARA 2019; DESAFIOS IMPACTAM A VIDA DE IDOSOS. Divulgado em 27 jan. 2019. Disponível em https://sbgg.org.br/oms-divulga-metas-para-2019-desafios-impactam-a-vida-de-idosos/. Acesso em 02 out. 2019.

A cada um que envelhece, em respeito à autonomia que lhe é inerente, deve-se garantir o direito de escolha do que é melhor para si, partindo-se sempre da premissa que este direito deve ser sempre o mais amplo e irrestrito possível, no sentido de se amparar a autonomia da maneira mais global que se possa ser.

Para isso, é de suma importância que sejam auferidas por uma equipe de atuação multiprofissional as possibilidades de escolha, de maneira a aclarar de forma contundente e com uma abordagem biopsicossocial se determinada pessoa está em condições de gerir seu patrimônio e seus negócios e também se reúne atributos para decidir sobre assuntos como a saúde, por exemplo.

Todavia, é importante lembrar que para poder escolher da melhor maneira possível sobre algo, é necessário compreender, com uma mínima razoabilidade de abrangência, a respeito daquilo que se busca eleger.

Não é incomum que as terminologias técnicas atreladas à saúde sejam de difícil compreensão, como as nomenclaturas das doenças, dos procedimentos disponíveis, dos medicamentos a serem administrados, dentre tantos outros.

Atrelada a esta tecnicidade, nos deparamos com uma população brasileira que envelhece e que é composta por 11,3 milhões de pessoas com mais de 15 anos que são analfabetas (6,8% de analfabetismo) e por cerca de 30% de pessoas entre 15 e 64 anos que são analfabetos funcionais[11].

São pessoas que passam por um complexo processo de efetivação de autonomia, já que além de terem de conviver com a dificuldade que lhes é inerente a respeito de poderem decidir sobre as coisas mais cotidianas ao longo do envelhecimento, possuem ainda significativa dificuldade de compreensão sobre o assunto "saúde", dentre tantos outros com tantas minúcias técnicas inteligíveis e que se deparam com uma complexa compreensão a respeito da importância de serem consideradas como seres biopsicossociais.

Mesmo diante dessa realidade, a todos está assegurado o dever de informação[12], no sentido de que cada a cada um, independentemente

---

[11] TAXA DE ANALFABETISMO NO BRASIL. Divulgado em 24 jul. 2019. Disponível em https://infograficos.gazetadopovo.com.br/educacao/taxa-de-analfabetismo-no-brasil/. Acesso em 02 out. 2019.

[12] BRASIL. Constituição Federal. Artigo 5º, inciso XIV.

do tempo cronológico vivido, é garantido o direito de saber sobre sua doença, sobre os tratamentos disponíveis, sobre as alternativas etc., e o direito de precisar informado por seu médico acerca de todas estas questões.

Neste sentido, DANTAS (2019, P. 105-106), nos traz que

> A relação médico x paciente tem um dos seus pilares atuais no dever de informação, mais precisamente, na obrigação de o médico prestar ao enfermo, ou a quem por ele responda, todas as informações possíveis para que este possa exercer direito seu, amparado em um dos princípios bioéticos mais importantes, o da autonomia, ou seja, a possibilidade de dispor de seu próprio destino, decidindo que tratamento irá (se) permitir, embasado em informações claras e precisas sobre os riscos e benefícios possíveis, advindos de sua decisão.

A relação médico-paciente é vista pelo ordenamento jurídico brasileiro como uma relação consumerista[13], sendo dever do médico informar ao paciente não apenas sobre o problema dele em saúde, mas igualmente sobre as alternativas disponíveis como tratamento e sobre as consequências de suas escolhas, inclusive sobre a possibilidade de não se aceitar qualquer das técnicas existentes e por poder optar por deixar a vida seguir seu curso.

Esta premissa se faz constar no Código de Ética Médica, que prevê ser vedado ao profissional deixar de informar ao paciente o diagnóstico, o prognóstico, os riscos e os objetivos do tratamento, salvo quando a comunicação direta possa lhe provocar dano, devendo nesse caso fazer a comunicação ao seu representante legal[14].

Prestadas as devidas informações pelo médico, o paciente, em exercício efetivo de sua autonomia, poderá optar pelo caminho que melhor lhe parece.

Uma das alternativas é a recusa ao que lhe é proposto, com total amparo em sua dignidade enquanto pessoa humana.

A recusa encontra respaldo na Constituição Federal, ao prever que ninguém é obrigado a fazer ou a deixar de fazer algo senão em virtude de lei, que é inviolável a liberdade de consciência e de crença, e ainda

---

[13] BRASIL. Lei Federal n.º 8.078, de 11 de setembro de 1990. Artigo 14, §4º.
[14] CÓDIGO DE ÉTICA MÉDICA. Resolução n.º 2.217, de 27 de setembro de 2018. Artigo 34.

que ninguém deve ser privado de direitos por motivo de crença religiosa ou de convicção filosófica ou política[15]

No Código Civil há a previsão de que ninguém pode ser constrangido a submeter-se, com risco de vida, a tratamento médico ou a intervenção cirúrgica[16].

Quando falamos de pessoas já mais vividas, uma legislação específica e ainda mais garantista, abarca igualmente essa possibilidade, na medida em que o Estatuto do Idoso traz a disposição de que ao idoso que esteja no domínio de suas faculdades mentais é assegurado o direito de optar pelo tratamento de saúde que lhe for reputado mais favorável[17], incluindo-se aí, desde que ele esteja em condições de poder decidir, a recusa ao que lhe é proposto.

Algumas pessoas ao serem informadas sobre seu estado de saúde, as alternativas para seu caso e realizarem sua escolha, poderão se encontrar em uma situação considerada como doentes sem possibilidades terapêuticas ou em fim de vida.

Estas situações decorrem de inúmeras hipóteses. Seja pela demora na descoberta do mal em saúde e porque o tempo futuro não será suficiente para buscar as alternativas disponíveis no processo de tentar amenizá-lo, seja pela ineficiência dos tratamentos já realizados ou porque eles inexistem, seja porque a patologia progrediu rapidamente e não há mais tempo para tentar contê-la, dentre outras hipóteses.

Ainda assim há de se considerar que a autonomia do doente que se encontre nestas condições deve ser respeitada, estando presente sua capacidade para se manifestar[18], comprovada, como dissemos, de maneira global, por uma equipe multiprofissional.

---

[15] BRASIL. Constituição Federal. Artigo 5º, incisos II, VI e VIII.
[16] BRASIL. Lei Federal n.º 10.406, de 10 de janeiro de 2002. Artigo 15.
[17] BRASIL. Lei Federal n.º 10.741, de 1º de outubro de 2003. Artigo 17.
[18] Em 16 de setembro de 2019, o Conselho Federal de Medicina editou a Resolução n.º 2.232/2019, que abarca, dentre outras questões, que em situações de urgência e emergência que caracterizarem iminente perigo de morte, o médico deve adotar todas as medidas necessárias e reconhecidas para preservar a vida do paciente, independentemente da recusa terapêutica. Até o presente momento (junho de 2020), alguns artigos da Resolução encontram-se suspensos conta de decisão proferida nos autos do processo de n.º 502126350.2019.4.03.6100, que tramita perante o Tribunal Regional Federal da 3ª Região.

DADALTO (2018, p. 31), corrobora-nos este pensamento ao afirmar que

> a autonomia da pessoa em fim de vida deve ser preservada, garantindo ao paciente o direito de manifestar sua opinião sobre os cuidados, tratamentos e procedimentos a que deseja ou não ser submetido.

Nas situações de ausência de condições terapêuticas ou de fim de vida, em respeito à autonomia e à dignidade humana, as pessoas nestas condições podem recusar todos os tratamentos e as técnicas sem comprovação de efetividade, que apenas prolongarão sofrimento e dor, descartando a chamada distanásia, ou como também é chamada, a obstinação terapêutica.

Estes mesmos pacientes ou aqueles com doenças sem chance de cura podem optar por cuidados paliativos[19], a fim de amenizar o sofrimento que os acomete, seja ele físico, psicológico, emocional, e buscar por uma melhor qualidade de vida ao escolherem a ortotanásia, deixando a vida seguir seu curso, rumo à finitude, que um dia a todos alcançará, já que somos, enquanto humanos, seres mortais.

Esta escolha está em absoluta consonância com o ordenamento vigente, como uma possibilidade garantida pelo Código de Ética Médica[20] e por outras Resoluções do Conselho Federal de Medicina[21].

Com a decisão tomada a respeito do que melhor lhe parece, ao ter exercido sua autonomia de maneira ampla, satisfeitas as exigências legislativas vigentes, evidencia-se a importância do termo de consentimento livre e esclarecido, a ser firmado pelo paciente como instrumento que norteia o profissional que cuida de sua saúde a respeito do que foi escolhido pelo doente em termos de procedimentos, tratamentos ou intervenções.

O termo de consentimento livre e esclarecido é definido por MAGNO (2005, p. 141) como

> o ato pelo qual o paciente autoriza o médico a avaliar, medicar e praticar os procedimentos necessários para um tratamento específico; trata-se

---

[19] BRASIL. MINISTÉRIO DA SAÚDE. Resolução n.º 41, de 31 de outubro de 2018.
[20] CÓDIGO DE ÉTICA MÉDICA. Resolução n.º 2.217, de 27 de setembro de 2018. CAPÍTULO I PRINCÍPIOS FUNDAMENTAIS. XXII; Artigo 36 e Artigo 41, Parágrafo único.
[21] CONSELHO FEDERAL DE MEDICINA. Resolução n.º 1.805/06.

do consentimento com finalidades terapêuticas. Pode, também, ser conceituado como o ato dado por um indivíduo ou grupo de indivíduos para que seja submetido a testes terapêuticos com vistas a averiguar a eficácia de um medicamento ou, então, para serem objetos de pura investigação científica.

É um ato tão relevante que o Conselho Federal de Medicina prevê como infração ética do médico a ação de ele deixar de obter o consentimento do paciente ou de seu representante legal após esclarecê-lo sobre o procedimento a ser realizado, salvo em caso de risco de morte.

Informado pelo médico sobre sua saúde, sabedor de suas possibilidades e das consequências de suas escolhas, com sua decisão tomada a respeito do que melhor lhe parece e ciente das garantias legais que abarcam estas questões, surge ao idoso ou a todo aquele que, porque vive, está envelhecendo, a possibilidade de fazer consignar seus desejos.

Mesmo que curatelado por ser pródigo, aquele que tem sua cognição auferida e comprovada por uma equipe multiprofissional, que elaborará um laudo multiprofissional a seu respeito, poderá então, comprovada a preservação de sua cognição para escolhas em saúde e compreendidos os direitos que lhes são garantidos, deixar consignados seus desejos em saúde.

Nasce então a importância de se compreender sobre as Diretivas Antecipadas de Vontade, a fim de fazer consignar o que deseja para si, como medida apta a consolidar a autonomia daquele que escolhe em saúde a respeito do que melhor lhe toca.

4. Diretivas Antecipadas de Vontade – amparo à saúde, à autonomia e à dignidade

Pelas Diretivas Antecipadas de Vontade, o idoso curatelado por prodigalidade, como o de exemplo que citamos, ou todo aquele que é maior de dezoitos anos e que envelhece sem sofrer de qualquer comprometimento cognitivo para com as decisões de sua saúde, desde que este comprometimento seja auferido e comprovado por uma equipe multidisciplinar, em ambos os casos, deixam consignados seus desejos em saúde, apontando ao profissional responsável por ela as medidas eleitas, em termos de renúncias, tratamentos e procedimentos.

Escrever uma Diretiva Antecipada de Vontade é deixar cristalina a autonomia de quem a faz, sendo os desejos consignados um reflexo indissociável da dignidade humana daquele que escolhe.

Subdividida em Mandato Duradouro e em Testamento Vital, as Diretivas Antecipadas de Vontade não possuem legislação específica no ordenamento jurídico brasileiro, mas são fundamentadas em todas as disposições legais já abarcadas no presente trabalho, constitucionais e infraconstitucionais e, em especial, na Resolução n.º 1.995/2012 do Conselho Federal de Medicina, que descreve a seu respeito.

Ao optar pelo Mandato Duradouro, aquele que o faz deve ser pessoa capaz, que nomeia um ou mais procurador(es) em saúde, o(s) qual(is) deverá(ao), no momento de uma incapacidade provisória ou definitiva daquele que o(s) elegeu, decidir, com base nas vontades daquele que esteja impossibilitado de fazê-lo.

Se a via eleita for o Testamento Vital, aquele que o escreve deve ser pessoa em gozo de suas faculdades mentais e que dispõe sobre cuidados, tratamentos e procedimentos que deseja ou não ser submetida quando estiver em uma situação de uma incapacidade definitiva, com uma doença ameaçadora da vida, fora de possibilidades terapêuticas e impossibilitada de manifestar livremente sua vontade[22], como nos casos de uma doença terminal, de encontrar-se em estado vegetativo ou acometido por alguma demência avançada[23].

Independentemente da escolha, seja um Mandato Duradouro ou um Testamento Vital, recomenda-se que as Diretivas Antecipadas de Vontade sejam registradas em cartório de notas, a fim de dar publicidade ao ato, trazendo segurança àquele que por ele opta e ao profissional que executará as escolhas.

De toda forma, é importante saber que existe para o médico o dever de registrar, em prontuário, as Diretivas Antecipadas de Vontade que lhes foram diretamente comunicadas pelo paciente[24], em complemento à ideia de que, na inexistência de lei, o registro e a publicidade do ato é uma sugestão, e não uma obrigatoriedade.

Neste mesmo sentido orientador, no ano de 2019, o Conselho Nacional de Justiça disciplinou que as Diretivas Antecipadas de Vontade

---

[22] DADALTO, Luciana. *Testamento Vital*. 4ª Edição. Editora Foco: Indaiatuba, 2018. p. 48.
[23] *Ibid*. p. 52-56.
[24] CONSELHO FEDERAL DE MEDICINA. Resolução 1995/2012 do CFM – Art. 2º, § 4.º

devem ser feitas preferencialmente por escrito, por instrumento particular, com duas testemunhas, ou público, sem prejuízo de outras formas inequívocas de manifestação admitidas em direito[25], o que serve igualmente como orientação e não como norma legislativa.

Revogável a qualquer tempo, as Diretivas Antecipadas de Vontade podem ser feitas por quem esteja em condições de decidir e de escolher, ou seja, por todo aquele que seja capaz de fato, defendendo-se que esta capacidade deve ser auferida por equipe multidisciplinar, a comprovar ou a afastar esta possibilidade, em consonância com o que determina a LBI.

Sendo hoje a capacidade de fato a regra e a incapacidade a exceção, rotular alguém como incapaz de decidir e de exercer sua autonomia simplesmente porque se trata de alguém que é considerado idoso ou que está inapto a gerenciar seu patrimônio e seus negócios porque está curatelado, resta configurada uma conduta apta a afastar dessa mesma pessoa os processos de otimização em saúde, segurança e participação, pilares perseguidos pela Organização Mundial da Saúde[26] na busca pelo Envelhecimento Ativo.

Quem sabe o que é o melhor em saúde é o titular desse direito personalíssimo. Buscar assegurá-lo ao redigir uma Diretiva Antecipada de Vontade é perseguir uma segurança dupla, seja àquele que escolhe, na medida em que este será sabedor que suas vontades estarão salvaguardadas, seja ao profissional que as executará, o que acaba por repercutir em um inegável processo de participação daquele que escolhe, na busca pelo que melhor lhe parece.

Assim, as Diretivas Antecipada de Vontade, elaboradas com as observâncias e as garantias legais vigentes, em especial com a atuação de uma equipe multiprofissional a aclarar sobre a cognição daquele que escolhe, são instrumentos hábeis a perseguir com afinco a autonomia e a dignidade humana de todo aquele que vive, e, porque vive, envelhece.

---

[25] CONSELHO NACIONAL DE JUSTIÇA. ENUNCIADO 37 – JORNADA EM DIREITO DA SAÚDE 2019.
[26] WORLD HEALTH ORGANIZATION (2002). *Active Ageing* – A Policy Framework. A contribution of the World Health Organization to the Second United Nations World Assembly on Ageing, Madrid, Spain, April 2002. Disponível em http://apps.who.int/iris/bitstream/handle/10665/67215/WHO_NMH_NPH_02.8.pdf?sequence=1. Acesso em 06 set. 2019.

Ainda que seja pessoa considerada idosa e que se encontre curatelada, uma abordagem biopsicossocial, que vá além de uma abordagem apenas sobre o aspecto biomédico, é medida de crucial importância para que se defina acerca da aptidão daquele que deseja decidir sobre o que melhor lhe parece em termos de saúde, já que este é um direito personalíssimo garantido a todos.

Mas, como imaginamos a efetivação deste direito?

Conclusões

Imaginamos que não serão tranquilos os caminhos a serem trilhados por todo aquele que é idoso ou que está envelhecendo, seja ele curatelado ou não, ao buscar exercer sua autonomia, principalmente quando desejar decidir sobre a própria saúde. Ainda restam pendentes de compreensão e de aprofundamento algumas compreensões cruciais.

São necessárias uma conscientização e uma discussão cada vez maior sobre a autonomia, sobre o envelhecimento, sobre os limites legislativos e sobre saúde.

Que o passar dos anos, a nos trazer inegavelmente a velhice e conscientemente a finitude, seja igualmente hábil a nos impulsionar pela busca das mudanças que são necessárias, em prol de uma realidade a ser encontrada esperançosamente em um futuro mais digno e mais humano.

Referências

ANDRADE, Ankilma do Nascimento et al. *Análise do conceito fragilidade em idosos.* Texto contexto – enferm. [online]. 2012, vol. 21, n. 4, pp. 748-756. ISSN 0104-0707. http://dx.doi.org/10.1590/S0104-07072012000400004. Disponível em http://www.scielo.br/scielo.php?pid=S0104-07072012000400004&script=sci_abstract&tlng=pt. Acesso em 06 set. 2019.

ARAÚJO, Luiz Alberto David. *A proteção constitucional da pessoa com deficiência.* 4ª Edição. Revista, ampliada e atualizada. Ministério da Justiça. Secretaria de Estado de Direitos Humanos. Coordenadoria Nacional para proteção da Pessoa Portadora de Deficiência – CORDE. Brasília, 2011. Disponível em http://www.pessoacomdeficiencia.gov.br/app/sites/default/files/publicacoes/a-protecao-constitucional-das-pessoas-com-deficiencia_0.pdf. Acesso em 03 out. 2019.

ARAÚJO, Luiz Alberto David, PINHEIRO, Flávia de Campos. *A Pessoa Idosa com deficiência:* a dupla vulnerabilidade e a defesa em juízo. In: Leite, George Salomão Leite (et al coords.). Manual dos direitos da pessoa idosa. São Paulo: Saraiva, 2017.

Ayres, José Ricardo C. M. *Uma concepção hermenêutica de saúde*. Physis [online]. 2007, vol. 17, n. 1, pp. 43-62. ISSN 0103-7331. http://dx.doi.org/10.1590/S0103-73312007000100004. Disponível em http://www.scielo.br/scielo.php?pid=s0103-73312007000100004&script=sci_abstract&tlng=pt Acesso em 06 set. 2019.

BRASIL. Constituição Federal, de 05 de outubro de 1988.

BRASIL. Lei Federal n.º 8.078, de 11 de setembro de 1990.

BRASIL. Lei Federal n.º 10.406, de 10 de janeiro de 2002.

BRASIL. Lei Federal n.º 10.741, de 1º de outubro de 2003.

BRASIL. Lei Federal n.º 13.146, de 6 de julho de 2015.

BRASIL. MINISTÉRIO DA SAÚDE. Resolução n.º 41, de 31 de outubro de 2018.

CONSELHO FEDERAL DE MEDICINA. Resolução n.º 2.217/2018.

CONSELHO FEDERAL DE MEDICINA. Resolução n.º 1.805/06.

CONSELHO FEDERAL DE MEDICINA. Resolução n.º 1.995/2012.

CONSELHO FEDERAL DE MEDICINA. Resolução n.º 2.232/2019.

CONSELHO NACIONAL DE JUSTIÇA. ENUNCIADO 37 – JORNADA EM DIREITO DA SAÚDE 2019.

Dadalto, Luciana. *Testamento Vital*. 4ª Edição. Indaiatuba: Editora Foco, 2018.

Dantas, Eduardo. *Direito Médico*. 4ª Edição, revista e atualizada. Salvador: Editora JusPodvm, 2019.

Ehrhardt Jr, Marcos. *A Incapacidade Civil e o Idoso*. In: LEITE, George Salomão Leite (et al coords.). Manual dos direitos da pessoa idosa. São Paulo: Saraiva, 2017.

Figueiredo, Ana Cláudia Mendes de, Gonzaga, Eugênia Augusta. *Pessoas com Deficiência e seu direito fundamental à capacidade civil*. In: Ministério Público, Sociedade e a Lei Brasileira de Inclusão da Pessoa com Deficiência. Disponível em https://escola.mpu.mp.br/.../e.../ministerio-publico-sociedade-e...lei-brasileira-de-inclusao. Acesso em 06 set. 2019.

https://www.almg.gov.br › documentos › 00_palavra_dos_organizadores. Acesso em 06 set. 2019.

Leite, Flávia Piva Almeida, Ribeiro, Lauro Luiz Gomes, Costa Fiilho, Waldir Macieira da. (coords). *Comentários ao Estatuto da Pessoa com Deficiência*. São Paulo: Saraiva, 2016.

Martins, Joel. *Não somos cronos, somos Kairós*. Revista Kairós: Gerontologia/ Núcleo de Estudo e Pesquisa do Envelhecimento. Programa de Estudos Pós-Graduados em Gerontologia – PUC-SP. Ano 1, n. 1. (1998). São Paulo: EDUC, 1998.

Magno, Hélio Antonio. A responsabilidade civil do médico diante da autonomia do paciente. In: Guerra, Arthur Magno e Silva (Coord.). *Biodireito e bioética: uma introdução crítica*. Rio de Janeiro: América Jurídica, 2005. p. 315-345.

Mattos, Carlos Lopes de. *Vocabulário Filosófico*. São Paulo: Edições Leia, 1957.

NERY, Rosa Maria de Andrade, NERY Jr, Nelson. *Instituições de Direito Civil.* Volume III. Direitos da Personalidade (Direito de Humanidade). São Paulo: Editora Revista dos Tribunais, 2017.

OMS DIVULGA METAS PARA 2019; *DESAFIOS IMPACTAM A VIDA DE IDOSOS.* Divulgado em 27 jan. 2019. Disponível em https://sbgg.org.br/oms-divulga-metas-para-2019-desafios-impactam-a-vida-de-idosos/. Acesso em 02 out. 2019.

SANTOS, Silvana Sidney Costa. *Gerontologia e os pressupostos de Edgard Morin.* Disponível em http://www.portaldoenvelhecimento.com/acervo/artieop/Geral/artigo15.htm. Acesso em 06 set. 2019.

SENESCÊNCIA E SENILIDADE – QUAL A DIFERENÇA? Disponível em http://www.sbgg-sp.com.br/pub/senescencia-e-senilidade-qual-a-diferenca/. Acesso em 02 out. 2019.

TAXA DE ANALFABETISMO NO BRASIL. Divulgado em 24 jul. 2019. Disponível em https://infograficos.gazetadopovo.com.br/educacao/taxa-de-analfabetismo-no-brasil/. Acesso em 02 out. 2019.

WORLD HEALTH ORGANIZATION (2002). *Active Ageing* – A Policy Framework. A contribution of the World Health Organization to the Second United Nations World Assembly on Ageing, Madrid, Spain, April 2002. Disponível em http://apps.who.int/iris/bitstream/handle/10665/67215/WHO_NMH_NPH_02.8.pdf?sequence=1. Acesso em 06 set. 2019.

18.
A terminalidade da vida sob o olhar da bioética

Márcia Rodriguez Vásquez Pauferro

Introdução

Os avanços tecnológicos contribuíram de forma significativa para aumentar a expectativa de vida, mas isso não garante que todos os idosos viverão com qualidade. A ciência tem avançado a passos largos e modificado drasticamente o nascer e o morrer, mas não tem sido acompanhada da devida reflexão humanística.

A morte no século XXI tornou-se assunto proibido, mas nem por isso pode ser evitada. Ao contrário, muitas dúvidas têm emergido: Até quando é apropriado utilizar recursos tecnológicos para prolongar a vida? Existe um momento em que é preciso respeitar a chegada da morte?

Nas linhas seguintes, nos dedicamos a essa urgente e necessária reflexão sob o olhar da Bioética, na expectativa de que a ciência possa trabalhar sempre a serviço da humanidade e nunca ao contrário.

1. Não dá para negar: a sociedade está envelhecendo

De acordo com o IBGE, a expectativa de vida ao nascer em 2017 foi de 76,0 anos, o que representa um aumento de 30,5 anos em relação ao observado em 1940. De acordo com a ONU, a maior esperança de vida ao nascer encontrada entre os países em 2015, pertence ao Japão, 83,7 anos, seguido de perto da Itália, Singapura e Suíça, todos na faixa de 83 anos (ONU, 2017 apud IBGE 2017).

O aumento da expectativa de vida é, portanto, um fenômeno mundial e tem relação com o processo de transição epidemiológica. De modo semelhante a outros países, ocorreu no Brasil um aumento da expectativa de vida como resultado da incorporação dos avanços da medicina às políticas de saúde pública. Enquanto as doenças infecciosas e parasitárias deixaram de produzir tantas mortes, foi aumentando a quantidade de pessoas acometidas de doenças degenerativas decorrentes do envelhecimento, tais como o câncer e os problemas cardiovasculares. A esses fenômenos, se sobrepõe algumas questões de ordem social, como a violência urbana. A partir de meados dos anos 1980, as mortes associadas às causas externas ou não naturais, que incluem os homicídios, suicídios, acidentes de trânsito, afogamentos, quedas acidentais etc., tiveram aumento expressivo, modificando a estrutura por idade das taxas de mortalidade, particularmente dos adultos jovens do sexo masculino. A expectativa de vida masculina no Brasil continuou se elevando, mas poderia ser superior à estimada, se não fosse o efeito das mortes prematuras de jovens por causas não naturais (IBGE, 2017).

Apesar das mazelas sociais, a população idosa no país vem, de fato, crescendo de modo significativo. Em 2000, havia 14,5 milhões de pessoas com mais de 60 anos. Em 2017, esse número ultrapassou os 29 milhões e a expectativa é que, até 2060, suba para 73 milhões com 60 anos ou mais, representando um aumento de 160% (IBGE, 2017).

2. Estamos preparados para envelhecer?

Diante das estatísticas não podemos negar que a sociedade está envelhecendo e que conviveremos com um número cada vez maior de idosos. Mas como essa velhice será vivenciada é incerto. A condição de saúde do idoso é decorrente de várias escolhas, hábitos e condições de vida. Como os índices de desigualdade ainda são elevados em nosso meio, muitos indivíduos estão vivendo por mais tempo sem, necessariamente, dispor de melhores condições socioeconômicas ou sanitárias. Ou seja, alguns chegarão na velhice com mais ou menos qualidade de vida (MEDEIROS, 2012; KALACHE 2014).

Paradoxalmente, ao mesmo tempo em que a longevidade vem sendo cada vez mais debatida e enfatizada, os velhos não estão sendo valorizados e respeitados pela sociedade, que se debruça sobre outros valores, de ordem capitalista (MEDEIROS, 2012). Do ponto de vista antropológico, prevalece a ideia de que a eterna juventude é um bem que pode ser adquirido. Culturalmente, nega-se a velhice, a doença e a morte, transformando-as em responsabilidade individual. Por isso, nem os próprios idosos querem se identificar como "velhos" e negam esta etapa do ciclo vital (UCHOA; FIRMO; LIMA-COSTA; 2002 apud MINAYO; COIMBRA, 2002).

De modo geral, o que se vê é uma sociedade despreparada para lidar com o envelhecimento (MEDEIROS, 2012). Viver mais produz impactos em todas as fases da vida, pois teremos trinta anos ou mais de vida do que nossos antepassados mais próximos. As implicações da longevidade não se limitam à dimensão do indivíduo, mas atingem o coletivo, com implicações nos setores legais, de saúde, educação, cultura, trabalho, serviços assistenciais e seguridade social (KALACHE, 2014).

Ajzen (2019) ajuíza que as famílias estão cada vez mais fragmentadas, de modo que milhares chegarão à velhice sem saber sequer quem irá cuidar deles. A legislação brasileira prioriza que o atendimento ao idoso deve ser exercido pela própria família, mas nem sempre a família consegue cumprir com esta responsabilidade, e assim podem ocorrer situações de abandono e/ou asilamento (MEDEIROS, 2012).

Além dos fatores externos ao idoso, a não aceitação da própria velhice também pode levar ao isolamento. Algumas das possíveis razões são: aposentadoria, abandono familiar, viuvez e depressão. A mudança de padrão de vida e a sensação de perda de utilidade social são gatilhos importantes geradores de depressão e posterior isolamento. A perda do cônjuge pode agravar o sentimento de desamparo e muitas vezes são os próprios idosos que se afastam do convívio social. O abandono por parte dos familiares é um dos que mais afetam este grupo etário, podendo desencadear quadros de depressão graves. Em razão do quadro depressivo, outras doenças podem surgir e assim o ciclo de declínio da saúde e piora da qualidade de vida se agrava (AJZEN, 2019).

O envelhecimento não deveria ser motivo de vergonha. Como alerta Frankl (1987), não há razão para ter pena das pessoas velhas e os jovens deveriam invejá-los porque é no passado onde tudo está guardado para sempre. Muitas vezes, as pessoas detêm suas memórias em temas de pouca relevância e ignoram que é no passado onde estão guardados seus maiores tesouros: as ações feitas, os amores vividos e, não menos importantes, os sofrimentos enfrentados com coragem e dignidade. Se por um lado, o idoso já não tem muitas oportunidades e possibilidades no futuro, têm uma longa história registrada no passado – o sentido que deram às suas vidas, as potencialidades que realizaram e os valores vividos. Nada pode remover esse patrimônio!

Em suma, a maioria das pessoas tem o desejo de viver mais, porém não querem parecer mais velhas. Ser velho tem assumido conotações negativas, sobretudo nas sociedades ocidentais, as quais associam a velhice com o declínio das capacidades físicas e mentais. Felizmente, essa não é uma visão universal. As sociedades não ocidentais desenvolveram imagens bem mais positivas: relacionando a etapa final da vida com amadurecimento, tranquilidade, acúmulo de experiências e prazer em viver (UCHOA; FIRMO; LIMA-COSTA; 2002 APUD MINAYO; COIMBRA, 2002).

3. A morte na pós-modernidade: assunto proibido

A preocupação com a finitude não é tema novo dentre as preocupações humanas. Não faltaram estudiosos para repudiá-la, mas também quem se dedicasse a tentativa de compreendê-la e aceitá-la como parte natural da vida.

Na Antiguidade, podemos destacar o filósofo, dramaturgo, político e escritor Lúcio Anneo Sêneca (4 a.C.? – 65 d.C). Suas ideias permanecem inspiradoras e atuais, transcendendo o tempo contra o qual, segundo ele próprio, não podemos lutar. Na obra *Sobre a brevidade da vida*, Sêneca discorre sobre a natureza finita da vida humana e tem como tema central a inexorável passagem do tempo. Só quando tomamos consciência de nossa finitude é que passamos a refletir sobre a forma como utilizamos esse bem precioso que é o tempo. Algumas pessoas podem, inclusive, devido ao ócio e a futilidade com que conduzem seus dias, estarem mortas em vida. Nas palavras deste sábio filósofo da Antiguidade: "A vida, se bem empregada, é suficientemente longa e nos foi dada com muita generosidade para a realização de importantes tarefas". (SÊNECA, 2006).

No século XIII, Roger Bacon (1214-1292) se debruçou sobre o estudo da longevidade da vida, buscando nos tratados de Alquimia da Antiguidade a fórmula do chamado "elixir da vida", que poderia prolongar a vida e retardar os sintomas da velhice. (MORAES, 2017).

Estes dois exemplos ilustram que o envelhecimento e a morte têm sido alvo de polêmica em todos os tempos. No século XXI, por sua vez, a morte tornou-se tabu, um assunto que se evita, embora a morte em si não possa ser evitada (Kòvacs, 2003). Se envelhecer no mundo contemporâneo não é bem visto, a morte então é inaceitável, um assunto proibido! O fascínio exagerado pela ciência criou a ilusão de que todos os problemas da humanidade poderiam ser superados, inclusive o "problema" da morte.

4. Direito de morrer x direito de morrer com dignidade

Os avanços biomédicos trazem à tona a discussão não só com relação ao direito de morrer, mas, sobretudo, o direito de morrer dignamente, visto que algumas tecnologias podem estender indefinidamente a vida, impedindo que as pessoas efetivamente morram quando a morte já está instalada (DINIZ, COSTA, 2004; KÒVACS, 2003).

Nesse contexto, convém definir alguns termos, como eutanásia, distanásia, mistanásia, ortotanásia, cuidados paliativos e paciente terminal.

O termo **eutanásia** remete à abreviação da vida. Na Antiguidade, a eutanásia era moralmente aceita em situações específicas: eliminação dos imperfeitos; e como forma de aliviar o sofrimento de guerreiros feridos mortalmente. No mundo contemporâneo, a eutanásia já foi utilizada para endossar práticas eugenistas que visavam eliminar "vidas que não valiam a pena ser vividas" (Nazismo). Atualmente, alguns países admitem a abreviação da vida para aliviar sofrimento em situações extremas. Existem duas formas de eutanásia: denomina-se de eutanásia **passiva** a suspensão ou não aplicação de tratamentos que poderiam prolongar a vida e **ativa** a introdução de medidas que abreviem a vida. Quando a pessoa expressa sua vontade de morrer conscientemente, mas depende da ajuda de terceiros, a prática é conhecida como "suicídio assistido". (NOVAES, TRINDADE, 2007). No Brasil, todo tipo de eutanásia é considerado crime de homicídio. Mesmo em países onde a eutanásia é legalizada, existem critérios rigorosos para sua autorização. Na Holanda, por exemplo, o paciente precisa preencher algumas condições: reafirmar o pedido várias vezes, ser adulto e mentalmente competente; requer a presença de dois médicos para atestar o sofrimento e irreversibilidade do quadro; deve apresentar dor e sofrimento intoleráveis, do ponto de vista físico e psíquico; e o médico que está acompanhando o caso deve ouvir a opinião de outro profissional que não tenha vínculo com o paciente (KÒVACS, 2003).

A **distanásia** significa a imposição de tratamentos desproporcionados para pacientes que estão fora de possibilidade de cura. Geralmente são práticas agressivas/invasivas, que impõe elevados riscos e sofrimentos perante um benefício pequeno ou nulo (NOVAES, TRINDADE, 2007). Essa conduta também é conhecida como "obstinação terapêutica" porque impõe a "obrigação de manter o paciente vivo a qualquer preço". A distanásia é a prática que mais diretamente ameaça a promoção do princípio da dignidade humana nos cuidados em saúde e é praticamente consensual o desejo da sociedade em evitá-la e combatê-la. Até mesmo os religiosos, que em suas mais variadas vertentes são contrários à eutanásia, se manifestam veemente contra o prolongamento artificial da vida diante de doenças incuráveis onde os recursos tecnológicos trazem muito mais malefícios do que benefícios.

A **mistanásia** é tida como uma prática condenável, pois implica na morte social, abreviando a vida de pessoas vitimadas por uma vida inteira de privações. É reflexo das péssimas condições em que boa parte da população mundial ainda vive como consequência da má distribuição de recursos (PESSINI, 2004).

A **ortotanásia**, segundo a raiz latina da palavra, significa a "morte correta", no seu devido tempo, sem abreviações ou prolongamentos desproporcionados. Esta é a conduta atualmente defendida pelo Conselho Federal de Medicina, relacionada à prática de cuidados paliativos, com foco na qualidade de vida. Importante ficar claro que a ortotanásia se distingue da eutanásia passiva. Esta última provoca a morte, enquanto na ortotanásia ocorre a suspensão de tratamento fútil, permitindo que a morte ocorra naturalmente. Todo o suporte necessário para que a pessoa fique confortável até o final de seus dias deve ser mantido. Na ortotanásia, o paciente não é abandonado. Ao contrário, ele é cuidado até o final (PITELLI; OLIVEIRA, 2009).

A ortotanásia pode vir associada ao direito do paciente expressar suas vontades no chamado **Testamento Vital** ou **Diretiva Antecipada**. Para Kòvacs (2003), esse documento pode ser um instrumento facilitador para tomada de decisões em situação de conflito. Até porque não há consenso entre o que é cuidado ordinário e o que é cuidado extraordinário. Por exemplo: em algumas culturas a alimentação artificial é vista como cuidado extraordinário, já para outros, o alimento é sempre um cuidado essencial, mesmo que seja introduzido por meios artificiais. A partir da Resolução CFM nº 1.995/2012, os médicos brasileiros passaram a acatar o Testamento Vital. O documento pode ser redigido por qualquer pessoa maior de idade e o paciente descreve a quais tratamentos não quer ser submetido, quando não houver mais chances de recuperação. Ao mesmo tempo em que o Conselho Federal de Medicina reconhece este direito do paciente, também respalda o direito de recusa do médico, que deixará de levar em consideração as diretivas antecipadas de vontade quando entender que contrariam os preceitos ditados pelo Código de Ética Médica.

Os **cuidados paliativos** por sua vez, refletem a postura defendida pela Organização Mundial da Saúde. Diante da impossibilidade de curar, persiste a obrigação moral de cuidar dos que padecem de doenças incuráveis. Os cuidados paliativos são uma abordagem para melhoria da qualidade de vida de pacientes e familiares que enfrentem uma doença ameaçadora da vida, através da prevenção e do alívio do sofrimento, através da identificação precoce e impecável avaliação e tratamento da dor e outros problemas, físicos, psicossociais e espirituais (OMS, 2007). O cuidado paliativo tem como objetivos: afirmar a vida e considerar a morte como um processo normal; nem encurtar, nem prolongar a vida; proporcionar alívio da dor e outros sintomas estressantes; oferecer um sistema de apoio para os pacientes; e oferecer um sistema de apoio para ajudar a família e o paciente a enfrentar o adoecimento e a morte.

O **paciente terminal** é aquele que apresenta duas características fundamentais: a da incurabilidade e a do fracasso terapêutico dos recursos médicos (Diniz, Costa, 2004). Segundo a Associação Espanhola de Cuidados Paliativos (Secpal, 1992?), para ser considerado terminal, o paciente deve atender alguns critérios: presença de uma doença avançada, progressiva e incurável; falta de possibilidades razoáveis de respostas a tratamento específico; presença de inúmeros problemas ou sintomas intensos, múltiplos, multifatoriais e cambiantes; grande impacto emocional no paciente, família e equipe de cuidados, estritamente relacionados com a presença, explícita ou não da morte; e prognóstico de vida inferior a seis meses.

Uma vez apresentados os principais conceitos relacionados ao final da vida, faz-se importante distinguir claramente o direito a uma morte digna e o direito à decisão sobre a morte. O **direito de morrer dignamente** está relacionado com o desejo de se ter uma morte natural, humanizada, sem o prolongamento da vida e do sofrimento por meio de tratamento inútil. Em outras palavras, tal direito remete ao cuidado paliativo e deveria ser considerado um direito humano essencial, já que visa preservar a dignidade da pessoa até o seu último instante. Por outro lado, o **direito de morrer** é sinônimo de interromper a vida, podendo incluir o auxílio ao suicídio e outras intervenções que causam a morte (Jungues, 2010). Ou seja, o direito de morrer está relacionado à eutanásia e ainda é motivo de grande controvérsia na sociedade contemporânea.

5. O fenômeno da medicalização da vida e suas consequências

Os benefícios trazidos pelos recursos da medicina moderna são inquestionáveis, mas Siqueira (2000) adverte que o seu uso precisa ser mais criterioso. Por exemplo, existem vários quadros agudos (traumatismo cerebral, infarto do miocárdio etc.) em que os recursos de uma Unidade de Terapia Intensiva (UTI) podem resultar na recuperação da saúde e literalmente salvar vidas. Ocorre que as UTIs passaram a receber, também, pacientes com doenças crônicas incuráveis onde pouco se oferece, além de um sobreviver precário e, muitas vezes, não mais que vegetativo, caracterizando um processo de distanásia.

Além dos reconhecidos benefícios, é importante destacar que as tecnologias em saúde também estão associadas a alguns riscos. Uma das tecnologias mais utilizadas é o medicamento, cujo uso abusivo faz com que ocupe o primeiro lugar entre os agentes causadores de intoxicações exógenas em nosso país nos últimos anos (Ms, Fiocruz, Sinitox, 2017). Paradoxalmente, as mesmas substâncias farmacológicas que proporcionam saúde podem ser também ser fonte de adoecimento, fato que já parecia ser conhecido na Grécia antiga. A palavra fármaco vem de *farmakon*, termo que para os gregos possuía três significados: cosmético, remédio ou veneno. Da mesma forma, o medicamento em nossa sociedade pode curar ou remediar doenças quando utilizado de forma racional, mas seu uso abusivo pode tanto mascarar doenças, como também pode provocar outras doenças (iatrogenias) e até mortes por intoxicação.

Os medicamentos, juntamente com as intervenções cirúrgicas e outros procedimentos médicos de alta tecnologia, se transformaram em tema controvertido devido ao abuso e ao exagero quanto a sua capacidade para resolver os problemas mais importantes de saúde da população, resultando no fenômeno que se convencionou chamar de "medicalização da saúde". A mídia contribui enormemente para que a os recursos tecnológicos seduzam os profissionais de saúde e se tornem objeto de desejo dos pacientes, que reivindicam sempre por um procedimento ou prescrição de algum tipo de "pílula mágica" para aliviar seus males (SOBRAVIME, 2001; BARROS, 2004).

Para Siqueira (2000), o modelo de formação tradicional dos profissionais da saúde, centrado no conhecimento científico e no raciocínio lógico, ensina muito sobre tecnologia de ponta e pouco sobre o significado metafísico da vida e da morte. Esse modelo é denominado de biomédico mecanicista ou cartesiano, em homenagem à René Descartes, que foi um dos fundadores do método científico, durante o Renascimento (BARROS, 2002). No início do século XX, esse modelo foi reforçado e adaptado por Abraham Flexner para o ensino da Medicina nos Estados Unidos em 1910, consolidando o paradigma da medicina científica, que orientou o desenvolvimento de todas as demais profissões da saúde (COOKE, et al 2006).

A adoção do modelo mecanicista de forma desmedida considera que toda doença pode ser tratada através de recursos da ciência, estimulando ainda mais o processo de medicalização. Esse modelo vem dando sinais de falibilidade, pois o melhoramento da saúde não depende apenas dos recursos tecnológicos, mas também de uma série de fatores determinantes e condicionantes (BARROS, 2004; BERLINGUER, 2004; NASCIMENTO, 2003; SOBRAVIME, 2001).

O maior dilema para os profissionais do século XXI é o que fazer quando o curso da vida já não pode mais ser alterado pela ciência e a morte é inevitável. Esse questionamento não pode ser respondido apenas pela ciência. Edgar Morin (1996) nos alerta que o mesmo conhecimento que liberta e leva ao desenvolvimento, também pode ser aquele que subjuga e aniquila a humanidade. Ninguém está mais desarmado para pensar sua ciência do que o próprio cientista. A ciência deve vir acompanhada de reflexão.

Diante desse contexto conturbado, dividido e paradigmático, a Bioética se apresenta como uma forma de reflexão voltada ao resgate da dignidade humana e da qualidade de vida. Para tomar decisões apropriadas, é preciso que haja a reconciliação das ciências humanas, biológicas e exatas que foram desmembradas devido à super especialização dos profissionais e a consequente fragmentação dos saberes. A Bioética é, portanto, multidisciplinar, interdisciplinar e transdisciplinar (BARCHIFONTAINE; PESSINI, 2002).

O desejo de prolongar a vida, sempre existiu e hoje muitas coisas são possíveis do ponto de vista técnico. A questão mais difícil de ser respondida, entretanto, é aquela de cunho ético e moral: devemos ou não prolongar a vida? Em quais circunstâncias? Os princípios e referenciais bioéticos podem apontar alguns caminhos para responder a esta última pergunta.

6. Olhar da bioética sobre a vida e a morte

Assim como a vida, a morte digna, sem dor e angústia, é reconhecida por vários bioeticistas como um direito humano. A autonomia e a dignidade no fim da vida podem indicar caminhos para que este direito venha a ser respeitado (JUNGES, 2010; DINIZ; COSTA, 2004).

Segundo Schramm (2002 apud Kòvacs, 2003), a resistência em legalizar a eutanásia se relaciona ao suposto aumento do poder dos médicos na determinação da morte, já que grandes poderes, trazem também grandes responsabilidades. O temor da manipulação da vida pode ser entendido utilizando-se a expressão *"slippery slope"* utilizado pelos bioeticistas norte americanos. Traduzido literalmente, o termo significa "ladeira escorregadia" e essa expressão seria utilizada para se referir à uma zona de conflito e polêmica, na qual uma decisão poderá produzir efeitos sobre os quais não se havia pensado anteriormente, conduzindo a resultados catastróficos para a humanidade. Por exemplo, alguns advogam que a legalização da eutanásia poderá colocar em risco de morte antecipada (embora este não seja o objetivo explícito) alguns grupos vulneráveis, como idosos, pobres e doentes mentais (KÒVACS, 2003).

Por outro lado, autores como Diniz e Silva (2004) consideram legítimo o direito de morrer (eutanásia voluntária) para pessoas gravemente doentes que expressem claramente o desejo de abreviar a vida. Em outras palavras, a eutanásia para os doentes incuráveis seria justificada quando decorrente de uma decisão verdadeiramente autônoma. A pessoa não pode estar submetida a nenhuma pressão ou constrangimento e, ao mesmo tempo, deve receber informação qualificada, honesta e compreensível. Para os que defendem a eutanásia, o prolongamento da vida não é, por si só, um benefício, especialmente para os pacientes terminais, para os quais não há qualquer possibilidade de mudança ou reversão do quadro clínico.

Para o bioeticista norte americano Tristan Engelhardt (1998) vivemos em uma sociedade composta pelos chamados "estranhos morais", indivíduos que não compartilham das mesmas opiniões, crenças e visão moral. O autor não acredita na possibilidade de chegarmos a um consenso, mas ainda assim, a Bioética nos convida a dialogar com esses estranhos morais a fim de estabelecer uma convivência harmônica. Diante do limite da vida, as opiniões se dividem entre a sacralidade da vida e a preocupação com sua qualidade. Quando se leva em conta apenas a sacralidade, o que importa é manter a vida a qualquer custo, sem entrar no mérito de sua qualidade. Quando a discussão envolve a qualidade do viver, não são apenas os parâmetros vitais que estão em jogo, mas sim que não haja sofrimento. O que é fundamental não é a extensão da vida e sim sua qualidade, a possibilidade de ser uma experiência prazerosa e agradável.

Todos concordam que as tecnologias não são capazes de combater a morte e, por isso, as decisões em saúde devem ser acompanhadas de uma avaliação mais cuidadosa, ou nas palavras de Diego Gracia, mais prudente. A Bioética não elimina as incertezas, mas contribui para agir com mais prudência. Na prática, a prudência se expressa na capacidade de pesar o que está envolvido para tomar uma decisão no mínimo, razoável. Para Gracia a escolha deve ser submetida à uma prova de consistência por meio de três perguntas: (1) Essa decisão é legal? (prova da legalidade); (2) Estaria disposto a defender publicamente a decisão tomada? (prova da publicidade); (3) Tomaria a mesma decisão se tivesse mais tempo para decidir? (prova da temporalidade) (CREMESP, 2006).

O modelo de análise bioética mais utilizado na prática clínica é o "principialista", introduzido por Beauchamp e Childress (2002). Se houver conflito entre os quatro princípios – autonomia, beneficência, justiça, autonomia e não maleficência – deve-se avaliar qual prevalece sobre os outros. A beneficência tem sido associada às práticas médicas desde o tempo de Hipócrates na Grécia Antiga (ZUBIOLI, 2004), mas na intenção de fazer o bem, muitos profissionais impõem aos pacientes a conduta que julgam mais correta, desrespeitando sua autonomia. Segundo Beauchamp e Childress (2002), o respeito à autonomia exige que os profissionais de saúde forneçam informações, esclareçam e encorajem a tomada de decisão por parte dos pacientes, assegurando-lhes condições para controlar sua própria saúde. No contato com os pacientes, também é importante levar em consideração o referencial da justiça. Num cenário de escassez, o profissional deve buscar formas para promover uma justa distribuição dos recursos médicos disponíveis, priorizando o atendimento daqueles que mais precisam de assistência e, dessa forma, contribuindo para a equidade no acesso aos bens e serviços destinados à saúde.

No contexto da medicalização, também pode ser de grande valia a adoção de uma postura Ética do Cuidado, que defende a importância das inter-relações e da solicitude (FORTES; ZOBOLI, 2003). Além do zelo com a técnica, é preciso observar aspectos como a simpatia, amizade, compaixão e confiança, indispensáveis nos relacionamentos humanos. (BEAUCHAMP; CHILDRESS, 2002). De acordo com Zoboli (2006), são elementos-chave para a compreensão da Ética do Cuidado: a consciência da conexão entre as pessoas ensejando o reconhecimento da responsabilidade de uns pelos outros e a convicção de que a boa comunicação é o modo de solucionar conflitos de forma não violenta.

Dada a complexidade das relações humanas, percebe-se que as tomadas de decisão relacionadas à saúde e bem-estar de cada paciente não são simples, ainda mais em momentos cruciais, quando existe a proximidade explícita ou não da morte. Se por um lado, todos temos direitos iguais, as necessidades de cada um podem ser muito diferentes. De acordo com Segre (2006), as necessidades de cada ser humano são tão únicas e singulares quanto a própria pessoa humana.

Segundo Seve, apud DURAND (2014), o conceito de pessoa é de ordem ética e evoca ao termo dignidade como um atributo essencial pelo simples fato de a pessoa pertencer à espécie humana. Para Kant, a dignidade da pessoa humana é aquilo que não tem preço e, por conseguinte, não pode ser substituído por nenhuma outra coisa. O principal objetivo da Bioética nas tomadas de conduta humana é, pois, mobilizar nossas ações para a preservação dessa dignidade.

A dignidade humana não se vincula à valoração da pessoa em função de seu pertencimento a determinada raça, etnia, sexo ou camada social. Está atrelada à ideia de ser parte da humanidade, como um coletivo de indivíduos, que, ao mesmo tempo, traz em si a humanidade que caracteriza o gênero humano (OLIVEIRA, 2007).

Ao nos conscientizamos que a morte não pode ser combatida, resta-nos humanizá-la e reincorporá-la ao cotidiano, como parte natural da vida e fonte de sentido.

7. Em busca de um novo significado para o cuidado em saúde

A tecnologia é limitada diante da doença incurável, mas a capacidade humana de atuar de modo mais empático e solidário é uma fonte de cuidado inesgotável. O processo de ressignificar a vida e a morte perpassam pelo reconhecimento da finitude humana e da vulnerabilidade que acompanha toda pessoa. Não será então, a tecnologia quem trará respostas para que sejamos devidamente cuidados para usufruir de uma vida mais longa e mais digna.

Segundo Masetti (2003), em uma relação humanizada a morte inevitável deixa de ser vista como fracasso profissional e se transforma em uma oportunidade de aprendizado e aperfeiçoamento pessoal, tanto para os profissionais quanto para os familiares.

Alguns autores sinalizam a importância de encontrar um novo sentido para as relações entre pacientes e profissionais da saúde, que foram esvaziadas pela super especialização e mecanização do trabalho. Para Araújo e Silva (2007), por exemplo, humanizar a experiência da dor, sofrimento e perda requer um algo mais da equipe de enfermagem. No estudo realizado por Pauferro (2008), também foi observado o interesse em oferecer este "algo mais" dentre os farmacêuticos, o que pode contribuir para aliviar a tensão inerente à gravidade da doença e para proteger a dignidade e os valores dos pacientes.

Ao procurar aliviar a dor física, os profissionais da saúde não devem se esquecer de buscar também o alívio do sofrimento global, nas suas dimensões psíquica, social e espiritual. Só assim poderão preservar a dignidade da pessoa humana, mesmo nos momentos finais.

Segundo o psiquiatra judeu Viktor Frankl, (1987) o sentido da vida se modifica, mas jamais deixa de existir. Seus estudos, iniciados durante sua "estadia" nos campos de concentração nazista, concluem que existem três principais fontes de sentido da vida: a **criatividade** (trabalho, boas ações, dedicação às pessoas); a **experiência** (arte, natureza, humor, amor, relacionamentos, papéis que desempenhamos na vida); e a **atitude** (atitude que se tem diante do sofrimento e dos problemas existenciais).

Mesmo diante de uma situação sem esperança ou de um destino que não pode ser modificado, a pessoa sempre pode mudar a si mesma. Não são apenas os pacientes que podem ter sua vida ressignificada pelo sofrimento e a morte. O verdadeiro objetivo dos profissionais da saúde não deve ser salvar vidas, mas sim cuidar de pessoas. O cuidado possui infinitas possibilidades, trazendo novo significado ao papel desses profissionais na sociedade. Conforme proposto por Viktor Frankl:

> O caráter de insubstituível, aquela palavra que só você sabe dizer, o caráter de algo único e irrepetível sempre depende do homem – não do que ele faz, mas de quem faz e como faz (FRANKL, 1973).

O ser humano é finito e sua liberdade restrita, mas deve fazer uso da pouca liberdade que possui para tomar uma posição frente aos condicionantes. É o ser humano quem determina a si mesmo e, tendo em vista seu potencial, é sempre possível: transformar o sofrimento numa conquista e numa realização humana; retirar da culpa a oportunidade de mudar a si mesmo para melhor; fazer da transitoriedade da vida um incentivo para realizar ações responsáveis (FRANKL, 1987).

Assim, a mudança de atitude diante da morte devolve ao paciente moribundo não só a autonomia, mas também a sua dignidade, a sua história e o sentido de sua vida. Mesmo diante da morte, não é o destino ou o acaso que estão no comando. Ainda é a pessoa quem decide como deseja passar seus últimos dias.

Diante da falibilidade dos recursos técnicos e da ausência de possibilidades de tratamento, a única coisa que pode ser mudada diante da morte certa é a atitude para com a vida. A morte precisa ser reincorporada ao cotidiano, fazendo parte da trajetória pessoal de cada um com significado. Afinal, a pessoa humana não é um fim em si mesma, mas carrega consigo um sentido de transcendência que ultrapassa seus limites biológicos e temporais.

Em suma, diante a morte, a preocupação deve ser sempre com o viver e não com o morrer. Porque, afinal de contas, é preciso aproveitar bem o precioso tempo, como já dizia Sêneca. É necessário viver até o último instante, cabendo aos profissionais da saúde fazer o que recomendava a fundadora das casas de cuidados paliativos, Cicely Saunders: "No momento final da vida, faremos tudo o que estiver ao nosso alcance, não somente para ajudá-lo a morrer em paz, mas também para você viver até o dia da sua morte."

Conclusões

Nem todos envelhecerão com saúde para continuar participando ativamente da sociedade, cabendo assumir hoje o compromisso com os idosos que um dia também gostaríamos de ser: protegidos e seguros. Segundo Kalache (2014), as políticas de saúde voltadas ao idoso devem promover quatro capitais essenciais para o bem envelhecer que são: atenção à saúde; acesso a conhecimentos; condições financeiras; e suporte e cuidado de uma rede social. Entender o processo de envelhecimento e as atitudes que podem e devem ser tomadas por familiares e profissionais da saúde são fundamentais para a implementação de políticas públicas efetivas para esse público (AJZEN, 2019).

A morte foi artificializada e distanciada do cotidiano, mas precisa voltar a ser encarada como parte natural da vida, estando presente em nossas conversas domésticas, na educação escolar e, no caso do ambiente de cuidado a saúde, requer a prática da humanização dos cuidados. Isso demanda dos profissionais da saúde: competência técnico-científica; maturidade emocional para lidar com situações com perdas; compromisso ético e respeito pela pessoa humana em suas múltiplas dimensões; capacidade de dialogar, sobretudo de saber ouvir.

No mundo em que vivemos, invariavelmente, a condição humana se submete ao poder econômico, perpetuando atitudes e comportamentos que afrontam a dignidade humana, inclusive no cuidado aos doentes. O desafio bioético não é garantir ao homem contemporâneo apenas que viva mais; é preciso que a sociedade se esforce também para que viva melhor, com dignidade.

Embora fascinantes, as tecnologias em saúde devem ser utilizadas com cautela, nunca para negar a morte quando esta já está instalada. Não chegaremos a um consenso, mas a Bioética pode auxiliar a promover um diálogo respeitoso com os "estranhos morais" para que cada um possa escolher de forma responsável quando e como utilizar os recursos da ciência e aprenda a lidar com as perdas inevitáveis.

Ser pessoa humana é assumir que somos finitos e ao mesmo tempo transcendentes, por meio daquilo que fazermos e das relações que estabelecemos uns com os outros, nem que seja por uma pequena de tempo. Afinal de contas, a morte não é algo a ser combatido, mas sim vivenciado para que a vida tenha sentido e dignidade até o seu último dia. Essa é a única forma de não nos desumanizarmos e evitar que tudo se reduza à utilidade.

Referências

AJZEN, Claudia (2019). *Solidão na velhice.* Notícias. Universidade Federal de São Paulo. São Paulo: Unifesp. Publicado em 18 jul 2019. Disponível em <https://www.unifesp.br/noticias-anteriores/item/3898-solidao-na-velhice> Acesso em 20 set 2019.

ARAUJO, M.M.T.; SILVA, M.J.P. *A comunicação com o paciente em cuidados paliativos: valorizando a alegria e o otimismo.* Rev. Esc. Enferm. USP., v.41, n.4, p.688-674, 2007.

BEAUCHAMP, T.L.; CHILDRESS, J.F. *Princípios de ética biomédica.* São Paulo: Loyola, 2002.

BARCHIFONTAINE, C.P.; PESSINI, L. (Orgs.). *Bioética*: alguns desafios. 2.ed. São Paulo: Centro Universitário Centro Universitário São Camilo; Loyola, 2002.

BARROS, J.A.C. *Políticas farmacêuticas*: a serviço dos interesses da saúde? Brasília: UNESCO/ANVISA, 2004.

BERLINGUER, G. *Bioética cotidiana.* Brasília: Universidade de Brasília, 2004.

BARROS, J.A.C. *Pensando o processo saúde e doença: a que responde o modelo biomédico?* Rev. Saúde e Sociedade, v.11, n.1, p.74-84, 2002.

CREMESP, Conselho Regional de Medicina do Estado de São Paulo. *O importante não é tomarmos decisões clínicas corretas e, sim, prudentes* [Entrevista com Diego Gracia]. 19 de abril de 2006. Disponível em <http://www.bioetica.org.br/?site Acao=EntrevistaIntegra&id=34&p=2>. Acesso em 15 Set. 2019

CFM, Conselho Federal de Medicina. *Resolução nº 1995 de 31 de agosto de 2012.* Dispõe sobre as diretivas antecipadas de vontade dos pacientes. Disponível em <https://sistemas.cfm.org.br/normas/visualizar/resolucoes/BR/2012/1995>. Acesso em 01 Out. 2019.

COOKE, M. et al. *American Medical Education 100 years after the Flexner Report.* The New England Journal of Medicine, v. 355 n. 13, p. 1339-1344, 2006.

DINIZ, D.; COSTA, S. Morrer com dignidade: um direito fundamental. In: CAMARANO, A.A. (Org.). *Os novos idosos brasileiros*: muito além dos 60? Rio de Janeiro: IPEA, 2004. p. 121-134. Disponível em <https://pdfs.semanticscholar.org/81d1/9827ae56cc3a40c1549102e12f2e41319ae9.pdf> Acesso em 15 Set. 2019.

DURAND, G. *Introdução geral à bioética*: história, conceitos e instrumentos. 5. ed. São Paulo: Centro Universitário São Camilo, 2014.

FORTES, P.A.C.; ZOBOLI, E.L.C.P. *Bioética e saúde pública*. São Paulo: Centro Universitário São Camilo; Loyola, 2003.

FRANKL, V. E. *Em busca de sentido*: um psicólogo no campo de concentração, Tradução de Walter O. Schlupp e Carlos C. Aveline. Porto Alegre, Sulina, 1987; São Leopoldo, Sinodal, 1987.

FRANKL, V.E. *Psicoterapia e sentido da vida*. São Paulo: Quadrante, 1973.

IBGE, Instituto Brasileiro de Geografia e Estatística. *Tábua completa de mortalidade para o Brasil – 2017: breve análise da evolução da mortalidade no Brasil*. Rio de Janeiro 2008. Disponível em <https://biblioteca.ibge.gov.br/visualizacao/livros/liv101628.pdf> Acesso em 08 set. 2019.

JUNGES et al. *Reflexões legais e éticas sobre o final da vida*: uma discussão sobre a ortotanásia Revista Bioética. V. 18, n. 2, p 275 – 88, 2010. Disponível em <http://revistabioetica.cfm.org.br/index.php/revista_bioetica/article/download/564/537>Acesso em 15 Set. 2019.

KALACHE, Alexandre. *Respondendo à revolução da longevidade*. Editorial. Ciênc. saúde colet. v. 19, n. 8. Ago 2014. Disponível em <https://www.scielosp.org/article/csc/2014.v19n8/3306-3306/> Acesso em 15 Set. 2019.

KOVACS, M. J. *Bioética nas questões da vida e da morte*. Psicol. USP, São Paulo, v. 14, n. 2, p. 115-167, 2003. Disponível em <http://www.scielo.br/scielo.php?script=sci_arttext&pid=S0103-65642003000200008&lng=en&nrm=iso>. Acesso em 19 Set. 2019.

MASETTI, M. *Boas Misturas*: a ética da alegria no contexto hospitalar. São Paulo: Palas Athena, 2003.

MEDEIROS, Paulo. *Como estaremos na velhice? Reflexões sobre envelhecimento e dependência, abandono e institucionalização*. Polêmica, [S.l.], v. 11, n. 3, p. 439 a 453, ago. 2012. ISSN 1676-0727. Disponível em <https://www.e-publicacoes.uerj.br/index.php/polemica/article/view/3734/2616>. Acesso em 08 Set. 2019.

MORIN, E. *Ciência com consciência*. Rio de Janeiro: Bertrand Brasil, 1996.

MORAES, Mayara. *Longevidade da vida*: entre a medicina e a alquimia. Epígrafe, v. 4, n. 4, p. 185-205, 21 ago. 2017. Disponível em <http://www.revistas.usp.br/epigrafe/article/view/111038> Acesso em 15 Set 2019.

MS, FIOCRUZ; SINITOX. *Dados de Intoxicação. Evolução dos casos de intoxicação humana por agente tóxico*, Brasil: 2017. Disponível em:: <https://sinitox.icict.fiocruz.br/sites/sinitox.icict.fiocruz.br/files//Brasil10.pdf> Acesso em 15 Set. 2019.

NASCIMENTO, M. Cabral do. *Medicamentos*: ameaça ou apoio à saúde? Rio de Janeiro: Vieira e Lent, 2003.

NOVAES, M.R.C.G.; Trindade, E.M. *A morte e o morrer: considerações bioéticas sobre a eutanásia e a finitude da vida no contexto da relação médico-paciente*. Com. Ciências

Saúde. v.18, n.3, p.69-77, 2007. Disponível em: <http://www.escs.edu.br/pesquisa/revista/2007Vol18_1art08amorteeomorrer.pdf> Acesso em 30 Set 2019.

OLIVEIRA, A.A.S. de. *Interface entre bioética e direitos humanos: o conceito ontológico de dignidade humana e seus desdobramentos*. Revista Bioética, v. 15, n. 2, p. 170-85, 2007. Disponível em: <http://revistabioetica.cfm.org.br/index.php/revista_bioetica/article/view/39/42> Acesso em 20 Set. 2019.

PAUFERRO, M. R. V. *Reflexão bioética sobre a relação entre farmacêutico e usuário de medicamentos no ambiente hospitalar*. São Paulo, 2008. 166 p. Dissertação de Mestrado em Bioética – Centro Universitário São Camilo, São Paulo, 2008.

PESSINI, L.; BERTACHINI, L. *Humanização e cuidados paliativos*. São Paulo: Loyola, 2004.

PITTELLI, S.; OLIVEIRA, R. *Eutanásia e sua relação com casos terminais, doenças incuráveis, estados neurovegetativos, estados sequelares graves ou de sofrimento intenso e irreversível e morte encefálica*. Saúde, Ética & Justiça, v. 14, n. 1, p. 32-39, 7 jun. 2009.

SECPAL; Sociedad Española de Cuidados Paliativos. *Guía de cuidados paliativos*. Madrid; 1992(?). Disponível em: <http://www.secpal.com//Documentos/Paginas/guiacp.pdf> Acesso em 20 set. 2019.

SEGRE, M. (Org.). *A questão ética e a saúde humana*. São Paulo: Atheneu, 2006.

SÊNECA, Lucio Anneo. *Sobre a brevidade da vida*. Tradução Lúcia Sá Rebello. Ellen Itanajara Neves Vranas e Gabriel Nochi Macedo. Porto Alegre: L & PM, 2006.

SIQUEIRA, José Eduardo de. *Tecnologia e medicina entre encontros e desencontros*. Bioética 2000 – v. 8, n. 1, p. 55 – 67. Disponível em <http://revistabioetica.cfm.org.br/index.php/revista_bioetica/article/view/261/261>Acesso em: 08 set. 2019.

SIQUEIRA UCHÔA, E. FIRMO, J.O; LIMA-COSTA, M.F. *Envelhecimento e Saúde: experiência e construção cultural*. p. 25-35. IN: MINAYO, MCS., COIMBRA JUNIOR, CEA. (orgs.). Antropologia, saúde e envelhecimento [online]. Rio de Janeiro: Editora FIOCRUZ, 2002. Antropologia & Saúde collection, 209 p. ISBN: 978-85-7541-304-3. AvailablefromSciELO Books. Acesso em 20 Out. 2019.

SOBRAVIME, Sociedade Brasileira de Vigilância de Medicamentos. *O que é uso racional de medicamentos*. São Paulo: SOBRAVIME/AIS, 2001.

ZOBOLI, E.L.C.P. *O cuidado: uma voz diferente na ética em saúde*. In: SEGRE, M. (Org.). A questão ética e a saúde humana. São Paulo: Atheneu, 2006. cap.17, p. 189-196.

19.
Reflexões sobre o direito à vida e a dignidade da pessoa humana numa perspectiva Kantiana

José de Resende Júnior

Introdução

O direito à vida é o primeiro dos direitos da primeira lista de direitos da Constituição Federal brasileira, encontrando-se no art. 5º, sob o título "Dos Direitos e Garantias Fundamentais". Já a dignidade da pessoa humana não é apresentada como um direito, mas como um dos cinco Princípios Fundamentais sob os quais se funda a República Federativa do Brasil, sendo introduzida logo no primeiro artigo da constituição (CF. art. 1, III).

Não só no Brasil, mas em boa parte das declarações internacionais de direitos e constituições nacionais elaboradas no século XX, a dignidade humana é sempre apresentada numa relação de íntima conexão com os direitos humanos e fundamentais dos indivíduos. Dentre os exemplos mais proeminentes: a Declaração Universal dos Direitos do Homem, aprovada pela Assembleia Geral das Nações Unidas em 1948, começa afirmando em seu preâmbulo: "Considerando que o reconhecimento da dignidade inerente a todos os membros da família humana e de seus direitos iguais e inalienáveis é o fundamento da liberdade, da justiça e da paz no mundo." E depois em seu art. 1º "todos os seres humanos nascem livres e iguais, em dignidade e direitos". A Constituição da República Italiana, de 27 de dezembro de 1947, declara que "todos os cidadãos têm a mesma dignidade social" (art. 3º). A Constituição da República Federal Alemã, de 1949, proclama em seu art. 1º: "A dignidade do homem é inviolável. Respeitá-la e protegê-la é dever de todos os Poderes do Estado". A Constituição Portuguesa de 1976 abre-se com a proclamação de que "Portugal é uma República soberana, baseada na dignidade da pessoa humana e na vontade popular e empenhada na construção de uma sociedade livre, justa e solidária". A Constituição Espanhola de 1978, "a dignidade da pessoa, os direitos invioláveis que lhe são inerentes, o livre desenvolvimento da personalidade, o respeito à lei e aos direitos alheios são o fundamento da ordem política e da paz social" (art. 10).

Diante desse quadro, um dos maiores desafios para os teóricos do direito têm sido tentar explicar a natureza dessa relação entre dignidade e direitos humanos e fundamentais.[1] Nesse esforço, existem desde aqueles que defendem que a partir da noção de dignidade é possível deduzir exaustivamente todos os direito fundamentais do ser humano[2] até aqueles que defendem que a partir da dignidade só é possível extrair alguns direitos fundamentais.[3] Diretamente ligada a este problema está a discussão sobre a natureza jurídica da dignidade, a qual, dependendo do modelo teórico adotado,[4] também leva a concepções muito diferentes sobre o modo de se relacionar a dignidade com os direito humanos e fundamentais.

Uma estratégia comum entre os teóricos do direito, quando procuram esclarecer a natureza da dignidade humana, é recorrer à autoridade de Kant. Contudo, normalmente o que se observa nesses casos,

---

[1] Cf. SARLET, Ingo Wolfgang. *Dignidade da pessoa humana e direitos fundamentais na Constituição Federal de 1988*. Porto Alegre: Livraria do Advogado, 2007, p. 62; MORAES, Alexandre de. *Constituição do Brasil interpretada e legislação constitucional*. São Paulo: Atlas, 2002, p. 128; ALVES, Cleber Francisco. *O princípio constitucional da dignidade da pessoa humana: Enfoque da doutrina social da Igreja*. Rio de Janeiro: Renovar, 2001. p. 118.

[2] SCHMIDT, Walter. "Grundrechtstheorie im Wandel der Verfassungsgeschichte". In: *Jura*, 5, 1983, p. 169-180.

[3] Cf. ALEXY, Robert. *Teoria dos direitos fundamentais*. São Paulo: Malheiros Editores, 2008, p. 39-42.

[4] Na doutrina constitucional alemã, por exemplo, há um grande debate entre aqueles que defendem que a dignidade é um valor e aqueles que defendem que ela é um princípio (Cf. ALEXY. Op. cit, p. 39-42.)

não são estudos detidos sobre a obra do filósofo alemão, mas apenas a repetição de lugares comuns e generalidades sobre o seu pensamento.

Diante dessa limitação, no presente artigo pretende-se apresentar uma interpretação kantiana da dignidade da pessoa humana e, a partir dela, problematizar sua relação com os direitos fundamentais. Por uma questão de espaço, essa problematização será circunscrita ao direito à vida, que em praticamente todos documentos de direitos fundamentais, tanto nacionais quanto internacionais, é apresentado em primeiro lugar, como se fosse o mais fundamental dos direitos fundamentais.

1. Pessoa, dignidade e direito

Pessoa para Kant é qualquer ser racional potencialmente capaz de se representar uma lei pura e agir em função da mesma, ou seja, de modo autônomo.[5] Essa potencialidade, que é compartilhada por qualquer ser racional, é o que torna uma pessoa um ser moral. Um ser moral é um ser capaz de agir bem ou mal. Uma ação absolutamente boa é aquela que qualquer pessoa praticaria se estivesse agindo em função da representação de uma lei pura, ou seja, se estivesse usando apenas a razão, independente de qualquer tipo de condicionamento, seja físico, psicológico, social, econômico, ideológico, etc. E mesmo que uma pessoa nunca aja de modo autônomo ao longo de sua vida, a mera possibilidade de fazê-lo é o que estabelece os parâmetros universais das noções de bom e mal, e é exatamente essa mera possibilidade que confere à pessoa o seu predicado essencial: a dignidade *(Würde)*[6].

Do ponto de vista das relações externas entre as pessoas, onde cada indivíduo busca se autodeterminar suprindo suas necessidades e perseguindo seus interesses particulares, a possibilidade do agir autônomo (dignidade) é o que permite que as pessoas se reconheçam como sujeitos de direitos. Dessa perspectiva, os direitos nada mais são do que as esferas legítimas de autodeterminação das pessoas, ou seja, quando a busca por suprir suas necessidades e realizar seus interesses são compatíveis com a igual busca por suprir necessidades e realizar interesses das

---

[5] KANT, Immanuel. "Akademieausgabe". Bd 1-22 hrsg. von der Preussischen Akademie der Wissenschaften (http://www.korpora.org/kant/). vol. IV. *Grundlegung zur Metaphysik der Sitten*, p. 446-447; vol. V. *Kritik der praktischen Vernunft*, p. 33; vol. VI. *Die Metaphysik der Sitten*, p. 213.

[6] KANT. Op. cit. vol. IV. *Grundlegung zur Metaphysik der Sitten*, p. 434.

outras pessoas. Quando uma pessoa reconhece que tem um direito ela está reconhecendo a obrigação que as outras pessoas têm de respeitar a sua esfera legítima de autodeterminação na exata medida em que ela também deve respeitar a esfera legítima de autodeterminação das outras pessoas.[7]

Nesse sentido, o que define pessoa em sua dignidade não são características biológicas, psicológicas, culturais, etc, mas simplesmente a potencialidade de agir autonomamente. Logo, pessoa pode ser uma forma de vida organizada em bases de ácidos desoxirribonucléicos (DNA), uma inteligência artificial, deuses, anjos, extraterrestres, etc, bastando, para isso, ter a potencialidade, mesmo que remota, de agir autonomamente.

Essa forma de se conceber "pessoa" tem profundas implicações no direito à vida. No decurso deste trabalho são problematizadas algumas dessas implicações.

2. O direito à vida

Inicialmente deve-se observar que a vida, entendida como processo biológico autopoiético a partir de codificações de DNA, só é considerada como um "direito" se dessa vida houver a possibilidade de emergir uma consciência racional capaz de se representar uma lei pura e agir em função dela. Essa consciência racional é o que constituirá a "pessoa" que será o sujeito do direito à vida objetivamente garantido pelo Estado. Disso se segue que, outras formas de vida, das quais não haja possibilidade de emergir de uma consciência racional, não têm subjetivamente direito à vida, logo, são consideradas como coisas, podendo ser utilizadas como meio de autodeterminação de pessoas.[8]

---

[7] Tecnicamente, o que se chama neste trabalho de "autodeterminação" é trabalhado por Kant como "livre arbítrio" *(freie Willkür) (arbitrium liberum)* (KANT. Op. cit. vol. III. *Kritik der reinen Vernunft*, p. 521; vol. VI. *Die Metaphysik der Sitten*, p. 213.), que é a capacidade que seres racionais têm de ponderar sobre as inclinações que os afetam e escolher qual será o móbil de sua ação, escolha essa que é a representação racional de uma lei. Por outro lado, a autonomia, em função de sua universalidade formal, é o parâmetro da moralidade e estabelece os limites legítimos de atuação mútua entre os arbítrios.

[8] Uma questão importante aqui, mas que não será explorada porque extrapola os limites deste trabalho, diz respeito ao direito dos animais. A dificuldade de se definir o que é propriamente uma "consciência racional" gera questionamentos sobre a personalidade jurídica de várias espécies de animais. Hoje se sabe que, além do *homo sapiens sapiens*, outros primatas

Note-se que para ser considerada como uma pessoa, basta a "mera possibilidade" de agir autonomamente. Como já se adiantou, mesmo que um indivíduo humano nunca tenha agido autonomamente em sua vida, ele é considerado uma pessoa com dignidade plena, pois a possibilidade está sempre presente. Do mesmo modo, quando um indivíduo está dormindo ou inconsciente, ele continua sendo uma pessoa. E mesmo um indivíduo com deficiências mentais graves, que impedem a organização de uma consciência minimamente estável, ou um indivíduo que esteja em coma profundo por causa de lesões neurológicas consideradas irreversíveis pela medicina atual, continuam sendo pessoas, devendo ter seus direitos à vida garantidos, pois continua havendo, mesmo que remotamente, a possibilidade de agirem autonomamente, por exemplo, com o desenvolvimento de novas terapias, intervenções de bioengenharia ou a descoberta de novos medicamentos.

Uma dificuldade que se coloca aqui diz respeito à determinação dessa "possibilidade" do agir autônomo. Em muitas situações é difícil determinar se está ou não presente essa possibilidade, mesmo que mínima, o que tem consequências nos debates sobre reprodução assistida, aborto, manipulação de células humanas, edição de DNA, eutanásia, prolongamento artificial da vida, etc. Na sequência são analisados alguns desses problemas.

3. Aborto

Em relação ao aborto, dependendo de como essa possibilidade do agir autônomo é considerada, pode-se chegar a conclusões antagônicas, que negam ou o afirmam como um direito.

Em geral, o debate sobre o aborto gira em torno de discussões sobre o início do direito à vida. Quando a vida humana se torna um bem jurídico que deve ser tutelado? No momento da união entre espermatozoide e óvulo, quando termina o processo de implantação do blastocisto no corpo do útero, ou quando o feto deixa o útero e começa a respirar?

---

e também elefantídeos e cetáceos, têm capacidades que até pouco tempo acreditava-se serem exclusivas e definidoras de pessoas. Por exemplo, o domínio de uma linguagem de signos (chimpanzés) e a capacidade de se reconhecer no espelho. Se essas capacidades demonstram que esses animais são, mesmo que remotamente, capazes de agir autonomamente, então precisam ser reconhecidos como pessoas, pois são sujeitos plenos de direitos.

Quando se considera o direito à vida a partir da possibilidade do agir autônomo, esse debate pode ser reelaborado em duas perspectivas diferentes.

Por um lado, é plausível considerar que, quando os nucléolos do espermatozoide e do óvulo se fundem numa primeira célula diploide (zigoto), tem-se uma pessoa em potencial, ou seja, um ser com potencialidade de agir autonomamente, que, enquanto tal, deve ter garantida a inviolabilidade do seu direito à vida. Essa potencialidade é constatada empiricamente pela análise estatística do desenvolvimento desse tipo de célula. Nessa perspectiva, todo procedimento abortivo será uma violação do direito à vida de uma pessoa.

Uma objeção a esse raciocínio é a de que ele não é consequente na identificação das possibilidades do agir autônomo. Por que gametas masculinos e femininos também não podem ser considerados pessoas em potencial? Afinal, neles também é possível enxergar um potencial agir autônomo, mesmo que probabilisticamente menor. A única diferença destes em relação ao zigoto está no grau de possibilidade do agir autônomo. E como se viu, para a definição de pessoa, basta a presença da possibilidade de agir autonomamente, não importando o grau. Do mesmo modo, inovações técnicas no campo da reprodução humana permitem hoje clonar seres humanos a partir de outras células, o que, pelo mesmo raciocínio, parece implicar que estas outras células também devem ser reconhecidas como pessoas em potencial. O desenvolvimento consequente deste raciocínio parece levar à conclusão de que não só a destruição de zigotos é uma ofensa ao direito à vida, mas também a masturbação masculina, o uso de contraceptivos, e até atos banais como coçar a pele ou cortas as unhas. No limite, todos as células humanas parecem adquirir potencialidade para tornarem-se pessoas, devendo, portanto, serem protegidas pelo direito. Essa, entretanto, é uma conclusão que nem o mais ferrenho opositor do aborto parece disposto a aceitar.

Uma forma de contornar essa dificuldade é argumentar que só as possibilidades dadas naturalmente é que devem ser levadas em consideração para se determinar o que é uma pessoa. Nesse sentido, todas as manipulações técnicas, como fertilização *in vitro*, terapias genéticas, clonagem, etc., que artificialmente criam possibilidades de um agir autônomo, deveriam ser consideradas antiéticas e, talvez até, proibidas pelo direito. Mas essa estratégia também gera dificuldades, pois muitas vezes é difícil determinar o que é "natural" na história da espécie humana. Basta lembrar que tanto a fertilidade quanto a expectativa de vida humana foram artificialmente ampliadas no último século em função de desenvolvimentos científicos e manipulações tecnológicas. Uma boa parte das pessoas que compõem a população mundial atual só se tornaram possíveis por causa do desenvolvimento de medicamentos, terapias e técnicas sanitárias. Seriam essas manipulações tecnológicas também antiéticas?

Por outro lado, para aqueles que defendem que é possível pensar o aborto como um direito, o principal problema, quando se considera a dignidade da pessoa humana, é compatibilizar a autonomia da mãe com a autonomia do nascituro. Como ambos são seres potencialmente capazes de agir autonomamente, ambos deveriam ser tratados como pessoas e, enquanto tais, deveriam ter a inviolabilidade de suas vidas garantidas pelo direito.

Uma estratégia para contornar esse conflito seria argumentar que o feto só pode ser considerado uma pessoa quando alcança um nível de desenvolvimento mínimo que o permite sobreviver independente do organismo da mãe. Atualmente, considerando todas as técnicas disponíveis, isso se dá mais ou menos por volta da vigésima segunda semana de gestação. Só então, poderia-se argumentar, estaria presente a potencialidade para o agir autônomo que caracteriza uma pessoa. Antes disso, o feto seria apenas uma parte do organismo da mãe, encontrando-se, assim, submetido à autonomia da mãe. Dessa perspectiva, procedimentos abortivos realizados até a vigésima segunda semana de gestação teriam o mesmo status de qualquer procedimento médico realizado pela mãe em seu organismo, logo, seriam um direito subjetivo da mãe.

Um problema desse argumento, que vai contra o direito de abortar, é que o desenvolvimento de técnicas e da ciência neonatológica tem aumentado constantemente a sobrevida de prematuros. Se a 40 anos o limite eram 28 semanas, hoje fetos nascidos com 22 semanas conseguem sobreviver.[9] Nessa perspectiva, avanços técnicos científicos vão paulatinamente reduzindo o que seria o período legítimo para o exercício do direito de abortar. E não é difícil imaginar um futuro em que as

---

[9] Stoll BJ, Hansen NI, Bell EF, et al. "Trends in care practices, morbidity, and mortality of extremely preterm neonates 1993-2012" in: *Journal of the American Medical Association.* vol. 314, issue 10, pp. 1039-1051.

incubadoras de prematuros sejam transformadas em verdadeiros úteros artificiais, capazes de substituir o organismo da mãe desde o início da gestação e, assim, dotar, não só fetos, mas talvez embriões e até zigotos, de possibilidades reais de se desenvolverem como pessoas independentemente do organismo da mãe.

Em face desse problema, para se defender o direito de abortar, poderia-se argumentar que só deveria ser considerada pessoa aquele feto que "naturalmente" alcançasse um nível mínimo de maturação que o permitisse continuar seu desenvolvimento independente do organismo da mãe. Contudo, mais uma vez, esbarra-se na dificuldade de se definir o que significa esse "naturalmente" na história de desenvolvimento da espécie humana. Diferente da maioria das outras espécies de mamíferos, humanos nascem extremamente dependentes de seus genitores e do grupo social a que pertencem, de modo que cuidados artificiais com recém-nascidos podem ser rastreados desde os primeiros *homo sapiens* e mesmo em outras espécies de hominídeos, como neandertais.[10] Para que humanos nascessem com a mesma maturidade de gorilas recém-nascidos, precisariam de 80 semanas de gestação, isto é, 20 meses,[11] mas isso se tornou fisicamente impossível para a nossa espécie, principalmente por causa do desenvolvimento do bipedalismo, que levou a um estreitamento da pelve, limitando o tamanho com que bebês humanos podem nascer. Para contornar essa limitação, o processo adaptativo levou a uma prematuração dos nascimentos com o respectivo aumento das necessidades de cuidados artificiais para continuar o desenvolvimento dos bebês fora do útero, principalmente do cérebro. Na interpretação de Sloterdijk, é como se as técnicas de cuidados humanos tivessem evoluído para formar uma espécie de útero cultural onde prematuros humanos, ainda em estado fetal, pudessem continuar seu desenvolvimento.[12] Nesse sentido, parece haver, na espécie humana, um contínuo entrelaçamento entre o processo biológico de gestação e as técnicas

---

[10] LEÓN, Marcia S. Ponce de; GOLOVANOVA, Lobov; DORONICHEV, Vladomir, et al. "Neanderthal brain size at birth provides insights into the evolution of human life history". In: *Proceedings of the National Academy of Sciences*. 2008, 105 (37) p. 13764-13768.

[11] WALTER, Chip. *Last Ape Standing: The Seven-Million-Year Story of How and Why We Survived*. New York: Walker & Company, 2013, p. 33.

[12] SLOTERDIJK, Peter. *Nicht gerettet: Versuche nach Heidegger*. Frankfurt am Main: Suhrkamp, 2001, p. 190.

artificiais de cuidado, o que torna muito difícil determinar em que estágio de desenvolvimento um feto humano adquire "naturalmente" a potencialidade para se tornar uma pessoa. No final, parece sempre uma decisão arbitrária.

4. Direito de morrer

Uma questão importante, quando se considera o direito à vida sob a perspectiva da dignidade da pessoa humana, é pensar o direito de pessoas de colocarem fim à própria vida. Seria possível, com base na dignidade, justificar o suicídio como um direito das pessoas?

Na *Doutrina da Virtude*, Kant afirma que, em face de sua qualidade como pessoa (dignidade), é um dos deveres estritos do ser humano para consigo mesmo preservar a sua vida.[13] O ser humano *(homo phaenomenon)*, em sua natureza animal, teria a obrigação moral de se preservar porque é o portador de uma pessoa *(homo noumenon)*, e é por meio do organismo biológico humano que o dever moral pode produzir uma ação autônoma no mundo fenomênico.[14]

Nesse sentido, para Kant, o suicídio é sempre um ato imoral, e, portanto, não pode se constituir como direito. Para o filósofo, uma pessoa que se mata é movida por algum sofrimento, seja físico e/ou psicológico, que para ela se tornou insuportável a tal ponto de abafar a lei moral que exige que se trate qualquer pessoa – incluindo ela mesma –, como um fim em si mesmo, e nunca como meio. Assim, alguém que se mata está se usando como um meio para atingir uma finalidade, qual seja, a extinção da dor. Movida por esse sofrimento intolerável, a pessoa não só ignora a lei moral como vai contra ela, o que promove a sua coisificação e a consequente ofensa da dignidade, no caso, a mais profunda das ofensas, pois a morte implica em destruir, definitivamente, a possibilidade de agir autonomamente dessa pessoa. Portanto, para Kant, não importa o desgosto com a vida nem o tamanho dos sofrimentos físicos/psíquicos enfrentados pela pessoa, a obrigação de preservar a vida permanece enquanto houver uma consciência racional capaz de produzir uma ação autônoma.

---

[13] Kant. Op. cit. vol. VI. *Die Metaphysik der Sitten*, p. 421.
[14] Idem. Op. cit. ibiden, p. 423.

E mesmo uma pessoa que tivesse suas faculdades mentais comprometidas, por exemplo, alguém portador da doença de Alzheimer num tal estágio de desenvolvimento que inviabilizasse completamente a consciência, ainda assim permaneceria a interdição do suicídio, pois continua havendo a possibilidade, mesmo que remota, de uma regeneração mental e a consequente viabilização de um agir autônomo.

Por este raciocínio, não há espaço nem para a eutanásia, quando alguém antecipa a morte de um paciente terminal com forte sofrimento, nem para a ortotanásia, quando deixa-se de prolongar artificialmente a vida de paciente terminal e a morte ocorre naturalmente.

Nas "questões casuísticas", introduzidas depois da discussão sobre o suicídio na *Doutrina da Virtude*, Kant problematiza algumas situações em que essa exigência inflexível de preservação da vida entra em conflito com a vida de outras pessoas. Ele se pergunta, por exemplo, se uma pessoa, acometida de raiva canina e na iminência da hidrofobia, estaria agindo errado se desse cabo de sua vida para não colocar a vida de outras pessoas em risco.[15] Kant não fornece uma resposta para essa pergunta, o que deixa muitos comentadores confusos.[16] Contudo, quando se considera propriamente o caráter *sui generis* da dignidade, conclui-se que não pode haver solução para esse conflito. A dignidade confere às pessoas valor absoluto, e não valor relativo (preço), logo, não é possível calcular se várias vidas valem mais do que uma ou se é correto sacrificar uma vida para salvar outra.[17] A lei moral simplesmente exige que se trate, indistintamente, qualquer pessoa como um fim em si mesmo, e isso, ao contrário do que muita gente parece buscar no conceito kantiano de dignidade, não fornece um critério para a ponderação de conflitos.

5. Direito de não morrer

A partir dessas considerações sobre o suicídio, outra questão interessante que se coloca diz respeito ao prolongamento artificial da vida. Se, por um lado, é uma obrigação moral preservar a vida a qualquer custo enquanto houver possibilidade de uma consciência racional capaz de

---

[15] Idem. Op. cit. ibiden, p. 423.
[16] Pizani, Alessandro. "Honra e honestidade na *Metafísica dos Costumes*." In: *Estudos Kantianos*, Marília, v. 5, n. 1, 2017, p. 112-113.
[17] Kant. Op. cit. vol. IV. *Grundlegung zur Metaphysik der Sitten*, p. 434.

produzir um agir autônomo, por outro lado, deve-se perguntar se seria um direito das pessoas – ou mesmo uma obrigação moral –, prolongar a vida o máximo possível de modo a manter as condições para ações autônomas no mundo.

Kant não chega a problematizar o prolongamento artificial da vida, mesmo porque isso não era tecnicamente viável em sua época, contudo, a legitimidade de tal procedimento parece ser uma consequência lógica de seu argumento contra o suicídio. Segundo a interpretação aqui proposta, o principal elemento do argumento kantiano é a presença da "possibilidade" do agir autônomo. Assim, do mesmo modo que a possibilidade de um agir autônomo torna o suicídio incorreto em qualquer situação, a presença dessa possibilidade também parece exigir que, se existem meios técnicos de prolongamento da vida, estes devem ser utilizados para que se mantenham as condições de possibilidade do agir autônomo que caracterizam a existência de pessoas no mundo.

Nesse sentido, as pesquisas científicas contemporâneas que buscam ampliar a longevidade humana e, no limite, tornar a morte um problema técnico evitável, parecem encontrar apoio ético na noção kantiana de dignidade humana, logo, poder-se-ia falar de um direito de não morrer, isto é, do direito das pessoas de prolongarem indefinidamente a vida, para além de seus limites biológicos. Saliente-se que a legitimidade ética e jurídica desse prolongamento da vida nada tem a ver com a felicidade ou qualquer outro fundamento empírico que os indivíduos possam encontrar na vida, mas exclusivamente com a exigência moral de agir autonomamente que caracteriza qualquer pessoa. Por fim, para além das técnicas de prolongamento da vida, parece mesmo ética e juridicamente legítimo pensar num futuro em que desenvolvimentos tecnológicos permitiram libertar a consciência das pessoas de seus corpos biológicos por meio de suportes físicos ou virtuais mais resistentes, estáveis, ágeis e capazes de ampliar as possibilidades do agir autônomo no mundo.

Referências

ALEXY, Robert. *Teoria dos direitos fundamentais*. São Paulo: Malheiros Editores, 2008.

ALVES, Cleber Francisco. *O princípio constitucional da dignidade da pessoa humana: Enfoque da doutrina social da Igreja*. Rio de Janeiro: Renovar, 2001.

GANTHALER, Heinrich. *O Direito à Vida na Medicina: uma investigação moral e filosófica*. 2006, enc., 208p.

KANT, Immanuel. "Akademieausgabe". Bd 1-22 hrsg. von der Preussischen Akademie der Wissenschaften (http://www.korpora.org/kant/)
vol. III. Kritik der reinen Vernunft (2. Aufl. 1787). p. 1-552.
vol. IV. Grundlegung zur Metaphysik der Sitten. p. 385-463. (GMS)
vol. V. Kritik der praktischen Vernunft. p. 1-252. (KpV)
vol. VI. Die Metaphysik der Sitten. p. 203-493. (MS)

LEÓN, Marcia S. Ponce de; GOLOVANOVA, Lobov; DORONICHEV, Vladimir, et al. "Neanderthal brain size at birth provides insights into the evolution of human life history". In: *Proceedings of the National Academy of Sciences*. 2008, 105 (37) p. 13764-13768.

MORAES, Alexandre de. *Constituição do Brasil interpretada e legislação constitucional*. São Paulo: Atlas, 2002.

PIZANI, Alessandro. "Honra e honestidade na *Metafísica dos Costumes*." In: *Estudos Kantianos*, Marília, v. 5, n. 1, 2017, p. 107-124.

SARLET, Ingo Wolfgang. *Dignidade da pessoa humana e direitos fundamentais na Constituição Federal de 1988*. Porto Alegre: Livraria do Advogado, 2002.

SCHMIDT, Walter. "Grundrechtstheorie im Wandel der Verfassungsgeschichte". In: *Jura*, 5, 1983, p. 169-180.

SLOTERDIJK, Peter. *Nicht gerettet: Versuche nach Heidegger*. Frankfurt am Main: Suhrkamp, 2001.

STOLL BJ, HANSEN NI, BELL EF, et al. "Trends in care practices, morbidity, and mortality of extremely preterm neonates 1993-2012" in: *Journal of the American Medical Association*. vol. 314, issue 10, p. 1039-1051.

WALTER, Chip. *Last Ape Standing: The Seven-Million-Year Story of How and Why We Survived*. New York: Walker & Company, 2013.